CÉLÈBRES CONVERSIONS CONTEMPORAINES

PAR

LE R. P. HUGUET

Deuxième Édition améliorée.

L. Stolberg. — Haller. — Hurter.
Genoude. — Droz. — Bautain. — T. Ratisbonne.
Goschler. — Schouvaloff. — Spencer.
Newmann. — Faber. — Manning. — Bradley.
La Ferronnays. — A. Ratisbonne. — Hermann.
Silvio Pellico. — Royer-Collard. — Lacordaire.
L. Veuillot. — Donoso Cortès. — Bugeaud.
Saint-Arnaud. — La Moricière.

NOUVELLE MAISON PERISSE FRÈRES DE PARIS
LIBRAIRIE CATHOLIQUE ET CLASSIQUE
RÉGIS RUFFET ET Cie, SUCCESSEURS

PARIS | LILLE
38, rue Saint-Sulpice, 38. | 2, place Richebé, 2.

TOURNAI, 8, RUE DU BOURDON-SAINT-JACQUES.

1872

Tous droits réservés.

CÉLÈBRES
CONVERSIONS
CONTEMPORAINES

MÊME LIBRAIRIE.

Ouvrages du même auteur :

L'Art de la conversation au point de vue littéraire et chrétien, 4e édition. 1 fr. 50, *franco*.

La Charité dans les conversations, 4e édition. . 1 fr. 50

Compte rendu de la Revue du Monde catholique.

« Le P. Huguet a envisagé son sujet à un point de vue littéraire, mais il a surtout insisté sur les questions qui touchent à la morale. Comme toujours, nos écrivains et nos moralistes, surtout saint François de Sales et madame de Maintenon, lui sont venus en aide. Il faut le reconnaître, c'était puiser à bonne source, et l'on ne peut que profiter en compagnie pareille.

« Le P. Huguet est digne de tout éloge pour avoir écrit un livre sur ce point.

« Les médisances et les calomnies dont on assaisonne les conversations donnent lieu à de grands désordres et souvent à d'irréparables malheurs. Chercher à prémunir contre d'aussi redoutables défauts est une œuvre utile et féconde en fruits de tout genre ; c'est le but que s'est proposé d'atteindre le P. Huguet en montrant dans son livre ce que l'on doit éviter dans les conversations pour ne pas déplaire à Dieu, ne pas blesser le prochain et ne pas se déprécier soi-même. Les ouvrages du P. Huguet sont semés de traits et de citations qui en font des livres d'une lecture agréable. »

Célèbres conversions contemporaines, par le R. P. Huguet. 1 vol. in-12 de 600 pages, 2e édit., améliorée. Prix. . . . . 3 fr.

Voici comment un journal de Lyon, l'*Écho de Fourvières*, apprécie cet ouvrage :

« Ce livre, très-utile, très-intéressant, doit trouver place dans toutes les bibliothèques. L'auteur a eu l'excellente idée de donner des récits très-détaillés et d'autant plus authentiques, qu'ils sont fournis presque toujours par les convertis eux-mêmes, puisqu'ils sont pris dans leurs mémoires, leurs correspondances et les lettres de leurs parents et de leurs amis. Ce livre est également bon pour les lectures publiques et les lectures particulières ; il ne renferme que des détails entièrement à la portée de tout le monde. Nous le croyons surtout propre à faire beaucoup de bien aux âmes fatiguées par le doute, l'irrésolution et les préjugés. Il produira à leur égard tous les effets du proverbe si connu : Les conseils et les encouragements peuvent émouvoir, mais les exemples entraînent. « Nous avons entrepris, dit « l'auteur, de raconter l'histoire de la conversion des hommes sérieux « qui, éclairés par la marche triomphante de l'Église à travers les obs- « tacles de tous genres, demandent à rentrer dans le giron de « cette Église. » Il fait, en effet, figurer dans cette galerie les philosophes les plus éminents, les politiques les plus habiles, les savants les plus distingués, les guerriers les plus braves, les orateurs les plus éloquents et les littérateurs les plus renommés. L'abbé Signerin. »

CÉLÈBRES
CONVERSIONS
CONTEMPORAINES

PAR

LE R. P. HUGUET

Deuxième Édition améliorée.

L. Stolberg. — Haller. — Hurter.
Genoude. — Droz. — Bautain. — T. Ratisbonne.
Goschler. — Schouvaloff. — Spencer.
Newmann. — Faber. — Manning. — Bradley.
La Ferronnays. — A. Ratisbonne. — Hermann.
Silvio Pellico. — Royer-Collard. — Lacordaire.
L. Veuillot. — Donoso Cortès. — Bugeaud.
Saint-Arnaud. — La Moricière.

NOUVELLE MAISON PÉRISSE FRÈRES DE PARIS
LIBRAIRIE CATHOLIQUE ET CLASSIQUE
RÉGIS RUFFET ET Cⁱᵉ, SUCCESSEURS

PARIS | LILLE
38, rue Saint-Sulpice, 38. | 2, place Richebé, 2.
TOURNAI, 8, RUE DU BOURDON-SAINT-JACQUES.

1872

Tous droits réservés.

INTRODUCTION

L'Eglise catholique n'a jamais cessé d'être conquérante : elle marche toujours; quelquefois elle est forcée de reculer, mais ce n'est pas pour trop longtemps. Ceux qui sont à sa tête ont reçu des promesses immortelles contre toutes les machinations de l'enfer : *Portæ inferni non prævalebunt.*

Lisez attentivement l'*Histoire de l'Eglise*, vous y verrez figurer, dans un ordre merveilleux, les œuvres de l'Esprit de vérité et les œuvres contraires de l'Esprit de mensonge ; on découvre les mobiles, on assiste aux innombrables péripéties de ce grand combat, qui a commencé avec le premier homme et qui ne finira qu'au dernier jour du monde. L'histoire de l'Eglise, c'est l'histoire de l'humanité, mais illuminée par l'intervention manifeste de la Providence. L'Eglise romaine, dit un publiciste, est comme un grand arbre, secoué périodiquement par d'effroyables tempêtes qui le dépouillent de ses feuilles et qui brisent et dispersent au loin ses rameaux ; mais ces rameaux brisés prennent racine là où le vent les porte, tandis que le tronc lui-même, toujours indestructible, se couvre d'une floraison nouvelle et semble moins mutilé que rajeuni. Jamais cette miraculeuse vie, ce continuel rajeunissement, cette perpétuelle résurrection de l'Eglise, témoignage suprême, mystère de l'histoire, n'ont paru d'une manière plus éclatante que de nos jours.

La Révolution française, en obligeant les prêtres catholiques à émigrer en Angleterre et aux Etats-Unis, fut comme l'instrument de la Providence, qui se servit de toutes ces commotions politiques et religieuses pour répandre au milieu de ces grands peuples des germes féconds de résurrection et de vie.

Au XVIe siècle, l'Angleterre, la Hollande, la Suède et le Danemark se sont séparés de l'Eglise, et voilà qu'aujourd'hui, malgré toutes les persécutions, le nombre des catholiques va toujours croissant d'une manière merveilleuse.

Les hommes sérieux ont enfin compris que le salut de la société se trouve dans cette Eglise, qui a résisté à toutes les attaques sans jamais changer son Symbole.

Les juifs y reviennent surtout par l'argument historique et l'étude attentive de l'Ancien Testament. Ceux qui n'ont pas renoncé à toute espèce de culte et de traditions comprennent aujourd'hui que l'Etat, en les émancipant, les a pour ainsi dire anéantis par ses ordonnances et ses règlements. Le plus grand nombre, absorbés par les intérêts matériels, ne croient plus à rien. C'est ce qu'un célèbre israélite converti, le R. P. Théodore Ratisbonne, vient de démontrer dans un ouvrage bien remarquable : *la Question juive.*

« Aujourd'hui, dit-il, les juifs rejettent tout ensemble le mystère du péché originel et la promesse du Rédempteur; ou bien, s'ils invoquent encore le Messie dans la récitation obligatoire des psaumes et des livres prophétiques qu'on lit tous les samedis aux offices de la synagogue, ils n'attachent aucun sens à leurs paroles; ils les regardent comme des formules surannées; ils déclarent même qu'on ne doit plus attendre de Messie, ni demander d'autre affranchissement que celui qu'ils ont obtenu dans leur situation politique. *Le Messie est venu pour nous le 28 février 1790, avec la déclaration des droits de l'homme.* Ainsi s'exprimait un des organes les plus autorisés des juifs modernes, M. Cahen, le traducteur de la Bible (1). »

Dans un autre chapitre, l'auteur, après avoir démontré que les gouvernements, en s'immisçant dans le culte judaïque, ont tout altéré, ajoute :

« Remarquons encore que ces bouleversements ne sont pas particuliers à la France; ils se produisent avec plus d'effervescence dans les autres contrées; et, si le cadre de cet écrit le comportait, nous indiquerions ici les schismes rabbiniques déjà pleinement accomplis en Angleterre, en Autriche, en Prusse, en Russie et dans la Pologne. Partout un esprit nouveau remue les restes d'Israël; partout, sur toute la surface du globe où ils sont dispersés, ils s'agitent et aspirent après un nouvel ordre de choses. Le temps actuel est évidemment une transition entre l'état d'immobilité des dix-huit siècles passés et une régénération future qui ne sera opérée que par l'Evangile... »

Le protestantisme, tombé au rang de simple négation, n'est plus guère pris au sérieux par personne, dit un célèbre orateur. Comme institution, il a laissé réduire au rang d'une section de l'administration civile ses églises officielles, docilement enchaînées dans l'antichambre de l'Etat, soumises à sa surveillance, à la direction et à l'interprétation dogmatique des laïques. — Comme théologie, il a vu son orthodoxie pâlir graduellement devant les doctrines vagues ou perverses qui ont envahi toutes ses universités et toute sa polémique.

(1) *Archives israélites*, numéro du mois d'octobre 1847, p. 801.

En Allemagne, nous savons déjà son irréparable décadence, et nous ajoutons que la Bible, que Luther se vantait d'avoir découverte, est aujourd'hui rejetée comme un tissu d'impostures ou de mythes par beaucoup de ceux qui se portent pour les héritiers directs de Luther et qui remplissent les chaires des églises réformées. En Amérique, comme en Angleterre, la vie s'est retirée de cette fraction du protestantisme qui se qualifie d'orthodoxe et qui a conservé une ombre d'organisation hiérarchique, pour se réfugier dans les sectes dissidentes, chez les adversaires déclarés de toute discipline et même de révélation. En Allemagne, la doctrine de la Réforme ne sert plus que de point de départ au rationalisme et à la démocratie.

Les protestants sont poussés à revenir à la vraie Église par l'expérience pratique et la nécessité d'une autorité constituée et infaillible, définissant le dogme, la morale, le culte, la discipline, et établissant entre tous les fidèles une communauté invariable de doctrine, qui ne porte d'ailleurs aucune atteinte au développement progressif de l'humanité.

Le *fameux* Renan a tué le protestantisme en le transformant dans une espèce de déisme, qui n'est, comme l'a dit Bossuet, qu'un athéisme déguisé.

Les hommes les moins suspects de *cléricalisme* portent les derniers coups au protestantisme dans les revues qui sont les organes des libres-penseurs.

Jules Janin a écrit dans la *Revue des Deux Mondes* :

« Le protestantisme a saccagé les tombeaux, renversé les églises, brisé les monuments, chefs-d'œuvre de l'art ; il a fait à l'art une guerre à mort ; il n'a rien compris ni à l'enthousiasme ni à l'imagination, ni au cœur ni à l'esprit. Tous les grands poëtes de ce monde ont été catholiques : Shakspeare, Pope, Dryden étaient catholiques. La peinture, la sculpture, l'architecture, ce grand art, sont des arts catholiques. Le protestantisme n'a fait que des ruines et des ravages ; il s'est détaché violemment du passé pour planter une société sans racines. Le catholicisme remontait, par l'arbre généalogique du divin Christ, jusqu'aux patriarches et au berceau de l'univers ; le protestantisme reconnaît pour aïeul un moine allemand marié à une religieuse. Le catholicisme avait trouvé la chevalerie ; le protestantisme fit des soldats plus hardis que généreux, cruels et froids. Henri IV avait trop d'héroïsme dans le cœur pour ne pas échapper aux huguenots. La Réforme n'eut jamais ni son Fénelon, ni son Michel-Ange, ni son Raphaël.

D'un autre côté, en France les erreurs abominables des

libres-penseurs ont réveillé le zèle des catholiques les plus tièdes. Il n'a fallu rien moins que la Révolution pour exciter ces dévouements, ces énormes sacrifices d'argent qui ont étonné le monde et prouvé combien est vivace, sur cette terre de France, le sentiment chrétien.

Pendant que la démocratie s'agite bruyamment, réunit des congrès, remplit le monde de son bruit, les catholiques se taisent; mais ils veillent, suivant attentivement, les yeux fixés sur Rome, la marche des événements. Et, avec le denier de Saint-Pierre et les millions qu'ils donnent pour les séminaires, les écoles chrétiennes et les maisons d'éducation religieuse, ils tiennent en échec la révolution. L'histoire, un jour, enregistrera certainement la lutte actuelle que soutient l'Eglise, comme une des phases les plus glorieuses de son existence. Tout conspire contre elle, tout lui est hostile; la presse, à part de rares exceptions, lui a voué une haine acharnée; on la calomnie, on l'insulte, on la traîne dans la boue, et cependant elle résiste; je me trompe, elle progresse!

Jamais le Pape n'a tenu une plus grande place dans la pensée publique; jamais l'Eglise n'a été plus féconde en œuvres de tout genre; jamais l'unité de l'Eglise et sa soumission au Pontife suprême ne se sont affirmées comme de nos jours. Où puise-t-elle donc cette force? Qui la lui donne? Qui la soutient? Le *Siècle*, qui ne croit pas aux miracles, pourrait-il nous le dire?

L'Eglise ressemble à un vaisseau cuirassé obligé de traverser une flotte ennemie : de toutes parts les boulets pleuvent sur lui, mais la membrure est d'acier, les projectiles glissent ou s'émoussent; il passe fièrement, sans s'arrêter un instant, sans dévier de sa route, et s'achemine vers le port, laissant l'ennemi stupéfait.

Ce spectacle sublime frappe et éclaire les hommes sérieux, qui demandent à rentrer dans le giron de l'Eglise.

Dans ces pages, nous avons entrepris de raconter l'histoire de la conversion de plusieurs d'entre eux. On verra figurer dans cette galerie les philosophes les plus éminents, les politiques les plus habiles, les savants les plus distingués, les guerriers les plus braves, les orateurs les plus éloquents, les littérateurs les plus renommés.

Puisse ce volume contribuer à éclairer et à toucher un de nos frères égarés! ce serait la plus douce récompense que Dieu accorderait à nos labeurs.

En la fête de la divine Mère du Bon Pasteur, le 13 mai 1872.

CÉLÈBRES
CONVERSIONS
CONTEMPORAINES

LE COMTE FRÉDÉRIC-LÉOPOLD DE STOLBERG [1]

De tous les protestants qui, dans notre siècle, sont rentrés dans le giron de l'Église, un des plus célèbres est le comte de Stolberg. Son mérite, ses talents, ses charges, l'avaient mis au rang des personnages les plus éminents de l'Allemagne. Il était l'ami de Gœthe et de Klopstock, des frères Schlegel, de Lavater, et le compagnon de leur gloire. Homme du grand monde, très-connu, très-considéré, diplomate aussi distingué que littérateur excellent, et ayant

[1] Frédéric-Léopold, comte de Stolberg, né en 1750, à Bramstedt, dans le Holstein, de la ligne des comtes de Stolberg-Stolberg, de l'illustre maison de Stolberg, fut d'abord ministre plénipotentiaire du prince-évêque de Lubeck à Copenhague. Il devint, en 1789, ambassadeur de Danemark à Berlin, et ensuite président du gouvernement à Eutin. Il voyagea en Suisse et en Italie, de 1790 à 1793. Amené par

rempli plusieurs missions importantes en Danemark et à Saint-Pétersbourg, il était devenu ministre du duc d'Oldenbourg, prince évêque de Lubeck, et quoique à la tête du gouvernement, des finances et du consistoire de ce petit État, il menait à Eutin une vie calme, laborieuse et toute patriarcale. Noblesse d'âme, énergie, abnégation, un grand empire sur soi-même, de la justesse, de la netteté dans le langage, et dans la conduite beaucoup d'activité, de persévérance et de finesse : telles étaient les qualités qui en faisaient un homme supérieur. — Des enfants issus de la seconde femme, née comtesse de Redern, trois étaient morts ; mais il lui en restait six, qu'elle élevait avec une tendresse grave et touchante. A la vérité, sur ce nombre, il y en avait plusieurs d'un autre lit : mais combien? mais lesquels? Rien ne l'annonçait, hormis peut-être l'âge des aînés ; car elle les entourait tous d'une égale affection.

l'étude de l'Ecriture sainte et des Pères à reconnaître la fausseté du protestantisme, il se démit de ses places en 1800, se retira à Munster et y abjura le luthéranisme avec sa femme, Sophie de Redern, qu'il avait épousée en 1790, après être resté veuf d'un premier mariage en 1788. — Il mourut dans sa terre de Sondermuhlen, près d'Osnabruck, en 1819. Animé d'un sincère amour de la vérité, il unissait un noble caractère à une intelligence supérieure et très-cultivée. On a de lui une *Histoire de la religion de Jésus-Christ*, 15 vol. in-8°, qui a été traduite de l'allemand en italien par ordre du Souverain-Pontife ; une d'*Alfred le Grand*, traduite en français par Duckett, 1831 ; un *Voyage en Allemagne et en Suisse, en Italie et en Sicile* ; des *Poésies, Odes, Elégies, Satires* ; des traductions, en vers très-estimés, de l'*Iliade*, de quatre *Tragédies* d'Eschyle, et des poésies d'*Ossian*, et une traduction de *Dialogues choisis* de Platon. — Le comte de Stolberg, fils de l'illustre converti, fut, en Allemagne, le promoteur de toutes les œuvres catholiques et le fondateur de la grande Association de Saint-Boniface.

§ I. — *La famille de Stolberg.*

Nous trouvons, dans les *Mémoires de madame la marquise de Noailles de Montagu*, des détails très-touchants sur la famille de Stolberg et sur la part que cette excellente chrétienne eut à la conversion du comte Frédéric-Léopold, par sa piété aussi aimable que solide, comme on va le voir dans les pages suivantes :

A côté de la comtesse Sophie de Stolberg, et partageant ses travaux et ses sollicitudes maternelles, brillait modestement Catherine, sœur du comte de Stolberg. Elle avait sans doute bien changé, et, malheureusement pour elle, elle changea encore plus tard; car ceux qui l'avaient admirée dans sa jeunesse, et ceux qui ne l'approchèrent qu'après le départ de madame de Montagu, ne l'auraient pas reconnue au portrait que celle-ci en a laissé. Elle était à peu près de l'âge du comte; elle avait quelques-unes de ses admirables facultés. C'était, à vingt-cinq ans, la Corinne du Nord, vivant chez son frère au milieu des grands, des savants et des poëtes; fière de ses talents, l'humeur un peu altière, très-louée, très-respectée et néanmoins peu aimée. Vingt-cinq ans plus tard, elle tomba dans la bigoterie protestante. Mais à l'époque où madame de Montagu la rencontra, et s'il faut en juger par l'impression qu'elle lui fit, c'était un tout autre personnage. Elle paraissait alors, et elle était en effet, bonne, pieuse, dévouée et ne déparait en aucune manière l'intérieur où elle habitait.

Ces trois personnages, ces trois cœurs étaient, en ce temps-là, parfaitement unis. Nés dans la foi protestante, ils s'étaient accoutumés dès l'enfance à la considérer comme conforme à la prédication du Christ; mais depuis quelque temps leur sécurité n'était plus la même. Il leur venait des doutes sur la valeur des réformes religieuses du xvie siècle. Au milieu des lumières du protestantisme, ils croyaient apercevoir des ombres çà et là, comme des flambeaux éteints dont la mèche brûlait encore. Des lueurs venues du dehors, et des clartés intérieures encore plus vives, leur faisaient découvrir ces vides et ces ténèbres, qu'ils n'avaient pas jusque-là remarqués. Ils en faisaient le sujet de leurs entretiens, de leurs méditations solitaires et leur continuelle étude. Mais ils n'avaient du catholicisme qu'une connaissance incomplète; et si, d'une part, ils se sentaient vaguement attirés vers la vraie foi, ils étaient, de l'autre, retenus par les liens de l'habitude et les préjugés de leur éducation. A demi sortis du temple, ils étaient encore loin de l'église, et ils priaient Dieu de les éclairer.

§ II. — *Rapports intimes de la famille de Stolberg avec la marquise de Montagu.*

Ils étaient dans ces dispositions lorsque madame de Montagu arriva à Ploën. Ce fut le jour de la Toussaint 1795 qu'elle alla les voir pour la première fois. Le trajet était long, l'air froid, la campagne triste. Elle se rappela que c'était la vigile des Morts et pria, chemin faisant, pour les âmes qui souffrent et qui gémissent dans l'attente de leur délivrance. Arrivée à la porte où elle devait frapper : « *Je demandai à Dieu*, dit-elle, *de bénir mes premiers pas dans cette maison.* » Elle y fut accueillie avec simplicité, cordialité et respect, comme ces étrangers, dont parle la *Bible*, qui étaient toujours les bienvenus sous la tente des patriarches et en qui l'on découvrait ensuite de divins messagers.

La liaison fut, dès le commencement, douce et facile, et l'œuvre de charité à laquelle ils travaillèrent ensemble leur fournit l'occasion de se voir plus souvent. Madame de Montagu allait une ou deux fois par mois passer la journée à Eutin. Elle y était toujours attendue, et si l'on tardait à la voir, madame de Stolberg venait la chercher à Witmold et l'enlevait doucement à ses travaux et à son cercle. C'était encore, la seconde année, une nouveauté d'être ensemble, une joie pure, mais indéfinissable et pleine d'étonnement. Madame de Montagu dit qu'elle cherchait parfois à tempérer ce qu'elle appelle sa « vivacité française » et à imiter, autant qu'elle le pouvait, la grave allure de ses hôtes, à qui elle était jalouse de plaire. Mais sa vivacité perçait sous ce voile et n'en était sans doute que plus charmante.

C'était, pour M. de Stolberg et sa famille, un spectacle neuf et singulièrement attachant que celui de cette âme toujours en peine du bien à faire et d'un devoir à remplir; de cette frêle créature qui semblait douée, dans ses actions, d'une force surnaturelle; qui, dans l'exil, la solitude et le dénûment le plus absolu, trouvait de quoi nourrir, habiller et consoler au loin tant de malheureux. On admirait en silence cette piété, cette foi, ces vertus, tant de compassion après tant de souffrances, tant de grandeur dans l'abaissement, tant de puissance dans la faiblesse, et, quand elle parlait, c'était une autre surprise : on eût dit qu'elle avait passé sa vie, non à agir, mais à lire et à méditer. La *Bible*, en particulier, lui était aussi familière qu'à un pasteur luthérien. Elle en interprétait les histoires et en pliait sans efforts les images aux idées tendres ou élevées, qu'un événement, un souvenir, un mot en passant lui suggéraient. Elle n'était, du reste, de son côté, ni moins édifiée ni moins émue de voir l'union qui régnait dans cette famille protestante; ces mœurs antiques, cette bienveillance, cette candeur, et, dans tous les entretiens et dans toutes les affaires, cette constante préoccupation du Ciel.

§ III. — *La famille de Stolberg est attirée vers le catholicisme.*

Depuis que cette vénérable famille voyait madame de Montagu, elle se sentait attirée d'une manière plus sensible vers le catholicisme. Mais ce ne fut qu'après un assez long commerce entre eux qu'elle s'en expliqua ouvertement avec elle, et voici à quelle occasion : Madame de Montagu avait, ce jour-là, reçu d'Olmutz d'affligeantes nouvelles. Elle était triste : on lui en demanda la cause. Elle répondit que sa sœur, madame de La Fayette, était malade, et se mit à parler de cette femme héroïque avec toute la tendresse et toute l'admiration que celle-ci lui avait inspirées. Elle raconta ses vertus, sa longue captivité en France, son voyage en Autriche, et comment elle avait, pour ainsi dire, forcé la prison d'Olmutz pour s'y enfermer avec son mari.

L'intérêt qu'on prenait à son récit fit qu'on lui en demanda un plus complet des malheurs de sa famille. On n'en connaissait pas les détails et l'on voulait tout connaître, et surtout ce qu'elle avait éprouvé, ce qu'elle avait pensé, ce qu'elle avait fait en apprenant de semblables malheurs. Madame de Montagu raconta tout : son voyage à Lausanne, la rencontre de son père, etc.; elle dit la mort du maréchal de Mouchy, la captivité de sa mère, de son aïeule et de sa sœur aînée, l'hésitation et le courage du P. Carrichon, l'orage de la rue Saint-Antoine, le peuple dispersé, le prêtre suivant la charrette, la dernière bénédiction au milieu des éclairs, puis le retour du calme et la consommation du sacrifice. Quand elle eut achevé ce récit, elle montra le mouchoir de batiste qu'elle portait toujours sur elle, et sur lequel était écrite la lettre de sa sœur, madame de Grammont. Elle lut cette lettre; on la lui fit relire. Tout le monde pleurait; elle pleurait aussi. Elle se retira un moment dans sa chambre; se lava le visage, et dès qu'elle reparut, le comte s'approcha d'elle et lui demanda, avec une sorte d'inquiétude, si elle n'éprouvait pas quelque affliction de vivre parmi des hérétiques. Il n'attendit pas sa réponse et ajouta : « Nous sommes presque catholiques; nous l'étions tout à l'heure en vous écoutant. Il nous a semblé un instant que le Ciel s'ouvrait et que nous allions y pénétrer avec ces saints martyrs. Oh! quelle religion que la vôtre! quelles âmes elle forme! quelle source de force et de consolation! »

Madame de Montagu, en entendant ces paroles, ne sut comment exprimer sa joie. M. de Stolberg lui apparut comme un autre Augustin au temps de ses derniers combats. « Ah! lui dit-il, s'il était permis de dire : *Je crois*, lorsqu'on a encore que la foi du cœur, je vous dirais à l'instant : Je suis de votre Église. » La comtesse Sophie et la comtesse Catherine, joignant les mains, s'écrièrent en même temps : « Et moi aussi! » Et tous à la fois jurant que ni la chair ni le sang ne les arrêteraient le jour où la vérité leur apparaîtrait sans nuage, ils s'adressèrent à madame de Montagu et la supplièrent de prier pour eux.

Leur intimité, à partir de ce jour, devint plus étroite que jamais. On s'écrivait quand on n'avait pas le temps de se visiter. Madame de Montagu était de toutes les fêtes domestiques; elle fut choisie pour marraine d'un nouvel enfant qui naquit à la comtesse. C'était une privation pour elle et une pénitence que d'être obligée de manquer à un rendez-vous « chez ses chers néophytes. » Elle y allait parfois, faute de voiture et par des temps froids et brumeux, dans une charrette découverte et revenait la nuit, faisant toujours attention que rien, à Witmold, ne souffrît de son absence.

C'était à qui l'aimerait le plus du comte, de la comtesse et même des enfants. Mais on comprend que toute sa pensée était de concourir, le plus efficacement possible, à l'heureuse conclusion que les pieuses dispositions de ses amis lui faisaient espérer. Son plus puissant moyen était l'ascendant de sa présence. « Jouissez, lui écrivit un jour le comte de Stolberg (7 novembre 1797), jouissez de l'idée du bien que Dieu nous fait par vous. Ce n'est ni à la plume ni à la parole qu'est donné exclusivement le don de la persuasion ! Il est répandu sur toute la personne des âmes privilégiées ; c'est une atmosphère, un je ne sais quoi, dont l'influence se fait sentir au fond du cœur. » Et plus tard encore (4 décembre 1798) : « Dieu se plaît quelquefois à en user envers nous avec une délicatesse toute particulière, quand, pour nous faire du bien, il se sert de personnes que nous aimons tendrement. Cette idée m'a souvent attendri quand j'ai reçu de vos lettres. Elle me revient en relisant la dernière du 29 novembre. Elle ajoute un prix à la lecture charmante, intéressante, sacrée, de la vie de votre bienheureuse mère. Quelle famille ! Vous avez bien raison de la comparer à la mère des sept Machabées, et il est bien doux de penser que ses soins maternels ont été aussi couronnés que ceux de cette héroïne de l'Ancien Testament. »

Et c'est ce même sentiment, toujours un peu poétique, qui lui faisait écrire encore le jour de la Toussaint (1ᵉʳ novembre 1798) : « La fête de ce jour est pour vous, chère Pauline, une fête de famille. Votre âme s'élève vers celles qui vous ont devancée, ou plutôt vers Celui dans le sein duquel elles reposent ; dans le sein duquel vous reposez aussi ici-bas, mais d'une autre manière. Toutes vos larmes ne sont pas encore essuyées. Les bienheureux chantent des chants de triomphe au son de leurs harpes : la vôtre pend attachée aux saules de Babylone. »

On n'achetait presque rien à Eutin, on n'y faisait aucune provision de ménage sans prélever la part des pauvres émigrès ; madame de Montagu ne revenait jamais de là les mains vides. C'étaient tantôt des chemises, tantôt des habits, ou bien encore des layettes qu'elle emportait, sans compter les produits de la souscription danoise. Lorsqu'elle était près de ses amis, il lui semblait que Dieu même était avec eux et qu'elle y sentait sa présence. Elle notait leurs progrès. Un jour, elle trouva sur la table à ouvrage de la comtesse Sophie l'*Imitation de Jésus-Christ*. Un autre jour, elle aperçut dans le cabinet de travail de M. de Stolberg un crucifix. Elle n'en dormit pas de joie et pria pour eux toute la nuit. Elle ne se méprit pas du reste sur le caractère de la mission que la Providence lui avait confiée, et n'eut garde de s'ériger en docteur. Quand M. de Stolberg lui parlait en particulier de la femme qu'il avait perdue et de l'espérance qu'il avait de son salut, elle entrait dans les sentiments de confiance qu'il avait dans la miséricorde de Dieu. Elle cherchait à s'instruire par de nombreuses lectures, de manière à pouvoir, sur quelques points, fixer les doutes qu'on lui exprimait ; mais elle ne discutait qu'avec humilité et avouait sans rougir son ignorance sur les questions qu'elle n'avait point approfondies. Elle n'était savante que dans l'amour de Dieu et dans la soumission à sa loi. Toute sa controverse était dans ses œuvres. Au lieu de dogmatiser, elle se mettait à genoux et priait avec eux.

Comme ils n'avaient plus de secrets pour elle, elle n'en avait plus pour eux et leur confessait naïvement les langueurs et les abattements auxquels elle était sujette, et qu'elle appelait « ses misères ». M. de Stolberg lui dit un jour qu'elle avait tort de s'en alarmer. Vous n'avez, lui dit-il, que la maladie du pays, que les Suisses appellent : *Heimweh*. Regardez le Ciel et ayez courage. » Un autre jour, comme on parlait des différentes fonctions des membres de la colonie de Witmold, le comte l'interrompit en

1.

souriant : « Je connais les vôtres, lui dit-il, c'est le département des affaires étrangères. »

Cependant M. de Stolberg et les siens admiraient, goûtaient, sentaient de plus en plus la divine beauté du catholicisme, sans avoir encore, au moins sur quelques points, d'autre preuve de sa vérité que sa beauté même. C'était presque assez pour la comtesse Sophie et même, en ce temps-là, pour la comtesse Catherine. « Si j'étais seule, disait la jeune mère, je me ferais à l'instant catholique. — Moi, disait la vieille demoiselle, je voudrais l'être à cause de nos enfants. » Mais cette foi de Marthe et de Marie, qui croient, parce qu'elles aiment, cette foi de sentiment, cette lumière intérieure, M. de Stolberg n'osait s'en contenter. Il se comparait à l'aveugle de l'Évangile, qui suit à tâtons les traces du Sauveur, en lui demandant la vue. Il tenait à éclaircir à fond presque tous les points controversés entre les deux églises et pensait ne se rendre qu'à la plus complète évidence. Madame de Montagu essaya donc d'attirer à Eutin, pour achever son ouvrage, quelque savant théologien. Elle s'adressa à l'évêque de Saint-Pol de Léon, puis à l'abbé Edgeworth. « Ne croyez pas, chère Pauline, lui écrit le comte de Stolberg (31 décembre 1797), que vos *Eutinois* prenne le change sur le motif qui vous fait désirer que M. Edgeworth vienne passer quelque temps chez nous. Vous voulez bien sans doute qu'il se repose de sa maladie, qu'il prenne haleine pendant son voyage, je sens cela, mais c'est nous, plutôt que lui, qui sommes les objets de votre charité ingénieuse autant qu'ardente. Eh bien! généreuse amie, j'entre dans vos vues et je viens de lui écrire pour l'inviter... » Malheureusement l'abbé Edgeworth ne put se rendre à cette invitation, et il écrit à madame de Montagu, le 5 janvier 1798 : « Je réponds, madame, par ce même courrier, à une lettre plus qu'obligeante que j'ai reçue de

M. le comte de Stolberg, et dans laquelle vous avez été sûrement pour quelque chose. Il m'en coûte plus que je ne puis vous dire de me refuser à la proposition qu'il daigne me faire d'aller passer chez lui cinq ou six semaines avant d'entreprendre un plus long voyage... Aussi, faut-il que j'éloigne bien vite de ma pensée cette proposition, de peur qu'elle ne me séduise. Mais vous sentez, madame, que la position où est le roi donne de nouveaux liens à ceux qui l'entourent (1). Plus il est malheureux, et plus on doit se presser autour de lui, afin de lui prouver qu'on lui est plus que jamais fidèle. J'ignore absolument vers quel point du globe la Providence va le conduire. Tout se décidera d'ici à huit jours, si je ne me trompe; mais en attendant, il y a, ce me semble, un devoir à remplir, et à celui-là seul je me borne; c'est de me tenir dans la disposition de le suivre (s'il l'exige), sans examiner quel sera le terme du voyage. » Le secours alors vint à madame de Montagu d'où elle ne l'attendait pas. Madame de La Fayette venait d'être rendue à la liberté. Ç'avait été une explosion de joie autour de madame de Montagu, et la famille de Stolberg n'avait pas été des derniers à témoigner la sienne. La captive d'Olmutz, à peine arrivée dans le Holstein, fut mise en rapport par sa sœur, avec cette famille, et, comme on le pense bien, de moitié dans son entreprise. Madame de La Fayette s'y livra avec l'ardeur de sa foi et la force de son esprit, et la part qu'elle y eut ne tarda pas à se faire sentir. « Dieu me fera encore beaucoup de bien par vous, écrivait M. de Stolberg à madame de Montagu (7 novembre 1797), et par vous aussi il en fera beaucoup à Sophie, à Catherine et à mes enfants. Mais je pressens et je suis sûr qu'il nous en fera beaucoup

(1) Obligé de quitter l'Angleterre, le roi Louis XVIII, qui avait appelé auprès de lui l'abbé Edgeworth, devait, croyait-on, se rendre à Mittau.

aussi par votre chère et sublime sœur Adrienne, dont les vertus et les souffrances nous ont fait verser des larmes d'attendrissement et d'admiration avant qu'elle sût notre existence. Je me trouve très-heureux d'avoir vu de près dans elle ce que vous me faisiez admirer de loin. Hélas! cette étoile ne fait que passer sur notre horizon, mais elle laissera après elle son influence bienfaisante. »

Madame de La Fayette eut en effet plusieurs conférences avec la famille de Stolberg, à la suite desquelles elle proposa de mettre par écrit tous les points sur lesquels ils hésitaient encore. Pendant que le comte achevait ce travail, madame de La Fayette rédigea elle-même, d'après ce qu'elle avait entendu, une consultation préparatoire. Madame de Montagu en fit deux copies qu'elle adressa, l'une à M. de La Luzerne, évêque de Langres; l'autre à M. Asseline, évêque de Boulogne. Elle y joignit toutes les explications propres à intéresser les prélats, en leur faisant connaître l'admirable conduite, le désintéressement, la droiture, les saints désirs de ses amis.

Nous n'avons pas la réponse des évêques à cette première communication, et le *Journal* de madame de Montagu renferme ici, comme en d'autres endroits, de regrettables lacunes; mais nous voyons ailleurs qu'elle servit bientôt d'intermédiaire entre l'évêque de Boulogne et le comte de Stolberg, entre lesquels s'engagea une vraie controverse. Elle fit comme l'ange qui n'apparut au centenier que pour le mettre entre les mains de Pierre (1).

(1) On trouve dans le t. VI des *Œuvres choisies* de M. Asseline, imprimées à Paris en 1823, les réflexions du savant évêque sur les doutes exposés par M. le comte de Stolberg. Ces réflexions forment un traité presque complet sur les principales vérités religieuses dont le protestantisme a presque obscurci le sens. L'ouvrage est précédé d'une lettre du

§ IV. — *Abjuration du protestantisme.*

La mission de madame de Montagu à Eutin était finie. Dieu la rappela en France, où d'autres devoirs l'attendaient, et ne lui laissa pas la joie d'assister à l'abjuration de ses amis. Il écarta au dernier moment l'ouvrier dont il s'était servi, et mit lui-même, comme le sculpteur, la dernière main à son œuvre. Madame de Montagu se résigna à cette séparation douloureuse, plus douloureuse encore à la veille de ce grand jour. « J'espère, dit-elle, que Dieu reçut comme une prière agréable l'holocauste de mes sentiments bien purifiés de tout ce qui pouvait s'y rencontrer d'humain. En effet, peu de temps après son retour à Paris, elle reçut du comte lui-même la grande nouvelle qu'elle attendait (16 mai 1800) : « Mon âme se réjouit dans le Dieu vivant, car l'oiseau a trouvé sa demeure et la tourterelle son nid pour y faire sa couvée, c'est-à-dire tes autels, Seigneur Dieu des armées, mon Roi et mon Dieu... Inondé d'un torrent de sainte joie, mon cœur devrait être un temple où la louange du Dieu d'Abraham, d'Isaac et de Jacob, se fit entendre sans cesse, car il m'a fait miséricorde à moi et à Sophie, et il la fera à mes enfants. Il a regardé avec une complaisance indulgente

---

comte à M. Asseline et de la réponse du prélat, où il est fait mention de madame de Montagu. On y voit que les *Réflexions sur les doutes* ne durent arriver à Eutin que dans le courant de l'année 1799 ; elles n'y arrivèrent probablement que chapitre par chapitre. On lit dans une lettre du comte de Stolberg à madame de Montagu, en date du 29 octobre 1801 : « J'ai joui d'un grand plaisir en voyant M. de Boulogne à Hildesheim. Je lui devais un tribut de respect et de reconnaissance, comme vous savez, mais c'est à vous que je suis redevable du bien que m'a fait ce saint homme, par ses instructions solides et lumineuses. »

le désir de connaître la vérité, désir que lui-même avait fait naître... Jouissez de l'œuvre de Dieu à laquelle vous avez efficacement et saintement travaillé par vos prières ferventes, par vos larmes, par votre exemple, et que vos sœurs, cette sainte Rosalie (madame de Grammont) et l'ardente Adrienne (madame de La Fayette), qui comme vous, ont contribué à l'ouvrage de Dieu, en jouissent avec vous !..... »

Cette conversion fit beaucoup de bruit en Allemagne et fut le signal de plusieurs autres. « Le comte Frédéric Stolberg, dit madame de Staël dans son ouvrage sur l'Allemagne, homme très-respectable par son caractère et par ses talents, célèbre dès sa jeunesse, comme poëte, comme admirateur passionné de l'antiquité et comme traducteur d'Homère, a donné le premier en Allemagne le signal de ces conversions nouvelles qui ont eu depuis des imitateurs. Il vient de publier une Histoire de la religion de Jésus-Christ, faite pour mériter l'approbation de toutes les communions chrétiennes.» La vivacité de son esprit se dévoua en effet à son nouveau culte, et il mit au jour un assez grand nombre d'ouvrages, tous remarquables, pour la défense de la foi qu'il avait embrassée.

Le comte de Stolberg resta en correspondance suivie avec madame de Montagu, et il ne se lassait pas de lui témoigner sans cesse sa reconnaissance en lui rappelant tout ce que lui devait son ami :

« Que votre lettre du 7 est touchante! lui écrit-il de Munster en novembre 1801. C'est comme si je vous entendais, comme si je vous voyais, comme je vous voyais autrefois, quand vous veniez embellir et sanctifier, par votre présence, nos petites fêtes de famille à Eutin. Charmant souvenir! C'étaient en effet des jours charmants, chère Pauline, c'était comme des apparitions qui passent rapidement, mais qui laissent un long et profond souvenir. Oui, c'étaient des apparitions. Vous vous croyiez amenée chez nous par le seul besoin d'une amitié tendre, mais c'était Dieu qui vous envoyait. Vous laissiez un libre cours à votre langue dans nos entretiens, mais c'était Dieu qui vous faisait parler. Soyez-en persuadée, chère Pauline, et goûtez toute la douceur que cette idée doit répandre dans votre cœur tendre et brûlant de charité; soyez persuadée que vous êtes entrée pour beaucoup dans le plan des miséricordes divines envers nous... En nous présentant son joug béni et léger, il voulut que les mains de l'amitié l'ornassent de fleurs; en voulant nous faire juger de l'arbre par les fruits, il nous en présenta lui-même en nous montrant ce que produit l'esprit de son Église, qui donne cette foi ferme, ce dévouement de l'espérance, cette charité ardente et sincère... » Plus tard, nous retrouverons encore les Stolberg, toujours avec la même ardeur de foi, la même tendresse de cœur, la même communauté de sentiments, de ces sentiments qui, entre vrais chrétiens, se confondent dans les cieux.

La nouvelle de la conversion du comte de Stolberg fut un événement public; elle souleva toutes les passions de l'Église réformée. Le nouveau catholique se vit en peu de temps privé de ses charges, abandonné d'une partie de ses amis, l'objet de libelles infâmes, enfin comme jeté au ban de l'opinion.

Celui dont la haine se manifesta avec le plus d'éclat était un condisciple dont Stolberg avait assuré l'existence, du reste du plus habile traducteur qu'ait eu l'Allemagne, Jean-Henri Woss. Il est curieux de voir comment ce Caton rustique justifie ses attaques effrénées contre le comte. « Le meilleur, le plus généreux, le plus humain des nobles, s'écrie-t-il, restera toujours un monstre. Tel fut Stolberg, malgré un certain vernis de bonnes qualités qui le distinguait dans sa jeunesse. » Il s'est trouvé dans l'Allemagne révolutionnaire de nos jours, des battements de mains pour ce langage (1). Mais la conscience des contemporains fut révoltée de cet oubli de toute mesure et de toute justice, et ces violences d'un vieillard, s'acharnant contre un ami d'enfance septuagénaire, achevèrent de ramener l'opinion vers celui qu'il poursuivait.

Le comte soutint sa mauvaise fortune avec la noblesse d'un gentilhomme, la douceur d'un parfait chrétien. Vis à vis de ses indignes accusateurs il garda le silence, et, après avoir expliqué en une occasion solennelle les motifs de sa conversion, il demeura humblement à l'écart, se consolant, avec ses amis restés fidèles, de la défection de ceux sur qui il avait cru pouvoir compter. On raconte qu'un jour le duc de Saxe-Cobourg lui dit publiquement : « Monsieur, je n'aime pas les gens qui changent de religion. — Ni moi non plus, Monseigneur, répliqua-t-il, car si nos pères n'en avaient pas changé il y a trois cents ans, je n'aurais pas eu la peine d'en changer moi-même aujourd'hui. »

Il se retira aux environs de Munster et consacra le reste de sa vie (il avait cinquante ans) à la pratique des vertus domestiques et à l'étude. Il a composé dans sa retraite des ouvrages précieux. (Son *Histoire de la religion de Jésus-Christ* (15 vol.), ses *Méditations*, son livre de l'*Amour de Dieu* contribuèrent puissamment à rallumer en Allemagne le respect et l'amour de l'Église catholique.

§ V. — *Mort du comte de Stolberg.*

Il avait soixante-neuf ans quand Dieu le retira de ce

---

(1) *Europe littéraire*, 8 mars 1833, article H. HEINE.

monde. Le récit de ses derniers jours est un tableau achevé du chrétien, père de famille, mourant au milieu de ses enfants.

L'année 1819 avait été pour lui une année de souffrances perpétuelles. A mesure qu'il sentait ses forces l'abandonner, il avait successivement quitté ses grands travaux : le traité de l'*Amour de Dieu* pouvait seul lui faire oublier son mal : ce livre était pour lui comme un testament. A la fin des jours de novembre, des douleurs très-vives, des vomissements de mauvaise nature jetèrent l'inquiétude autour de lui. On s'empressa d'appeler son médecin et son ami intime le R. Kellermann, doyen de Munster. Le médecin s'étant ouvert sur la proximité et la grandeur du danger, le doyen fut chargé d'avertir le malade. Il le trouva préparé, ne se faisant aucune illusion, prêt à suivre la volonté de Dieu jusqu'à la fin. Dès lors il passait de longues heures avec son ami, s'occupant de l'éternité, des intérêts de l'Église, du salut de sa famille. Son âme était tranquille, et, néanmoins, il ressentait parfois de grandes terreurs des jugements de Dieu; mais toujours obéissant, il se soumettait aux paroles du digne doyen et retrouvait le calme en entendant prêcher la miséricorde de Jésus-Christ.

Le 3 décembre, il fut plus mal; on décida qu'il serait administré immédiatement. Sa femme, ses enfants accoururent et s'agenouillèrent autour de son lit. Quand le comte se fut assuré que tout le monde était là : « Chers enfants, dit-il, il eût été impossible de lutter contre la Providence : soyez contents, car je le suis. Voyez, j'ai vécu une longue vie : j'ai soixante-dix ans, que voulez-vous de plus? Dieu sait combien je tiens du fond du cœur à votre mère et à vous, et, cependant, je m'en vais volontiers. Dieu a tout réglé avec tant de bonté! Kellermann est ici, il priera sur mon corps. Mon petit ouvrage sur l'*Amour de Dieu*, que j'ai, en effet, écrit avec amour, est achevé. Je m'en vais sans peine; mais, si Dieu veut me laisser encore ici, sa volonté soit faite. » Il reçut ensuite le Viatique et s'unit aux oraisons que le doyen récita en manière d'action de grâces, répétant une à une les paroles de l'*Anima Christi*, prière à laquelle il avait une particulière dévotion.

Le samedi matin, il se trouva mieux : les vomissements avaient cessé. « Je crains de violentes douleurs, disait-il, mais si Dieu me les envoie, il fera bien. » Il était calme, serein, affectueux au delà de toute expression. Le doyen étant venu le saluer, le malade parla longtemps du purgatoire et de la pureté qu'il fallait pour paraître devant Dieu. « Kellermann, lui dit-il, vous prierez Dieu pour moi tant que vous vivrez : mes péchés ont été si nombreux et si graves ! — Mais, lui dit le R. Kellermann, vous avez aimé Dieu. — Oh! oui, reprit-il, je l'ai aimé, et Jésus-Christ, son fils! » Il se fit encore habiller et porter sur son canapé, et, tandis qu'on lui mettait ses vêtements, il récitait ce passage de saint Paul : *Nous ne voulons pas être dépouillés, mais revêtus, afin que ce qui est mortel en nous soit absorbé par la vie.*

Il voulut être administré pendant une heure de répit. La cérémonie achevée, il dormit d'un sommeil paisible, et se réveilla ensuite si plein de force qu'il semblait que toute espérance n'était pas perdue. Lui seul ne conservait aucune illusion. Sa femme lui dit qu'ils étaient bien heureux de s'aimer de telle sorte que la mort ne les pouvait séparer : « Il en est toujours ainsi, répondit-il, quand on s'aime en Celui qui est la voie, la vérité et la vie. Marchons en Lui, nous nous rapprocherons encore les uns des autres. » Une de ses filles lui baisa la main en lui disant : « Mon père, nous sommes bien heureux d'être auprès de vous! — Oui, mon enfant, lui répondit-il, remercions Dieu, chantons ses louanges et réjouissons-nous. » Au sortir de ce sommeil dont j'ai parlé plus haut, il avait dit à sa femme : « J'ai rêvé du purgatoire : c'était comme un grand couteau sur la lame duquel j'étais couché, mais, chose singulière, il ne me blessait pas ! » Voyant sa plus jeune fille : « Je t'aime bien, ma petite Paule, lui dit-il, et toi, tu aimes bien ton vieux père. Vois comme on meurt vite : on s'en va, et personne ne vous voit plus. On ne peut pas donner à ceux qui restent des nouvelles de l'état où on se trouve. Mais nous savons où nous allons, car le Sauveur nous a donné la promesse de la vie éternelle. » Puis il ajouta, en regardant la comtesse et le curé : « Mon épitaphe doit être ainsi : *Ici gît Frédéric-Léopold, etc., né le 7 novembre 1750, mort le... Dieu a tellement aimé le monde qu'il a donné son Fils unique, afin que tous ceux qui croient en Lui ne périssent pas, mais aient la vie éternelle.* Il y a déjà trente ans que je me suis fait cette épitaphe. N'y ajoutez rien. Lorsqu'on a parlé de l'éternité, on doit se taire sur ce qui est de ce temps. »

Les symptômes alarmants avaient reparu. Le comte souffrait cruellement. Au matin du 5 décembre, il dit : « Je désire que Dieu m'appelle aujourd'hui à lui. Mais, avant tout, il faut être obéissant. Que Dieu courbe ma volonté indocile et rebelle à la souffrance ! » Le R. Kellermann et la comtesse entrèrent en ce moment : « Me voici bien plus près du but », disait le malade ; et, comme une crise commençait, il ajouta : « Ceci est l'agonie. » Madame de Stolberg ayant rappelé ces paroles : *Je suis la résurrection et la vie*, le malade ajouta : « Dieu me donne une peine telle que je ne l'avais jamais éprouvée auparavant. Et il reçut le médecin avec ces paroles : « J'espère que vous m'annoncerez aujourd'hui ma délivrance. »

Vers midi, il fit appeler ses enfants, et, quand ils furent à genoux autour de son lit, il prononça ces paroles d'une voix affaiblie, mais émue et très-solennelle : « Je suis ici en présence de Dieu présent partout, Père, Fils et Saint-Esprit, et je supplie la Sainte-Trinité, que j'ai toujours adorée, d'avoir pitié de nous tous ; de ma première femme, de celle qui vit encore, de mes frères et sœurs morts et vivants, de mes gendres et de mes brus, de mes neveux et nièces, petits-fils et petites-filles, de nous joindre tous dans un lien d'amour par la foi, l'espérance et la charité, de manière que personne de ce petit troupeau ne se perde, et que nous soyons tous réunis un jour près du trône de Dieu. Tout misérable pécheur que je suis, je m'en vais cependant plein de confiance en Jésus-Christ. Je prie mes chers enfants, et toutes les personnes avec lesquelles j'ai vécu, de me pardonner les manquements de charité dont je me suis rendu coupable à leur égard et le scandale que je leur ai donné. Puisse Dieu, en éloignant le tort qui aurait pu en résulter pour leurs âmes, ne pas le leur imputer, mais seulement à moi ! Je les conjure de prier pour moi, pour ma première femme et pour nous tous, tant qu'ils vivront. Puisse l'Esprit de Dieu nous remplir tous de son amour, de sorte que nous soyons un comme le Père et le Fils sont un ! Si un de mes enfants ou de mes amis croyait que quelqu'un a eu des torts envers moi, je le supplie de ne pas en conserver de ressentiment, mais de prier pour celui dont il aurait cette opinion. Mes enfants chéris, il y a une chose que je voudrais vous graver dans le cœur : nous sommes tous hommes, tous pécheurs, mais tenez toujours votre cœur ouvert au Seigneur ; n'ayez pas peur de lui : car si nous l'appréhendons, qui n'appréhenderons-nous pas ? et si nous n'avons pas confiance en Lui, en qui pourrons-nous avoir confiance ? »

Sa faiblesse ne lui permit pas de continuer : ses douleurs étaient atroces ; le râle commençait à devenir intense.

Le R. Kellermann s'établit auprès de son lit et ne le quitta plus jusqu'au dernier moment. Rien n'était plus beau que d'entendre ces deux amis, ces deux chrétiens, vieillis dans l'étude de la sainte Écriture, s'encourager l'un l'autre en cette heure suprême. La grâce mettait sur leurs lèvres les paroles les plus sublimes que le Saint-Esprit ait dictées à ses Saints : elles faisaient la consolation de celui qui allait entrer dans la paix de son Seigneur : « Qu'il est consolant de penser que nous souffrons pour Jésus-Christ! disait le R. Kellermann. — Pour Jésus-Christ, répondait le malade, et avec Jésus-Christ, par lui! avec lui! en lui! » Bientôt après, le comte reprit : « Ah! que je souffre! L'heure de ma dissolution approche! » Le R. Kellermann : « Mon ami, qui le Sauveur appelle-t-il à lui? » Le malade : « Ceux qui souffrent et qui sont accablés. » Le R. Kellermann ayant prononcé ces dernières paroles du Nouveau Testament : « Venez, Seigneur Jésus, venez (*Apoc.* xxv, 20), » le malade ajouta cette réflexion sublime : « Qu'il est beau de voir la sainte Écriture, qui nous offre un si riche tableau de nos péchés et des miséricordes divines, se terminer par ces mots : « Venez, Seigneur Jésus, venez! » Dieu, si grand ouvre par ces mots le récit de ses bienfaits : « Au commencement, Dieu créa le ciel et la terre ; » si bon, il l'achève en disant : « Je viens bientôt! Venez, Seigneur Jésus (*Gen.* 1, 1. — *Apoc.*, xxv. 20). »

Il demanda qu'on récitât les prières des agonisants composées par une jeune fille protestante convertie. Il les commença lui-même : « Quand mes pieds et mes mains seront froids... » Il les récita avec une de ses filles et les acheva seul à haute voix. « Que Dieu est bon! disait-il. Quand Jésus alla pour nous à la mort, les siens l'abandonnèrent, et, aujourd'hui, tous les miens sont autour de moi. » Le R. Kellermann lui rappela le passage : *Quand je serai élevé, j'at-*

tirerai tout à moi. — « Oui, dit le malade, je me laisse aller, je veux suivre Jésus-Christ! — Le Seigneur est proche, reprit le R. Kellermann. — Dieu soit loué! » répondit le malade. Il récita le *Pater*, l'*Ave*, et ajouta encore ces paroles de l'*Imitation* : « Votre vie est notre voie; c'est par la patience que nous marchons vers vous, qui êtes notre couronne. »

Chacun s'empressait autour du vénérable malade; chacun lui voulait suggérer un acte d'amour, lui donner un dernier adieu dans le Christ; il répondait à tous. « Loué soit Jésus-Christ! lui dit une de ses filles. — Dans l'éternité, répondit-il. — Jésus, fils de David, ayez pitié de moi! — Ayez pitié de moi! répondit-il. Il a déjà eu pitié de moi, grâce à son immense miséricorde, l'Orient m'est apparu dans les cieux! »

Ce furent les dernières paroles qu'il dit dans la plénitude de sa pensée. Il eut ensuite un doux et léger délire, il parlait encore de Dieu, voulait se lever comme un homme qui se préparerait à faire un grand voyage. Vers dix heures du soir, il dit au médecin : « Pensez-vous que j'aille jusqu'à demain ou après-demain? » Le médecin lui répondit : « Votre foi vive et votre ardent désir de voir Dieu me permettent de vous annoncer que vous n'irez pas jusqu'à minuit. — Dieu soit loué! s'écria-t-il en prenant les mains du médecin. Merci, merci! je vous remercie de tout mon cœur! Loué soit Jésus-Christ! » En disant ces mots, il pencha la tête, et après quelques légers soupirs, il s'en alla vers son Père et notre Père, vers son Dieu et notre Dieu (1).

(1) *Extrait d'une lettre écrite par une des filles du comte de Stolberg.*

CHARLES-LOUIS DE HALLER [1]

Charles-Louis de Haller, membre du Conseil souverain de Berne, petit-fils de l'illustre médecin de ce nom, neveu du philosophe de Haller, fils et père de magistrats, longtemps magistrat lui-même, et connu de toute l'Europe littéraire par des écrits remarquables, fut ramené par ses longues études à la religion catholique, à l'âge de cinquante ans, et abjura le protestantisme le 17 octobre 1820, entre les mains de l'évêque de Fribourg. Cet écrivain distingué, qui réunit l'éclat des vertus à une éminente érudition, donna l'exemple du plus grand sacrifice.

§ 1. — *Motifs de son retour à l'Eglise catholique.*

Haller, retiré à Paris, adressa, le 18 avril 1821, la lettre suivante à sa famille pour lui exposer l'histoire et les motifs de son retour à l'Église catholique.

« Ma chère bien-aimée épouse, et vous, mes très-chers frères, sœurs, beaux-frères et belles-sœurs, auxquels je suis

---

[1] Charles-Louis de Haller, né à Berne en 1768, décédé en 1854, s'est fait un nom comme publiciste ; il est auteur de la *Restauration de la science politique* (Lyon et Paris, 1824), ouvrage célèbre où il combat les idées révolutionnaires, à l'exemple de M. de Bonald.

bien tendrement attaché, soit par les liens du sang, soit par une alliance dont je m'honore, et par le souvenir de tant de bienfaits, je ne pensais pas que je serais jamais dans le cas de vous faire à Paris une ouverture qui vous surprendra et vous affligera peut-être, qui me coûte aussi par cette seule raison, mais à laquelle la nécessité m'oblige, et qui tôt ou tard se tournera pour vous en consolation et en joie. Depuis longues années nous vivons ensemble dans la meilleure harmonie; le Ciel l'a récompensée par toutes sortes de bénédictions : accordez-moi encore votre amitié, écoutez-moi avec bonté dans une des époques les plus décisives de ma vie.

« Vous connaissez depuis longtemps, et par mes discours et par les bruits publics, mon penchant pour l'Eglise catholique, qui n'est autre chose que la société universelle des chrétiens. Ce penchant ne date pas d'aujourd'hui; personne ne m'y a engagé, personne ne m'a sollicité : il est le fruit naturel d'un bon cœur, d'une raison saine et de la grâce particulière de Dieu, qui, dans le cours de ma vie, m'y a conduit d'une manière presque miraculeuse. Mes frères et sœurs se rappelleront peut-être avec quelle équité feu notre père (1) parlait souvent des catholiques au sein de sa famille; il les connaissait par nombre de relations littéraires; il les aimait, il en justifiait même la croyance sur divers points. Ce germe s'est développé dans moi, et malgré les erreurs de ma jeunesse, mon ignorance du moins ne fut jamais une répugnance. La beauté des temples catholiques éleva toujours mon âme vers des objets religieux ; la nudité des nôtres, dont on a fait disparaître jusqu'au dernier em-

(1) Théophile-Emmanuel de Haller, du Conseil souverain de Berne, et bailli à Nyon, auteur de la *Bibliothèque de l'histoire suisse*, mort en 1786.

blème du christianisme, la sécheresse de notre culte me déplut; il me semblait souvent qu'il nous manquait quelque chose, que nous étions étrangers au milieu des chrétiens. Vous trouverez déjà des traces de ces dispositions dans un éloge de Lavater que je fis il y a vingt-un ans à Weimar. On avait reproché à cet homme célèbre le même penchant; je cherchai à le justifier, et quoique, hélas! je n'eusse pas alors d'autre religion que la religion dite naturelle, ou plutôt celle que je me faisais à moi-même, la manière dont j'y parlais, par les seules lumières du bon sens, de la confession, de l'abstinence périodique considérée comme un exercice de privation, de la décoration des temples, de la cérémonie du lavement des pieds, et aussi de l'unité de l'Eglise, frappa d'étonnement même de savants catholiques. Pendant mon émigration, j'appris à connaître beaucoup de prélats et de prêtres catholiques, et, quoiqu'ils ne me parlassent jamais de religion, ou du moins qu'ils ne cherchassent pas à ébranler ma croyance, je ne pus qu'admirer leur esprit de charité, leur résignation au milieu de tous les outrages, et j'ose le dire, même leurs lumières et leurs profondes connaissances. Je ne sais quelle secrète sympathie m'attira vers eux, et comment ils m'inspirèrent toujours tant de confiance.

« L'étude des livres sur les sociétés secrètes et révolutionnaires de l'Allemagne me montra l'exemple d'une association spirituelle répandue sur tout le globe pour enseigner, maintenir et propager des principes impies et détestables, mais néanmoins devenue puissante par son organisation, l'union de ses membres et les divers moyens qu'ils ont employés pour arriver à leur but; et, bien que ces sociétés m'inspirassent de l'horreur, elles me firent cependant sentir la nécessité d'une société religieuse contraire, d'une autorité enseignante et gardienne de la vérité, afin de mettre un frein aux écarts de la raison individuelle, de réunir les bons, et d'empêcher que les hommes ne fussent livrés à tout vent de doctrine; mais je ne me doutais pas encore, et je ne m'aperçus que beaucoup plus tard que cette société existe dans l'Église chrétienne, universelle ou catholique, et que c'est là la raison de la haine qu'ont tous les impies contre cette Église, tandis que toutes les âmes honnêtes et religieuses, même dans les confessions séparées, se rapprochent d'elle, du moins par sentiment. Pendant mon séjour à Vienne, bien que ma conversion eût pu alors m'être utile sous des rapports temporels, je n'y pensai même pas, et personne ne m'en parla. Tout au plus quelques bonnes âmes, qui me voulaient du bien, voyant mon cœur sans haine et mon esprit sans préjugés laissèrent percer des vœux ou de légères insinuations. Un jour, passant devant une librairie, je vis un petit livre destiné pour le peuple, et où sont expliqués tous les rites et cérémonies de l'Église catholique: je l'achetai par pure curiosité, et je le possède encore. Quelle ne fut pas ma surprise, en y apprenant tant de choses instructives, le sens, le but et l'utilité de tant d'usages que nous prenons pour des superstitions! Mais ce furent surtout mes réflexions et mes études politiques qui me conduisirent peu à peu à reconnaître des vérités que j'étais loin de prévoir. Dégoûté des fausses doctrines dominantes, et y voyant la cause de tous les maux, la pureté de mon cœur me fit toujours rechercher d'autres principes sur l'origine légitime et la nature des rapports sociaux.

« La lecture attentive et fréquente de la Bible me prouva bien plus encore que je ne m'étais pas trompé; car, avec cet esprit de justice et d'impartialité que Dieu m'a donné, je ne pus méconnaître d'innombrables passages qui n'ont de rapport qu'à un royaume de Dieu sur la terre, c'est-à-dire une Église ou une Société de fidèles, que saint Paul appelle « le corps de Jésus-Christ (1 *Tim.*, III, 15) », ayant son chef et ses membres; destinés à maintenir et à perpétuer la religion chrétienne, à rassembler les bons, à les séparer des méchants, à les fortifier par leur réunion, etc.; passages que nos ministres ne citent jamais, parce que, dans le sens protestant, il est impossible de leur donner une explication simple et naturelle. Le petit ouvrage que je publiai en 1811, sous le titre de *Religion politique* ou de *Politique religieuse*, et qui n'est qu'un rapprochement des passages de l'Écriture Sainte sur les rapports et les devoirs sociaux, fournit une nouvelle preuve de ces principes, bien que j'y aie gardé encore beaucoup de ménagements, et que peu de personnes aient pénétré toute ma pensée.

« Ainsi, mes chers frères et sœurs, je puis dire en vérité que, dès l'année 1808, j'étais catholique dans l'âme et protestant seulement de nom. Ce sentiment prit un nouveau degré de force en 1815, époque où la Providence, dans sa miséricorde, semble avoir réuni l'évêché de Bâle à notre canton, pour nous instruire et nous familiariser avec les véritables notions de l'Église universelle et pour détruire tant de fatales préventions. Envoyé dans cette nouvelle partie de notre territoire, rédigeant les instructions pour l'acte de réunion et cet acte lui-même, j'appris à connaître des hommes distingués et des ouvrages plus célèbres encore, qui m'étaient nécessaires ou utiles pour enrichir et perfectionner mon quatrième volume, traitant des sociétés religieuses ou des empires ecclésiastiques. Leur lecture nourrissait mon esprit et mon âme; peu à peu les derniers doutes disparurent, même sur le dogme, dont je m'étais jusqu'alors si peu occupé; le bandeau tomba de mes yeux; mon esprit se trouva d'accord avec mon cœur; il me semblait avoir trouvé *la voie, la vérité, la vie*; et mon âme, ayant faim et soif de la vérité, me parut enfin satisfaite. D'un autre côté, je lisais aussi des auteurs protestants, principalement ceux qui traitent de ce qu'on appelle droit ecclésiastique; et, le croiriez-vous, mes chers frères et sœurs? ce furent eux, plus encore que les écrivains catholiques, qui me confirmèrent dans mes sentiments. Leurs incertitudes et leurs variations éternelles, leurs contradictions, leurs réticences et les concessions qui leur échappent parfois dans des moments de sincérité, enfin ce ton de sécheresse, d'aigreur et de dédain, si peu conforme soit à la religion et à la charité chrétienne, soit aux égards dus à des frères aînés et à une Église encore aujourd'hui si nombreuse et si respectable, me prouvèrent que nous n'étions pas dans la vérité, parce que la vérité ne varie point et ne se sert point d'armes de cette espèce. J'entrevis au surplus, avec la plus grande évidence, ce qu'au fond les deux partis avouent, savoir : que la révolution du XVIe siècle, que nous appelons la réforme, est, dans son principe, dans ses moyens et dans ses résultats, l'image parfaite et le précurseur de la révolution politique de nos jours; et mon aversion pour cette dernière me donna du dégoût pour la première. Les sentiments dont mon cœur était plein firent explosion; et tout le monde sait combien mes discours, en 1816 et 1817, roulaient souvent sur ces matières. Des théologiens protestants même en furent frappés et m'approuvèrent dans les points principaux. Ainsi les trois premiers volumes de la *Restauration*, qui furent imprimés à cette époque, bien qu'ils ne traitent que des gouvernements temporels, renferment déjà grand nombre de passages favorables à l'Église catholique et pas un seul qui lui soit contraire.

Dans l'automne de 1818, des affaires particulières m'appelèrent à Naples. Faisant le voyage de Reggio à Rome avec une famille anglaise et un abbé français, il fut souvent question de matières ecclésiastiques, parce que l'aspect de l'Italie et de ses nombreux monuments en fournit l'occasion à chaque pas. L'abbé, se trouvant un moment seul avec moi, me fit l'éloge des sentiments équitables de ces Anglais pour la religion catholique, et sur ma réponse que cela ne m'étonnait pas, que la révolution avait ouvert les yeux à beaucoup de monde et que j'étais aussi protestant, il ne voulut pas le croire. Il m'appliqua même ces paroles que notre Sauveur dit au centenier de Capharnaüm : *Pareille foi, je ne l'ai pas trouvée parmi les nôtres.* Voyant mes dispositions, il insista fortement pour m'engager à retourner dans le sein de l'Eglise, que je reconnaissais pour véritable et légitime... J'y répugnais encore, soit par respect humain ou pour ne pas faire de la peine à ma famille, soit pour renvoyer cette démarche jusqu'à la fin de mes jours, soit parce que j'espérais peut-être que mon quatrième volume ferait plus d'effet s'il sortait en apparence de la plume d'un protestant. Sur cela il cessa ses instances; mais il m'écrivit encore une lettre de Rome, où il me rappela seulement quelques passages de l'Ecriture sainte, et entre autres celui-ci : *Aujourd'hui que vous entendez sa voix, n'endurcissez pas vos cœurs* (Ps. xciv).

« Les choses restèrent sur ce pied pendant toute l'année 1819, époque où je travaillais principalement au quatrième volume de la *Restauration*, dont chaque chapitre me confirma dans ma foi et me prouva la nécessité, la vérité, la sainteté et les immenses bienfaits de l'Eglise catholique. Mon âme en fut émue au delà de toute expression. En automne, le duc Adolphe de Mecklembourg-Schwerin, passant quelques jours à Berne, vint me voir. Egalement rentré dans l'Eglise et néanmoins réconcilié maintenant avec toute sa famille protestante, ce prince aimable, voyant mes dispositions d'une part et mes inquiétudes de l'autre, m'informa que je pourrais être catholique en secret, obteair dispense pour les actes extérieurs, et que grand nombre de protestants se trouvaient dans le même cas. Cette idée me calma, parce qu'elle m'offrait le moyen de satisfaire à ma conscience sans aucun éclat public, que je désirais éviter. Toutefois je ne pris encore aucune résolution.

« Quelques dimanches avant Noël 1819, je versais un matin des larmes dans mon cabinet, par une émotion religieuse, réfléchissant au passage de l'Ecriture que l'abbé français m'avait rappelé, inquiet sur l'éducation de mes enfants et priant Dieu pour eux, quand ma femme vint me proposer d'aller au sermon, parce qu'un savant professeur prêchait. Je m'y rendis. Quel ne fut pas mon étonnement et mon émotion en l'entendant prendre pour texte ces paroles : *Aujourd'hui que vous entendez sa voix, n'endurcissez pas vos cœurs !* Ce sermon semblait inspiré par la Providence même, pour être appliqué à ma situation particulière. L'orateur ne développa point son texte de la manière ordinaire : il parla de l'établissement du christianisme et de l'Eglise chrétienne, de saint Pierre convertissant en un jour cinq mille infidèles, du grain de sénevé dont il résulterait un *grand arbre*, de la nécessité d'entrer dans le *royaume de Dieu*, du danger de renvoyer cette résolution jusqu'à la fin de ses jours, etc. Le soir j'eus une longue conversation avec l'auteur même de ce discours. Je lui fis remarquer que notre Église protestante ne présentait pas l'image d'un arbre, mais plutôt des feuilles dispersées, devenues le jouet des vents ; qu'un arbre avait une racine, un tronc, des branches et des feuilles, tenant les uns aux autres, et que l'Église catholique seule me semblait porter ce caractère comme ayant un chef et des membres, comme formant un troupeau soumis par une hiérarchie graduelle à un seul pasteur. La conversation s'engagea encore sur divers points, sur ce qu'on doit entendre par le *royaume de Dieu*, sur la primauté de saint Pierre, sur la perpétuité du Saint-Siége, qui très-certainement a quelque chose de miraculeux; sur la difficulté ou plutôt sur l'impossibilité de maintenir une croyance fixe dans l'Église protestante, etc. Le savant théologien m'écouta avec beaucoup d'intérêt et ne put disconvenir de la justesse de plusieurs de mes observations. Il convint aussi que la séparation de l'Église universelle était un malheur et se retrancha finalement derrière les objections ordinaires, sur les anciens abus introduits dans l'Église et sur les dérèglements de plusieurs de ses membres ou de ses chefs : objections qui me semblaient prouver bien peu, vu que chez nous aussi il y a des abus, et de très-grands; que l'histoire ne rapporte pas des choses fort édifiantes de Luther et de Calvin; que nos ministres ne sont pas plus irréprochables que les prêtres catholiques; qu'enfin parmi eux, quelques hommes peuvent bien être corrompus, mais jamais l'universalité, encore moins la loi et la religion qu'ils enseignent.

« Quant à moi, convaincu par la Bible même, que le royaume de Dieu sur la terre ne consiste pas seulement dans la connaissance et l'accomplissement de ses préceptes (ce qui est sans doute son but et sa fin), mais aussi dans les moyens extérieurs pour y parvenir, c'est-à-dire dans l'Église, où l'autorité établie pour enseigner, interpréter et propager ces mêmes lois divines, et nous procurer par là la paix et la joie dans le Saint-Esprit, qui est le dernier objet de cet empire céleste, je crus voir, dans le sermon que je venais d'entendre, le doigt de Dieu qui m'indiquait le chemin à suivre, et il me décida. J'écrivis le lendemain à un ami, qui seul connaissait mes dispositions et ma longue perplexité, le billet suivant :

« Je n'ai pu dormir cette nuit, et de douces larmes ont coulé de mes yeux. Le Seigneur paraît avoir exaucé la prière de tant de chrétiens en ma faveur. Sa grâce opère si puissamment en moi, que je ne peux ni ne veux plus y résister. Il m'est impossible de vivre désormais dans cette éternelle révolte contre Dieu et contre ma propre conviction. Allez donc à Fribourg, mon respectable ami ; dites à monseigneur l'évêque ce dont nous sommes convenus. Implorez la miséricorde de l'Église en faveur d'une brebis née dans l'erreur, entourée de ses partisans, mais qui jette un regard de tendresse vers la Mère commune, et qui n'attend que le moment propice pour se réunir publiquement au troupeau de Jésus-Christ, gouverné par ses légitimes pasteurs.

« La démarche fut faite, non pas tout de suite, mais après un intervalle de plusieurs jours de réflexion, pendant lesquels j'insistai encore. L'évêque, à qui mes ouvrages politiques m'avaient déjà fait connaître, me répondit par une lettre pleine de bonté et de charité qui me fit fondre en larmes, et qui, seule, m'aurait fait connaître la divinité de cette Eglise, si je n'en avais pas été persuadé d'avance. Il me dit que depuis longtemps il me considérait comme un enfant de l'Eglise catholique, et qu'il n'était pas surpris de ma résolution ; qu'il s'y attendait, qu'il m'en félicitait. Il entra dans toute ma position, dans la délicatesse de mes rapports de famille et de société ; il m'annonça que l'Eglise se contenterait de la profession de foi, et que, pour éviter un plus grand mal ou pour faire un plus grand bien, je pourrais être dispensé des actes extérieurs pour un temps indéterminé ; enfin, il m'indiqua le petit nombre de réparations et de formalités à remplir. Néanmoins plus de huit mois s'écoulèrent encore, pendant lesquels je composai le petit ouvrage sur la Constitution d'Espagne ; et j'achevai le quatrième volume de la *Restauration*, qui parut à la fin d'août 1820. Ce dernier ouvrage, bien qu'il ne traite que des sociétés spirituelles ou religieuses en général, et moins des dogmes que de la nature et de l'organisation de l'Eglise, est néanmoins écrit d'un bout à l'autre dans des principes catholiques, et renferme, pour ainsi dire, une profession de foi faite devant l'univers entier. L'évêque ne me pressa nullement pendant cet intervalle. Ce n'est point l'esprit de cette Eglise, comme vous le croyez peut-être; elle ne fait point violence, mais elle ouvre à celui qui frappe; elle voit venir, elle laisse faire la grâce de Dieu, assez puissante quand une fois elle a touché le cœur de l'homme. J'aurais pu renvoyer encore, je n'ai rien précipité; il a fallu une lutte de dix à douze ans pour me décider; mais je n'avais plus de repos, ma résolution resta inébranlable. Enfin on arrangea le lieu et le jour avec toute la prudence possible, et ce fut le 17 octobre 1820, dans la maison de campagne de M. Boccard, allié d'Affry, à Jetschwil, où l'évêque se rendit comme pour faire visite à sa famille, que je fis ma profession de foi et ma confession générale. Je reçus l'absolution, vu mon sincère repentir, et le surlendemain, à six heures du matin, dans l'oratoire particulier de l'évêque, à Fribourg, le sacrement de la Confirmation et celui de la Communion, qui me donnèrent une force, un calme et une satisfaction inexprimables, et dont aucun protestant ne peut se faire une idée.

« Afin de ne pas faire d'éclat public, et de ne point affliger le cœur de mes parents, mon intention était de garder ce secret dans le fond de mon âme et de ne le déclarer que dans un moment plus favorable, ou, si ce moment n'arrivait pas, du moins à l'approche de ma mort et dans mon testament. Cependant il n'est pas permis de renier sa foi. . . . .

« Mon voyage à Paris n'avait aucun rapport avec cet objet. Mon but était purement personnel et littéraire, comme je l'ai encore écrit d'ici à mon frère aîné. Mais à peine avais-je passé huit jours dans cette capitale, où je comptais enfin jouir de quelques moments de satisfaction, voilà qu'on me mande de Suisse que deux folliculaires, n'aimant pas plus la religion protestante que le catholicisme, d'ailleurs éternellement ennemis de ma patrie et de ma personne, ne comptant pour rien la paix d'une famille et le bonheur d'un individu, annoncent au public ce qu'ils appellent mon changement; et que l'une de ces feuilles, quoique sans me nommer, désigne cependant le lieu et l'époque avec assez de vérité.....

« Après avoir versé bien des larmes, réfléchi des nuits entières, invoqué à genoux l'assistance du Saint-Esprit et consulté des personnes sages et prudentes, je n'ai trouvé de calme et de repos que dans la résolution de vous avouer toute la vérité, jusqu'ici couverte d'un voile; de confesser devant les hommes la foi que je confesse devant Dieu et de porter, s'il le faut, la part de croix qu'il daignera m'envoyer, me fiant à sa miséricorde; que, vu mon obéissance et mes instantes prières, il donnera à ma femme, à mes enfants et à ma famille la force de supporter les peines et les tribulations qui seront les suites momentanées de cette résolution.....

« Quant à mes chers enfants, j'adresse des vœux au Ciel pour qu'il les dirige lui-même dans la bonne voie; mais ils sont déjà trop âgés pour que je veuille les engager malgré eux, quoique les lois elles-mêmes exigent la religion du père. Fasse le Ciel que tôt ou tard leur volonté et celle de leur mère n'y soient pas contraires! mais avant tout, il faut leur propre et libre conviction. Ce qui me console en attendant, c'est ma persuasion intime que bientôt peut-être, il se sera passé en Europe des événements qui faciliteront ces sortes de retours à des millions de nos frères séparés;

nombre de préjugés disparaîtront, les exemples se multiplieront, et si, en ce cas, mes enfants inclinent vers l'Église universelle, ils n'auront pas à soutenir la même lutte que leur père.

« Maintenant, mes chers frères et sœurs, et vous surtout tendre compagne de ma vie, si, après cet exposé ingénu et cet aveu sincère, il m'est permis d'ajouter quelques motifs de consolation, songez d'abord que ce n'est pas ma propre volonté, mais celle de Dieu qui a dirigé tout cela. Jamais je n'ai désiré, encore moins recherché cette espèce de renom ou de célébrité littéraire qui cause des inquiétudes à ma femme et qui, pour quelques moments de satisfaction, n'est en effet qu'une source de chagrin, qu'une couronne d'épines. Mais, pour le bien du monde, il faut aussi des hommes qui se prononcent, qui défendent ou rétablissent la vérité, surtout dans une époque de grandes crises; et, en pareil cas, on n'est pas son propre maître : c'est une providence supérieure qui assigne à chacun sa place. Si j'avais pu m'imaginer que je recevrais cette mission, jamais je ne me serais engagé dans les liens du mariage, afin de n'associer personne à mon infortune : le Ciel en a décidé autrement ; il a eu ses desseins.

« N'attribuez pas ce que je vais vous dire à un vain amour-propre : on est bien loin de ce sentiment quand on pleure et qu'on souffre jusqu'au fond de l'âme ; mais, en considérant le cours de ma vie, je ne puis plus en douter, mes chers amis, je suis un instrument dans la main de Dieu, qui a daigné me choisir pour préparer ou exécuter quelque dessein de sa miséricorde, et qui me conduit d'après sa volonté et non d'après la mienne. C'est lui qui m'accorda ces dons du cœur et de l'esprit, qui, dès ma tendre enfance, me fit aimer la vérité avec passion et combattre l'erreur, ou ce qui me paraissait tel ; c'est lui qui m'inspira plus tard ces idées simples et heureuses dont le développement me fit découvrir un nouveau monde de vérités ; c'est lui qui, depuis seize ans, me donne cette application exclusive au même objet, ce courage moral dont je m'étonne souvent moi-même, cette persévérance inébranlable, malgré tant de dégoûts et de chagrins, malgré mon extrême sensibilité et ma timidité naturelle. Ne voyez-vous donc pas ce que tant d'autres ont observé ? Il suscite un républicain pour asseoir et rétablir les monarchies sur leurs véritables bases ; un homme simple et peu instruit, dont l'éducation fut assez négligée, pour confondre la science la plus orgueilleuse des savants, celle dont il fut lui-même imbu dans sa jeunesse, dont il partagea un instant les erreurs ; un laïque enfin et un protestant, le descendant d'un réformateur même, pour faire briller l'Eglise universelle d'un nouvel éclat et la défendre avec des armes qu'on n'avait pas encore employées. Croyez-vous que j'aie jamais eu cette pensée-là ; que, sans l'appui d'une force supérieure, j'eusse pu l'exécuter, triompher de tant d'habitudes, déraciner tant d'idées reçues dès mon enfance, résister à tant de liens qui me sont chers comme la prunelle de mes yeux ? Je vous le demande, n'y a-t-il pas dans tout cela quelque chose de surnaturel ?

« Au surplus, mes chers amis, qu'est-ce donc d'être catholique, mot qui vous effraye par les préjugés de votre éducation ? Si j'étais devenu athée, impie, membre de sociétés anti-chrétiennes, ou séditieuses, on n'aurait rien dit ; quelques bonnes âmes seules auraient gémi en secret. Si je m'étais lié à d'autres sectes également éloignées de la religion dominante et de la croyance de nos pères, sociniennes, moraves, mystiques, méthodistes, etc., on l'eût peut-être approuvé ou tout au plus blâmé comme un excès de zèle ; mais se réunir à la grande société universelle, à la grande communauté des chrétiens, la plus ancienne, la plus nombreuse, celle dont furent nos ancêtres, et qui est répandue dans tout le globe; qui, quoi qu'on en dise, est toujours restée la même, qui n'est sortie d'aucune, et dont toutes les autres sont sorties, serait-ce donc une faute irrémissible ? Etre catholique, mes chers frères et sœurs, ce n'est donc point être superstitieux, c'est tout simplement être chrétien, membre de cette société de fidèles unis sous le même chef, dans la même foi, le même culte par toute la terre; de cette société qui, en quelque pays que vous soyez, vous fait rencontrer des amis et des frères, vous offre partout la même croyance, la même règle des actions, les mêmes secours de charité dans toutes les peines et toutes les infortunes. Cette communauté a-t-elle quelque chose de si effrayant ? Ne voyez-vous pas qu'elle forme la plus grande et la plus belle des patries ? Pour moi, elle m'est plus chère encore depuis que presque tous les autres liens sociaux sont relâchés ou brisés.

« Vous me parlez d'un changement de religion, d'une abjuration de la foi de nos pères : mes amis, un protestant qui devient catholique ne change pas, à bien parler, de religion, il rentre seulement dans le sein de l'Eglise ; c'est une brebis errante qui cherche le pasteur et le troupeau légitimes, un enfant perdu qui retourne dans la maison de son père, un soldat égaré prêt à défendre la même cause, mais qui rejoint le corps d'armée et obéit à son chef. Tout ce que les protestants croient ou affirment de croire, les catholiques le croient aussi, et plus fermement encore ; le Symbole est le même dans les deux confessions. Vous voyez encore, dans la vôtre, l'Eglise chrétienne universelle et la communion des Saints, c'est-à-dire des chrétiens ; seulement, parmi ces sectes diverses, on ne sait jamais vous montrer où elle est, et à quel signe on peut la reconnaître.

Ainsi, mes chers frères et sœurs, en y rentrant, on n'abjure pas sa religion, on renonce seulement au schisme, c'est-à-dire à la séparation de l'Eglise, aux rêveries de son propre esprit, qui, selon l'Ecriture, est la cause de tous les égarements. Il n'est pas un écrivain protestant, même parmi les réformateurs, qui ne déplore cette fatale séparation qui, depuis trois siècles, divise des frères faits pour s'aimer et se soutenir. On l'attribue à des circonstances extraordinaires, à des abus vrais ou supposés; mais ces circonstances n'existent plus, ces abus ont cessé, ils ont été réformés par l'Eglise elle-même : pourquoi ne pas s'y réunir ? Au surplus, mes chers frères et sœurs, songez que, si personne n'avait embrassé une autre foi que celle de ses pères, le monde ne serait pas devenu chrétien, nous vivrions encore dans l'idolâtrie et le paganisme. Tout est-il donc égal, l'erreur, ou la vérité une fois reconnue? N'est-ce pas plutôt Luther et Calvin qui ont abandonné et fait abandonner à d'autres l'antique foi de leurs pères, tandis que moi j'y retourne? Et nous-mêmes, avons-nous encore la religion de nos pères immédiats, celle qui nous fut transmise dans notre jeunesse? Nos enfants recevront-ils la même foi ? Hélas ! quel changement déplorable s'est opéré parmi nous, seulement depuis trente à quarante ans ! Il n'y a plus de croyance commune : chacun se fait une religion à part ou n'en reconnaît aucune; chacun explique la Bible selon sa fantaisie, ou n'y croit pas du tout; nos ministres mêmes sont divisés entre eux, et ne savent plus ni ce qu'ils croient, ni ce qu'ils doivent enseigner : l'un affirme le matin ce que l'autre réfute l'après-dîner, et ces contradictions commencent à choquer les laïques eux-mêmes ; car si les pasteurs ne savent plus le chemin, comment les brebis devront-elles se fier à leur conduite? Pour nous en consoler, on va jusqu'à nous dire que la religion doit se modifier et se réformer continuellement, en sorte que ceux qui me reprochent d'avoir changé changent eux-mêmes tous les jours. J'avoue qu'il m'est impossible de vivre dans cette anarchie, où je ne vois que le caractère de l'erreur et tout l'opposé d'une société religieuse. Mon cœur aimant a besoin de tenir à quelque chose de stable, et je ne le trouve que dans l'Eglise catholique : elle a ce caractère d'immutabilité imprimé à tous les ouvrages du Créateur.

« Vous êtes effrayé peut-être de quelques dogmes de l'Eglise catholique? Mes amis, toute religion a ses mystères : ils sont nécessaires pour humilier notre orgueil, pour affermir notre foi et pour élever notre âme à l'incompréhensibilité, c'est-à-dire à la Divinité. Tout est miracle dans la nature; nous en voyons, nous en sentons les résultats, mais nous n'en comprenons ni la possibilité ni les causes. Dieu même, son auteur et son législateur invisible, que nous ne connaissons que par les yeux de la foi et par les effets de sa puissance, n'est-il pas le plus grand des mystères? Mon célèbre aïeul n'a-t-il pas déjà dit que de toutes les objections des impies, celle tirée de l'incompréhensibilité était la plus absurde de toutes (1)? Plusieurs dogmes de l'Eglise protestante surpassent tout aussi bien notre entendement que ceux que vous croyez particuliers à l'Eglise catholique. Au reste, quand une fois on reconnaît la divinité de cette Eglise, il faut écouter ceux dont Jésus-Christ a dit : *Qui vous écoute m'écoute;* et je ne prétends pas en savoir plus que tant de beaux génies depuis dix-huit siècles. Enfin l'Eglise trouve ses dogmes dans l'Écriture sainte, que vous admettez aussi. Pourquoi lui refuseriez-vous le droit de l'interpréter, que vous invoquez vous-même et pour

---

(1) Albert de Haller, membre du conseil souverain de Berne, seigneur de Goumens-le-Jux et Esclagnons.

chaque individu? Du moins elle l'exprime d'une manière conforme à toute l'antiquité et à l'immense majorité des chrétiens, d'une manière enfin qui porte dans le cœur de ceux qui croient une force surnaturelle et d'ineffables consolations.

« Vous trouvez sans doute qu'il y a trop de cérémonies, et l'on vous dit que cette religion ne consiste que dans le culte extérieur. Mes amis, j'avais pensé comme vous, mais j'ai vu que nous jugions sans connaissance de cause, et j'ai été bien désabusé. Lisez les écrits célèbres des docteurs catholiques, les superbes mandements de leurs évêques, les sermons de leurs orateurs, leurs sublimes commentaires des Ecritures, la magnificence de leurs cantiques et de leurs prières, et ces admirables livres de dévotion et de morale, et vous verrez s'ils n'ont pas des idées aussi grandes, aussi élevées, aussi pures sur la religion intérieure que les nôtres, et peut-être bien davantage. Quant aux cérémonies et aux pratiques du culte extérieur, elles sont l'expression naturelle de la foi; elles ont toutes un but et un sens moral pour fortifier les bonnes habitudes et pour élever l'âme aux idées religieuses. Au reste, ce ne sont pas des choses absolument nécessaires; elles peuvent, ainsi que chez vous, varier selon les circonstances, et elles varient comme choses de pure discipline. S'il y en a trop chez les catholiques, très-certainement il y en a trop peu chez les protestants, et j'aime encore mieux l'excès que le défaut du bien. Simple fidèle, ce n'est pas à moi de juger l'Eglise: quelle confusion ne régnerait-il pas si chacun voulait réformer à sa manière? Dans nos républiques, nos gouvernements temporels, tous les usages, toutes les formes ne me plaisent peut-être pas également, et cependant je suis obligé de m'y soumettre, de les suivre, si je veux rester membre de cette société.

« Vous croyez peut-être que la Bible vous suffit, qu'elle est la parole de Dieu et que chacun peut y puiser sa religion? Ah! mes chers frères et sœurs, les catholiques connaissent la Bible aussi bien que nous; ils la citent plus fréquemment, ils en recommandent la lecture aux fidèles, et surtout ils y croient avec une foi plus vive que la nôtre; enfin il m'a toujours semblé qu'ils l'expliquent encore et qu'ils l'appliquent d'une manière bien plus élevée et plus spirituelle. Ce sont eux qui nous l'ont donnée, comme tout ce que nous avons de bon et de chrétien; sans l'Église catholique, nous n'aurions pas même la Bible; c'est sur son témoignage que nous croyons à sa divinité, son intégrité, son authenticité; seulement elle pense, et j'ai toujours cru que cela devait être ainsi, que lorsqu'il s'élève des doutes ou des contestations sur le sens, c'est à l'Église seule de l'interpréter. La Bible est un livre ou une collection de livres saints de l'Église ou de la société chrétienne, mais elle n'est pas cette société elle-même, pas plus que les lois écrites ne forment à elles seules ce qu'on appelle un royaume temporel. Elles seraient une lettre morte sans l'*esprit* de cette autorité, dont elles émanent et qui les vivifie. Le christianisme a existé avant la Bible, du moins avant le Nouveau Testament; les apôtres mêmes ne l'avaient pas encore. Où avez-vous jamais vu dans le monde une religion se propager et se conserver pure avec le secours d'un livre seul, que les uns ne lisent pas et que les autres comprennent mal, livré à l'interprétation arbitraire de chacun, sans sacerdoce et sans ministère? Ne sentez-vous pas que, d'après ce principe, on pourrait aussi abolir nos temples, nos pasteurs, nos écoles et nos catéchismes? Nous en voyons déjà les effets déplorables par la multitude des sectes bizarres, et quelquefois même abominables, qui désolent nos villes et nos campagnes; sectes contre lesquelles il n'y a point de remèdes, d'après le prétendu droit de l'interprétation individuelle, et qui finiront par y détruire toute religion, pour produire de terribles bouleversements ou pour nous ramener à l'unité catholique.

« Vous vous plaignez enfin que l'Église catholique vous condamne, qu'elle prétend que vous ne pouvez vous sauver hors d'elle. Ah! mes amis, que vous connaissez peu l'immense charité de cette bonne mère, que nous avons si imprudemment abandonnée, bien plus pour notre malheur que pour le sien! Elle ne condamne pas vos personnes, mais seulement vos erreurs ou les faux principes que l'on vous enseigne, tout comme le médecin ne condamne que la maladie et non le malade; elle ne vous hait point, elle vous aime, elle vous appelle ses frères, bien que séparés, tandis que vous ne donnez jamais aux catholiques ce titre amical; elle prie pour vous tous les jours au pied des autels; elle gémit d'avoir perdu tant d'enfants qui lui sont chers, qu'elle voit livrés à tous les loups, c'est-à-dire à tous les faux docteurs, et privés de tant de moyens de sanctification. Toutes les sectes sont conjurées contre elle, non par une foi commune, mais par une haine commune; et c'est précisément ce qui m'a prouvé qu'elle devait être la véritable, parce que toutes les erreurs, même opposées entre elles, s'accordent aussi en ce qu'elles haïssent la vérité, ainsi que vous voyez de nos jours toutes les sectes politiques se diviser à l'infini par leurs constitutions bizarres et leurs pouvoirs factices ou usurpés, et ne se réunir que dans leur acharnement contre tout souverain naturel et légitime. L'Église catholique seule rend amour pour haine, bienfaits pour insultes; elle fait du bien même à ses ennemis; elle soulage, elle console tous les infortunés, de quelque pays et de quelque croyance qu'ils soient.

« Où avez-vous jamais vu un véritable catholique qui

vous ait fait du mal ? Pour moi, je n'en ai jamais reçu que du bien dans tout le cours de ma vie, et il m'est impossible de haïr ceux qui m'aiment. Et s'il est permis de citer des choses purement temporelles à l'appui d'une vérité générale, Berne, notre patrie même, dans toutes les crises de son existence, où a-t-elle trouvé des amis, si ce n'est parmi ses anciens frères, les catholiques ? Qui, au contraire, lui a envié ce bonheur dont elle jouissait autrefois ; qui a constamment cherché à lui nuire ; qui l'a abandonnée dans tous ses dangers ? Regardez autour de vous, je ne vous le dirai pas. Temporellement, du moins, on ne se sauve pas en flottant à tout vent de doctrine, en n'ayant aucune croyance fixe et commune. Dans les guerres de ce monde, on ne se sauve pas, on ne remporte pas la victoire, si chacun combat et s'endort à son gré, si chacun veut commander et personne obéir. Il en est de même dans les guerres que nous livrons à l'enfer, c'est-à-dire aux puissances invisibles du mal et de l'erreur. Quant au salut éternel, dont la santé de l'âme dans cette vie est la condition, l'image et le précurseur, si vous êtes de bonne foi, croyant sincèrement à la vérité de votre religion, chrétiens de cœur, et remplissant les devoirs que cette qualité vous impose, sans doute que Dieu n'impute point l'erreur involontaire, l'erreur invincible. Mais moi, convaincu depuis douze ans que nous sommes dans la fausse voie, certain que l'Église catholique est l'Église légitime et véritable, l'*Église du Dieu vivant, la colonne et le fondement de la vérité* (I Tim, III, 15), ne devrais-je pas me condamner éternellement moi-même, si je ne m'y réunissais pas, surtout lorsque le doigt de Dieu m'y invite d'une manière si évidente ? Je ne suis point assez téméraire pour juger de la miséricorde de Dieu dans une autre vie, mais il me paraît démontré que, sans le retour sincère à la religion et à l'Église catholique, il y a peu ou point de salut sur la terre, et que c'est pour cela aussi que Jésus-Christ est venu l'établir.

« Pardonnez-moi, mes chers amis, cette longue effusion de mon cœur dans une affaire aussi importante. J'ai pensé qu'une profession de foi aussi sincère ne pourrait que toucher des âmes bien nées ; et y a-t-il de plus belles âmes que celles que le Ciel m'a accordées dans mes parents, dans mes frères et sœurs de sang et d'alliance? Jamais je ne pourrai lui en témoigner assez de reconnaissance. Consolez-vous : votre frère ne sera pas isolé, et le bras de Dieu le soutiendra. N'en doutez pas, nous vivons dans une des plus grandes crises du monde, et des événements incroyables vont se préparer. Du milieu des ruines apparentes, purifiée par le malheur, l'Eglise antique et universelle se relève plus sainte et plus majestueuse que jamais après une longue et terrible persécution. Partout elle gagne des âmes, même sans aucune protection des puissances temporelles. Une espèce de jugement général s'approche, et qui sait si ce n'est pas le dernier? Le monde est partagé entre les chrétiens unis au centre commun du Siége de saint Pierre d'un côté, et les impies ou les ligues antichrétiennes de l'autre. Ces deux partis seuls se combattent, parce que seuls ils sont organisés ; mais tout ce qu'il y a encore d'âmes honnêtes et religieuses parmi les protestants se rattache déjà et doit se rattacher plus ou moins à leurs frères catholiques, sous peine que, vu leurs dispersions et le défaut d'une croyance commune, on ne les confonde avec les ennemis du christianisme et qu'on ne leur dise : D'où venez-vous ? A qui tenez-vous ? Je ne vous connais pas... Aussi des milliers m'ont précédé, des milliers me suivront. Jamais les conversions n'ont été si fréquentes et si éclatantes que de nos jours. Vous en verrez des exemples encore plus remarquables que le mien, et je pourrais vous en citer déjà de bien frappants dans toutes les classes, depuis les princes souverains et les savants de ce monde jusqu'aux ouvriers et jusqu'aux ministres protestants eux-mêmes, tant en Angleterre qu'en Allemagne et en Suisse. Qui sait même si j'ai fait autre chose que vous montrer le chemin? Entre croire et confesser, il y a peu de différence. Vous m'accordez le fond, pourquoi la forme vous blesserait-elle? Ah! laissez, laissez-moi donc la liberté de conscience que vous invoquez pour tous les autres : oui, je vaincrai votre répugnance, si tant est qu'elle existe ; je vous forcerai de m'aimer malgré vous ; je vous prouverai par ma conduite qu'elle est sainte la morale que m'impose cette antique religion de nos pères, à laquelle je suis retourné. Je serai meilleur frère; je remplirai tous mes devoirs de société avec plus de scrupule encore qu'auparavant. Ne me refusez donc pas votre amitié, ce qui briserait mon cœur sans changer ma foi. J'ai prié pour ma femme, et de nombreux chrétiens ont réuni leurs prières aux miennes. Dieu les exaucera, il l'assistera de sa grâce pour supporter les peines passagères que je lui cause, peut-être même pour les changer en satisfaction ; mais si elle était encore triste et désolée, je vous la recommande ; songez qu'elle est votre sœur, la mère de mes enfants, la compagne de ma vie, qu'elle a partagé avec moi bien plus de peines que de plaisirs. Entourez-la de votre amour, de vos tendres consolations ; versez du baume dans son cœur; dites-lui que je n'ai pas fait une mauvaise action, que vous m'aimez encore : alors le calme renaîtra, son courage se relèvera et nous passerons ensemble des jours, sinon sans tribulations, du moins pleins de douceur, d'union et de concorde. La Providence aussi aura soin de mes chers enfants; j'espère leur léguer la bénédiction de Dieu et un nom qui ne les laissera pas sans amis dans le monde. Quelques émotions salutaires, quelques exemples de la vertu souffrante ou de l'innocence persécutée ne feront que du bien à leur âme. Souvent j'ai craint pour eux cette prospérité non interrompue, qui trop communément enfante et nourrit l'orgueil, endurcit et dessèche le cœur. Enfin, mes chers frères et sœurs, s'il m'est permis de prier aussi pour moi, de vous conjurer dans cette semaine sainte, par la charité de notre commun Sauveur Jésus-Christ, ne me laissez pas attendre la réponse à cette longue lettre; tirez-moi des mortelles inquiétudes dont est troublé tout mon séjour ici. Dites-moi que la grande crise est passée, que vous me conservez votre affection, que ma femme aussi se soumet à la volonté de Dieu, que je peux venir vous embrasser et voler dans vos bras. Mais, dussent d'autres souffrances m'être réservées; dussiez-vous vous-mêmes, ce que je suis loin de penser, m'abandonner aussi et vous éloigner plus ou moins de moi je ne vous en aimerai pas moins jusqu'à mon dernier soupir, peut-être plus prochain qu'on ne le pense, vu l'affaiblissement de ma santé causé par tant de travaux, par mon extrême sensibilité et par de continuelles émotions morales.

« Paris, ce 13 mai 1824.

« CHARLES LOUIS DE HALLER. »

§ II. — *M. de Haller est dédommagé des persécutions qu'il endure, par la conversion de toute sa famille.*

Cette lettre excita à Berne un orage qu'elle ne devait pas, ce semble, faire naître. On avait lieu d'espérer que la démarche de M. de Haller produirait dans cette ville une grande sensation, et, en effet, elle l'y produisit. Mais sa lettre, en touchant sa famille, a aussi soulevé quelques passions et réveillé quelques ressentiments. On jeta les hauts cris contre lui. Dès le 25 avril, une motion fut faite au grand conseil pour proposer de le suspendre de ses places. Une pareille motion, faite le lendemain à l'administration de la ville, fut rejetée. Le 7 mai, il y eut de longs débats au grand conseil à son sujet : on dit que MM. les conseillers May, de Degindius-Chevigny, Thorman, Tscharner et autres parlèrent avec force en faveur de M. de Haller; mais l'autre parti, appuyé par un des avoyers, l'emporta. On arrêta, par 91 voix contre 50, de ne pas admettre la démission volontaire de M. de Haller de l'administration de la ville. Ensuite 114 contre 27 le suspendirent de ses places, *sauf à faire examiner par les tribunaux les mesures ultérieures à prendre*. Après ce résultat, M. Albert-Emmanuel de Haller, conseiller d'Etat et frère aîné du catholique, se démit aussitôt de sa place au petit et au grand conseil. M. de Bonald avait fait une éloquente défense en faveur de son ami, qui fut consolé de son infortune par la conversion de sa famille entière, conversion qui fut complétée, le 31 décembre 1826, par l'abjuration de son fils aîné Charles. — Cet excellent père, tout occupé de l'avenir religieux de ses enfants, faisait des vœux pour que Dieu daignât les éclairer. A la fin de 1825, il fut convenu avec sa famille qu'un ministre protestant et ensuite un prêtre catholique viendraient chez lui faire des conférences de controverse. M. Galland, ministre génevois, autrefois pasteur à Berne et qui était venu à Paris pour diriger une école de missions protestantes, formée par la Société biblique, vint pendant plusieurs semaines, chez M. de Haller, qui assistait aux conférences et qui, tout en laissant une entière latitude au ministre, faisait cependant des observations sur différents points et força le ministre, par la simple lecture d'un catéchisme catholique, à rétracter des assertions hasardées contre l'Eglise et contre sa doctrine. Quand ces conférences eurent été terminées, un prêtre catholique vint en faire d'une autre nature et insista surtout sur les caractères de la véritable Eglise. Les occupations de cet ecclésiastique ne lui ayant pas permis de donner à ces instructions tout le développement que souhaitait la famille Haller, un ecclésiastique anglais qui se trouvait en France, M. l'abbé Kinsley, se chargea d'expliquer tout le catéchisme. Mais avant même qu'il eût commencé ses leçons, mademoiselle Cécile de Haller, jeune personne d'un esprit solide et déjà depuis quelque temps bien disposée pour la religion catholique, se déclara hautement ; elle fit son abjuration, le dimanche 21 mai 1826, dans la chapelle de l'établissement de madame Pagès, et, quelques semaines après, fit sa première communion à Saint-Sulpice. — Madame de Haller, la mère, qui assistait à cette cérémonie, en fut touchée : elle n'avait pas été peu surprise la veille quand sa fille était venue lui demander à genoux sa bénédiction, démarche absolument inconnue chez les protestants. Le même jour, 21 mai, une nièce de M. de Haller, mademoiselle Mathilde d'Erlach, se convertit au catholicisme, puis se fit religieuse.

Cependant l'instruction des fils de M. de Haller continuait ; leur sœur y assistait, malgré sa démarche. « On ne saurait, disait-elle, être trop instruite. » Le père n'avait pas cru devoir se trouver à ces conférences, afin que ses enfants eussent plus de liberté de proposer leurs difficultés. Ils s'instruisirent, en outre, par des lectures solides. Le 1er août, le plus jeune des fils, M. Albert de Haller, âgé de dix-huit ans, jeune homme plein de droiture et de bonne foi, déclara qu'il était décidé à embrasser la religion catholique, et alla lui-même l'annoncer au ministre protestant dont il avait reçu les premières leçons. Il fit son abjuration et sa première communion le 10 août 1826, en présence de toute sa famille. Quelques jours après, il partit pour Berne avec ses parents, reçut la confirmation des mains de l'évêque de Fribourg, et se rendit à Turin pour y entrer au service du roi de Sardaigne. — Le fils aîné, M. Charles de Haller, âgé de dix-neuf ans, n'avait encore pris aucune résolution ; il fit, dans le même temps, un voyage en Angleterre avec M. l'abbé Kinsley, observa de près les sectes qui pullulaient en Angleterre, et se décida pour l'Eglise universelle. « Je veux être chrétien, disait-il, mais où trouver le christianisme parmi tant d'opinions contradictoires ? » Il revint à Paris vers la fin d'octobre ; une maladie grave qu'il essuya au mois de novembre, à Juilly, l'obligea de suspendre l'exécution de son projet. A peine rétabli, il fit son abjuration à Juilly, le 31 décembre 1826 ; le lendemain, 1er janvier, il fit sa première communion à Paris, et, le 10 janvier, il reçut la confirmation des mains de l'archevêque de cette ville. — Ainsi, tous les enfants de M. de Haller se trouvèrent réunis dans le sein de l'Eglise catholique. Leur mère, loin de s'opposer à ces démarches, les a, au contraire, approuvées, certaine qu'elles étaient le résultat d'une entière conviction. Elle a fini elle-même par suivre leur exemple. — M. Albert de Haller, étant allé faire sa théologie à Rome, est entré dans l'état ecclésiastique et devint curé d'une paroisse en Suisse.

Outre les ouvrages mentionnés, M. Charles-Louis de Haller nous a laissé les suivants : *Eloge de Lavater*, publié à Weimar en 1800 ; un *Abrégé de la science politique*, en 1811 ; *Restauration de la science politique, ou Théorie de l'ordre social naturel*, 1808 à 1821, 4 vol. in-8 ; *Constitution de l'Espagne*, 1820 ; *Lettre à sa famille*, 1821 ; les *Dénominations de partis*, divers articles dans le *Mémorial catholique*; l'Histoire de la révolution religieuse, ou *De la Réforme protestante dans la Suisse occidentale*; *Mélanges de haute politique*, Paris, 1839.

FRÉDÉRIC HURTER

Frédéric-Guillaume Hurter d'Amann, né en 1787, à Schaffouse, en Suisse, étudia la théologie protestante à l'université de Gœttingue. Devenu pasteur dans sa ville natale, en 1824, après l'avoir été dans un village, il fut élevé par élection, en 1835, à la place de chef des pasteurs de son canton. La stabilité était le besoin de ses idées religieuses, et il professait, en politique, les opinions conservatrices (1).

Se voyant en butte à la haine et aux persécutions de ses coreligionnaires, parce qu'il défendait les droits des catholiques et de plusieurs communautés religieuses de la Suisse, il donna sa démission de chef des pasteurs de son canton.

(1) Le premier fruit de ses graves et consciencieuses études fut une œuvre importante, témoignage de ses tendances progressives vers la vérité catholique ; *Histoire du pape Innocent III et de ses contemporains* (*Geschichte papst Innocenz III und seiner Zeitgenossem*) 4 vol., 1834-1842, qui a été traduite en français par MM. A. de Saint-Chéron et J. B. Haiber, et par Mgr Jager et M. Th. Vial. Il manifesta les mêmes tendances dans deux ouvrages qui parurent en 1840 : *Excursion à Vienne et à Presbourg* (*Ausflug nach Wien und Presburg*), 2 vol., et *Événements mémorables des dix dernières années du* XVIII⁰ *siècle* (*Denkwür digkeiten aus dem letzten Dezennium des 18 Jahrhunderts*).

Il partit ensuite pour l'Italie, et abjura le protestantisme à Rome pour embrasser la foi catholique en 1844 (1).

De retour en Suisse, Hurter reçut, en quelque sorte, sa consécration d'enfant de l'Eglise catholique par les persécutions que ses anciens coreligionnaires voulurent lui faire subir, à lui et à son honorable famille, sans doute au nom de la tolérance. Il raconte lui-même ces détails dans la lettre suivante, qui termine l'*Exposé des motifs* qui ont décidé son retour dans le sein de l'Eglise catholique.

§ I. *Histoire de sa conversion.*

« Souvent, à Rome, et surtout dans le moment béni de mon retour au sein de l'Eglise, j'ai pensé à vous et à tous mes amis de Paris ; je songeais à l'intérêt que la nouvelle de ma conversion vous inspirerait et à tant d'autres catholiques de cœur et d'âme ; je me représentais la joie que vous éprouveriez. Mais, quoique ni vous ni aucun de ceux dont j'avais eu le bonheur de faire la connaissance à Paris, l'an passé, n'aient pu assister à la cérémonie de mon abjuration, la France cependant y était représentée, et je nomme particulièrement M. l'abbé Gerbet et M. Mérieux, grand vicaire de Mgr l'évêque de Digne. Les félicitations qui m'ont été

---

(1) Il a lui-même raconté sa conversion dans deux volumes intitulés *Naissance et Régénération* (*Geburt und Wiedergeburt*), 1845-1846. Il eut la consolation de voir sa femme et ses quatre fils entrer, à son exemple, dans le sein de la véritable Eglise. Il fut appelé à Vienne en 1845, par le prince de Metternich, fut nommé historiographe de l'empire, anobli et autorisé à s'appeler *de Hurter d'Amann*. Il publia encore une *Histoire de l'empereur Ferdinand II* (*Geschichte Kaiser Ferdinand's II*), 4 vol., 1850-1851, et en 1862, 1 vol. sur les quatre dernières années de la vie de Wallenstein, *Wallenstein' vier letzte Lebensjahre*. Il mourut à Grætz en 1865.

adressées par les représentants de votre patrie n'ont pu, néanmoins, remplacer les sentiments de tant de personnes honorables, amis connus et inconnus, qui ont exprimé des vœux pour mon salut. Tous, et le Saint-Père le premier, ont reconnu que mon retour à l'Église pouvait être regardé comme la récompense de mes travaux consciencieux. Je vous envoie quelques détails sur les motifs de ma conversion. Cet exposé vous montrera comment la grâce divine a aplani l'obstacle que je redoutais le plus, et qui m'avait paru d'abord le plus insurmontable : je veux parler de l'assentiment volontaire de ma femme. Dès le commencement, son opposition était très-modérée ; mais elle a fini par approuver de bon cœur ma résolution.

« Le bas peuple, irrité et excité contre moi par la presse et par quelques piétistes, a prétendu prouver par un charivari furieux, et par d'autres excès, que j'avais trahi la foi et la ville. Ces manœuvres se répétèrent pendant deux soirées, et de telle manière que non-seulement la police, mais le gouvernement ont été forcés de prendre des mesures sérieuses de répression. Pendant que ces mouvements avaient lieu, je me trouvais en paix à Inspruck, ce qui atteste que ces attaques étaient dirigées uniquement contre ma femme et mes enfants. Au lieu de me faire des reproches, ma femme me parlait de tous ces désordres avec la plus parfaite tranquillité, et même avec une sérénité imperturbable. Voilà pourquoi j'ai raison de me réjouir : je vois la grâce divine opérer dans l'âme de ma femme, et j'espère qu'elle achèvera ce qui est commencé.

« Cédant aux conseils de ma femme et de mon frère, je m'arrêtai pendant les premiers jours dans l'abbaye de Reinau. De là, j'ai publié ma déclaration aux habitants de notre ville. Quelques jours après, j'y suis arrivé et j'ai passé et repassé dans les rues sans être ni inquiété, ni insulté, ni moins honoré qu'auparavant.

« Comme, suivant le langage du cardinal Micara, le jeune homme qui reçoit l'ordre de la prêtrise signe son arrêt de mort, de même celui qui retourne dans le sein de l'Église doit se tenir prêt à subir les tribulations : *Omnes qui pie volunt vivere in Christo Jesu persecutionem patientur*, dit saint Paul : mais la résignation et les prières des vrais membres de l'Église donnent des forces supérieures.

« *Ex corde et in Jesu Christo crucifixo*,

« Votre ami très-sincère et très-dévoué,

« F. HURTER.

« Schaffouse, ce 2 août 1844. »

Exposé des motifs qui ont précédé mon retour dans le sein de l'Église catholique.

« Les études que j'ai été obligé de faire pour la composition de mon *Histoire du pape Innocent III* avaient fixé mon attention sur la structure merveilleuse qui distingue l'édifice de l'Église catholique. Je fus ravi en observant la direction vigoureuse imprimée par cette longue suite de Souverains-Pontifes, tous dignes d'une si haute position ; j'admirai la vigilance avec laquelle ils surent maintenir l'unité et la pureté de la doctrine.

« En regard de ces faits, se présente la mobilité des sectes protestantes, leur pitoyable dépendance des autorités gouvernementales, leurs divisions intérieures et cet esprit d'individualisme qui soumet la doctrine aux analyses sans mesure des critiques, au rationalisme des théologiens, à la libre interprétation des prédicateurs. Moi-même, en qualité de prédicateur, et, plus tard, de chef spirituel d'un canton protestant de la Suisse, je me considérai comme la sentinelle chargée de veiller à la garde d'un poste à moitié perdu, obligée de le défendre par tous les moyens en son pouvoir, avec une résolution ferme et courageuse ; c'est dans ce but que je voulus tenir avec la plus inflexible rigueur au respect de tous les dogmes fondamentaux du christianisme révélé, ceux de la Trinité, du péché originel, de la divinité de Jésus-Christ, de la rédemption. L'ensemble de mon enseignement, et comme prédicateur et comme professeur, tendait à repousser toutes tentatives de rationalisme. Je m'appliquai donc sérieusement à fortifier et à maintenir les débris survivants de la véritable doctrine. Mais, à cette époque, l'objet spécial de mes travaux concernait plutôt l'extérieur que l'intérieur de l'Eglise, plutôt son histoire et sa constitution que ses dogmes. Toutefois, ma conviction religieuse était déjà blessée de voir cette fraction du protestantisme à laquelle j'appartenais écarter entièrement le culte de la sainte Vierge, soit qu'il ne fût tenu aucun compte de son existence, soit qu'elle fût considérée seulement comme une mère ordinaire et une simple femme pieuse. Dès mes jeunes années, sans avoir cherché à m'instruire par la lecture de quelques ouvrages, sans être entré dans aucune discussion, sans posséder une connaissance particulière de l'enseignement catholique au sujet de la Mère de Dieu; déjà je me sentais pénétré d'une inexprimable vénération pour elle. Je devinais en Marie l'avocate du chrétien, et du fond de mon cœur je m'adressais à elle dans l'intimité de ma vie privée. Dans les chaires protestantes, il est permis de rejeter complétement tout ce que les fondateurs du patriotisme ont daigné conserver des dogmes du christianisme, mais vouloir conserver ou établir ce qu'ils ont rejeté, voilà ce qui rencontrerait, sans nul doute, de la part des protestants, une vive opposition, un blâme sévère;

cependant je m'efforçais d'appeler l'attention sur la *Vierge* (ainsi est-elle nommée dans la Confession d'Augsbourg), de rappeler à la mémoire de mes coreligionnaires quelle était la haute signification de la personne de la Mère du Christ. Aller au delà ne m'était pas possible dans la position particulière où je me trouvais.

« Dans l'année 1840, on m'adressa cette question inconvenante : si j'étais protestant de cœur? question qui ne venait pas à propos de faits ayant rapport à mes fonctions publiques, mais exclusivement au sujet de l'*Histoire d'Innocent III* et d'un voyage à Vienne. Je refusai de répondre à cette question, parce qu'on prétendait plutôt savoir ce que je ne croyais pas que ce que je croyais. Si, au contraire, on m'avait demandé : Etes-vous catholique? alors j'aurais répondu, à cette époque, par un *non* tout court. Mon refus souleva contre moi un véritable orage; et l'ingratitude, des idées bornées, un piétisme étroit, l'envie, la vengeance, la haine politique se réunirent contre un seul homme, lequel de son côté se défendit avec beaucoup de vivacité. Aujourd'hui, pour dire toute ma pensée, je ne dois que des remercîments à mes ennemis; maintenant que le *fruit de justice et de paix* est mûr, je reconnais dans ces luttes, alors si douloureuses pour moi, le moyen salutaire employé pour ma sanctification. Convaincu que Dieu, dès ma tendre enfance, a voulu me conduire, malgré de si longs détours, au but que j'ai atteint, je regarde, à cette heure bénie, la tempête qui a grondé sur ma tête, comme le signal et l'impulsion de la course que j'ai suivie, à partir de ce jour, soutenu par une volonté fixe et ferme.

« Je tombe malade avec toute ma famille; deux filles bien-aimées me sont ravies par la mort. Mais tandis que dans plus d'un couvent catholique de la Suisse, des prières se disaient pour la guérison de mes enfants, le piétisme se livrait aux élans d'une joie cruelle, heureux de pouvoir enfoncer dans le cœur d'un père un poignard à triple tranchant : la conviction profonde me vint donc qu'avec de telles gens, il n'y avait de paix à espérer qu'à la condition de se courber sous le joug le plus dur d'un misérable aveuglement. Mon choix pouvait-il être encore douteux ? Je rejetai dignités, places, revenus, et rentrai dans la vie privée, dégoûté d'une secte qui, par le rationalisme, renverse tous les dogmes chrétiens, ou, par le piétisme, foule aux pieds la morale. Jusqu'à ce jour cependant je n'admettais pas encore tous les enseignements de l'Église catholique. Mais est-il présumable que quatre années de la vie d'un homme qui pense, qui aime le travail et qui jouit du libre emploi de son temps, se seraient écoulées sans le faire avancer ou reculer ? Personne ne le croirait. La vérité est que la direction donnée à mon esprit par la divine Providence m'avait fait faire des progrès hâtés par mes propres études. Ce n'est pas à dire que telles ou telles personnes m'eussent influencé directement ou indirectement ; toutefois, la lumière se fit, elle répandit de jour en jour un éclat plus distinct sur la voie que je suivais.

« Dans mes travaux, j'avais eu à consulter de nombreux ouvrages sur l'origine de la soi-disant Réforme, sur ses causes, sur les moyens tentés pour fixer ses dogmes, sur son influence politique, particulièrement en Angleterre. Les preuves ne me manquaient pas, même autour de moi, lesquelles démontraient la fureur qui anime le rationalisme contre l'Église catholique, tandis qu'il abandonne à sa libre action le protestantisme et se rallie même à lui, parce qu'il poursuit un but semblable, la destruction du catholicisme. Cet autre fait se présentait à moi au milieu de mes études : les peuples catholiques lancés en avant dans la voie des révolutions politiques, ont le pouvoir de s'arrêter et de se reconstituer, tandis que les peuples protestants ne peuvent plus se fixer au milieu de leurs mouvements précipités; les nations catholiques, agitées par le délire révolutionnaire, se guérissent beaucoup plus vite de cette maladie que les nations protestantes, et celles-ci seulement en proportion de l'affaiblissement de leurs sentiments hostiles contre les catholiques.

« Le spectacle des luttes que l'Église catholique subit dans notre siècle et dans le monde entier exerça surtout une influence décisive sur mon esprit. J'examinais la valeur morale des partis divers et les moyens de combat employés par les uns et par les autres. Ici, je voyais à la tête des ennemis de l'Église cet autocrate qui réunit dans sa personne la cruauté d'un Domitien et l'astuce d'un Julien; là, ces Pharisiens politiques qui émancipent les Noirs pour accabler les Blancs, parce que ceux-ci sont catholiques, sous un joug plus dur et sous le poids d'une horrible misère; qui traversent toutes les mers pour propager, d'une main, la stérilité d'un enseignement évangélique, et fournir de l'autre des poignards à toutes les révoltes. Voici un pays protestant, la Prusse, où l'on a employé toutes les ruses d'une diplomatie perfide, afin d'opérer entre les luthériens et les calvinistes des essais de fusion pour mieux écraser l'Église catholique; dans d'autres pays allemands, le despotisme ministériel, inspiré par les doctrines audacieuses et impudentes de Hégel, se sert d'espions, de juges d'instruction, de l'amende et de la prison contre des prêtres fidèles à leur croyance. En France, des députés usent de tous les artifices d'une faconde intarissable pour entraver les droits de l'Église; le gouvernement s'acharne à maintenir une législation née des plus mauvaises passions révolutionnaires; nous voyons régner une civilisation superficielle, fille du journalisme, l'idolâtrie des intérêts matériels, une philosophie dirigée contre Dieu même; une jeunesse élevée dans des principes destructifs de tout ordre social... Ensemble monstrueux d'hommes et de choses qui se heurtent dans la confusion pour ruiner l'édifice éternel de la Providence.

« Malgré tant de contrariétés et d'attaques, le souffle d'un meilleur esprit se fait sentir. On ne peut dire de quel point de l'horizon il descend, mais il est impossible de nier que l'Eglise gagne du terrain là même où ont lieu les plus violents efforts pour la faire reculer. Les coups dirigés contre elle ne servent qu'à la fortifier, et les tentatives organisées par les hommes les plus puissants avortent contre toute atteinte.

« Il est vrai qu'il se rencontre des prêtres dont l'esprit est assez borné pour ne pouvoir apprécier toute la valeur des instructions catholiques; des prêtres qui prétendent réduire le colossal édifice de l'Eglise à la propre mesure de leur intelligence infime; mais, par bonheur, nous en voyons d'autres qui agissent avec plus d'esprit et plus de vigueur; qui ne se laissent pas intimider par ce mot d'*ultramontanisme*, à l'usage de tous ceux qui veulent entraver la libre et inviolable action de l'Eglise.

« Voilà tous les faits qui me firent sérieusement réfléchir sur l'existence d'une institution qui sort, renouvelée et fortifiée, de la lutte contre tant d'ennemis franchement déclarés ou hypocritement déguisés.

« Après ma démission des fonctions de président du Consistoire, je consacrai la liberté de mes loisirs à l'étude des dogmes catholiques, et je mis à profit, sous ce rapport, la lecture de la *Symbolique*, de Mœhler. Jamais je n'avais douté que le Christianisme fût une révélation divine; mais, à cette époque seulement, je m'occupai de certaines assertions des protestants, qui prétendent, par exemple, que le Christianisme ne s'est conservé dans toute sa pureté que pendant les premiers siècles, pour s'engloutir ensuite, pendant douze siècles, dans un abîme d'erreurs et d'institutions exclusivement humaines, abîme fermé enfin par l'avénement de génies supérieurs..., c'est-à-dire par un moine riche en contradictions de tous genres, et par un roi débauché et spoliateur. Le simple bon sens ne devrait-il pas suffire à interdire toute confiance en une prétendue Réforme dirigée par des personnages d'une valeur morale aussi révoltante? Ajoutez les déchirements intérieurs de tant de sectes protestantes, leur divergence au sujet de toutes les doctrines essentielles; et qui ne s'unissent que dans leur opposition et leur haine contre l'Eglise. Je fus donc amené à constater que les différences qui existent dans l'enseignement du protestanisme se manifestèrent dès les premiers jours de la Réforme, comme il se voit aujourd'hui encore parmi tant de protestants qui étonnent par l'étrangeté de leurs systèmes, par cette facilité à les modifier, à les changer suivant les besoins du jour. Une des causes non moins décisives qui contribuèrent à m'éclairer et à fixer ma résolution fut la certitude de rencontrer, au contraire, chez tous les théologiens catholiques romains l'unité et l'harmonie de l'enseignement. Le langage des novateurs protestants touchant une Eglise invisible, une tradition de la pure doctrine par le moyen d'une suite indéfinie d'hérésies, ce langage ne peut aveugler quiconque a conservé ou retrouvé la faculté d'apprécier les hommes et les choses.

« J'achevais d'être fortifié dans des convictions par la lecture d'une traduction allemande du traité de l'*Explication de la sainte Messe*, par Innocent III.

« Tels sont donc les moyens visibles et palpables dont Dieu s'est servi pour ma conversion ; ces moyens se trouvent à la portée de tout le monde. Les motifs cachés, ceux qui viennent d'en haut et ne sont connus que du Ciel, ceux-là resteront un secret devant les hommes. Ce n'est qu'après mon retour dans le sein de l'Eglise que j'ai su combien de prières avaient été adressées au Père éternel, dans divers couvents, par des prêtres, par des laïques, à Rome, dans le reste de l'Italie, dans le Tyrol, en Bavière, en Suisse, peut-être aussi dans d'autres pays, prières adressées depuis plusieurs années à la sainte Vierge, pour obtenir son intercession auprès du Père de toute grâce. Après ma conversion seulement, j'ai appris combien de messes avaient été célébrées pour obtenir la miséricorde de Dieu en ma faveur. Le jour de mon départ pour Rome, un de mes amis de Paris me recommanda à l'Archiconfrérie du Très-Saint et Immaculé Cœur de Marie.

« Sous la protection de tous ces pieux sentiments, j'entrepris mon voyage à Rome, le 29 février 1844, fermement décidé à me déclarer le fils le plus fidèle de cette tendre Mère, l'Eglise catholique.

« A Pavie, grâce à une intervention amicale, et par une faveur toute particulière, on exposa à la vénération publique les reliques insignes du grand évêque d'Hippone; je m'approchai, en tremblant, de ces ossements sacrés, renfermant encore dans mon cœur mes sentiments de respect et d'amour, car le moment de me prononcer n'était pas venu... Mais je reçus de la contemplation de ces saintes reliques une nouvelle et plus vive impulsion pour accomplir mon projet. Comment n'aurais-je pas trouvé grande, louable et attachante une institution qui, après plus de quinze siècles écoulés, n'a pas cessé de vénérer l'enveloppe terrestre d'une intelligence supérieure, modèle éternel des plus belles vertus, dont les lumières et la puissance éclairent encore et fortifient l'Eglise? Ces pieux et nobles sentiments furent entretenus dans mon esprit par la lecture d'un ouvrage de M. le chanoine Giovanni Basilio : *Relation historique, avec documents, du don fait par l'église de Pavie, d'une relique insigne du corps de saint Augustin à Mgr Antoine Adolphe Dupuch, évêque d'Alger.*

« Un seul fait peut-être aurait pu exercer une influence de nature à m'arrêter dans l'exécution de mon projet, c'est la rencontre d'un zèle louable, mais inopportun, qui eût été employé à hâter le moment de ma conversion. Sous ce rapport je n'ai eu qu'à me féliciter, car, pendant les trois mois de mon séjour à Rome, nulle action morale d'aucun genre ne fut exercée pour me faire prononcer ces paroles solennelles que l'on désirait tant entendre sortir de ma bouche. Une fois seulement, dans une audience qui me fut accordée par le Saint-Père, ces mots me furent adressés avec la plus inexprimable sérénité : SPERO CHE LEI SARA MIO FIGLIO (*j'espère que vous serez un jour mon fils*). Une autre fois, le pieux et savant archevêque de Thessalonique, Mgr Rossi, me dit à Naples : *J'espère que vous serez des nôtres*. Plusieurs autres amis et protecteurs exprimèrent de semblables désirs, mais sans aller jamais plus loin. Quoique j'aie eu le bonheur de me voir honoré d'un grand nombre d'entretiens intimes avec le célèbre R. P. Perronne, de la Société de Jésus, ce saint et savant prêtre ne fit qu'une seule allusion à ce qui était cependant le vœu de son cœur. Le jour de la fête de saint Louis de Gonzague, lorsque je remerciais du fond de mon âme le P. Perronne de n'avoir jamais abordé cette question, le R. P. me répondit : *J'avais bien prévu que la grâce de Dieu suffirait pour opérer, et voilà pourquoi une intervention humaine eût été superflue.* Au Mont-Cassin, dans cette maison illustre, mère de tant d'abbayes et congrégations célèbres, la conversation se porta un jour sur ma conversion ; on exprima la crainte d'attirer sur ma tête les fureurs de la haine, si ma conver-

4

sion devait se faire avec solennité, et non pas dans la retraite et le silence d'une église isolée et déserte. Je répliquai : « Je suis décidé à n'abjurer nulle part ailleurs qu'à Rome même, et je ne veux ni chercher, ni fuir la publicité plus ou moins éclatante d'une action qui n'a pas besoin d'être cachée, puisqu'elle est bonne, juste et louable. Surtout dans cette circonstance importante pour moi, je veux agir avec cette loyauté qui a toujours été la règle de ma conduite. »

« Quoique dans la préface d'une collection d'œuvres diverses, publiée peu de temps avant mon départ pour Rome, j'eusse assez clairement indiqué mon projet de conversion, jamais cependant je ne m'expliquai, à ce sujet, avec ma femme. Je me proposais de lui faire connaître par écrit mes intentions. En effet, mes lettres datées de Pise contenaient des indications qui devenaient de plus en plus claires et directes, à mesure que j'approchais de Rome. Grâce à Dieu, j'éprouvai la douce satisfaction de ne rencontrer, de la part de ma femme, qu'une opposition modérée, tendrement affectueuse, qui finit par ne plus se réduire qu'aux craintes d'une mère inquiète sur l'avenir de ses enfants. Décidément, dans cette circonstance comme dans tant d'autres, l'influence de la volonté divine était manifeste et directe.

« Tranquille de ce côté, je ne voulus plus mettre de retard à l'exécution de mon grand acte. Le 14 juin, je déclarai à Son Eminence le cardinal Ostini, le seul ami qui connût ma pensée intime, que rien ne s'opposait plus à mon retour dans le sein de l'Eglise. Le jour et l'heure de mon abjuration furent fixés au dimanche suivant, le 16 juin, dans les appartements de Son Eminence. Je crus de mon devoir d'avertir de cette détermination Sa Sainteté, qui avait daigné m'honorer par tant de bienveillance et de bonté paternelle. Lorsque ma lettre arriva au cabinet du Pape, Mgr le cardinal secrétaire d'Etat se trouvait présent, et le Saint-Père, plein de joie, la lui communiqua. Grégoire XVI et le cardinal n'approuvèrent pas l'idée que j'avais exprimée de me borner, dans le moment, à une simple déclaration et à la signature d'un acte d'abjuration, pour accomplir plus tard, à mon retour en Suisse, les autres cérémonies.

« Mon retour à l'Eglise catholique a donc été exécuté le 16 juin 1844, fête de saint François Régis; j'ai reçu la première communion et la confirmation le 21 juin, fête de saint Louis de Gonzague. Dans cette solennité, Mgr le cardinal Ostini se rappela avec émotion qu'il avait, il y a trente ans, dans la même chapelle de Saint-Louis de Gonzague, reçu au sein de l'Eglise catholique l'illustre peintre Overbeek, lequel s'est présenté comme parrain.

« Je fus admis à l'honneur de recevoir la sainte communion, en précédant la jeunesse studieuse de Rome, réunie pour cette cérémonie, afin de lui prouver comment des études sérieuses et impartiales ne manquent jamais de conduire les intelligences à s'identifier avec l'unité vivante de la sainte Eglise.

« La présence d'un grand nombre de mes amis de Rome, d'Allemagne, de la France et de la Suisse, dans cette journée mémorable pour moi, a été un nouvel encouragement pour ma résolution et ma persévérance. »

§ II. *Hommages rendus à Hurter.*

On lit dans *Le Chroniqueur de Fribourg* :

« M. Frédéric Hurter, le célèbre historien, est décédé à Gratz en Autriche, le 23 août 1865, après une courte mais douloureuse maladie. Doué dès sa jeunesse d'un zèle ardent pour la science et la découverte de la vérité, il publia à

Schaffhouse, alors qu'il était ministre protestant de cette ville, son grand ouvrage sur le Pape Innocent III, qui lui fit une réputation de littérateur et de savant dans toute l'Allemagne. Cet ouvrage parut dans un moment où les passions confessionnelles étaient moins en mouvement qu'actuellement et à une époque où l'Allemagne, plus calme et plus tolérante qu'elle n'est aujourd'hui, pouvait comprendre que même un protestant devait être impartial vis-à-vis d'un Pape. Par son ouvrage conçu dans un sens vraiment libéral, Hurter a jeté une vive lumière sur les temps d'Innocent III, et aucun historien ne pourra désormais essayer d'ignorer le véritable caractère de l'époque où vivait cet illustre Pontife. Vers la fin de la période de 1830, alors que les passions anticatholiques se rallumèrent en Suisse, Hurter resta avec les protestants, qui, francs de préjugés confessionnels, restèrent du côté du droit et prirent ouvertement le parti des catholiques, que l'on voulait opprimer à tout prix. Hurter publia à cette époque plusieurs écrits qui lui valurent aussi un peu de cette persécution qui s'étendit alors sur tous ceux qui soutinrent le droit et la vérité. Lorsque, parvenu à la dignité d'Antithès de sa ville natale, il voulut se rendre à Rome pour y continuer ses études historiques, les jaloux et les fanatiques excitèrent la population de Schaffhouse contre lui, et le libéralisme de cette époque alla si loin qu'un charivari fut même donné devant sa maison alors qu'il en était absent. Ses études historiques, les efforts qu'il tenta pour découvrir la vérité, les expériences qu'il fit de la civilisation actuelle, et un sentiment religieux des plus profonds le portèrent vers l'année 1840 à embrasser la religion catholique. Voulant éviter le fanatisme qui le poursuivait dans sa patrie et mettre sa famille en sûreté, Hurter se rendit à Vienne, où une place dans les archives de l'empire lui avait été offerte. C'est là qu'il passa les dernières années de sa vie dans le silence du cabinet et uniquement occupé de travaux historiques. Dans un ouvrage très-répandu, *Naissance et Renaissance,* il explique les différentes réflexions qui l'ont fait quitter le protestantisme pour embrasser la religion de ses pères. La vieillesse de Hurter fut calme et aimable. Estimé de tous les hommes d'Etat de l'Autriche, dominant de son auréole tous les savants de l'Allemagne, il jouit durant de longues années de cette gloire bien méritée et de cette paix intérieure, privilége des hommes qui ont le courage de demeurer dans toutes les circonstances, et malgré toutes les tempêtes, fidèles à leurs convictions. »

EUGÈNE DE GENOUDE [1]

M. Eugène de Genoude est un des écrivains qui ont pris la plus large part aux controverses religieuses du commencement de ce siècle. Son ouvrage *la Raison du Christianisme* a beaucoup contribué à ramener à la foi un grand nombre d'esprits flottants entre l'erreur et la vérité. Son témoignage a d'autant plus d'autorité qu'il avait lui-même, dans sa

---

[1] Eugène de Genoude, né en 1792 à Montélimart, mort en 1849, fut d'abord professeur au lycée Bonaparte et entra au séminaire, qu'il quitta pour se faire écrivain. Il fut anobli, en 1822, à la suite de la publication d'une traduction française de la Bible, 16 vol. in-12, et 5 vol. in-4°. Collaborateur du *Conservateur*, fondateur du *Défenseur*, et directeur de la *Gazette de France*, il fut un infatigable journaliste. Devenu prêtre après avoir perdu sa femme, il ne discontinua pas de faire dans la *Gazette* une vive opposition à la royauté de Louis-Philippe, en vertu du principe de la légitimé. Il fut élu député en 1846.

Il est regrettable que M. de Genoude ait soutenu les opinions gallicanes qui, à cette époque, avaient, hélas! beaucoup de partisans parmi le clergé français. Eclairés depuis par l'abus que les ennemis de la religion ont fait des prétendues libertés de l'Église gallicane, et par les encycliques doctrinales de Pie IX, tous les bons prêtres adhèrent sans distinction aux décrets et aux enseignements du Siége Apostolique.

jeunesse, partagé les préjugés antireligieux de la plupart des hommes de cette époque déplorable.

L'éminent écrivain a raconté lui-même, dans quelques pages pleines d'une éloquence émue, à la manière de saint Augustin, le travail de la grâce dans son âme, et par quels moyens providentiels Dieu l'avait fait passer des ténèbres de l'incrédulité à la pleine lumière de l'Évangile.

Nous le laissons parler lui-même : rien ne saurait égaler le charme de ses touchants aveux.

§ I. — *Le premier âge*.

Il faut que je reprenne tous les événements de ma vie, que je recueille tous mes souvenirs, ce qui présente bien quelques difficultés après plus de trente années; mais comme je puis être utile à des jeunes gens qui se trouveraient dans la situation où j'ai été moi-même, je me résous à écrire cette histoire des premières années de ma vie.

Je suis né à Montélimart, dans la province du Dauphiné, à l'époque de la Terreur ; et, dès l'âge de dix ans, j'ai été conduit à Grenoble, dans la belle vallée du Graisivaudan, Grenoble, ancienne ville de parlement, une des villes de France où l'esprit est le plus cultivé. Les grandes catastrophes de la révolution m'ont été inconnues, quoique tout le monde en fût occupé autour de moi. Les premiers faits dont mon imagination ait été frappée sont l'arrivée du Pape Pie VI à Grenoble, en 99, et le concours immense de personnes qui se pressaient autour de lui ; je me souviens aussi de la foule qui couvrait la place de la prison, afin de voir sortir des jeunes gens que l'on allait fusiller pour avoir accompagné des émigrés, et qui chantaient en mourant le *Réveil du peuple*. Les craintes que répandait la défaite de Schérer dans la même année, sont la seule *terreur* que j'aie connue. Grenoble était rempli d'Italiens qui fuyaient devant les armes de Souvaroff. Je me rappelle encore qu'on parlait de cacher ce qu'on avait de plus précieux. Les alarmes qui s'étaient répandues une fois dissipées, je ne songeais plus à demander ce qui se passait. Voici la raison de mon indifférence pour les objets extérieurs : je vivais alors dans un monde idéal. J'aimais passionnément la lecture : j'avais lu l'*Iliade*; je pleurais sur Hector traîné autour de Troie par Achille, et sur Priam redemandant le corps de son fils. Après l'*Iliade*, je lus la *Jérusalem*; Tancrède était mon héros. Je savais le poëme du Tasse par cœur; l'Arioste me ravissait. Dans mes jeux avec mes condisciples, je leur donnais les noms de tous les héros de l'*Iliade* ou des chevaliers de la *Jérusalem* et du poëme de *Roland*.

J'avais un père, une mère, remplis de bontés pour moi; des frères, des sœurs, des amis que j'aimais et qui m'aimaient également... Telle fut la vie de mes premières années : je connaissais les joies de la famille et les douceurs de l'amitié. Je vivais de l'arbre de vie, je n'avais pas encore goûté l'arbre de la science. Les premiers fruits empoisonnèrent mon bonheur. Je vais dire comment.

§ II. — *Lecture de Voltaire et des philosophes.*

J'avais un goût prononcé pour l'étude ; une curiosité insatiable. Aux travaux du collége j'ajoutai l'hébreu et le grec. Souvent, pendant la récréation, je m'enfermais chez un libraire, et je lisais tout ce qui me tombait sous la main. Voltaire devint mon auteur favori. J'appris tous ses vers, je lus son *Dictionnaire philosophique*.

Il faut que vous sachiez bien ma situation par rapport à

la religion, pour que vous compreniez et tous les ravages que durent faire dans mon esprit les écrits des philosophes, et la nécessité de parler de Dieu aux enfants, parce que la foi vient de l'ouïe, *fides ex auditu*.

Plus je repasse mes premières années, et moins j'y trouve la trace de sentiments religieux. Sous le Directoire, au temps des prêtres constitutionnels, on me conduisait à la messe dans une chambre, à un troisième étage. On me recommandait de n'en pas parler. J'allais à la décade par curiosité ; mais je n'attachais aucune idée à tout ce qui se passait autour de moi.

Le seul souvenir religieux qui me revienne à l'esprit, c'est un trait de la *Vie des Saints*. Je lisais l'histoire de sainte Thérèse, et je fus frappé de son désir d'aller mourir chez les Maures. Je faisais de petites chapelles, mais sans aucun sentiment ni aucune idée. Ce n'était qu'un amusement ; la mort m'effrayait et j'avais peur des esprits de ténèbres et des revenants. J'avais le sentiment de quelque chose d'inconnu plein de terreurs. Je n'allais pas au delà.

La foi était en moi comme si elle n'était pas. J'avais appris quelques paroles que je récitais de mémoire ; je répétais le *Credo* et quelques autres prières, mais je ne savais que des mots et ne concevais nullement ce qu'ils signifiaient. Les rapports de Dieu avec moi m'étaient complétement inconnus ; j'allais au cathéchisme, mais je n'y prenais aucun goût. Cette lettre froide, sans explication, était pour moi comme de l'algèbre. Je n'ai pas entendu alors un mot qui me donnât une idée des mystères et des preuves de la religion. Nous étions à l'époque de l'Empire. La philosophie matérialiste du xviiie siècle régnait dans le gouvernement et dans les mœurs. « Rien ne peut peindre, » dit M. de Lamartine, qui cherchait alors la poésie comme je cherchais la religion, « l'orgueilleuse stérilité de cette époque. » Les hommes géométriques, qui avaient alors la parole, souriaient dédaigneusement quand ils prononçaient les mots enthousiasme, religion, liberté, poésie. Calcul et force, tout était là pour eux. Ils ne croyaient que ce qui se prouve, ils ne sentaient que ce qui se touche. La religion était morte dans leur intelligence, morte dans leurs âmes, morte en eux et autour d'eux. Le calcul seul était permis, honoré, protégé, payé. On vivait dans une atmosphère de lâcheté et de servitude, on manquait d'espace et d'air. Je ne me rendais pas compte de cette situation morale de la société, mais je la subissais à mon insu. J'ai fait, en herborisant, de nombreux voyages à la Grande-Chartreuse. J'admirais ses sapins, son torrent, ses montagnes, mais il n'y avait plus alors le moindre vestige de la religion. A la chapelle de Saint-Bruno, pas un signe de culte. Des noms écrits sur toutes les murailles n'indiquaient que la curiosité des voyageurs. On se croyait au milieu des ruines du Christianisme, comme à Thèbes ou à Persépolis, on est au milieu des ruines de l'idolâtrie. A la croix du Grand-Son, qui apparaissait encore au milieu de ces déserts et dominait tout, je ne me prosternai même pas ; personne ne me donnait cet exemple. Je ne savais pas ce que voulait dire ce signe sacré. J'y inscrivis mon nom comme à la croix de Charousse, au-dessous de Revel, machinalement.

L'idée de Dieu ne subsistait au fond de mon âme que par le sentiment d'admiration dont j'ai toujours été pénétré pour lui sur le sommet des montagnes.

Telle était la situation de mon esprit, lorsque j'ouvris *Voltaire* pour la première fois. Je n'avais jamais entendu parler des merveilles opérées par Jésus-Christ, ou si j'en avais entendu parler, c'était sans y prêter aucune attention. Les jours d'abstinence observés par habitude, des chapelets, des prières récitées sans ferveur, des chants dans une langue qui me paraissait barbare, parce que je goûtais beaucoup le latin de Virgile ; des légendes, des histoires de prodiges et de revenants : c'était là pour moi toute l'histoire de la religion. Je n'exagère rien. Voilà l'inconvénient terrible, dans l'éducation, de mettre la cérémonie avant l'idée.

Voltaire me donna des idées justes de la littérature, de la poésie ; il m'apprit, je le croyais, l'histoire, la physique, la philosophie ; il me fit connaître l'Europe, la France ; enfin je crus savoir par lui toutes choses, et la religion m'apparut sous les couleurs qu'il lui donne. D'abord je triomphai, je me crus un esprit supérieur ; je regardai en pitié tout ce qui m'entourait, je raillai tous ceux qui parlaient devant moi du Christianisme. J'adoptai toutes les objections.

Voltaire dit quelque part, dans son *Essai sur l'Histoire générale*, qu'il a pris les deux hémisphères en ridicule, que c'est un coup sûr. Il est certain qu'il inspire le mépris de la race humaine dans l'histoire, comme dans sa philosophie le mépris de la loi révélée. Il saisit les esprits superficiels avec ce grand nom de Dieu et les mots d'humanité et de patrie, et c'est à l'aide de maximes vraies rendues dans de beaux vers qu'il séduit les cœurs et les entraîne ensuite à croire toutes les erreurs qu'il leur présente.

Voltaire a bien soin de tronquer tous les faits et d'oublier la liberté de l'homme, origine de toutes les péripéties de la race humaine. Il attaque sans cesse le peuple juif. Ce peuple est le seul qui eût conservé cette unité de Dieu dont Voltaire fait sa religion, et il ne le disait pas. Ce qui m'importe, c'est la vérité conservée par les Juifs, comme ce qui m'importe dans le genre humain, c'est la vie que j'en ai reçue. Que me font les torts du sacerdoce ou de la paternité, du prêtre ou du père ? Ils sont chargés de me transmettre la vérité et la vie ; le font-ils ? Voilà toute la question. Ensuite venaient les objections tirées de ce que la

Rédemption n'avait pas changé le genre humain; mais c'était là faire naître une difficulté insurmontable contre Dieu même; car si c'est une objection contre le Dieu rédempteur du monde, qu'il y ait encore des vices et des crimes, c'en est une également pour le Dieu qui a créé l'homme, et qui n'a dû le créer qu'afin de le rendre heureux.

On peut juger du mal que cette philosophie superficielle dut faire à un esprit de quinze ans. Mais quand j'eus frondé, à l'aide de toutes ces objections, tout ce qui était autour de moi, les nouvelles pensées tombées dans mon esprit y creusèrent un abîme de doutes.

Les objections de Voltaire contre la religion devinrent pour moi des objections contre l'existence de Dieu. Tout ce qu'il dit en effet du plan de Dieu dans le Christianisme se retournait contre le plan de Dieu dans l'univers.

Je lisais ses *Entretiens philosophiques*, et j'y trouvais les arguments que j'avais lus dans ses vers, et qui m'avaient laissé des impressions si funestes.

Après Voltaire, je lus Diderot et Helvétius, et j'avoue que les arguments de Voltaire en faveur de l'existence de Dieu et de l'immortalité de l'âme ne pouvaient me défendre contre les arguments des matérialistes et des athées. Le mystère de Dieu, le mystère de l'âme, le mal répandu sur la terre, malgré la bonté et la justice de Dieu, la certitude que je n'avais rien fait pour mériter les douleurs que je pouvais souffrir, me paraissaient des ténèbres qu'aucune lumière ne venaient dissiper. Enfin une nuit immense se répandit dans mon esprit. Je perdis la foi en Dieu, en ma propre existence. Un vide affreux se fit dans mon âme à l'idée du néant.

Plus j'avais joui du sentiment de l'existence, et plus je souffrais de la crainte de la perdre à jamais. Le néant était un cauchemar que je ne pouvais supporter. Toutes les fois qu'après mes herborisations, où j'étais poursuivi par de sombres pensées, je rentrais dans la maison paternelle, je fondais en larmes à la vue de ma mère et de ma sœur, en songeant qu'elles devaient mourir à jamais.

La pensée que la vie pouvait finir pour moi d'un moment à l'autre, et que je ne verrais plus ceux que j'aimais, m'était intolérable. Un voile épais me semblait répandu sur toute la nature. Je voyais tous les hommes comme des automates remués par des fils. L'être me semblait manquer de toutes parts. J'ai bien senti alors que la privation de Dieu était un mal infini. Il n'y avait plus pour moi que le néant et un abîme de misères. Je ne puis comparer cet état qu'à celui d'un homme suspendu sur un précipice, dont le pied glisse, la tête tourne, et qui sent qu'il va rouler dans l'abîme. C'était un joug affreux que cette pensée, la plus dure captivité. Mon cœur se serrait à chaque instant, je versais des larmes, et vingt fois j'ai voulu mettre fin à ma vie, ne pouvant supporter l'idée que je devais la perdre ; j'ai éprouvé les tourments de l'enfer ; j'ai senti ce que veut dire le mot de ténèbres visibles, l'horreur du désespoir. Personne ne savait la cause de mes angoisses ; je me disais quelquefois que je préférerais une souffrance éternelle à l'anéantissement. Je me souviens qu'un jour, revenant de Saint-Nizier, j'avais le Drac à traverser pour rentrer à Grenoble.

J'étais sur le bateau, et je me sentis saisi du désir de mettre fin à mon supplice en me jetant dans le torrent. Je ne sais comment j'échappai à cette tentation. Voilà où m'avait conduit mon enthousiasme pour Voltaire, et ce qui explique tant de suicides que nous avons sous les yeux.

J'étais au fort de mes doutes. Le désordre du monde, les vices, les crimes, les maladies, l'ignorance, la mort, le silence de Dieu au milieu de toutes les douleurs de l'homme, l'abandon où je croyais l'humanité, m'avaient fait rejeter l'idée de Dieu. Voltaire avait détruit pour moi la chaîne de la Révélation. Le monde me paraissait sans sagesse. L'idolâtrie et le christianisme, qui me semblait une autre idolâtrie, la superstition, le fanatisme, voilà donc à quoi nous étions invinciblement livrés. Plus de liberté pour l'homme; Dieu, s'il y en avait un, se jouait de nous; il avait donné une âme à la douleur.

Toute la nature, qui auparavant avait tant de charmes pour moi, était devenue une sombre prison. J'étais dans un cachot, environné de déceptions dont je n'avais pas le mot; j'étouffais.

§ III. — *Contradictions de Rousseau.* — *Passage sur Jésus-Christ.* — *Ma détermination.*

Je menais alors une vie très-singulière. Je passais beaucoup de temps dans une solitude absolue, n'ayant aucun des amusements des jeunes gens de mon âge, toujours occupé d'études et de méditations. J'avais des amis et des sœurs que j'aimais beaucoup; je ne vivais donc que de mes idées et de mes affections.

Je dévorai tout Rousseau. Ses contradictions me jetèrent dans une grande perplexité. Mais le calme que j'avais recouvré me permit de reprendre mes études. Je rencontrai alors un jeune homme fort spirituel, très-occupé de littérature et avide de se faire un nom dans les lettres. Nous mîmes nos travaux en commun.

Je commençais à juger ceux que je lisais. J'étais étonné de trouver dans Rousseau des contradictions frappantes.

J'avais recouvré le calme, mais je sentais que le théisme de Rousseau n'a point de sanction.

J'étais confondu de cette incertitude de Rousseau, tant mes préjugés contre le Christianisme étaient grands !

J'arrivai enfin au passage si étonnant sur Jésus-Christ. Je l'ai relu cent fois. Je vois encore le lieu où je l'ai lu d'abord. C'était dans les bois de Prémol, non loin de Vizille.

Ce passage a fait une profonde impression sur moi. Il commençait à me faire sortir des incertitudes du théisme de Rousseau. Il a décidé de toute ma vie. Je me dis alors que puisque Rousseau parlait ainsi de Jésus-Christ, malgré les railleries de Voltaire, la religion chrétienne méritait d'être discutée, et je me promis de me livrer avec ardeur à cet examen.

Le scepticisme ne me paraissait pas possible, et je pris la résolution de consacrer ma vie toute entière, s'il le fallait, à la grande question de savoir ce qu'était Jésus-Christ : Homme envoyé de Dieu, ou Dieu.

J'ai rempli ma promesse, et je vous dirai tout ce que j'ai fait pour l'accomplir.

Je ne savais pas alors que tout ce que je lisais de beau dans l'*Emile* était emprunté au Christianisme, mais toutes ces vérités faisaient sur moi une grande impression ; ces paroles allaient à mon cœur. J'étais rentré dans la vie. Chose remarquable ! Voltaire, avec ce qu'il disait de vrai, avait fondé sur moi son autorité, et cette autorité, une fois établie, avait servi ensuite à me pénétrer de ses funestes erreurs. Rousseau ne me fit que du bien, parce que ses contradictions n'apparurent au premier coup d'œil.

Le goût des lettres m'avait lié avec un jeune homme dont j'ai parlé. Nous faisions ensemble de longues promenades, lisant les auteurs anciens et modernes. Un jour que nous étions sur les bords de l'Isère, un livre à la main, nous passâmes devant un ecclésiastique occupé à dire son bréviaire, et nous ne remarquâmes pas, un moment après, qu'il nous suivait. Nous étions dans ces riantes prairies arrosées par l'Isère, en face de l'Ile-Verte et de nos belles montagnes couvertes de neige. Nous nous arrêtâmes tout à coup près d'une machine à rouir le chanvre, ne sachant ni l'un ni l'autre à quel usage elle servait. Le bon vieillard, qui nous avait suivis, s'approcha de nous d'un air bienveillant, et voyant notre embarras, il nous expliqua ce qui attirait notre attention. Puis, continuant sa promenade avec nous, il se mêla à notre conversation, et prit parti dans nos discussions littéraires. Tout respirait en lui la candeur et la simplicité. Son aspect était vénérable, sa physionomie pleine de douceur et de gravité. Son presbytère, entouré de berceaux de vigne et rempli de fleurs, s'élevait sur les bords de la rivière; il nous proposa d'y entrer. Nous fûmes en un instant fort à notre aise avec lui, et il connut bientôt la disposition de nos esprits.

Nous revînmes souvent chez lui ; sa conversation était douce et variée. Il parlait de la religion de manière à prouver que son cœur était touché. Il avait l'air calme et heureux. Nous faisions souvent quelques lectures devant la porte de son jardin, au pied de nos Alpes. Le bon curé me prêta Fénelon, Bossuet et la Bible, que je voulais lire pour juger si elle méritait les mépris de Voltaire.

Je commençai par les Œuvres Spirituelles de Fénelon.

Je ne connaissais de l'archevêque de Cambrai que le *Télémaque*, les *Dialogues des morts*, les *Dialogues sur l'éloquence* ; et de l'évêque de Meaux, que les *Oraisons funèbres* et le *Discours sur l'histoire universelle*; la première partie et la troisième, celle des empires : j'avais passé la seconde sur la religion, parce que Voltaire m'avait dit que Bossuet n'était là qu'un déclamateur.

La première lettre de Fénelon au duc d'Orléans me sembla faite pour la situation où je me trouvais.

Je ne rapporterai aucun des arguments de Fénelon sur l'idée de l'infini, sur l'existence de Dieu, sur la liberté de l'homme, sur l'âme et son immortalité. Rousseau m'avait laissé sans objection sur tous ces points; ce qui m'importait, c'est la question que l'archevêque de Cambrai pose sur le culte extérieur. Aussi la réponse me frappa vivement. Toutes mes douleurs étaient venues de ce que je ne croyais pas à la nécessité d'un culte, et de ce que je regardais toutes les religions comme des inventions humaines dont Dieu n'avait pas besoin. Or, après la lecture de Fénelon, il m'était impossible de ne pas reconnaître la vérité de ce qu'elle contenait. C'était un pas de plus que faisait mon esprit, car Rousseau n'établit pas la nécessité du culte extérieur. La vérité entre dans un esprit de bonne foi comme une douce lumière dans les yeux délicats : tant l'âme est naturellement chrétienne, comme l'a dit Tertullien! Sans doute le véritable culte est purement intérieur et se consomme tout entier dans l'âme. Adorer l'Être Souverain, contempler ses perfections, s'unir à lui par les mouvements d'un amour pur, la louange, la bénédiction, l'action de grâces, c'est toute la religion du ciel, c'était celle de l'homme avant sa chute ; mais dans l'état où nous sommes, il faut à notre culte des objets sensibles qui aident notre foi, qui réveillent notre amour, qui nourrissent notre espérance et nous unissent à nos frères.

Je lisais les *Entretiens du chevalier de Ramsay et de Fénelon*. Le chevalier de Ramsay avait été livré aux mêmes combats que moi. En 1710, il avait été frappé des mêmes objections ; il avait fait les mêmes questions à Fénelon. C'est dans ces *Entretiens* que Fénelon s'est élevé le plus haut.

Platon et Rousseau n'ont jamais rien écrit de plus sublime.

Quel est le voyageur qui, parcourant des montagnes par un temps brumeux, n'ait pas été attristé du spectacle que présentent les objets tantôt cachés par les nuages, tantôt prenant des formes bizarres et fantastiques? Tout est confondu. On ne sait plus de quel côté se diriger. Les précipices sont voilés, les arbres sont des fantômes, les maisons des rochers; on se méprend sur les distances. Mais qu'un rayon de soleil vienne à pénétrer au milieu de tout ce chaos, les fantômes se dissipent, et l'on voit des prairies d'une verdure brillante, de beaux chalets, des sapins magnifiques et des cimes majestueuses qui vont toucher le ciel. Alors on ne craint plus les abîmes, le chemin se déploie devant vous, et l'on peut jouir en toute sécurité des beaux spectacles de la nature. C'est une image de l'état où je me trouvais.

Quand mon intelligence fut entrée dans la voie de la vérité, à mesure que je trouvais la possibilité, la vraisemblance, la vérité d'une révélation, je renaissais. Il restait sans doute encore autour de cet édifice de la religion bien des nuages, mais la raison les dissipait peu à peu, et je voyais l'espérance se lever à l'horizon.

Je rentrais ainsi en possession de la vie par l'intelligence. Le soleil reprit son éclat, la nature sembla revivre tout entière...

L'intelligence me faisait découvrir des rapports entre Dieu et moi : Dieu *est celui qui est;* je remontais donc à la source de la vie. Le monde était un spectacle où je pouvais le voir, et qui devait me servir à m'élever à lui.

Je sentais le besoin de ce qui est éternel. Tout ce qui me parlait de Dieu, d'une autre vie, de l'immortalité de l'âme, me faisait éprouver les plus délicieuses et les plus vives émotions.

Je compris alors que la vérité est aussi nécessaire à l'esprit que le soleil à la vue. La vérité, c'est toute l'intelligence; et si la vie se développe par la nourriture, l'intelligence ne peut vivre que de la vérité, son éternel aliment.

Après vous avoir entretenu des impressions que j'ai reçues du livre de la nature, je dois vous parler du bonheur que j'éprouvais à lire la Bible, le livre de Dieu.

Je lus la *Genèse*, *Job*, *Salomon*, les *Psaumes*, les *Cantiques*, *Isaïe*, d'abord en littérateur, et je fus étonné du mépris que Voltaire affectait pour l'Ecriture, car cette sublime poésie des Livres saints me transporta d'admiration.

Comment pouvais-je n'être pas frappé de l'histoire de Joseph? Où trouver un drame plus sublime que celui de Job? Des hymnes, des odes, des cantiques comparables à ceux de Débora, de David, d'Isaïe? Job m'étonna par sa profondeur, et, dès cette époque, je commençai à le traduire d'après la Vulgate. Les douleurs de l'humanité sur la terre, où sont-elles peintes avec plus d'énergie? « Pourquoi la lumière a-t-elle été donnée au malheureux, la vie à ceux qui sont dans l'amertume, qui attendent la mort sans qu'elle vienne, comme ceux qui creusent la terre pour y découvrir un trésor, et qui tressaillent de joie quand ils ont trouvé un sépulcre?... Les voies de l'humanité lui sont inconnues, et Dieu l'entoure de ténèbres. » Ces images reproduisaient tout ce que j'avais éprouvé de triste et d'amer en l'absence de la foi.

Quand ma première impression d'admiration littéraire fut passée, je fus frappé des rapports étonnants de toutes les paroles d'Isaïe avec la mission du Christ, l'établissement de l'Eglise et la fin de la synagogue. Rome et Jérusalem, dans l'état même où elles sont aujourd'hui, me parurent prédites à toutes les pages.

Ce qui me frappa le plus dans Isaïe, c'est que toutes les prophéties se rapportent au Messie : les unes déterminent le temps de sa venue, les autres déclarent ce qui est relatif à sa personne. Les troisièmes annoncent quelle sera son œuvre.

Il n'y a pas un chapitre d'Isaïe qui n'ait produit sur moi la plus vive impression. J'ai lu ce grand prophète avec transport d'un bout à l'autre. Chaque verset était une révélation, et je défie un homme de bonne foi de le lire sans devenir chrétien. Jésus-Christ y est prédit à toutes les pages.

Que je sentis bien alors la vérité de ces paroles de Rousseau : « Je vous avoue aussi que la majesté des Ecritures m'étonne, la sainteté de l'Évangile parle à mon cœur. » La Bible me mettait donc en communication avec Dieu lui-même. Je connaissais par elle sa parole et son cœur. Aussi, c'est avec le cœur qu'il faut lire l'Ecriture. Si l'univers révèle la grandeur de Dieu, la Bible nous révèle sa bonté. Le sentiment de cette bonté ne se trouve exprimé et approfondi que dans ce livre admirable, et ce sentiment est celui que nous aimons le plus à trouver en Dieu, parce que sa bonté semble surtout faite pour nous. Le spectacle de la nature m'avait donné au plus haut degré l'idée de la puissance de Dieu, la religion me révélait sa sagesse, la Bible me manifestait son amour.

Aussi, je m'engageai, pour réparer le mal que j'avais pu faire en partageant les dédains de Voltaire, en les communiquant à mes camarades de collége, à traduire les Livres saints et à consacrer à ce travail tout le sentiment poétique qui était en moi.

Quand je compare les premières impressions que j'ai reçues du spectacle de la nature à celles que m'a fait éprouver la Bible, je ne puis assez remercier Dieu du bienfait de la révélation.

Dieu est trop loin de moi, — voilà la pensée qui attristait mon âme quand je contemplais les merveilles des Alpes, ou, dans une belle nuit, la splendeur d'un ciel parsemé d'étoiles. Dieu est près de tous ceux qui l'aiment, — voilà la pensée douce et consolante que je rencontrais à chaque page dans l'Ecriture. L'univers m'avait manifesté la puissance de Dieu, la Bible m'apprenait donc à connaître sa bonté.

Ce qui me frappait dans l'Ecriture, c'est cet ensemble imposant où tout se tient, tout s'enchaîne, tout se lie, et, par conséquent, cette unité de plan, cette variété dans les détails, cet accord, cette harmonie. Là, point de confusion, point de disparate comme dans les ouvrages des hommes. C'est l'histoire de la Rédemption, et l'on voit partout, que, comme l'a dit un Père, le centre de l'homme est la volonté de Dieu, parce que l'essence de la volonté de Dieu, c'est le salut de l'homme. — Dans la Bible, tout a pour objet la Rédemption, et, par conséquent, le salut de l'homme. Il n'y a pas un événement, pas un fait, pas une parole qui ne se rapporte à Jésus-Christ. On dirait que Dieu, dans le temps, a tracé un cercle dont Jésus-Christ est le centre, et tous les siècles sont des rayons qui sont venus ou qui viendront y aboutir.

On ne peut se figurer ma joie en lisant ces pages inspirées. Je me sentais pénétré d'une conviction de plus en plus intime et profonde, lorsque je me voyais éclairé de cette lumière pénétrante et vive sur mes rapports avec Dieu et avec l'univers.

§ IV. — *Ma rhétorique.* — *Visite à Saint-Sulpice.*

En rhétorique, j'avais eu pour professeur un prêtre. Celui-là s'irritait de mes objections, il discutait avec moi ; ses réponses ne me satisfaisaient pas. Je me rappelle qu'un jour il me dit en pleine classe : « Vous faites avec moi comme Voltaire avec le P. Porée; voulez-vous être, ainsi que lui, un étendard d'incrédulité? » J'étais alors plein de dédain et de mépris pour la religion. Je n'étais occupé que du désir de savoir. J'embrassai avec ardeur une multitude de connaissances. Je dévorai tous les ouvrages littéraires. Je suivais en outre des leçons de mathématiques, pour lesquelles je n'avais aucun goût. Un de mes professeurs, qui m'enseignait cette science, a eu cependant une grande influence sur ma vie par son départ pour Paris, où il entra au séminaire de Saint-Sulpice. C'est là un de ces soins mystérieux de la Providence, imperceptibles d'abord, et, dans la suite, plus visibles! Je ne savais pas alors qu'en allant le voir à Saint-Sulpice, je devais rencontrer l'homme qui, après le curé de Saint-Ferjus, m'a rendu le plus grand des services, M. l'abbé Teysseyre, celui qui a guéri mon cœur comme le premier avait servi à guérir mon esprit, et à qui je dois peut-être ma vocation pour le sacerdoce.

A cette époque, le jeune homme avec qui je me promenais sur les bords de l'Isère, quand je rencontrai le curé de Saint-Ferjus, vint à Paris; il ne pensait qu'à la gloire humaine, et je ne pus l'en détacher. Il tomba malade, et lui, dont la vie était tout entière consacrée à l'idée de laisser un nom dans la mémoire des hommes, il se leva pendant une nuit où il se sentit près de mourir, il prit une cassette où étaient ses vers et les brûla tous. Quelle image de la vanité humaine et de ses effets! quelle leçon!

Mes visites à Saint-Sulpice se multipliaient de plus en plus. M. Teysseyre me répétait sans cesse ces mots de saint Bernard : « *O beata solitudo! O sola beatitudo!* O heureuse solitude! O seule béatitude! » Il me disait souvent, en faisant allusion aux difficultés que certains hommes opposent à la religion : « Si les vérités mathématiques obligeaient dans la pratique, il y aurait peu de personnes qui croiraient aux vérités mathématiques. » Le miel découlait de ses lèvres.

« Il faut s'engager hautement dans le monde, me disait-il sans cesse ; faites profession de vos croyances, vous serez défendu même par ce qui perd les autres, par le respect humain. » Un jour, je rencontrai dans sa chambre le duc de Rohan et il nous dit, en nous présentant l'un à l'autre : « *Faciem euntis in Jerusalem*. Voici la figure de quelqu'un « qui va à Jérusalem. » Depuis la mort de M. Teysseyre, M. de Rohan et moi nous nous sommes tous deux faits prêtres.

Je racontai toute ma vie à M. Teysseyre. Il me parla de la nécessité de me confesser et de communier. Je savais tout ce que les protestants et les philosophes opposent à la confession et à la communion. Mais il m'était impossible, depuis que je reconnaissais l'autorité de Jésus-Christ, de ne pas voir dans ces paroles du Christ aux apôtres : *Tout ce que vous lierez et délierez sur la terre sera lié et délié dans le ciel*, l'établissement du pouvoir d'absoudre les péchés ; et dans ces paroles : *Ceci est mon corps*, l'établissement de la communion. L'argument qui m'a le plus frappé en faveur de la confession auriculaire et de la transsubstantiation, c'est que les Grecs, les Nestoriens et des sectes séparées de l'Eglise romaine depuis plus de douze cents ans, pensent sur ce point comme les Latins. Je fis tout ce que M. Teysseyre voulut, et je trouvai une grande joie à suivre ses conseils. Il m'a donné cette grande leçon : « Faites toutes vos actions comme si vous deviez mourir après les avoir faites. » L'Esprit-Saint était en lui : c'était un ange.

Quand il est mort (c'était le 22 août 1818), j'étais à Toulouse... je l'ai prié... Tous ses amis ont fait comme moi, et nous lui avons tous appliqué ce verset de l'Écriture : *Consummatus in brevi explevit tempora multa.*

§ V. — *Ma communion.* — *Amour de Dieu.*

C'est à la chapelle de la Sainte-Vierge, à Saint-Sulpice, que je communiai en 1811, et je puis dire que ce fut là ma première communion. Je me donnai tout à Dieu, et j'éprouvai la vérité de ce vers du Dante :

Tanto si da quanto truova d'ardore.

« Dieu se donne à nous d'autant plus qu'il trouve en nous « plus d'ardeur. »

La communion me fit connaître l'amour divin ; je ne songeai plus qu'à servir Dieu et à être utile aux hommes. Tous les biens du monde me parurent de la vanité ; je voulus me dévouer à servir les malades dans les hôpitaux, je désirai entrer au séminaire et passer dans les pays de mission. Je ne pouvais plus comprendre que j'eusse aimé quelque chose en dehors de Dieu. Qu'était-ce que la grandeur des sites, la beauté que j'avais contemplée dans les tableaux de Raphaël et de Guide, à côté de la beauté infinie de Dieu ? Qu'étaient la bonté des hommes et leur puissance en comparaison de Dieu ? — Dieu m'aime, me disais-je, Dieu a voulu souffrir et mourir pour moi. Ces pensées me ravissaient.

« Non, je n'oublierai jamais l'amour qui se répandit dans mon cœur après ma communion de Saint-Sulpice. C'est de là que datent pour moi le désir du martyre, l'amour du séminaire, les vœux ardents pour la vie contemplative. Je me vois encore dans une des rues de Paris où je passais souvent, m'écriant : « O mon Dieu, je voudrais mourir pour « vous! » Je me vois encore à la Charité, près du lit des malades; je me rappelle les délices que j'éprouvais dans mes promenades à Aulnay, au lever du soleil, mes lectures, mon désir de souffrir : tout cela ne venait point de moi, mais de la communion.

Les cérémonies de l'Église avaient jusqu'ici été une lettre morte pour moi: Ce n'est que lorsque j'en connus toutes les raisons, que je compris leur langage symbolique, qu'elles devinrent une expression tendre de l'amour qui était dans mon cœur. Cependant ce n'est que bien plus tard que j'ai compris la Croix et que j'ai senti que le Calvaire était le plus grand des spectacles pour l'homme, puisqu'il nous révèle les grandeurs de l'amour de Dieu pour nous; le prix que nous devons attacher à notre âme, puisque Dieu a tant souffert pour elle; l'horreur que nous devons avoir pour le péché, puisqu'il n'a pu être effacé que par le sang d'un Dieu.

Je ne puis mieux faire connaître les sentiments qui remplissaient mon cœur, qu'en rappelant ce que Saint Augustin disait après sa conversion. J'éprouvai tout ce qu'il a si bien exprimé.

Ma vie peut se diviser en deux parts :

Un premier travail de la lumière pour chasser les ténèbres de mon esprit.

Un travail de l'amour divin pour chasser de mon cœur les affections terrestres.

JOSEPH DROZ

François-Xavier-Joseph Droz, né à Besançon en 1773, devint capitaine dans un bataillon de volontaires, où il s'était engagé en 1792, et resta au service pendant trois ans. Après avoir professé les belles-lettres à l'école centrale de Besançon, il se rendit en 1803 à Paris, et se lia avec Cabanis. Il fut employé dans l'administration des droits-réunis et protégé par François de Nantes.

Il était membre de l'Académie française et de l'Académie des sciences morales et politiques. Après avoir commencé sa carrière par l'incrédulité voltairienne du xviiie siècle, il ne la termina qu'après être redevenu depuis longtemps déjà catholique par une conversion aussi éclatante et raisonnée que loyale et sincère (1). Le comte de Montalembert, qui le remplaça à l'Académie, en parla en ces termes dans son discours de réception : « Quelques traits sobrement tracés nous permettent de le suivre dans ses luttes intérieures. Il nous peindra la répulsion qu'il éprouve « lorsque, jeune

(1) Les principaux ouvrages de Droz, mort en 1850, sont : l'*Art d'être heureux*; *De la Philosophie morale*, livre qui lui valut le prix Monthyon; *Histoire du règne de Louis XVI*, 3 vol. in-8°; *Étude sur le beau dans les arts*; *Économie politique*; *Pensées sur le christianisme*, et *Aveux d'un philosophe*.

encore, cherchant la vérité qui semblait le fuir », dans ses courses solitaires au sein de ses montagnes, il rencontre une croix, instrument du supplice, qui lui semble attrister la riante nature, et plus tard, revenu dans ces mêmes montagnes, il bénira la main qui élève le signe de la Rédemption partout où peut passer un affligé. Il nous laisse entrevoir l'impression profonde produite sur lui par les récits des prêtres de sa province natale, si intrépides dans la persécution, si constants dans l'exil, cachés dans les forêts et les étables pour conserver aux populations désolées les secours de la religion, et payant souvent de leur vie cet obscur dévouement.

Une autre fois, en entrant dans une de ces églises qu'il avait longtemps regardées comme des ateliers de superstition, il y aperçoit des personnes qu'il savait divisées par leurs opinions politiques, agenouillées devant le même autel, calmes, silencieuses et lisant attentivement; il lui vient dans la mémoire que les livres où elles lisaient les obligeaient à prier les unes pour les autres, et il sort en méditant sur cette union des cœurs que l'unité de la foi ne donne pas toujours, mais qui n'existe nulle part sans elle.

Il n'insiste pas, il ne détaille rien. Il laisse seulement deviner que c'est avant tout le cœur qui l'a éclairé, ramené. Il a aimé, il a souffert, il a pleuré. La félicité éternelle que le christianisme promet aux âmes pures sert à la fois de consolation à sa douleur et de démonstration à son esprit. Et quand il apprend que cette même religion promet de prolonger dans le ciel les affections de la terre et d'y resserrer pour jamais les chastes liens formés ici-bas, alors l'œuvre est consommée, la victoire est complète, il rend les armes et se prosterne avec amour devant l'éternel vainqueur.

Devenu chrétien, il éprouve la noble envie de confesser sa foi. Il ne rougit pas de s'être instruit en vieillissant; au contraire, il trouve la chose toute simple; il espère, il désire qu'on fasse comme lui. Il dit qu'il ne croira jamais qu'un homme soit assez stupide pour ne rien apprendre en quarante ans. Du reste, il ne veut pas plus se vanter que se taire. Selon lui, lorsqu'on revient à la religion, il ne faut ni se cacher, ni se donner en spectacle. Mais aimer le Christ et rougir de lui, c'est un acte de honteuse faiblesse ou d'insigne mauvaise foi. Il ne sort de son silence et de son indulgence habituelle que pour combattre le paradoxe odieux qui daigne faire l'aumône de la religion aux gens illettrés et vulgaires. Il n'est point d'erreur qu'il ait dénoncée avec plus d'énergie et d'indignation que la prétendue solution de ceux qui disent : « Donnez de la philosophie aux esprits cultivés, et jetez la religion au peuple. » Il la trouvait à la fois cynique et impossible.

Mais M. Droz nous a laissé lui-même l'histoire des luttes de son âme, des motifs et des phases successives de sa conversion, dans deux écrits aussi remarquables par leur profondeur que par leur simplicité; le premier intitulé *Pensées sur le Christianisme*, et le second, *Aveux d'un philosophe chrétien*. Ce dernier, surtout, renferme la vie morale et religieuse de M. Droz. En voici un extrait :

« Lecteur, j'ai longtemps méconnu la vérité, la puissance et les charmes de la religion du Sauveur. Fasse le ciel que mes tristes aveux soient utiles à quelques personnes. Cet espoir me détermine à surmonter la répugnance qu'un honnête homme éprouve à parler de soi, alors même qu'il parle pour s'accuser.

« La bonté du Tout-Puissant prend différentes voies pour ramener les esprits égarés. Il est des hommes qui, près d'achever une vie passée dans l'incrédulité, reviennent enfin de leurs erreurs et témoignent un repentir sincère. A ce spectacle de miséricorde divine, les âmes pieuses se rappellent les paraboles qui nous représentent Dieu comme le plus tendre des pères et le plus généreux des maîtres ; une sainte émotion pénètre ces âmes charitables, et leurs actions de grâces s'élèvent vers le ciel. Mais, en général, les incrédules sont peu frappés des conversions subites auxquelles la mort vient en aide. Affaiblissement des organes, disent-ils, réveil des préjugés et des terreurs de l'enfance. Si l'on peut démontrer que le mourant a conservé sa présence d'esprit jusqu'au dernier instant, leur réponse est qu'il s'est conduit avec prudence ; qu'il a craint d'exposer sa famille à des clameurs dévotes. Quelques-uns disent : Entouré de fanatiques, il s'est délivré d'eux par un mensonge nécessaire ; il a voulu mourir tranquille.

« Pour nous rendre à la religion, l'adversité est un moyen qu'emploie souvent la Providence. Si les ambitions déçues abattent les âmes vulgaires, abrégent la vie des gens pusillanimes, elles inspirent des pensées vraies, des sentiments courageux aux hommes qui méritent d'être désabusés, et dans leur situation nouvelle, ils jouissent en paix d'un bonheur qu'ils avaient cherché vainement dans l'éclat et le bruit des prospérités mensongères.

« Les revers qui déconcertent l'orgueil, la cupidité, l'égoïsme ne sont pas les plus redoutables ; il en est qui déchirent le cœur et sous lesquels toute force humaine succombe. Perdre les êtres qu'on aime plus que son existence, ne trouver que son isolement où l'on avait une famille, cette situation est horrible. Où se réfugieraient les infortunés sans appui, si Dieu lui-même ne s'approchait pour devenir leur soutien et leur asile ? Je croirais calomnier les incrédules si je les accusais d'être insensibles à la vue des bienfaits de la religion consolatrice. Cependant ils essaient bientôt d'affaiblir, d'étouffer, par leurs sophismes, le sentiment qui les avait d'abord émus, et, reprenant courage, ils rejettent les conséquences favorables au christianisme, tirées des conversions produites par des pertes amères. Ne sait-on pas, disent-ils, que le malheur trouble l'esprit et dispose à la crédulité ? Peut-on soutenir que le moment où un homme a le mieux raisonné est celui où la douleur altérait ses facultés et le rendait incapable d'approfondir tout sujet difficile ? Les plus indulgents excusent la reconnaissance des malheureux envers le Dieu qui console ; quand la réalité est affreuse, disent-ils, les faibles ont besoin d'illusions.

« Les moyens dont la Providence a daigné se servir pour dissiper mes erreurs échappent aux interprétations, aux objections sur lesquelles nous venons de jeter un coup d'œil. J'étais encore dans la force de l'âge, ma situation était riante. Une suite d'observations me fit reconnaître que la raison est souvent un guide incertain de la route ; j'appris où se trouve ce que la philosophie sera impuissante à donner, et je vis s'évanouir enfin les préjugés qui semblaient être innés en moi.

« Dans mon enfance, une disposition singulière me faisait craindre d'approcher des églises. Rarement y entrais-je sans que ma vue fût troublée par l'étendue de l'édifice et la hauteur des voûtes. Quelquefois je poussais des cris, il fallait m'emporter promptement. Ainsi, la première impression que j'ai reçue dans le lieu saint fut accompagnée d'un sentiment d'effroi et de répulsion. Au collége, les pratiques religieuses me fatiguèrent, quelques-unes m'étaient très-pénibles, et ce fut encore pour moi une cause de fâcheuses impressions.

« L'enseignement routinier des classes m'ennuya d'autant plus que j'étais disposé à goûter les plaisirs de l'étude, j'avais de l'ambition littéraire. Dans mon année de rhétorique, je parvins à conduire jusqu'à la fin du cinquième acte une tragédie fort mauvaise assurément, mais qui excitait mon admiration et celle d'un fidèle ami, mon seul confident. Arrivé au cours de philosophie, je fus plus qu'ennuyé ; je fus révolté d'entendre des discussions en latin barbare, toujours asservies à la forme du syllogisme, et dont le mode eût suffi pour embrouiller les plus simples questions. Je dis à mon père le profond dégoût que j'éprouvais : il me combla de joie en ne s'opposant point à mon désir de travailler en liberté, sous ses yeux, et le soir même il me donna quelques ouvrages de philosophie, entre autres le *Discours de la méthode*.

« Affranchi du collége, je devais l'être également des habitudes religieuses, et n'oubliai point que je m'étais promis d'en restreindre le nombre ; mais qu'il me fallut peu de temps pour les abandonner toutes ! Au milieu des railleries dirigées contre le christianisme, je me trouvai sans moyen de défense. Presque toujours inattentif aux instructions religieuses, j'étais loin d'avoir donné à ma croyance les bases solides qu'aurait exigées le temps où nous vivions.

« La philosophie du XVIIIe siècle régnait. Ses déistes, pour exercer de l'influence, n'avaient besoin ni d'un savoir profond, ni d'une dialectique pressante ; l'irréligion était à la mode, l'indifférence et l'incrédulité semblaient être répandues dans l'air qu'on respirait. Tandis que je m'occupais de littérature, et que je descendais prudemment de la poésie à la prose, j'entendais si souvent des voix nombreuses répéter avec une ferme assurance : « La cause du Christia- « nisme est jugée et pour jamais perdue », que je ne doutai point qu'il fallût partir de cette opinion comme d'un fait certain, lorsqu'on s'entretenait de religion avec des hommes éclairés par les lumières de leur siècle. Ainsi se décidait alors la jeunesse. Dieu pouvait me punir de mon infidélité plus sévèrement qu'il ne l'a fait. Il pouvait me laisser tomber dans l'abjection des sophistes bassement orgueilleux de soutenir que Dieu n'existe point, que l'homme agit sous l'empire de la fatalité, et que la morale est une fable imaginée par les habiles pour duper les sots et les faibles. Non, cet excès d'ignominie ne m'était pas réservé; Dieu, dont la bonté surpasse nos fautes; Dieu, à qui je dois tant d'actions de grâces, Dieu ne m'a jamais entièrement abandonné.

« Fier de sentir en moi une ardeur toute nouvelle pour les hautes idées de Dieu, d'une immortalité heureuse ou malheureuse, et de la sainteté des lois morales, je crus avoir pris possession de la vérité pure. Cependant une profonde inquiétude me troublait :

« Quelle douleur ressentirait mon père en apprenant que sa croyance n'était plus celle de son fils? et comment espérer que mes pensées lui seraient longtemps dérobées? Lorsqu'il connut mes torts, il m'adressa des paroles aussi touchantes que sages; il redoubla d'affection pour moi, comme on éprouve un intérêt plus vif pour un être chéri quand on craint de le voir atteint d'une maladie grave. J'ignore où se fût arrêtée la douce influence que le Ciel envoyait à mon aide si elle eût été mieux secondée. J'avais, bien jeune, perdu ma mère. Des personnes dont les intentions étaient droites, mais que dominait un zèle rigide, m'adressèrent des reproches peu ménagés. Mon caractère était alors impétueux; je luttais volontiers contre les obstacles, et si je ne pouvais avoir le plaisir de les vaincre, je me donnais du moins celui de les braver. Je m'attachai à mon opinion lorsque je vis qu'il fallait pour la défendre, m'exposer à quelques dangers, et mes erreurs s'enracinèrent dans mon âme.

« Des vices ne m'avaient pas conduit sur la pente glissante

où je marchais. Autant je repoussais les dogmes et les pratiques, autant j'aspirais à suivre les principes de la morale. J'avais eu dans ma famille trop de bons exemples pour que ce désir ne fût pas naturel; il m'offrait un moyen de disposer mon père à ne point désespérer de mon avenir. Puis je voulais exercer une vengeance contre ceux qui me jugeaient avec sévérité, en leur prouvant qu'un déiste peut égaler ou surpasser un chrétien dans la pratique des devoirs envers les hommes : j'aurais voulu devenir parfait pour l'honneur de ma croyance.

« Je ne perdis point de temps à chercher des arguments contre le christianisme. A quoi bon? d'autres avaient pris cette peine, et la question était résolue pour moi. Dans mes projets, ce qui devait m'occuper surtout c'était de réussir à m'améliorer. Malgré mon amour pour les lettres et la philosophie, loin de porter un fanatique hommage au patriarche de l'irréligion, je fus révolté de son cynisme. Je m'affligeais de voir un illustre poëte avilir son génie en parodiant l'histoire de l'angélique héroïne de la France. Je ne pus achever la lecture de *Candide*, ce sourire plein de malice et ces bouffonneries en face des misères humaines contristent l'âme, abattent le courage. La prétendue *Philosophie de l'histoire* excite des sentiments plus pénibles encore. Dans ce libelle contre l'humanité, l'homme est un assemblage de vices qui le rendent à la fois haïssable et méprisable; que faire d'un être pareil? J'aime la liberté; je la demande pour tous les peuples en état de la comprendre, et quand j'ai vu des enthousiastes de Voltaire se donner pour les champions de la liberté publique, l'incohérence de leurs idées m'a confondu. Si l'homme est un composé du tigre et du singe, que parlez-vous de le rendre libre? Apportez une muselière et des chaînes; garantissez la terre des crimes de ce monstre.

« A l'âge où d'ordinaire on pense peu, je pris l'habitude d'observer et de réfléchir. Presque tous les jours j'avais considéré la morale dans ses rapports avec les hommes de loisir et d'un esprit cultivé. Quelques études arrêtèrent fortement mon attention sur l'époque où le christianisme fit naître la plus profonde révolution qui se fût opérée sur la terre.

« Deux vérités m'étaient bien démontrées : l'une, c'est que la morale serait un vain jeu de l'esprit si l'on ne pouvait en imprégner les âmes; l'autre c'est que, pour améliorer le sort des hommes il faut produire une amélioration en eux-mêmes.

« Des doutes sur la puissance de nos théories philosophiques pour accomplir de grandes réformes venaient parfois me troubler. Ces doutes je les repoussai d'abord. Lorsque je portai mes regards sur les moralistes qui, partout et dans tous les âges, ont consacré leurs efforts à répandre la sagesse et le bonheur, ce noble concours d'amis de l'humanité électrisait mon âme et la remplissait d'espérance. Ayons du courage, persévérons, disais-je, et marchons vers le but sans nous arrêter à demander quel succès nous est réservé. L'enthousiasme abonde en résolutions généreuses; mais pour éclairer le courage, pour diriger la persévérance, il faut connaître les obstacles qui se présenteront et découvrir les moyens de les surmonter. Quels moyens ont les philosophes pour combattre l'ignorance, les passions et les vices? Leurs écrits sur la morale et sur la loi naturelle. Il est évident que leurs livres, ceux mêmes qui renferment le plus de pensées instructives, de réflexions judicieuses, de pages éloquentes, ne peuvent exercer d'influence sur la généralité des hommes qui ne lit point et ne saurait les comprendre.

« Je lus l'Evangile avec une attention que je ne lui avais

pas encore donnée. J'éprouvai des sentiments très-divers. La morale divine touchait mon cœur, enchantait ma raison; mais les idées mystérieuses qui s'y mêlent produisaient des effets opposés à ceux dont elles pénètrent les croyants. Plus d'une fois je posai le livre, décidé à ne pas le reprendre; je le reprenais, attiré par le charme de cette morale si pure, si élevée dans ses préceptes, si simple dans son expression. Jésus ne ressemble point à un orateur; beaucoup de philosophes, quand le Christianisme se répandit, ne trouvaient pas assez orné le langage de l'Évangile. Cet inimitable langage, ces paraboles qui s'offrent en abondance à Jésus nous transmettent les leçons de la plus douce et de la plus imposante sagesse. Les Juifs disaient dans leur étonnement : *Jamais homme n'a parlé comme celui-là!*

« Le Christ réunit des qualités qui s'excluent dans les hommes. On le voit *humble de cœur*, et sans qu'on puisse imaginer que son humilité s'altère, il dit : *Le ciel et la terre passeront, mes paroles ne passeront pas.*

« J'étais ravi d'entendre sa morale et de l'entendre prononcée par lui, dont les exemples sont en si parfaite harmonie avec ses préceptes. Toujours Jésus fait le bien, il guérit, il console, il éclaire : quel dévouement absolu pour les hommes! Quelle certitude des souffrances et du triomphe qui l'attendent! Quelle vie est plus pure? Quelle mort est plus sublime?

« Je prenais des idées justes de la morale évangélique sans faire d'autres progrès. Un soir j'étais ému des touchants récits de la mort du Christ, laissés aux fidèles par les Évangélistes; un homme très-ferme dans son incrédulité entra chez moi, il s'aperçut de mon émotion et m'en demanda la cause. Je fus sincère; il voulut plaisanter: « Je pense comme
« vous, lui dis-je, que Dieu n'est point apparu à nos pères;

« mais, s'il leur eût parlé, j'ai la conviction qu'ils en au-
« raient reçu les mêmes principes que le Christ leur a don-
« nés. *Aimez Dieu et les hommes*, tel est son précepte ;
« espérez-vous en découvrir un plus fondamental ? Ces
« mots renferment toute la loi ; ils sont pour l'ordre moral
« ce que le *fiat lux* est pour l'ordre physique. » Mon interlocuteur sourit, et me félicita sur ma conversion. « Oh !
lui répondis-je, avec quelle ferveur je serais chrétien, si
l'on pouvait l'être sans admettre les dogmes, et en réduisant
les pratiques à la prière. »

« Souvent je m'étonnais de voir d'illustres philosophes
moins éclairés que d'humbles chrétiens sur les plus graves
sujets. N'est-il pas honteux que des savants consument
encore de longues veilles à chercher ce qui est dès longtemps
découvert ? Ainsi les philosophes discutent la question de
savoir quelle est la destination de l'homme sur la terre ; ils
se jettent dans des subtilités, ils s'épuisent en déclamations
plus ou moins éloquentes, tandis qu'une bonne femme chrétienne leur dirait : « Dieu nous a créés, pour l'aimer,
« l'adorer, et nous faire un jour participer à sa félicité.
« Nous sommes ici dans un lieu d'épreuves où des devoirs
« nous sont imposés, et nous pouvons les accomplir ou les
« enfreindre. Après cette courte vie, selon que nous aurons
« obéi ou résisté aux volontés de notre Père, il nous récom-
« pensera parce qu'il est bon, ou il nous punira parce qu'il
« est juste. » En traitant le même sujet, si les philosophes
ne se bornent pas à développer ces paroles, ils nous *désen-
seignent* la vérité.

« L'utilité du Christianisme m'était bien démontrée ;
chaque jour m'en avait apporté d'incontestables preuves ;
mais de ce qu'un dogme exerce sur les croyants une salutaire influence, il ne s'ensuit pas nécessairement que ce
dogme soit vrai ; j'avais vu des mystères produire d'admi-

rables effets, mais ces mystères devenaient-ils moins incompréhensibles et, par conséquent, plus croyables? Pour juger la puissance du Christianisme, j'avais quelque temps vécu en imagination parmi les chrétiens, j'avais cherché à me placer dans leur disposition d'esprit. Je devais avec la même bonne foi, changer de situation pour juger sans partialité les observations que j'avais recueillies. Les anciennes habitudes de ma faible raison pouvaient reprendre leur domination nouvelle, je fusse alors tombé dans le découragement; et, craignant de voir s'éteindre les premières lueurs de croyances chrétiennes dont je venais de goûter les charmes, je disais avec mélancolie : Pourquoi faut-il que la vérité de la religion n'ait pas la même évidence que son utilité?

« Un jour que je répétais tristement cette plainte, il s'offrit tout à coup à moi une idée qui d'abord me fit baisser les yeux, mais qui bientôt me pénétra d'espérance. J'avais commis une faute sur laquelle mon attention ne s'était pas jusqu'à ce moment portée. Lorsque j'avais voulu commencer un examen du Christianisme, j'étais tellement accoutumé à me croire capable de m'éclairer et de me guider moi-même, que ma présomptueuse ignorance n'avait pris aucun conseil pour diriger mes recherches.

« Il est facile de voir l'utilité de la religion, ses bienfaits sont sous nos yeux; mais plus d'instruction est nécessaire pour considérer la religion en elle-même, et pour se rendre compte de sa vérité. Il était indispensable qu'un homme éclairé par ses études voulût bien suppléer aux lumières dont j'étais dépourvu. Je connaissais un prêtre entouré de vénération ; dans mon ardeur à sortir du doute, je décidai que je le verrais dès le lendemain matin.

« La nuit fut pour moi sans sommeil. J'étais heureux, j'avais la certitude que des preuves de la vérité du Christianisme allaient m'être exposées, et j'étais plein d'espérance. Le doute prolongé m'aurait été insupportable. J'ai peu connu le scepticisme, mais il m'est odieux quand il obscurcit des sujets que nous avons essentiellement besoin d'éclaircir, et c'est à ceux-là qu'il s'attache; pour les questions d'un faible intérêt, on lui substitue aisément le dédain ou l'indifférence. Quand le jour parut, des inquiétudes vinrent me troubler. En sollicitant des lumières, j'avais à faire une réserve; l'entretien pouvait être aussitôt interrompu, et cette crainte me suivit chez l'ecclésiastique dont la bienveillance m'était si nécessaire.

« Je lui ouvris mon âme, je lui exposai avec sincérité mes pensées, mes agitations et mes vœux. Je terminai en lui disant : « Je dois aux preuves de sentiment le désir que « la religion soit vraie. Achevez de porter dans mon esprit « l'entière conviction que mon cœur appelle. Mais, au lieu « de chercher à convaincre ma raison, si vous m'ordonnez « de croire, s'il faut sacrifier le plus noble présent du ciel, « je n'ai plus rien à vous demander, nous ne pouvons nous « entendre. »

« Après m'avoir, d'une voix encourageante, félicité de mon retour vers la religion, ce bon prêtre me dit : « Si « dans les paroles que je vous adresserai, il en est qui vous « paraissent blesser les droits de la raison, veuillez m'in- « terrompre, je n'aurai pas su me faire comprendre, et « j'essayerai de réparer ma faute. » Cette douceur, cette humilité me causèrent un trouble que je ne puis exprimer; je sentis que je n'étais qu'un profane, et que j'étais en face d'un chrétien.

Le saint prêtre pensait qu'il faut chercher à s'instruire de toutes les preuves de la religion, mais qu'une seule preuve frappante, indubitable suffit pour dessiller les yeux d'un homme de bonne foi. Il m'engagea à donner toute mon attention au miracle de la résurrection du Christ, miracle sur lequel saint Paul fait reposer la vérité de notre religion. Mon excellent guide m'exposa des faits, des raisonnements; il m'indiqua des lectures utiles. « Allez, me dit-il ensuite, « prenez du temps pour examiner, pour réfléchir ; et de- « mandez à Dieu, avec confiance qu'il daigne vous faire « connaître la vérité. »

« Lorsque je philosophais sur le Christ, et que je voyais en lui un grand homme, je parcourais sa vie en admirant ses sages préceptes et ses sages exemples ; je m'arrêtais après sa mort sublime, et ne songeais point à sa résurrection, que j'avais jugée fabuleuse. Un guide éclairé venait de rappeler fortement mon esprit vers la grande question que j'avais tranchée avec tant de légèreté. Cette question, le Christ est-il ressuscité, est décisive. Qu'elle soit affirmativement résolue, les arguties n'ont plus rien qui puisse alarmer les chrétiens. La résurrection est le sceau divin attaché à la mission du Sauveur ; la parole du Christ est donc infaillible, et tout ce qu'il y a de mystérieux dans la doctrine révélée par lui doit être reçu avec une confiance absolue. Quand la raison n'est pas aveuglée par l'orgueil, elle est assez éclairée pour savoir qu'elle ne peut tout comprendre, et que Dieu ne peut la tromper.

« Je relus l'Evangile, deux faits acquirent une importance toute nouvelle à mes yeux. Jésus, lorsqu'il se dirigeait vers Jérusalem, dit plusieurs fois à ses disciples : « J'aurai beaucoup à souffrir des sénateurs et des princes « des prêtres, ils me mettront à mort. » Cette prédiction n'a rien d'extraordinaire ; souvent l'homme résolu à se dévouer pour ses semblables voit les dangers qui le menacent et le sort qui l'attend. Mais chaque fois que Jésus répète ces tristes paroles, il ajoute avec assurance : « Je ressusci- « terai. » Une telle prédiction n'a point le même caractère que la première. En écoutant ces mots étranges, que d'idées se pressent dans l'esprit et le troublent ! Celui qui fait cette prédiction ne peut être un sage de la terre ; il vient du ciel, ou il est un imposteur.

« Si Jésus-Christ n'est pas ressuscité, celui qui nous paraissait offrir le modèle de la perfection n'est qu'un fourbe. Tout annonce que Jésus forma le projet de régénérer l'humanité, que sa révolution morale avait pour but d'épurer les âmes. Si j'ajoute foi à l'assertion des incrédules, Jésus nous a trompés, ses préceptes sortaient d'une bouche impure ; ses moyens de succès, il les puisait dans le mensonge et l'hypocrisie. Hommes sensés ! vous est-il possible de comprendre et de croire cette contradiction révoltante : la sagesse du Christ nous attire, sa morale nous ravit ; et toutefois, si le Christ n'est pas ressuscité, l'imposture est manifeste : Cet homme a voulu s'attribuer les honneurs divins, il a voulu remplacer les idoles en se faisant adorer lui-même !

« Obligé de choisir entre ces deux opinions : *Jésus est ressuscité,* — *Jésus est un fourbe,* — je consulte ma raison, j'interroge ma conscience : l'une et l'autre répondent que la seconde opinion est la seule incroyable.

Un détracteur du Christianisme dira que je me laisse émouvoir, entraîner, et que des sentiments me tiennent lieu de preuves. Non, j'applique le bon sens aux faits que j'examine. Le Christ savait que les Juifs l'enverraient à la mort, qu'il touchait au moment de laisser à ses disciples le soin de conserver, de répandre sa doctrine, et le Christ dit : *Je ressusciterai.* Quel homme eût porté l'inhabileté, la folie jusqu'à tenir ce langage ? jusqu'à donner ainsi le moyen le plus simple, le plus certain de constater son imposture, et de rendre impossible que ses projets lui survivent ? Dans la bouche du Christ, ces mots : *Je ressusciterai*, sont une preuve irréfragable qu'il accomplit sa mission divine...

« J'allai revoir le digne prêtre, je lui annonçai que mes doutes étaient entièrement dissipés, je lui exprimai ma reconnaissance ; il m'interrompit : « Remercions Dieu, me « dit-il, vous l'avez prié avec confiance de vous éclairer, et « sa bonté vous a exaucé. » Les idées qu'il me développa dans la suite de notre conversation peuvent se résumer en ces mots : « N'oublions jamais que Dieu est l'auteur de tout « bien. Les convictions formées par le seul raisonnement « seraient à peine des croyances, ce seraient des opinions « variables comme la raison qui les aurait produites ; ainsi « l'âme, pour s'élever à l'immuable Christianisme, a besoin « des dons célestes : la grâce, la foi. Les incrédules jugent « superstitieuses ces paroles; plaignons-les d'ignorer les « relations du ciel avec la terre. Dieu, pour notre bonheur, » a voulu nous rappeler sans cesse le besoin que nous « avions de lui et la puissance qu'il exerce sur nous ; ce n'est « pas uniquement en religion, c'est en tout qu'il se réserve « d'accorder ou de refuser des dons précieux. L'homme, « par lui-même, ne pourrait subvenir à sa vie matérielle; « il cultive, sa main conduit la charrue, mais il faut que « Dieu daigne envoyer des pluies bienfaisantes qui fassent « germer les grains, et que son soleil dore nos moissons. « Le travail ne suffit pas à la vie physique, le raisonne-« ment ne suffirait pas à la vie morale. »

« Le saint prêtre, en terminant, me pressa dans ses bras: « Prions, me dit-il, prions pour vous et pour moi. » Je m'agenouillai près de lui, et mon âme s'unissant à la sienne, y puisait la ferveur; il me sembla que le ministre du Dieu de vérité m'enveloppait de ses vertus, et je sentis en moi que le Tout-Puissant exauçait sa prière ! »

M. BAUTAIN

§ Iᵉʳ. — *Sa rare aptitude pour les sciences. — Il est nommé professeur de philosophie au lycée de Strasbourg.*

Né à Paris, le 17 février 1790, Louis-Eugène-Marie Bautain reçut une éducation très-soignée au point de vue intellectuel. On comprend facilement qu'elle ne dut pas être aussi complète sous le rapport religieux, à une époque où l'on sortait à peine de la tourmente révolutionnaire, et où l'enseignement catholique ne pouvait pas reconquérir tout d'un coup dans la grande cité la puissante organisation qu'il y possède aujourd'hui. L'événement toutefois ne devait pas tarder à prouver qu'au milieu de ses travaux scolaires et de ses préoccupations d'avenir, le jeune Bautain était animé d'un esprit foncièrement sérieux.

Sa rare aptitude pour toutes les connaissances humaines, ses goûts sérieux, ses brillants succès classiques le déterminèrent de bonne heure à s'enrôler dans la carrière de l'enseignement. A dix-sept ans il entrait à l'Ecole normale, où il eut Cousin pour professeur et Jouffroy pour condisciple. Il étonnait l'un et l'autre par une égale facilité à exceller dans la sphère de la philosophie, des sciences et des lettres. Aussi lui confia-t-on, à l'âge de vingt ans, la chaire de philosophie au lycée de Strasbourg ; quelques mois après il se voyait appelé à professer le même cours dans la Faculté de cette ville. Cet avancement précoce, déjà justifié par une capacité exceptionnelle, ne le fut pas moins par la faveur du public qui se pressait avec avidité autour de sa chaire. Il exerçait sur les jeunes gens de Strasbourg l'empire et le prestige qu'il devait exercer plus tard, à la Faculté de Paris, sur des auditeurs plus réfléchis et d'un âge plus mûr.

M. Bautain avait un esprit trop profond et trop droit pour se contenter d'un système de philosophie rationaliste, éclectique ou matérialiste, qui pouvait suffire à des intelligences moins saines et moins élevées. Le savant et consciencieux professeur fut promptement amené à chercher la vérité philosophique sur les hauteurs du catholicisme, et, comme il avait des instincts trop généreux pour faire les choses à demi, il se jeta tout entier dans les bras de la religion et se prépara avec une édifiante ardeur à la carrière sacerdotale.

§ II. — *Sa Conversion.*

Nous détachons le passage suivant du *discours prononcé à la rentrée solennelle des Facultés de l'Académie de Strasbourg*, par M. Campeaux :

« Dans le temps que M. Bautain, encore sous le coup de la prostration physique qui avait eu sur son morale un retentissement si profond, continuait à chercher dans le repos et les voyages un remède à son mal, il eut l'occasion de rencontrer Mlle Louise Humann et de lui être présenté. Et ici je dois dire tout d'abord que par son âge — elle avait alors 54 ans — comme par son extérieur, Mlle Louise Humann n'avait rien de ce qui peut fasciner l'imagination d'un jeune homme de 25 ans. Aussi fut-ce un intermédiaire plus sévère qui prépara leur liaison ; ce fut la philosophie, la philosophie allemande, que cette Dame, qui avait longtemps habité l'Allemagne, avait étudiée à fond, dans le texte des auteurs, dont quelques-uns même lui avaient été personnellement connus. Qu'on juge quelle bonne fortune ce dut être pour le jeune professeur ! Depuis des années il se tuait à déchiffrer la lettre de cette philosophie qui exerçait alors sur l'esprit français l'attraction si puissante de l'inconnu et, pourquoi ne pas le dire aussi, de sa mystérieuse obscurité ; et il trouvait, pour l'y introduire, pour la lui éclaircir, une femme à la fois intelligente et bienveillante, dans laquelle il pressentait pour lui une mère et qui semblait avoir réservé, pour le devenir, tous les trésors d'affection d'une jeunesse passée dans les exercices de la piété la plus austère et la plus héroïque, car elle l'avait déployée en face des échafauds de 93 (1). Dans cette liaison, M. Bautain, il nous le dit lui-même, ne pensa d'abord qu'au profit qu'il pouvait en retirer pour ses études philosophiques, et il se donna tout entier à ce maître d'une nouvelle espèce, qui non-seulement lui épargnait, pour la préparation de ses cours, une bonne partie des fatigues dont cette préparation était pour lui la source, mais qui encore était capable de lui donner la réplique sur toutes les questions les plus hautes de la philosophie.

« Du reste cette personne ne possédait pas seulement la séduction déjà si grande, aux yeux d'un jeune philosophe,

---

(1) Elle avait été à cette époque l'auxiliaire le plus dévoué de l'apostolat de l'abbé Colmar, mort depuis évêque de Mayence, qui, pendant la Terreur, n'avait cessé un seul jour de remplir, à Strasbourg, au péril de sa vie, les fonctions les plus délicates de son ministère.
(Voyez la note (a) à la fin du chapitre.)

de l'esprit et du savoir, elle avait encore un autre charme, et celui-là irrésistible en même temps qu'inépuisable, elle avait le charme qui vient de l'âme, celui de la bonté. M. Bautain s'en laissa pénétrer, et cela d'autant plus profondément que cette bonté s'ajoutait à une rare distinction de caractère et à un air de dignité tel qu'on ne pouvait la voir sans se sentir saisi de respect.

« Dans cette atmosphère toute nouvelle, M. Bautain, entré pur philosophe, finit par se trouver un jour Chrétien. Il ne le devint pas d'ailleurs du jour au lendemain, et ce ne fut pas sans résistance ni sans combat qu'il se rendit. La lecture de l'Évangile, la douceur pénétrante et souveraine de celle qui le lui avait mis entre les mains et le lui commentait, le désarroi moral enfin dans lequel il se trouvait depuis sa maladie et dont il n'avait pu se taire à des amis, à des collègues qui vivent encore et qui me l'ont redit, toutes ces causes réunies l'amenèrent peu à peu à partager des convictions auxquelles il sentait sa dignité et son bonheur désormais attachés. »

M. Bautain raconte ainsi lui-même sa conversion, dans son *Discours sur la morale de l'Évangile comparée à celle des philosophes* :

« Et moi aussi je me suis cru philosophe, parce que j'ai été amateur de la sagesse humaine, admirateur des vaines doctrines. J'ai cru, comme beaucoup d'autres, que la mesure de l'absolu et du possible se trouvait dans ma raison, et que ma volonté était sa loi elle-même. J'ai cherché la vérité en moi, dans la nature et dans les livres; j'ai frappé à la porte de toutes les écoles humaines; je me suis abandonné à tout vent de doctrine, et je n'ai trouvé que ténèbres et incertitudes, vanités et contradictions. Grâce au ciel, je n'ai jamais pu pactiser avec les doctrines dégradantes du matérialisme, ni me rouler systématiquement dans la fange. Mais j'ai été idolâtre de la beauté, esclave de l'imagination, et, au milieu des prestiges des arts et de l'enchantement des images, mon âme est restée vide et affamée. Alors j'ai raisonné avec Aristote, j'ai voulu refaire mon entendement avec Bacon, j'ai douté méthodiquement avec Descartes, j'ai essayé de déterminer avec Kant ce qu'il m'était impossible et permis de connaître ; et le résultat de mes raisonnements, de mon renouvellement, de mon doute méthodique et de ma critique, a été que je ne savais rien, et que peut-être je ne pouvais rien savoir. Je me suis réfugié avec Zénon dans mon for intérieur, dans ma conscience morale, cherchant le bonheur dans l'indépendance de ma volonté ; je me suis fait stoïcien. Mais ici encore je me suis trouvé sans principe, sans direction, sans but, et de plus sans nourriture et sans bonheur, ne sachant que faire de ma liberté et n'osant l'exercer de peur de la perdre. Je me suis tourné vers Platon ; ses spéculations sublimes ont élevé mon esprit comme sur des ailes ; j'espérai arriver par ses idées à la contemplation de la vérité pure, de la beauté éternelle. J'étais enflé de sciences et d'idées, j'ai appris à discourir magnifiquement sur le bien, mais je ne savais pas le pratiquer. Je préssentais beaucoup, je voyais peu et je ne goûtais rien ; je n'étais ni meilleur ni plus heureux pour être plus savant ; et au milieu de mes rêves de vertu et de perfection, je sentais toujours dans mon sein l'hydre vivante de l'égoïsme qui se riait de mes théories et de mes efforts. Dégoûté des doctrines humaines, doutant de tout, croyant à peine à ma propre raison, ne sachant que faire de moi et des autres au milieu du monde, je périssais consumé par la soif du vrai, dévoré par la faim de la justice et du bien, et ne les trouvant nulle part ! Un livre m'a sauvé, mais ce n'était pas un livre sorti de la main des hommes ! Je l'avais longtemps dédaigné, et je ne le croyais bon que pour les crédules et les ignorants. J'y ai trouvé la science la plus profonde de l'homme et de la nature, la morale la plus simple et la plus sublime à la fois. J'ai lu l'Évangile de Jésus-Christ avec le désir d'y trouver la vérité, et j'ai été saisi d'une vive admiration, pénétré d'une douce lumière, qui n'a pas seulement éclairé mon esprit, mais qui a porté la chaleur et la vie au fond de mon âme. Elle m'a comme ressuscité. Les écailles sont tombées de mes yeux. J'ai vu l'homme tel qu'il est et qu'il doit être ; j'ai compris son passé, son présent, son avenir ; et j'ai tressailli de joie en retrouvant ce que la religion m'avait enseigné dès l'enfance, en sentant renaître dans mon cœur la foi, l'espérance et la charité. »

Dans un ouvrage intitulé *Philosophie du christianisme, correspondance religieuse de L. Bautain*, M. H. Bonnechose rapporte ainsi les circonstances qui suivirent la conversion de M. Bautain et celle des élèves que ce professeur avait lui-même convertis : « La rénovation intérieure opérée dans le professeur de Strasbourg par la lumière divine se manifeste aussitôt dans son enseignement, qui devient tout chrétien. Ce n'est plus un système, une doctrine arbitraire, pleine de l'esprit de l'homme, vide de l'esprit de Dieu, c'est la vérié chrétienne présentée sous une forme humaine et scientifique. Cette parole chaude de vie et de charité va toucher et remuer tous les cœurs qui s'ouvrent à sa douce et puissante influence. Déjà de nombreux élèves se pressaient autour de leur maître, maintenant ils s'attachent à lui du fond de leur âme, parce qu'il les attache à Dieu ; et son enseignement dépose journellement en eux des semences fécondes qui porteront bientôt leurs fruits. Instruire et guérir les âmes, tel était son but. Mais le Sauveur guérissait aussi les maux du corps : son nouveau disciple étudie la médecine, est reçu docteur, et se livre aussi au soulagement des misères extérieures de l'humanité. Cependant un avertissement secret lui faisait sentir que pour faire le bien de la manière la plus pure et la plus efficace, il faut avoir reçu la mission sacrée de Celui qui est descendu du ciel sur la terre pour y passer en faisant le bien ; qu'il fallait que la vertu divine vivifiât les œuvres de l'homme, et que le caractère sacerdotal était nécessaire pour fonder le règne de la vérité dans les âmes.

« Le philosophe, le médecin prend donc la résolution de devenir prêtre. Il s'en ouvre à de puissants amis, qui réunissent aussitôt leurs efforts pour l'en détourner. Ils lui montrent sa carrière, si belle, suivant le monde, et pleine d'avenir, tout à coup interrompue et peut-être bientôt fermée, obscurcie ! Ils lui font les offres les plus éblouissantes pour l'engager à la poursuivre, pour y faciliter sa marche, pour lui aplanir la route vers le terme de la plus haute ambition, et en même temps on fait ressortir à ses yeux les préventions du clergé, le chagrin qu'il se prépare en entrant dans ses rangs, l'ignorance et la jalousie prêtes à se liguer contre lui pour travestir ses intentions, dénaturer ses doctrines, neutraliser son influence, paralyser son ministère et le réduire peut-être à vivre inutile à tout, au monde et à l'Église. Ainsi parlaient la raison, la prudence et l'amitié généreuse. Mais il est une voix auguste et mystérieuse qui parle plus haut encore au cœur magnanime qui ne peut plus vivre que par la vérité. Cette voix fut entendue et elle fut obéie. Dieu dit à son futur ministre, comme il avait dit autrefois à saint Paul : *qu'il lui montrera combien il faut qu'il souffre pour son nom* ; et il l'arme d'une force inébranlable pour le vouer sans réserve à son service, au risque d'être méconnu, calomnié, persécuté par ceux-là mêmes dont il va partager la mission et les travaux.

« Mgr l'évêque de Strasbourg sentit alors tout le prix

d'une pareille conquête. — Il ouvre ses bras au nouveau défenseur de la foi, l'éprouve, reconnaît en lui la vocation divine, s'empresse de lui conférer les ordres sacrés, et concourt ainsi, comme instrument de la Providence, à renouveler dans le sein de l'Église cette joie qu'elle éprouva aux premiers siècles, quand elle voyait les plus puissants docteurs de la science humaine devenir les apôtres de la croix de Jésus-Christ, attestant ainsi au monde par leur parole, par leur expérience, par leur exemple, la vanité du savoir de l'homme et la supériorité de la foi sur la raison.

« Le premier élève que le maître eut pour imitateur fut un jeune homme appartenant à une des familles les plus distinguées et les plus opulentes de Strasbourg, Adolphe Carl.

« Mais la parole de son maître devait susciter des chrétiens et des prêtres jusqu'au sein du judaïsme et au milieu de la synagogue. Théodore Ratisbonne, Isidore Goschler, Jules Lewel, tous trois avocats israélites, ont été convertis par elle et par la correspondance publiée aujourd'hui.

« Sa doctrine exposée dans ces lettres et développée sous d'autres formes et d'autres circonstances, a fait encore entrer dans les ordres sacrés Nestor Lewel, et dans le christianisme quatre personnes de sa famille.

« C'est cette doctrine qui a éclairé, nourri, fortifié, dans leur foi plusieurs autres jeunes gens qui, cédant à l'impulsion qu'ils en ont reçue, sont sortis des rangs du monde pour se donner à Dieu sans réserve, et servir d'instrument à la propagation de l'Évangile : un élève de l'École polytechnique, connu par ses succès aux concours généraux de l'Université; un avocat général près la Cour d'appel de Besançon; un jeune Génois, français d'origine, mais élevé en Italie et conduit providentiellement à Strasbourg pour y embrasser le sacerdoce avec la philosophie chrétienne; le fils d'une des familles commerçantes les plus considérables de cette ville, et dans laquelle se sont conservées les traditions héréditaires de l'honneur et de la probité religieuse; enfin, tout récemment, le digne et loyal descendant d'une des plus anciennes et des plus nobles maisons d'Alsace.

« Ainsi déjà ont été formés et réunis dans un centre commun de foi, de science et de charité dix prêtres prêts à tout sacrifier pour la religion dont ils sont devenus les ministres. D'autres suivent la même voie et mûrissent dans le mystère pour le même dévouement. Nous citons ces faits parce qu'ils servent de confirmation à la doctrine, comme la doctrine leur sert d'éclaircissement et les explique.

« H. de BONNECHOSE, *prêtre*,

« Strasbourg, le 21 décembre 1834. »

§ III. — *Sa vocation au sacerdoce.*

La réponse instantanée de M. Bautain à l'appel de Dieu, surtout à une époque où, d'un côté, tout lui souriait dans la vie, et où, d'un autre côté, sous le souffle d'un faux libéralisme, le clergé de France se voyait chaque jour atteint par le dénigrement, l'injustice et la calomnie, montre tout ce qu'il y avait de droiture, de loyauté et de virilité dans l'âme de M. Bautain. Il prouvait aux autres et il se prouvait à lui-même qu'en face du devoir, quelques sacrifices qu'il impose, il n'était pas homme à discuter, à tergiverser ou à faiblir.

Est-il nécessaire de remarquer qu'il s'appliqua à l'étude de la théologie et des Livres saints avec le même goût et le même succès qu'il avait déjà déployés dans l'étude des sciences profanes? Il n'y avait rien d'inaccessible et de difficile pour l'intelligence de M. Bautain; elle franchissait toutes les hauteurs, elle rayonnait dans toutes les sphères, et partout elle se trouvait sur son véritable terrain. Si, malgré ses remarquables travaux qui touchent à toutes les branches des connaissances humaines, il n'a montré dans aucune d'elles, excepté celle de l'enseignement, un caractère incontestable d'originalité, on peut dire cependant que là où l'esprit de M. Bautain est vraiment original, là où il s'approche des régions du génie, c'est dans sa merveilleuse aptitude à tout étudier, à tout comprendre, à tout enseigner. Son quintuple diplôme de docteur est peut-être un fait unique dans les annales de l'esprit humain. M. Bautain était, en effet, docteur ès lettres, docteur ès sciences, docteur en droit, docteur en médecine, docteur en théologie. L'étendue du savoir ne nuisait en rien à sa profondeur. Explorez tous les replis de son intelligence, disséquez ses nombreuses productions, vous n'y trouverez jamais rien de superficiel, jamais rien de banal.

Après avoir reçu, en 1820, la consécration sacerdotale, M. Bautain fut nommé chanoine de la cathédrale de Strasbourg et directeur du petit séminaire diocésain. Il édifia le clergé par ses vertus comme il avait étonné les laïques par son savoir. Cependant quelques-unes des doctrines qu'il émettait sur le fidéisme, le naturalisme et les délicates questions relatives à la délimitation précise des droits de la raison et de la foi, parurent exagérées et suspectes à son évêque, Mgr de Trevern, qui en appela au jugement de Rome. Elles furent censurées, et M. Bautain se soumit à la décision du Saint-Siége avec une promptitude et un respect qu'il est peut-être plus facile d'admirer que d'imiter. Lorsqu'un homme d'une telle valeur et d'une telle notoriété a prononcé par un acte aussi éclatant et aussi méritoire son inviolable attachement à la chaire de Pierre, il n'a sans doute fait que ce qu'il avait à faire ; mais il n'en a pas moins agi avec une perfection à la pratique de laquelle nous ne voudrions pas voir exposer tout le monde. Le soldat qui monte vaillamment sur la brèche et brave mille fois la mort pour l'honneur du drapeau, accomplit simplement son devoir; mais qui oserait désormais suspecter sa bravoure? Dévouement et fidélité à toute épreuve, comme M. Bautain, à la cause de Dieu et de l'Eglise, que pourrait-on exiger de plus héroïque et de plus exemplaire ?

§ IV. — *M. Bautain est chargé de divers emplois très-importants.*

En 1838, M. Bautain fut nommé doyen de la Faculté des lettres de Strasbourg et occupa ce poste universitaire pendant onze ans. Comme il consacrait une grande partie de son activité à la haute direction du célèbre collége de Juilly, il interrompit son cours, au grand regret de ses nombreux auditeurs, et compta au nombre de ses suppléants M. Ferrari, aujourd'hui député au parlement italien, et M. Janet, un des professeurs actuels de la Faculté des lettres de Paris.

En 1848, il fit dans l'église métropolitaine de Notre-Dame une série de conférences sur l'accord de la religion et de la liberté. Elles furent suivies par les hommes qui professaient en politique les opinions les plus radicales, et c'est à elles qu'on doit en partie les sympathies publiques dont furent entourés l'Eglise et le clergé de France à cette époque critique de notre histoire.

En 1849, Mgr Sibour, qui désirait grouper autour de lui des hommes d'un mérite éclatant, l'appela à prendre part à l'administration du diocèse de Paris avec le titre de promoteur et de vicaire général.

Toutes les mesures qui avaient pour but d'encourager la science ecclésiastique et de consacrer l'influence sociale du clergé trouvaient en lui un soutien zélé et intelligent.

En 1853, il se chargea du cours de théologie morale à la Sorbonne. Sa rentrée dans la carrière de l'enseignement public, où il avait obtenu les plus grands succès, fut saluée avec bonheur par la jeunesse des écoles et les hommes studieux qui cherchent dans le professeur le double prestige et la double autorité d'une doctrine sûre et d'un talent hors ligne.

Pendant les dix années qu'il passa à la Sorbonne, il publia quelques ouvrages moraux et philosophiques, toujours recherchés avec faveur par les classes élevées de la société. Il s'occupait aussi avec une infatigable sollicitude du collége de Juilly, dont les élèves constituaient toujours sa famille de prédilection. Ceux qui l'ont vu de près ne pouvaient assez admirer le tendre intérêt qu'il portait à la jeunesse; cet intérêt, il le témoignait avant tout en ne négligeant aucun moyen de lui imprimer une forte direction religieuse et intellectuelle. Il voulait former à la fois de brillants esprits et de nobles caractères, de bons chrétiens et de bons citoyens; jamais il ne sépara son amour de l'Eglise de son amour de la France; ces deux nobles dévouements restèrent toujours indissolublement liés dans son cœur. M. Bautain à Juilly rappelait cet autre athlète de la pensée et de la parole, le Père Lacordaire à Sorèze, consacrant, au déclin de sa vie, à la jeunesse de France, la généreuse ardeur et les incomparables facultés qu'il avait autrefois déployées dans la chaire de Notre-Dame pour la défense de l'Eglise et la propagation de la vérité catholique.

§ V. — *Mort édifiante de M. Bautain.*

Comme s'il avait eu le pressentiment de sa fin prochaine, M. Bautain, voulant assurer l'avenir de la maison de Juilly, en avait désormais confié la direction aux Pères de l'Oratoire. On sait combien ces religieux avaient autrefois illustré ce collége en y formant une longue série d'hommes distingués.

Il avait encore suivi les exercices de la dernière retraite ecclésiastique avec une régularité et un esprit de foi qui avaient profondément édifié le clergé parisien. Il écoutait les exhortations spirituelles du Père Ollivaint, assassiné plus tard par la Commune, avec tout le recueillement et toute la candeur d'un jeune séminariste.

Le 13 octobre 1867, il avait célébré avec sa piété ordinaire le saint sacrifice de la messe dans le village de Viroflay, où il avait coutume de passer la saison d'été. Il se proposait d'assister le mardi suivant au conseil hebdomadaire de l'Archevêché, et de se rendre ensuite à Juilly, où l'appelaient une prise d'habit et la fête de la Supérieure des Religieuses de Saint-Louis, dont il est le fondateur. Frappés de la perturbation visible qui s'opérait dans sa santé, ses amis appelèrent un médecin qui le fit renoncer à ce projet. Le mardi matin, 15 octobre, le mal avait pris un effrayant développement; une crise était imminente. Il fit appeler le curé de Viroflay, se confessa avec une piété et une résignation exemplaires, baisa trois fois le crucifix pour faire de nouveau le sacrifice de sa vie, reçut les derniers sacrements de l'Église et s'éteignit, une heure après, plein de confiance en Dieu et conservant jusqu'à son dernier soupir la plénitude de son intelligence. Dans ce moment suprême, armé plus que jamais de la mâle énergie et de la sérénité chrétienne qui avaient toujours formé un des traits saillants de son caractère, il ne voulut recevoir aucun des soins qu'on prodigue aux malades, afin de ne pas distraire un moment son âme de la pensée fortifiante de Dieu et de la méditation des fins dernières de l'homme.

Le vendredi suivant, ses funérailles furent célébrées dans l'église de Viroflay. La cérémonie funèbre était présidée par Mgr l'évêque de Sura et les vicaires généraux de Paris. Le deuil était conduit par son neveu, M. d'Auribeau, préfet des Basses-Pyrénées. Suivant les recommandations expresses qu'il avait faites à ses amis les plus intimes, son corps a été inhumé dans le cimetière de Juilly. C'est là qu'il voulait reposer en paix, au milieu des religieuses qu'il y avait établies, pour s'assurer le concours quotidien de leurs ferventes prières.

Avec M. Bautain, le clergé de Paris et l'Eglise de France venaient de perdre une de leurs plus pures illustrations; la science et les lettres contemporaines, un de leurs représentants les plus justement renommés.

Une croix et une religieuse pour veiller et prier sur sa tombe, voilà tout ce que M. Bautain a demandé à la terre, au moment où il allait la quitter. Mais une croix et une religieuse ne devaient point l'accompagner seules à sa dernière demeure; il y est descendu avec les bénédictions du ciel, la reconnaissance de l'Eglise, l'estime et la vénération de ce qu'il y a de plus intelligent et de plus honorable à Paris et en France.

Le trait caractéristique de la physionomie de M. Bautain c'est un rare et imposant ensemble de talents variés, dont un seul aurait suffi pour distinguer un homme. Il était à la fois philosophe profond, écrivain élégant, controversiste éprouvé, orateur correct, moraliste plein de finesse, théologien érudit, professeur consommé.

Ses écrits sont très-nombreux et embrassent presque tout le cercle des connaissances humaines. Mais la quantité ne porte aucun préjudice à la qualité. Tous ont un but élevé et pratique ; tous sont faits avec science et conscience.

Tant qu'il fit son cours dans le grand amphithéâtre de la Sorbonne, on y vit une assistance aussi compacte, aussi sympathique et plus respectueuse qu'au cours si populaire de M. Saint-Marc Girardin. Sa figure pleine de majesté et de noblesse, son regard serein et pénétrant, son attitude à la fois austère et bienveillante, commandaient le silence et le respect. Lorsque la faiblesse de sa voix l'eut obligé à faire son cours dans un local plus restreint, il fallait s'y présenter longtemps à l'avance pour trouver une place convenable. Au nombre de ses auditeurs les plus assidus, on remarquait l'élite de la société intellectuelle. Sa parole était mesurée, sobre, familière, allant toujours droit au but. Ses aperçus brillaient par la lucidité, l'actualité et l'intérêt.

Nous sommes heureux qu'une feuille parisienne ait répété, en publiant la nouvelle de la mort de M. Bautain, ce témoignage caractéristique d'un de nos doctes professeurs, qui est une des illustrations actuelles de la Faculté des lettres de Paris : « Bautain, disait un jour M. Gérusez, c'est notre maître à tous. »

Signalons parmi ses ouvrages philosophiques son traité de *Philosophie morale*, un autre traité de *Philosophie et Psychologie expérimentale* ; parmi ses ouvrages de controverse, *la Religion et la Liberté considérées dans leurs rapports*, — *Réponse d'un chrétien aux paroles d'un croyant*, de M. de Lamennais, — *la Morale de l'Évangile comparée à la morale des philosophes.*

Parmi ses ouvrages didactiques, nous mentionnerons un excellent traité sur l'art de la composition et de la diction oratoire; parmi ses ouvrages de morale, *la Philosophie du christianisme, la Morale de l'Évangile comparée aux divers systèmes de morale.* Ce dernier livre renferme une partie de son cours de théologie morale à la Sorbonne; c'est un chef-d'œuvre d'exposition et de controverse.

7.

NOTE (a).

Mⁿᵉ LOUISE HUMANN.

Mˡˡᵉ Louise Humann, l'inspiratrice de M. Bautain, l'âme du cénacle formé par lui et ses amis, rue de la Toussaint, de 1822 à 1830, était la sœur aînée du ministre des finances de ce nom, sous le règne de Louis-Philippe. « C'était, » m'écrit M. l'abbé Carl, son neveu, dans une lettre pleine de cœur et d'âme, et toute pénétrée de son souvenir ainsi que de celui de son vénéré maître, « c'était une femme de haute intelligence, d'une piété profonde et douée à un degré éminent du don de persuasion. Il n'existe d'elle qu'un seul portrait qui se trouve à Juilly dans le couvent des Dames de Saint-Louis. Il rend médiocrement les traits de celle qui a été pour moi une seconde mère. Oh! si je pouvais vous dire combien elle était bonne, combien nous l'aimions! Jeune encore elle se croyait appelée à la vie religieuse; la Terreur survint; les circonstances la mirent en rapport avec l'abbé Colmar, nommé plus tard évêque de Mayence, et qui ne quitta pas un moment Strasbourg, lorsque la guillotine était dressée en permanence sur la place d'Armes. Mˡˡᵉ Humann, avec une amie intime, se voua aux bonnes œuvres de religion et de charité, sous la direction de l'abbé Colmar. Il s'agissait d'instruire les enfants, d'assurer les secours de la religion aux mourants, et autres œuvres si difficiles alors, et qui entraînaient peine de mort, sans autre forme de procès. Quand Mgr Colmar se rendit plus tard à Mayence, il y appela Mˡˡᵉ Humann, pour y fonder un pensionnat où les jeunes filles pussent recevoir une éducation chrétienne. Elle y resta jusqu'après la mort de l'évêque, en 1818. Quand elle rentra à Strasbourg, elle se fixa dans la maison de mon père, place Saint-Pierre-le-Jeune. C'est là que je fis la connaissance du futur abbé Bautain, et qu'un lien d'attachement, qui n'a jamais faibli, se noua entre le brillant professeur et un enfant estropié qu'il entreprit de débrouiller. »

L'abbé Bautain, de son côté, complète admirablement le

portrait de cette femme d'élite dans cette page par laquelle il termine *la Chrétienne de nos jours* : « Ne vous imaginez pas que celle dont je viens de vous parler était un être à part, n'ayant de commun avec les femmes ordinaires que son sexe. Non, bien que douée d'une intelligence remarquable et profondément instruite, elle était femme comme vous et aimait à l'être par tous les bons côtés de la femme. Elle en avait la tendresse et le charme ; sa compassion des peines d'autrui égalait son courage à supporter les siennes, et sa parole, ferme et nette, quand il le fallait, était le plus souvent pleine de douceur et de persuasion. Elle se plaisait à travailler comme toutes les femmes, et je l'ai vue chaque jour quitter ses livres et la plume pour l'aiguille et le fuseau. Je l'ai vue constamment s'occuper des soins du ménage après les heures données à l'étude ; et elle excellait d'un côté comme de l'autre. Sa maison était aussi bien tenue que sa tête, et elle était aussi admirable dans les petites choses que dans les grandes. Jamais sa science qui était étendue et profonde, n'a porté préjudice à sa piété aussi simple, aussi croyante, aussi obéissante que celle des plus humbles femmes, et elles se reposait volontiers avec son chapelet des spéculations les plus fatigantes ou des lectures les plus abstruses. Voilà ce qui nous la rendait si aimable et si respectable à la fois. Oui, sans doute, c'est la femme la plus remarquable que j'aie vue, bien que j'aie eu le bonheur d'en connaître plusieurs d'une grande distiction. Je n'en ai point rencontré une seule qui lui fût supérieure, ni même égale par la puissance de l'esprit. Mais, je dois le dire aussi, je n'ai nulle part trouvé une âme plus dépouillée d'elle-même, tout en gardant sa dignité, plus humble et plus fière tout ensemble, ni un cœur plus généreux, plus compatissant et plus tendre. »

M. l'abbé Bautain n'a pas été ingrat pour Mlle Humann ; vivante, il l'a vénérée comme une mère et a fait partager à tous ses amis les sentiments qu'elle lui inspirait ; morte, il a consacré et perpétué son souvenir par la fondation de la Maison des Dames de Saint-Louis, vouées par lui à recueillir l'esprit de cette noble femme, et à continuer l'œuvre qui fut la grande sollicitude de toute sa vie, l'instruction de la jeunesse et le soin des malades. Enfin, il lui a rapporté dans de magnifiques paroles, où son cœur a débordé, et que je me reprocherais de ne pas reproduire ici, l'honneur de tout le bien que lui et ses amis ont pu faire :

« Ainsi mourut à 67 ans, et ignorée du monde, une femme qui, du fond de sa modeste retraite, l'a remué plus qu'il ne le saura jamais ; car elle a été la source de tout ce qui a été fait de son vivant et après sa mort par ses enfants spirituels, lesquels, depuis trente ans, travaillent dans l'Église à la gloire de Dieu et au salut des hommes. Dieu seul connaît tout ce qui est sorti de ce foyer caché, et au jour de la consommation des temps et de la manifestation complète de la justice, quand il sera rendu à chacun selon ses œuvres, tous les rayons, qui en sont émanés et qui ont éclairé ou échauffé le monde, lui reviendront avec leur éclat et lui formeront une splendide auréole. En attendant, où que nous soyons, où qu'elle soit elle-même dans les demeures de la maison céleste, notre reconnaissance la suivra, notre amour si filial et si pur prononcera toujours son nom avec tendresse et vénération ; et jusqu'à ce que nous ayons la joie de la revoir au ciel, heureuse et glorieuse, comme les anges du Seigneur, prête à rendre témoignage devant Dieu et devant les hommes du bien qu'elle nous a fait, nous gardons pieusement sa mémoire au fond de notre cœur comme dans un sanctuaire. »

Les mots suivants, écrits de la main même de Mgr Colmar sur la première page d'un Nouveau-Testament, en latin, qu'il avait donné à Mlle Humann, présentent, dans un raccourci expressif, le portrait de cette femme supérieure et vénérable à tant d'égards :

« † *Mariæ Ludovicæ — et filiæ et nepti — in Christo di-*
« *lectæ — ingenii facilitate variisque virtutibus ornatæ —*
« *quum — felici successu linguæ — qua Mater Ecclesia utitur*
« *— tum ex summa in eam matrem — pietate — tum ideo*
« *ipsa studeret — ut nepotes suos — Ludovicum et Adolphum*
« *— huic linguæ studentes — materne obsecundaret — hoc*
« *novum J. C. Testamentum — in paterni nostri affectus —*
« *tesseram dabamus — Pater et Avunculus.* † *J. Ludovicus*
« *Ep. Moguntinus. Die* 23 *Aprilis* 1812 *in festo sancti*
« *Georgii.* »

THÉODORE RATISBONNE

M. Ratisbonne (Marie-Théodore), né le 2 décembre 1802, à Strasbourg, où son père était président du consistoire israélite, était depuis peu de temps avocat, lorsqu'en 1826 il se convertit à la religion catholique. Entré dans les Ordres, il devint successivement professeur au petit séminaire et vicaire à la cathédrale de Strasbourg, missionnaire apostolique et supérieur général de la Congrégation de Notre-Dame de Sion, fondée par lui en 1842 (1). M. Ratisbonne a laissé lui-même le récit suivant de sa conversion, dans l'introduction de la *Philosophie du Christianisme*.

§ Ier. — *Jeunesse orageuse de M. Ratisbonne.*

Ma vie passée m'apparaît aujourd'hui comme un rêve pénible ; il me faut des efforts de mémoire pour m'en rappeler les faits principaux.

« Appartenant à l'ancienne famille Cerfberr, qui occupait le premier rang parmi les Juifs de la province, je fus élevé,

---

(1) Le R. P. Ratisbonne a publié, entre autre écrits : *Essai sur l'éducation morale* (Strasbourg, 1828, in-8), mémoire couronné par l'Académie du département ; une *Histoire de saint Bernard* (1841), 2 vol. in-12 ; 5e édit., 1864), qui a été traduite en plusieurs langues ; le *Manuel de la Mère chrétienne* (1860, 5e édit. augm., in-18).

sinon dans la religion, du moins selon les traditions et les mœurs judaïques; je ne reçus d'autres principes moraux que les exemples d'une mère vertueuse, et d'autres leçons dogmatiques que celles qui me parlaient de la foi en un Dieu unique, qu'il fallait craindre et adorer, en attendant la venue du Messie qui devait ramener notre nation triomphante dans la terre sainte. Dans ma simplicité enfantine, j'attendais en effet ce Messie et je désirais son avénement. Mais plus tard, ne pouvant comprendre pourquoi il devait venir ni pourquoi il ne venait point, et d'ailleurs, me trouvant fort bien sur le sol natal, je n'attachai plus d'importance à ce dogme. A mesure que ma raison se fortifia, je secouai le joug des observances religieuses, et le peu de dignité que je reconnaissais à la Synagogue et aux hommes que j'y voyais réunis donna ample matière à mes sarcasmes et à ma critique. Bientôt le nom de Juif me fit rougir, et je me retirai de leur assemblée. Mon père, quoique président du consistoire, ne s'y rendait lui-même que lorsqu'il y était obligé par quelque fête solennelle. Il me laissa toujours libre. Par une protection divine toute spéciale, la première partie de ma jeunesse se passa sans écarts et sans orages : j'étais retenu par une espèce de vertu instinctive, fondée uniquement sur les paroles et les exemples de ma mère que je chérissais tendrement; son seul souvenir était une égide contre le mal. J'avais seize ans quand j'eus le malheur de la perdre, et, quoique seul alors à Paris, libre et sans surveillance, dans une des principales maisons de banque, je vécus plusieurs années éloigné des plaisirs du monde et de ses dangers; je fuyais la société, je refusais toutes les distractions, tant était vive et continuelle l'affliction que m'avait causée la mort de ma mère! Ce deuil profond de mon cœur contribua beaucoup à me donner le goût des choses sérieuses, et à m'inspirer de l'aversion pour celles qui passent et ne laissent trop souvent que des remords. C'était au point que les fêtes, les spectacles, la musique, auxquels plus tard je dus prendre part, m'attristaient jusqu'aux larmes.

« Oh! qu'à cette époque une parole religieuse m'eût été nécessaire! Combien je souffrais d'un indéfinissable malaise! J'avais besoin d'aimer, et j'étais facile à m'enflammer pour toute âme aimante; je m'attachais fortement à mes amis, à mes maîtres, aux personnes avec lesquelles je vivais, demandant à être aimé, compris, quoique je ne me comprisse pas moi-même. J'avais dix-huit à dix-neuf ans, et ma vie s'écoulait dans une romantique mélancolie : je restais plus volontiers à la campagne qu'à Paris; j'étais souvent seul et rêvais à Dieu, à la religion, à un objet vague qui pût correspondre au besoin de mon âme. J'eusse désiré être pieux, mais je ne savais pas ce que c'était que la piété : j'ignorais la prière. Je ne connaissais aucun homme, aucun livre qui pût m'instruire des choses éternelles; j'aurais d'ailleurs fui avec horreur ceux qui m'auraient parlé du christianisme, que je regardais par préjugé comme une idolâtrie; et quant au judaïsme, j'en étais dégoûté, honteux, et la Synagogue était comme une barrière entre Dieu et moi.

« Cependant mon père me rappela à Strasbourg et m'employa dans sa maison, où j'étais destiné à lui succéder dans les affaires de banque. Je me plaisais à suivre les ramifications lointaines du commerce, et à lire les correspondances multipliées. Quant au but proprement dit du commerce, il ne me touchait guère, j'étais indifférent au résultat des affaires, et ne me souciais ni des intérêts, ni des bénéfices; jamais je n'ai aimé l'argent. Mais alors je commençai à rechercher la société, les plaisirs, les voyages d'agrément; et déjà à vingt-cinq ans j'étais poursuivi par des solliciteurs de mariage, car il y a chez les Juifs des gens qui font métier d'assortir les partis; et ces gens me traquaient, pour ainsi dire, avec toute l'ardeur que leur inspirait l'appât du gain. J'échappai, je ne sais comment, à toutes sortes d'attaques de ce genre. Ce n'est pas que je n'eusse de l'inclination pour le mariage, cette position me semblait alors la plus digne de l'homme; j'étais assez simple pour espérer que dans la famille où j'entrerais, je trouverais une mère, car ce nom était toujours pour moi un symbole d'affection et de tendresse. J'entrevoyais dans le mariage la perspective d'un bonheur qui me paraissait assuré; mais avant d'en jouir, je voulais connaître le monde et je passai quelque temps au milieu de ses trompeuses et riantes illusions.

« Cependant un travail mystérieux s'opérait au fond de ma conscience. Je vivais sans religion et je ne recherchais ni le bien ni le mal, mais je me disais souvent : J'ai vingt ans, et j'ignore pourquoi je suis au monde! Quel est donc le but pour lequel je suis sur cette terre? Ces questions, qui en réveillèrent mille autres et engendrèrent mille théories, s'emparèrent de mon âme au point que bientôt elles m'occupèrent exclusivement.

« Je crus qu'il devait y avoir quelque part dans le monde, une école, un sanctuaire, où le secret des choses présentes et futures me serait révélé; j'entendis parler des mystères de certaines sociétés, je me fis postulant : je demandai l'affiliation avec la bonne foi d'un ardent néophyte; mais aucune voix ne répondit à mes questions, à mes besoins.

« Je lus Rousseau et je dévorai sans discernement toutes les opinions, tous les paradoxes de ce magique pédagogue; je devins austère, singulier dans ma conduite; j'étais porté à désirer la science comme mon nouveau maître, non-seulement dans les spéculations, mais dans la pratique; car une fois que j'avais admis le principe, en bien comme en mal, je ne reculais devant aucune conséquence. Je crus donc que je trouverais dans la philosophie la solution de mes doutes; je m'entourai des ouvrages qu'on prônait le plus alors; je lus Locke, Voltaire, Volney, et tout ce que le xviii° siècle a produit de plus séduisant et de plus monstrueux. O tristes souvenirs! Que j'étais loin alors de la voie vers laquelle la Providence me dirigeait à mon insu! L'amour de la science me captivait uniquement; j'obtins de mes parents, non sans peine, la liberté de vaquer à mes études; je me retirai complétement des affaires et des plaisirs, et, m'enfermant dans la partie la plus retirée de la maison, j'essayai de vivre en philosophe, boudant avec Rousseau, ne sortant point, ne dormant et ne mangeant que pour soutenir le corps; car je voulais dompter le corps comme un esclave, sans savoir pourquoi. Enfin, achevant de briser tous mes rapports avec les jeunes gens de mon âge, je n'avais plus qu'un désir, celui de trouver le but ou le pourquoi de mon existence. Mais ce but, je ne le pressentais même pas; je n'avais pour guide que ma raison délirante et de méchants livres; je lisais beaucoup, ou bien j'errais seul à la campagne, et plus d'une fois le point du jour me trouva debout, attendant les rayons de l'aurore, après les fatigues d'une nuit entière passée à interroger la nature muette, les étoiles qui ne me disaient rien, et le mystère des ténèbres. J'étais las de moi-même et de mes vaines théories. A force de raisonner sur le bien et le mal, sur la puissance et l'impuissance de Dieu et sur le problème de l'univers, j'étais devenu, sinon athée, du moins sceptique au dernier degré... je ne pouvais croire en un Dieu sourd et muet; la vie me devint un poids, et le monde me parut une scène ridicule. J'avais murmuré avec Rousseau, maintenant je riais avec Voltaire : c'était le rire de Satan.

« Pour comble d'infortune, j'eus recours à des hommes qui passaient pour instruits, et qui me confirmèrent dans ma desséchante incrédulité (l'un d'eux était un prêtre marié, ce que je n'appris que plus tard). Ils m'applaudirent et ajoutèrent par leurs sarcasmes au dégoût, aux préventions que dès l'enfance on m'avait inspirés contre le christianisme. Je ne rapporte ces faits que pour montrer dans quel abîme j'étais tombé!... Dans un de ces moments de douleur profonde, je fus poussé à faire appel au Dieu de mon enfance, et je m'écriai, dans toute l'amertume de mon âme : « O Dieu! si réellement tu existes, fais-moi connaître « la vérité, et d'avance, je jure de lui consacrer ma vie. » Je devins plus tranquille et plus calme.

« Je résolus de quitter Strasbourg pour achever mes études de droit à Paris, espérant trouver dans les leçons des professeurs les plus célèbres ce qui manquait à mon esprit et à mon cœur. J'y arrivai vers la fin de 1822; je me logeai seul dans le quartier des études. J'étais libre, maître de moi-même et très-exalté dans mes opinions libérales. Mais à peine avais-je commencé mes projets d'étude, qu'une tourmente inexplicable s'empara de moi, et une voix intérieure, plus forte que ce qui jusqu'alors m'avait frappé, me criait sans cesse : « Il faut retourner à Strasbourg. » Je luttai contre cette singulière inspiration. Outre les motifs qui avaient motivé mon départ récent, des raisons d'amour propre me retenaient à Paris. Je venais d'y arriver, de m'y installer, je m'exposais au ridicule en retournant si tôt dans ma famille, à laquelle j'avais dit adieu pour longtemps; enfin, rien ne justifiait mon retour, mais ma conscience l'exigea impérieusement, et à toutes mes raisons la voix intérieure ne répondait qu'un mot : « Strasbourg. »

« Je partis donc, et, je dois le dire, j'en étais confus; mais le moment était venu où la Providence allait s'emparer plus visiblement de la direction de ma vie : les peines et les mécomptes m'avaient rendu plus souple, et j'étais dans l'état désespéré d'un homme qui, après s'être longtemps débattu dans les flots, se laisse enfin emporter par le courant, et n'a plus la force de résister à la main bienfaisante qui le saisit pour l'arracher à la mort.

« A peine fus-je revenu à Strasbourg, un jeune homme que je n'avais jamais vu m'aborde à l'académie, et me propose de suivre un cours particulier de philosophie, que M. Bautain voulait bien donner. Je ne connaissais M. Bautain que de vue et de réputation; je m'étais souvent senti porté intérieurement à m'adresser à lui pour lui demander quelques solutions philosophiques, mais je n'avais point osé. Quant au jeune étudiant qui venait me faire cette ouverture, je ne le connaissais point ; je ne savais pas qu'il était israélite ; je ne me doutais point qu'il deviendrait bientôt mon ami, mon frère en Jésus-Christ, mon collègue dans le sacerdoce ! C'était Jules Lewel, alors étudiant en droit.

§ II. — *Il suit le cours de philosophie de M. Bautain.*

« J'acceptai sur-le-champ la proposition qui m'était faite; car je regardais toujours la philosophie comme l'unique ressource qui me restât. Quant à la religion, elle m'était à dégoût, et j'avais horreur de la mienne comme de toutes les autres. Nous commençâmes donc en 1823 le cours de philosophie que M. Bautain consentit à nous donner. Nous n'étions dans ce premier cours que quatre élèves, un Russe grec, un Irlandais catholique et deux Juifs. Tous les quatre nous reçûmes avec délices la parole simple et vivifiante qui jaillissait avec abondance du cœur de notre maître. Ce n'était point un enseignement comme un autre, c'était une véritable initiation aux mystères de l'homme et de la nature. Nous écoutions avec surprise, avec admiration, les développements de cette vérité universelle que le maître puisait à la source vivante des Saintes Ecritures, d'où sa parole tirait force, vertu et puissance. Cet enseignement faisait plus qu'éclairer mon intelligence, il échauffait mon cœur, il remuait ma volonté, il faisait fondre la glace qui couvrait mon âme; enfin l'influence du christianisme m'enveloppait de toutes parts et me pénétrait sans que j'en eusse conscience, et heureusement, car je n'aurais point eu le courage de l'envisager en face.

« Une excursion que je fis à la fin de ce cours, en Suisse et en Italie, me donna l'occasion d'entrer en correspondance avec mon maître, et depuis ce voyage il s'établit entre nous un rapport plus intime, des communications plus suivies.

« Nous reprîmes le cours de philosophie en 1824. Ce second cours fut plus nombreux que celui de l'année précédente, et j'y introduisis mon ami d'enfance, Isidore Goschler, dont le sort resta désormais étroitement lié au mien. Nous entrâmes de plus en plus en union avec notre affectueux maître et avec M. Adolphe Carl, le plus ancien et le plus digne de ses disciples... J'avais trouvé la voie qui conduit à cette vérité tant de fois invoquée, et maintenant je la voyais accessible comme la lumière à tous ceux qui se convertissent et se tournent vers elle! Il me semblait la trouver en moi, hors de moi, autour de moi; je ne concevais plus l'insouciance des hommes qui croient en cette vérité, et cependant s'amusent comme des enfants sur la place publique de ce monde, oubliant que la vie n'est qu'un chemin, une voie, une traversée, pour atteindre un but sublime et glorieux.

§ III. — *Le travail de la grâce.*

« Mais comment exprimer les combats que j'eus à livrer

à mes préjugés, à mes souvenirs d'enfance, à mes répugnances antichrétiennes ? Ce n'étaient point des objections rationnelles qu'il fallait combattre, c'étaient les angoisses d'une conscience judaïque qu'il fallait apaiser ; le christianisme était entré dans mon cœur à l'insu de mon esprit, le for intérieur était pris, mais la place étonnée avait peine à se rendre, et de là des luttes secrètes et qui étaient le prélude des assauts plus terribles que j'eus à soutenir au dehors.

« Chose bizarre ! je croyais déjà en Jésus-Christ, et cependant je ne pouvais me décider à l'invoquer, à prononcer son nom, tant est profonde et invétérée l'aversion des Juifs pour ce nom sacré ! Une singulière circonstance mit ma foi à l'épreuve : J'étais tombé malade dans une hôtellerie, en Suisse, et mon imagination, frappée par de sinistres présages, me faisait croire à une mort soudaine. De gros nuages couvraient mon esprit, et dans ce moment décisif je ne savais quel Dieu invoquer. J'étais en proie aux plus cruelles perplexités ; mon intérieur était comme un champ de bataille où mon ancienne foi et ma foi nouvelle se heurtaient avec force, je n'osais prier, je craignais d'offenser le Dieu d'Abraham en invoquant le Dieu des chrétiens. L'obscurité était grande, mais la lumière de la grâce triompha. Le nom de Jésus-Christ sortit de ma bouche comme un cri de détresse. C'était le soir, et le lendemain ma fièvre m'avait quitté, et j'étais si bien rétabli, que le jour même je continuai ma route. Dès ce jour aussi le nom de Jésus me devint doux à prononcer ; je le priai avec confiance. J'osai invoquer la Vierge sainte et l'appeler ma Mère.

« Mon âme était gagnée à Jésus-Christ, et je n'aspirais plus qu'au baptême, dont la nécessité était évidente ; mais la Providence m'avait mis dans une situation délicate qui commandait une conduite réservée et prudente. Mon père désirait que je me chargeasse de la direction des écoles juives du consistoire. Il en coûtait beaucoup à ma foi naissante, et aussi à mon vieil amour-propre, d'accepter cette mission, qui allait me mettre en rapport avec tout ce que la Synagogue renferme de plus ignoble; mais les encouragements de mon maître, la vue du bien que peut-être je pourrais faire, et surtout le besoin de transmettre la lumière que j'avais reçue, me déterminèrent à accepter cette œuvre de bienfaisance à laquelle je me dévouai dès lors entièrement. J'avais fini mes études de droit, et j'étais reçu avocat à la Cour royale de Colmar; mais, n'ayant embrassé ces études que par des considérations de vaine gloire et d'ambition, je crus devoir renoncer au barreau, comme j'avais renoncé au commerce, et je m'adonnai à l'étude des sciences naturelles et médicales, afin de marcher à la suite de MM. Bautain et Carl. Mes deux amis israélites en firent autant, et cette communauté d'occupations et de but resserra notre union. Notre intention était d'exercer un jour gratuitement la médecine, et de mettre en commun la somme de nos connaissances pour le soulagement des pauvres : nous avions tous un vague désir de faire le bien, et de nous dévouer à une œuvre salutaire; mais aucun de nous ne pressentait la vocation plus haute à laquelle Dieu nous préparait à notre insu.

« Je passerai sous silence les tentatives répétées de ma famille pour me fixer dans le monde. Le soin des écoles israélites me captivait presque entièrement; le succès de cette œuvre surpassa mon espérance; et l'action que j'exerçais dans la communauté juive était une espèce de puissance. Il y avait, en effet, une bénédiction visible attachée à nos institutions nouvelles : tout réussissait, tout prospérait; les écoles furent régénérées. Nous y donnions des leçons nous-mêmes. Chaque samedi nous prêchions (et le mot n'est pas trop fort) en présence d'un auditoire israélite qui se pressait dans notre salle pour entendre une parole de vérité ; les parents aussi bien que les enfants la goûtaient et semblaient entrer dans une ère nouvelle. On fonda une société d'encouragement pour le travail, qui existe encore ; une autre société, composée de dames, réalisait nos vues pour l'éducation des filles ; enfin, la Synagogue, christianisée à son insu, comme nous l'avions été nous-mêmes, semblait obéir à notre impulsion, avec une reconnaissance dont l'histoire des Juifs n'offre pas beaucoup d'exemples. On nous regardait comme des sauveurs ; on nous célébrait en vers et en prose, on exaltait notre dévouement. Hélas ! en eussions-nous été capables, si la foi chrétienne n'eût germé dans nos cœurs ? Nos administrateurs ignoraient l'influence puissante que donne la connaissance de Jésus-Christ, et ils ne soupçonnaient pas même le nom de cette grâce, qui nous préservait à la fois du découragement dans les difficultés et de l'exaltation dans le succès. On peut lire les détails de ce qui s'est passé alors parmi les Juifs, et l'histoire de leurs institutions, dans les discours que nous prononçâmes à l'Hôtel-de-Ville en 1826 et 1827. Les Chrétiens purent dès lors reconnaître l'esprit qui nous animait, à notre langage évangélique : les Juifs ne virent que les beaux discours.

« Cette œuvre se continuait donc avec un succès toujours croissant, et l'on ne pouvait prévoir tout ce qui en sortirait un jour. Mais notre foi chrétienne mûrissait aussi et nous faisait sentir plus vivement le besoin de participer au culte d'une religion vivante. Nous nous trouvions malheureusement dans la nécessité de ne pouvoir nous déclarer ouvertement chrétiens et d'être forcés, par notre position singulière, de comprimer cette foi qui réclamait un aliment, et qui avait besoin de s'épancher au dehors. Oh ! que je brûlais d'être chrétien ! combien je tressaillais de joie quand j'assistais furtivement à une solennité de l'Eglise! Je n'oublierai jamais ce que j'ai éprouvé, lorsqu'un jour de fête, j'assistai pour la première fois à une messe solennelle ; quand j'entendis des cantiques sacrés, dont les religieux accords retentissaient dans mon âme comme un doux écho de la prière et de l'amour; quand, levant mes regards timides, du fond du temple où j'étais caché, je vis tout à coup le prêtre élevé au-dessus de l'autel (il exposait le Saint-Sacrement) : sa tête blanche se confondait avec les nuages de l'encens, et son ample et brillant vêtement me semblait tout de feu. Je ne savais d'où il était sorti, ni comment il se tenait élevé dans les airs ; je croyais qu'il était porté par la nuée odorante, je le pris pour un être céleste ! Ce spectacle était nouveau pour moi : je ne puis exprimer le sentiment profond qu'il a laissé dans mon âme. En sortant de l'église, je croyais descendre du ciel sur la terre ; j'avais vu le culte chrétien dans sa pompe. Toutes les idées du sacrifice de Jérusalem et de la magnificence du Temple venaient se rattacher à la célébration du sacrifice non sanglant ; des pensées singulières me travaillaient : il me semblait que le monde n'était qu'un temple d'idoles, et que c'était dans l'Eglise seule que se trouvaient les adorateurs du vrai Dieu.

« Je marchais ainsi de clartés en clartés, et chacune de mes facultés trouvait quelque chose d'analogue à son besoin dans la doctrine chrétienne ; mon imagination savourait la poésie et le génie du christianisme ; ma raison se complaisait dans les discours admirables de Bossuet; mon intelligence buvait à grands traits les enseignements d'une philosophie toute chrétienne, et mon âme, le centre de mon être, goûtait profondément la parole vivifiante des saints Evangiles. Mon maître, qui dirigeait mes lectures en même temps que ma conduite, ne me remit ce livre divin qu'après que j'eus terminé la lecture complète de l'Ancien-Testament. Ah! je me le rappelle, il était neuf heures du soir, lorsque je lus les dernières pages des anciennes Ecritures et que tout aussitôt j'ouvris le livre du Nouveau-Testament pour en lire un chapitre : mon âme s'attacha si fortement à cette lecture, que je ne pus la quitter durant une partie de la nuit; et d'un seul trait j'avalai la coupe d'eau vive de l'Évangile de saint Matthieu. Il m'en arriva de même avec l'Évangile de saint Jean, et, à deux reprises, je ne pus le laisser qu'après l'avoir lu tout entier.

« Telle était ma disposition, lorsqu'une tentation faillit me jeter hors de ma voie. Cette circonstance de ma vie a trop influé sur mon avenir, pour que je n'en dise point quelques mots. J'avais vingt-quatre à vingt-cinq ans, et mes parents songèrent sérieusement à me marier. On m'avait proposé l'alliance d'une jeune personne de Vienne, dont le nom, la famille, la fortune et les qualités m'avaient ébloui. Chaque jour on me pressait de partir et de réaliser ce qu'on appelait mon bonheur. Mon imagination facile se laissa séduire aux plaisirs qu'on me promettait, et le tableau d'une vie brillante, analogue à mon âge et à ma position sociale, me fut souvent offert pour faire ressortir d'autant plus la tristesse du genre de vie que je menais. Je perdis le goût de mes occupations sérieuses ; je devins mélancolique et rêveur; mes désirs, mes regards se dirigeaient sur Vienne, et cependant je ne pouvais me décider à y aller ; j'étais retenu, fixe, comme cloué par une puissance invincible. Tous les membres de ma famille, tous mes amis me reprochaient mon irrésolution ; mon maître, que je consultais avec angoisse, s'abstenait d'exercer sur moi son influence, par respect pour ma liberté; et lorsque, lui remettant la décision de mon sort, je le pressais de me répondre, il me

disait avec douceur : « Si vous vous mariez, vous ferez bien;
« si vous ne vous mariez point, vous ferez mieux, » et ainsi
il me laissait à ma cruelle incertitude. Tantôt je voulais
faire bien, tantôt je voulais faire mieux, et en attendant je
faisais mal; car je n'écoutais que l'esprit du monde, et je
devins sourd à l'esprit de Dieu. Cette violente perplexité
dura trois grands mois, et Dieu seul sait par quelle grande
grâce il m'en a tiré ! Je reçus du Ciel la force de résister à
cette tentative et à plusieurs autres du même genre.

« Après ces épreuves, ma vie prit une direction plus
ferme et plus droite ; je trouvais mes délices dans une petite
société d'amis, et j'appris par la prière du cœur à rentrer
dans un rapport plus intime avec Dieu. Nous vivions ensemble dans la joie et la simplicité des enfants de Dieu, nous
occupant du présent, oubliant le passé, et ne prévoyant point
l'avenir que nous abandonnions aux soins de la divine
Providence.

§ IV. — *Le bonheur d'être baptisé.*

« Le vœu le plus ardent de mon cœur fut enfin exaucé !
Le jour de mon baptême arriva, et je fus régénéré par le sacrement. Je me rappelle qu'en sortant de la maison paternelle, où je ne devais rentrer que comme chrétien, je rencontrai mon frère qui me dit en me serrant la main : « Où
« vas-tu ? — Tout près, lui répondis-je. » En effet, je n'avais qu'un pas à faire : je passais du judaïsme au christianisme, de la synagogue à l'église, de Moïse à Jésus-Christ,
de la mort à la vie ! Oh oui ! c'était bien la vie qui me pénétrait, pendant que l'eau sacrée coulait sur mon front;
j'éprouvais des sentiments inexprimables de joie, de liberté,
de dignité, de reconnaissance ; il me semblait que toute la

nature me souriait, et qu'une lumière nouvelle éclairait le monde; je voyais toutes les choses sous un nouveau point de vue, et mon bonheur de faire partie de la grande famille chrétienne fut tel, que j'avais besoin de me retenir pour ne pas l'exprimer hautement à tous ceux que je rencontrais. J'étais réellement redevenu enfant, et j'avais repris les goûts, la gaieté, la confiance, et jusqu'aux amusements de l'enfance. Quelques mois après, je fis ma première communion. On n'avait pas eu besoin de me prouver le mystère de l'Eucharistie : la foi adhère aux paroles de Jésus-Christ, sans que la raison les commente et les explique. D'ailleurs, l'esprit que j'avais reçu par le baptême me donnait comme une faim d'amour et d'union qui m'en disaient plus sur l'institution de l'Eucharistie que toutes les démonstrations humaines. Celui qui n'aime point ne comprendra jamais la nécessité et la vérité du sacrement d'amour, et celui qui aime ne veut pas le comprendre ; il le sent, il le goûte, il en a la conviction d'expérience.

« Cependant ma famille regardait avec inquiétude ce qu'on appelait l'originalité de ma vie ; ils m'aimaient et me ménageaient, à cause du bien que je faisais aux écoles, mais ils commençaient à me soupçonner de christianisme, et leurs soupçons se justifiaient chaque jour par mes imprudences à l'église. Je ne manquais jamais d'y aller de grand matin ; il est vrai que je m'enveloppais d'un large manteau ; mais tout le monde connaissait mon manteau, et on me montrait du doigt sans que je m'en aperçusse ; car je croyais avec simplicité qu'on n'allait à l'église que pour prier.

« Quoi qu'il en soit, je sentais du côté de ma famille une vive anxiété ; mon père m'avait toujours aimé d'une manière particulière, et me témoignait en toute occasion une confiance entière ; il m'avait pour ainsi dire revêtu de toute son autorité parmi les Juifs, et il ne savait s'il devait se plaindre ou se féliciter de l'influence que j'exerçais sur eux. Mon oncle, M. Louis Ratisbonne, second chef de la maison, prenait plus à cœur les rapports qu'il entendait et les prévisions qui alarmaient sa conscience.

§ V. — *Grand émoi à la Synagogue.*

La Synagogue tout entière commençait à s'agiter autour de moi, à obséder mon père, à demander des explications sur mes secrets sentiments. Notre position n'était presque plus tenable. Placés entre les exigences de notre foi, que nous n'osions blesser ni par un acte, ni par une parole, et les besoins d'une multitude d'enfants, que nous n'avions ni le droit ni le courage d'abandonner, nous étions chaque jour comme accablés par la lutte et l'opposition. Nous attendions impatiemment que la Providence nous ouvrît une issue pour sortir d'une position où la Providence elle-même nous avait engagés ; notre plan était de suivre au jour le jour les indications que les circonstances nous présentaient. En effet, un événement imprévu força mon collègue Isidore Goschler de se retirer subitement de la Synagogue et de se démettre de ses fonctions. Ce fut pour lui le moment de réaliser le désir qui était dans nos cœurs ; et, dégagé de tous les liens, de toutes les considérations humaines, il entra au séminaire de Molsheim.

« Qu'on juge de la stupeur et de l'indignation de la Synagogue ! Peu de jours avant, nous avions eu une séance publique à l'école, où, en présence des parents et des élèves, nous avions développé une parole grave : c'était le vingt-huitième chapitre du *Deutéronome*, où sont énumérées les bénédictions et les malédictions annoncées aux Juifs fidèles

et infidèles. Nous donnâmes lecture de ces terribles paroles :
« Si vous ne voulez point écouter la voix du Seigneur votre
« Dieu, toutes les malédictions tomberont sur vous et vous
« accableront... Le ciel qui est au-dessus de vous, sera d'ai-
« rain, et la terre sur laquelle vous marchez sera de fer...
« Vous serez dispersés dans tous les royaumes de la terre ;
« le Seigneur vous frappera de frénésie, d'aveuglement et
« de fureur ; en sorte que vous marcherez à tâtons en plein
« midi... Vous serez noircis en tout temps par des ca-
« lomnies et opprimés par des violences, sans que personne
« vous délivre... Vous serez comme le jouet et la fable des
« peuples ; et ces châtiments demeureront sur vous et sur
« votre postérité, comme une marque étonnante, parce que
« vous n'aurez point servi votre Dieu avec la reconnais-
« sance et la joie du cœur que demandait l'abondance de
« toutes choses. »

« Cette lecture, qui produisit un grand effet, avait été interrompue par un incident qui nous laissa voir la disposition de la Synagogue et la confiance qu'elle avait encore en nous. Un pharisien moderne, n'ayant pu supporter les paroles de Moïse, se leva avec fureur au milieu de l'assemblée, interrompit celui qui lisait, et déclarant que tout ce qui se passait était contraire aux traditions, il engagea vivement l'assemblée à se retirer. Je répondis avec fermeté, et la lecture continua ; mais le Juif, criant de nouveau à l'assemblée de se retirer, sortit le premier et sortit seul ; personne ne bougea. Malgré ce triomphe, nous pûmes dès lors pressentir la fin prochaine de notre mission. Aussi l'éclat fut terrible lorsqu'on connut la détermination de mon ami. Je restai alors seul pour soutenir le choc ; ma ligne de conduite était tracée, et je tins ferme ; mais mon âme était désolée. Je dus soutenir notre œuvre jusqu'au bout, et attendre l'indication providentielle pour confesser hautement ma foi. On réclamait de toutes parts ma démission. Le président du consistoire, qui était mon seul supérieur dans l'ordre de mes fonctions, pouvait seul me la demander et ce président était mon père ! Oh ! comment me serait-il possible de retracer les peines qu'il souffrait à cause de moi et que je souffrais à cause de lui ! J'avais à vaincre tous les attendrissements de la nature ; et je compris le sens de la parole de Jésus-Christ : « Je suis venu apporter le « glaive sur la terre. »

« La démarche de mon plus intime ami, du compagnon fidèle de mon enfance, de mes études, de mes travaux et de mes peines, ne laissait plus aucun doute à ceux qui suspectaient ma foi. On m'accusait hautement d'avoir ensorcelé mes enfants ; on leur inspirait de la haine contre moi ; on m'appelait hypocrite, corrupteur, séducteur, et les éloges dont j'avais été comblé naguère étaient maintenant changés en cris de rage.

« Le respect pour ma famille, et surtout la protection de Dieu ont pu seuls me préserver de la brutalité et de la fureur des Juifs. Il me fallait de la patience, du courage : Dieu m'en donna, et je restai à mon poste, sans dévier de la voie où j'étais engagé. Je reçus alors plusieurs députations juives qui sollicitèrent de ma part une profession de foi publique. Un de mes parents, membre du Consistoire central de France, me pressa pendant deux heures de tranquilliser la Synagogue alarmée ; mon père y joignit ses instances, et je dus enfin essayer une dernière tentative. Je pris un jour, et un samedi, en présence d'une foule d'impatients, je montai en chaire, et, plein de confiance en Dieu, je parlai sous son inspiration. Je déclarai d'abord le motif pour lequel j'avais longtemps hésité de répondre aux interpellations de l'ingratitude ; exerçant gratuitement les fonctions de chef d'école parmi les Juifs, je n'avais point à me justifier ; puis,

consentant à aborder la question de ma foi, je fis l'énumération des œuvres qui avaient été accomplies, des fruits obtenus, des espérances conçues. Je n'étais pas encore arrivé à la fin de cette exposition, que déjà il se manifestait des mouvements d'approbation et des signes d'assentiment. Je m'aperçus de l'heureuse disposition de mon auditoire et, mettant aussitôt fin à mon discours, je dis en concluant :
« Vous approuvez les œuvres, cessez donc d'incriminer la
« foi qui les produit. Reconnaissez l'arbre à ses fruits, car
« l'arbre qui porte de mauvais fruits n'est pas bon, et
« l'arbre qui porte de bons fruits ne peut être mau-
« vais. »

« Le Seigneur, qui dispose le cœur des hommes et les adoucit, donna un succès bien marqué à ce discours. Les Juifs gardèrent le silence et me rendirent leur respect ; la confiance sembla renaître : mon père ne voulut plus entendre de nouvelles plaintes, et nos institutions chancelantes parurent se raffermir.

§ VI. — *Angoisses du père de M. Ratisbonne.*

« La Synagogue était tranquille, mais mon père ne l'était pas ; je ne pus méconnaître l'esprit qui l'animait, et assez longtemps il avait fermé volontairement les yeux, de peur de s'aliéner un fils qu'il chérissait et de lui ôter la direction des écoles, qui étaient florissantes. Maintenant il redoutait un éclat ; et, pour le prévenir, il m'invita à un entretien confidentiel. Je m'y rendis avec la crainte respectueuse d'un fils et le courage d'un nouveau chrétien. Mon père me parla d'un ton pénétrant ; et, après m'avoir rappelé toutes les marques de tendresse et de confiance qu'il m'avait données, il me demanda nettement si j'étais chrétien. « Oui, lui répondis-je, je suis chrétien, et c'est ma foi

« chrétienne qui m'a porté à renoncer aux douceurs de
« la vie pour me consacrer à la régénération de mes
« frères. »

« Mon père consterné garda le silence ; et je repris en lui
disant : « Je suis chrétien, mais j'adore le même Dieu que
« mes pères, le Dieu d'Abraham, d'Isaac et de Jacob, et je
« reconnais que Jésus-Christ est le Messie, le Rédempteur
« d'Israël. » Mon père ne trouvait point de force pour me
répondre ; il pleura amèrement ; et, comme c'était la première fois que je voyais couler ses larmes, je répandis aussi
des larmes brûlantes ; mon cœur était brisé ; et je n'avais
plus de force dans mes membres. — Mon père me regarda
alors comme pour me demander si j'étais encore son fils. Il
me dit enfin que de tous les maux qu'il avait éprouvés dans
sa vie, c'était là le plus grand et le plus irréparable... Il invoquait ma mère, et la félicitait d'avoir quitté le monde
avant cette affliction. Oh ! que mon cœur frissonnait à la
vue d'une douleur si vive et si aveugle ! je cherchais à l'adoucir et à exprimer les sentiments d'un chrétien, quand
mon père fut saisi d'un mouvement d'indignation et de désespoir ; il allait laisser tomber sur moi des paroles de malédiction... mais il n'en eut pas le temps : je m'étais éloigné
précipitamment et j'étais allé puiser force et courage dans
le recueillement de la prière ; et je me rappelai que celui-là
n'est point digne de Jésus-Christ, qui lui préfère qui que
ce soit dans le monde. J'écrivis aussitôt à mon père ce que
j'avais besoin de lui dire d'affectueux et de consolant ; mais
tout en lui offrant de continuer l'œuvre commencée et d'éviter l'éclat, je lui déclarais que je renoncerais à la vie plutôt qu'à ma foi. — Mon père me fit rappeler, et les sentiments de son cœur l'emportant sur les scrupules de sa
conscience, il accepta mon offre, à condition que je cesserais moi-même de donner des leçons à l'école, et il me fit

excuse en quelque sorte des mouvements dont il n'avait pas été maître. Notre réconciliation fut complète, et j'eus quelques semaines d'un triste repos.

« Mon oncle depuis longtemps ne me parlait plus; il ne pouvait cacher et n'osait exprimer ses prévisions. Il se reprochait de m'avoir laissé quitter autrefois la carrière du commerce; et sa conscience, plus timorée que celle de mon père, s'alarmait surtout de ce qu'on appelle chez les Juifs un changement de religion : comme si un Juif était dans le cas d'abjurer sa religion ou de renoncer à la foi de ses pères, lorsqu'il tombe aux pieds du Seigneur promis à ses pères, attendu par ses pères, reconnu et admis par l'élite de ses pères! Mais mon oncle, complétement étranger à la doctrine chrétienne, quoique bien digne de la connaître et capable de l'apprécier, me jugeait selon l'esprit du monde, regardant ma conduite comme une tache pour la famille et comme un malheur pour moi. Il avait d'ailleurs trop de sagacité pour ne point prévoir l'aboutissant de ma voie; et à mes yeux, il n'y avait point de crainte plus fondée que celle de me voir embrasser l'état ecclésiastique. Il se décida donc à me sonder, à essayer tous les moyens pour me faire renoncer à ce projet. Il ne me demanda pas si j'étais chrétien; mais il voulut que je m'engageasse à ne jamais devenir prêtre. Il me faisait les offres les plus généreuses, et m'engagea à voyager quelques années pour changer de lieu, de climat et d'idées. — Je le remerciai de ses bienveillantes intentions; mais je ne pus pas accepter ses offres et je ne voulus point engager mon avenir. Ce refus l'attrista, et je le vis aussi, lui, mon second père, verser des larmes. Je souffrais de ne pouvoir le rassurer et d'aggraver au contraire ses inquiétudes par le langage que me dictait ma conscience. Mon oncle ne me fit alors qu'une seule prière, c'était d'éviter l'éclat.

« Mais cet éclat tant redouté de ma famille, les Juifs le provoquèrent : ils assaillirent de nouveau mon père, exigèrent ma démission, m'insultèrent dans les rues et jusque dans la maison paternelle... J'en avais assez. Le moment était venu de passer outre.

§ VII. — *Adieu éternel à la Synagogue.*

« En conséquence, je fis convoquer à une séance extraordinaire les membres du consistoire, du conseil et des anciens; et, priant mon père de présider l'assemblée, je me préparai à faire mes adieux à la Synagogue. La séance eut lieu à huit heures du soir; elle avait quelque chose de funèbre et de solennel. Mon émotion était vive, et les membres qui arrivaient successivement se regardaient en observant un morne silence. L'assemblée était au grand complet. Mon père, toujours calme, se montrait pourtant profondément affecté, et, d'une voix tremblante, il me donna la parole. — Alors, résumant en peu de mots ce que j'avais fait et ce que je voulais faire, je rappelai aux Juifs leur perpétuelle ingratitude; je leur montrai la nécessité d'une régénération et l'inutilité d'une civilisation factice et plâtrée; puis je priai le président de prendre une décision définitive pour savoir si l'œuvre commencée devait continuer, oui ou non. — Mon père consulta l'assemblée, et un vieillard manifesta le vœu de continuer le bien, si je voulais m'engager à rester juif. Alors, sans rester un instant de plus que mes fonctions l'avaient exigé, je me levai, et, secouant la poussière de mes pieds, je dis un adieu éternel à la Synagogue!

« J'ai cru devoir m'étendre quelque peu sur cette partie importante de ma vie : parce qu'elle a été pour moi une préparation au saint ministère; comme aussi elle a été pour plusieurs âmes une préparation au christianisme. Non, je ne puis croire que cette terre, fécondée par tant de sueurs et tant de larmes, restera tout à fait stérile. Le laboureur a jeté la semence ; mais Dieu donnera l'accroissement, quand la saison sera venue. Je ne saurais non plus oublier la douceur que j'ai goûtée à instruire ces enfants pauvres ; il y a dans le cœur de tout juif une antique racine de foi ; si vous la dégagez doucement, et lui donnez l'eau vive d'une parole de charité, elle germera tôt ou tard, et produira sa fleur et son fruit. Si, au contraire, vous l'accablez de critique, d'arguments et de raisonnements, vous l'étouffez et la faites périr. C'est ce que l'expérience m'autorise à dire à ceux qui s'occupent de la conversion des Juifs.

« Cependant, dès le lendemain de cette séance solennelle, la Synagogue triomphait, et ma famille était dans la douleur. J'avais quitté le même soir la maison paternelle pour habiter la maison chrétienne et hospitalière où plusieurs de mes amis étaient réunis. On vint m'y chercher, et on m'entoura de sollicitations, et les membres de ma famille désolés firent successivement toutes sortes de tentatives pour empêcher une séparation ouverte devenue indispensable. Que de scènes déchirantes se renouvelaient chaque jour ! Ils me croyaient malheureux et perdu, tandis que, au contraire, j'étais sauvé et trop heureux de professer ma foi devant Dieu et devant les hommes. On me suppliait aussi de m'abstenir de publicité et de représailles ; cette dernière recommandation était inutile, et, quant à la publicité, elle n'était pas de mon goût. Aussi, depuis dix années que notre conversion s'est effectuée, nous n'en avions jamais rien publié, et aujourd'hui encore nous garderions le silence, si les tentatives qu'on a faites pour rendre notre foi suspecte ne nous forçaient de parler hautement pour en rendre compte.

§ VIII. — *Il reçoit les Ordres mineurs.*

« Quand mes parents eurent reconnu la fermeté de mes convictions religieuses, ils me rendirent leur estime et tinrent à mon égard une conduite honorable. Mais leurs efforts réunis pour m'empêcher d'entrer dans les ordres ne purent ébranler ma vocation. O sainte Eglise catholique ! quel désir fut jamais plus fort, plus profond, plus inflexible, plus constant, que celui qu'éprouvait mon âme de te servir ! Je ne sais quand ce désir s'est formé en moi, ni comment il est entré dans mon âme ; il me semble aujourd'hui qu'il m'est venu avec la vie. On m'avait prévenu que ceux qui prêchent la charité ne la pratiquent pas toujours ; qu'en qualité de néophyte, je rencontrerais des oppositions, de la malveillance ; on m'avait dit qu'en tout temps, il s'était trouvé dans l'Eglise, comme autrefois dans la Synagogue, des scribes, des anciens hypocrites, qui traitent volontairement le disciple comme le Maître a été traité ; et cette parole retentissait souvent dans mon cœur : « Je vous envoie comme des brebis au milieu des loups. » Mais ma confiance en Dieu et en son assistance resta ferme et ma résolution inébranlable. Ne m'étais-je pas consacré à la vérité avant de la connaître ? Et maintenant qu'elle m'avait été montrée et que je l'adorais dans la personne du Verbe incarné, pouvais-je m'arrêter à la porte du sanctuaire ? J'avais d'abord perdu le goût des choses mondaines, et j'étais dans la période de cette ferveur naïve, de cette fleur de piété, qui, hélas ! se fane comme toute fleur, et ne laisse souvent après elle qu'un fruit chétif enfermé dans une dure écorce !

« Sorti sain et sauf des combats du dehors, j'avais à lutter intérieurement contre moi-même, contre ma nature sauvage, qui n'avait jamais porté le joug de la discipline, contre une volonté indomptable, habituée au commandement; en un mot, j'avais le cou raide et la tête dure du peuple de l'ancienne loi, et je compris qu'avant de prétendre améliorer les autres, il fallait commencer par devenir meilleur moi-même. Je me sentais indigne d'entrer dans les ordres tel que j'étais; et je voulais m'y préparer autant qu'il dépendait de moi, par la retraite, l'étude et la prière. Nous avions, sous la présidence de notre maître, des conférences réglées; nous lisions les Ecritures, les Pères, les historiens ecclésiastiques; nous compulsions et nous comparions les ouvrages divers de théologie enseignés dans les séminaires. Mes amis s'étaient successivement engagés dans les ordres sacrés, et seul j'étais resté en arrière. Enfin mon heure arriva! Ce fut au mois d'octobre 1828 que je reçus les ordres mineurs dans la chapelle épiscopale. Le manteau royal m'eût paru un lambeau à côté de ma robe blanche! Monseigneur de Trevern me reçut, comme il avait reçu mes amis, dans la maison des hautes études qu'il avait fondée à Molsheim, et, après six semaines de séjour dans cette nouvelle demeure, Monseigneur me conféra le sous-diaconat sans que j'eusse osé le demander ni l'espérer de sitôt. Cette grâce, en m'attachant irrévocablement au service de Dieu et de l'Église, me combla de joie et de reconnaissance. Je fus élevé aux autres degrés du sacerdoce dans les intervalles fixés par les canons, et après les examens d'usage, qui se firent sous la présidence de Monseigneur, ou en présence de l'un de ses grands vicaires ou du Supérieur du séminaire. Je signale ce fait, parce qu'on se plaît à répéter que nous n'avons point fait de théologie. Ce fait, s'il était fondé, retomberait sur notre évêque, sous les yeux duquel nous avions vécu pendant deux ans, et qui a bien voulu nous examiner lui-même avec une sollicitude toute paternelle, et nous encourager par son approbation.

« Je ne parlerai point des peines intérieures et des désagréments de tous genres que j'ai éprouvés durant ces deux années de théologie. Plusieurs de mes condisciples ne pouvaient me pardonner mon origine et la religion de mes pères, et pourtant cette religion m'était commune avec les apôtres, avec les premiers disciples et avec toute l'Église primitive! j'avais appris à voir la doctrine de Jésus-Christ dans son vaste ensemble, dans la liaison nécessaire de toutes ses parties, dans son rapport avec tous les besoins de l'humanité, et je voyais cette doctrine morcelée, présentée sans unité, sans ensemble et sans lumière. Un professeur de théologie enseignait entre autres que l'Église n'est qu'une commission comme une autre (*Commissions's-Anstalt*) établie pour juger sans appel toutes les questions religieuses. — Je croyais de toute mon âme aux dogmes de la religion chrétienne, et j'aurais donné ma vie pour les soutenir; et il me fallait chaque jour les entendre discuter rationnellement, tantôt attaqués, tantôt défendus, et le plus souvent par des arguments convenus, sans aucune science de l'homme et de la nature! — Ce furent deux années pénibles, et sans l'intérêt tout particulier que notre évêque daignait me témoigner, sans la prière qui soutenait mon âme défaillante, sans l'exemple de mes amis, non, je n'aurais pu persister dans ma voie. »

§ IX. — *Mort de son père.* — *Promotion à la prêtrise.*

« De retour à Strasbourg, je trouvai mon père malade et mourant. Mon entrée dans l'Église n'avait affaibli ni sa confiance, ni son affection. Souvent je lui avais écrit et je lui avais parlé du christianisme, et il m'écoutait avec intérêt, me répondait en m'exprimant son estime pour ma conviction, son approbation pour ma conduite ; j'avais l'espoir de lui faire partager mon bonheur, quand la mort l'enleva !... Mais je lui fus arraché avant même que la mort l'eût frappé, et ce fut une des crises les plus déchirantes que j'eus à subir. Un soir, on m'avait fait appeler auprès de mon père, je le trouvai agonisant et sans parole. Je me tins debout au chevet de son lit ; j'invoquais sur lui, du fond de mon âme, le secours d'en haut, quand plusieurs Juifs, que l'obscurité m'empêcha de reconnaître, se précipitèrent sur moi ; ce fut un moment affreux ? Je tombai à genoux à côté du lit de mon père, je crus qu'on m'assassinait, et je me défendis en criant de toute ma force : « Jésus, secourez-moi ! » Et ce cri, arraché de mon cœur brisé, ébranla mon pauvre père sur son lit de mort ! Oh ! puisse cette dernière parole qu'il a entendue en sortant de ce monde, avoir été son dernier cri à l'entrée de l'éternité !... Si quelques âmes fidèles lisent ces pages, je les supplie de ne point refuser leurs suffrages à mon père, et de prier aussi pour ma mère, dont le souvenir est en bénédiction parmi les hommes juifs ou chrétiens.

« Cette même année, vers les fêtes de Noël 1830, je reçus l'ordre de la prêtrise, et peu après je rentrai dans les fonctions du saint ministère avec le titre de vicaire libre de la cathédrale de Strasbourg. Plusieurs jeunes gens de mérite, tous pris des rangs du monde, étaient venus se joindre à nous, et se dévouer au service de l'Église. Mgr de Trevern les reçut comme il nous avait accueillis ; et sans que nous l'ayons jamais demandé, ni désiré, Sa Grandeur crut devoir nous confier la direction et l'enseignement de son petit séminaire.

« Nous travaillâmes ensemble avec zèle, au milieu des tracasseries sans nombre suscitées par la jalousie. La bénédiction de Dieu était avec nous ; la maison prospérait sous tous les rapports, et l'approbation était générale. Nous avions en outre la consolation de voir s'élever dans l'enceinte de l'établissement, une chapelle dédiée à la sainte Vierge, monument que nous avions fait vœu d'ériger quand nous étions menacés à la fois des émeutes et du choléra. Cette chapelle était bâtie sur l'emplacement de l'ancienne maison juive tolérée à Strasbourg avant la révolution de 89! J'allais bientôt célébrer le sacrifice de la nouvelle alliance sur le berceau de mes aïeux, transformé en autel du Dieu vivant. « THÉODORE RATISBONNE, prêtre. »

M. Théodore Ratisbonne publia la *Vie de saint Bernard* et reçut peu après un bref du Pape, qui lui conféra le titre de chevalier de l'Eperon-d'Or.

ISIDORE GOSCHLER [1]

§ I. — *Sa jeunesse.*

Goschler (Isidore), avocat, puis professeur de philosophie au collége de Besançon et au petit séminaire de Strasbourg, fut converti par M. Bautain, et écrivit lui-même, dans la

---

[1] Isidore Goschler, né à Strasbourg en 1804, était docteur ès-lettres et licencié en droit, lorsqu'il embrassa l'état ecclésiastique en 1828. Il fut successivement professeur au collége de Besançon et au petit séminaire de Strasbourg, et directeur des études au collége de Juilly. Il devint, en 1847, directeur du collége Stanislas à Paris. S'étant ensuite démis de cette fonction, il consacra son temps à traduire de l'allemand en français plusieurs ouvrages estimés, l'*Histoire universelle de l'Eglise d'Alzog*, 3 vol. in-8; la *Révélation biblique* du docteur Hanneberg, 2 vol. in-8, et le *Dictionnaire encyclopédique de la théologie catholique*, publié en Allemagne sous la direction des docteurs Wetzer et Welte, 26 vol. in-8. Dans cette dernière traduction, il a fait preuve d'une doctrine sûre et d'une grande érudition, jointe à une critique judicieuse, en ajoutant au travail des auteurs allemands plusieurs articles remarquables, dont un, du *Panthéisme*, a été publié séparément, 1 vol. in-8. Il a aussi traduit de l'allemand en français la correspondance de Mozart, sous ce titre : *Mozart, Vie d'un artiste chrétien au dix-huitième siècle*, 1 vol. in-12. Il mourut en 1866.

préface de la *Philosophie du christianisme*, le récit suivant de sa conversion, de ses premiers travaux et des luttes qu'eut à soutenir l'école de M. Bautain, dont il faisait partie.

« Rien n'est plus simple que l'histoire de ma conversion. La Providence m'a toujours mené comme par la main, et m'a fait passer, par des degrés insensibles, du judaïsme au christianisme, et du monde dans l'Eglise.

« Admis, dès mon enfance, dans les établissements d'instruction publique, j'ai été élevé par des parents juifs, et instruit par des maîtres chrétiens, les uns aussi peu fervents que les autres ; de telle sorte que les premiers ne m'ont jamais inspiré ni préjugé ni prévention contre une religion qui n'était pas la leur, et que les autres ne m'ont jamais fait entendre une parole qui pût m'amener à leur croyance. Je ne connaissais guère la loi de Moïse, et suivais peu les rites de la Synagogue. J'aurais désiré être chrétien de nom, afin de partager complètement la condition de mes amis et de mes condisciples, et d'échapper à la défaveur attachée au nom de juif.

« Je passai mon enfance, livré à la légèreté et à la frivolité du jeune âge. Mes études, toutes profanes, ne me faisaient point pressentir le sérieux de la vie et laissaient en moi le besoin religieux sans nourriture. J'arrivai ainsi en philosophie, n'y apportant que de vagues croyances, et prêt à les abandonner si elles n'avaient pu se justifier à mon intelligence, et s'allier avec le sentiment de la liberté et de la dignité humaine qui commençait à s'éveiller en moi...

« Mais, grâces au ciel, grâces à M. Royer-Collard, alors grand-maître de l'Université, qui avait su discerner le génie naissant ; un homme jeune encore, et connaissant les besoins de son siècle, professait la philosophie au collège de Strasbourg quand j'y commençai mon cours, et sa parole décida de mon avenir.

« J'en appelle à tous ceux qui entendirent alors avec moi M. Bautain. Comment exprimer le bonheur que nous goûtions à recevoir cette parole de science et de vérité, revêtue de tous les charmes d'une douce et entraînante éloquence ? Tout à la fois simple, grave et riche en développements, elle s'appuyait sur les faits de la conscience humaine, de la société civile, de l'histoire des peuples, des lois et des phénomènes de la nature. Attiré par quelque chose de vivant qui me pénétrait, subjugué par le charme d'un enseignement plein d'âme, où le maître semblait épancher dans ses disciples la surabondance de ses sentiments et de ses lumières, je recevais avidement les vérités qui nous étaient présentées ; et j'admettais avec une confiance que justifiaient chaque jour des connaissances nouvelles, ce qui nous était enseigné de nous-mêmes, de notre nature, de notre grandeur et de notre destinée. Nous étions jeunes, légers, dissipés, comme on l'est à dix-sept ans ; la doctrine philosophique nous apprit à rentrer en nous-mêmes et nous rendit graves sans pédanterie, recueillis sans affectation et sérieux sans chagrin. Le cœur, à cet âge, a besoin d'aimer et demande à se poser dans un objet digne de lui. Au lieu de nous le laisser chercher dans les créatures, le maître nous élevait vers le Créateur ; au lieu de nous abandonner à l'illusion de la beauté de ce monde, il nous appelait à la contemplation de cette beauté céleste, de cette éternelle sagesse dont le vrai philosophe est *l'amant*. Notre vie prit alors un caractère de philosophie pratique. Nous sentions la nécessité d'offrir un vase pur à la lumière pure, et nous aurions rougi de recevoir la parole, qui nous la transmettait, dans un cœur profané par des affections indignes d'elle, dans un esprit souillé par des images grossières. Je sortis du collége avec un tel goût des choses célestes, qu'un jour, dans l'effusion de l'amitié, je dis à mon condisciple Adolphe Carl : « S'il y avait des couvents juifs, je serais prêt à y « entrer. » Tout cet enseignement vivant qui perce jusqu'au foyer de notre être, qui remue et change la volonté, qui nourrit et féconde les facultés les plus nobles de notre âme, avait déposé profondément dans la mienne la semence divine d'où devait jaillir tout le développement de ma vie ! Mais cette semence sommeilla quelque temps encore, enfouie et cachée ; et elle eût été même étouffée, si la parole qui l'avait implantée ne l'avait aussi, en son temps, ressuscitée. »

§ II. — *Ses relations avec M. Théodore Ratisbonne.*

« J'avais dix-huit ans : j'allai passer mes vacances à Paris ; et le séjour que j'y fis, la liberté qui succéda tout à coup à la discipline du collége, le laisser-aller, l'insouciance, l'indifférence pour le travail, qui remplaça les efforts que le désir du succès avait soutenus durant mes études classiques, indifférence dont l'enseignement du droit que je suivais ne pouvait me guérir ; tout cela affaiblit peu à peu les impressions du maître et me fit oublier les leçons de la philosophie. Walter Scott et Byron étaient mon Cujas et mon Pothier ; et au milieu des promenades, des spectacles, des bals et des concerts, que je fréquentais plus assidûment que les cours de la Faculté, il ne me restait de la sagesse de mon collége qu'une vague mélancolie, une secrète inquiétude, un mécontentement intérieur qui me laissait peu de repos, et me firent accepter, avec une singulière reconnaissance, deux maladies graves dont je fus atteint, et qui me rappelèrent à des pensées plus sérieuses. Mais avec la maladie se dissipèrent ces heureux résultats, et de nouvelles vacances passées à Lyon me rejetèrent dans la vanité et la niaiserie. J'allais ainsi, errant à l'aventure, l'esprit toujours attaché par un lien secret à la vérité, mais le cœur déclinant de plus en plus vers les créatures; quand un jour, par une grâce providentielle que j'appelais alors hasard, tant j'ignorais l'impulsion à laquelle j'obéissais, j'allai trouver Théodore Ratisbonne : c'était un de mes amis d'enfance que j'avais revu de loin en loin durant ma première année de droit, mais dont une divergence d'opinions politiques m'avait séparé. « Demain, me dit-il, nous commençons un cours de philosophie chez M. Bautain, plusieurs de nos amis le suivront; tu devrais en être aussi. » Oui, répondis-je sans hésiter; et, le quittant aussitôt, je vais droit à mon ancien maître, je le prie de m'admettre à ses leçons particulières, je l'obtiens; le cours commence, je vais y prendre place, et dès lors une nouvelle direction est donnée à mon existence.

« La faim de la science, augmentée par une année de disette, le désir de la vérité, devenu plus pressant au sortir d'une période de vide et de dégoût, le bonheur de me retrouver avec d'anciens amis, et par dessus tout la joie intime et profonde que je puisais dans la doctrine du maître, firent bientôt de moi un nouvel homme. J'abandonnai les sociétés que j'avais fréquentées, les plaisirs que j'avais poursuivis; je me donnai tout entier à l'étude; le jour et bien souvent une partie des nuits étaient employés à la rédaction des leçons que j'avais recueillies. Le sentiment religieux qui les animait réveilla, développa celui qu'avait fait germer en moi mon premier enseignement philosophique; et l'année n'était pas écoulée, que le besoin de réaliser la vérité admise et d'entrer en rapport vivant avec Dieu me porta à consulter le maître sur la voie que j'avais à suivre. Les observations plus exactes de la loi et des usages mosaïques, que j'avais complètement négligées, me menèrent à une observation pratique, sérieuse et franche de la loi de justice, principe de la loi d'amour. Je devins alors (et certes je puis le rappeler sans vaine gloire) un objet d'étonnement et d'édification pour la Synagogue. J'assistais avec assiduité et recueillement à ses solennités; et au milieu de l'agitation confuse de ses cérémonies, retiré dans un coin, étranger à ce qui m'entourait, dans mon cœur avec le Dieu de mes pères, et appelant à mon secours le Rédempteur promis, dont à chaque verset les psaumes de David me parlaient en un langage qui ne m'était plus une énigme, et que j'appliquai au Sauveur connu et reconnu par mon cœur pour être Jésus de Nazareth, le Christ du Seigneur.

« Hors de la Synagogue, chez moi, je lisais alors l'Evangile de saint Matthieu, dont notre professeur de philosophie citait de nombreux passages, et je n'oublierai jamais ce que j'éprouvai quand, pour la première fois, j'en vins au chapitre où l'évangéliste rapporte les paroles du Sauveur à ses disciples : « Lorsque vous prierez, ne ressemblez pas aux
« hypocrites qui affectent de prier en se tenant debout dans
« les Synagogues et au coin des rues pour être mieux vus
« des hommes. Je vous le dis en vérité, ils ont reçu leur
« récompense. Mais lorsque vous voudrez prier, entrez dans
« votre chambre, et la porte étant fermée, priez votre Père
« dans le secret; et votre Père, qui voit ce qui se passe dans
« le secret, vous en rendra la récompense. » (*S. Matth.*, VI, 5.)

« J'allais, en effet, fermer ma porte à clef, je répétais avec un sentiment qui m'était aussi doux que nouveau les divines paroles de l'Oraison dominicale, et ce fut la première révélation qui me fut faite de cette prière intérieure, de cette adoration en esprit et en vérité qui constitue l'essence de la vie chrétienne, le véritable signe de Dieu en nous, et qui m'a toujours depuis éclairé, soutenu, consolé dans les circonstances plus ou moins graves et pénibles où je me suis trouvé. J'avais alors à porter ce calme intérieur, *cette conversation dans le ciel*, comme l'appelle saint Paul, au milieu des conversations du monde et du mouvement de la société. Il y avait dans ce contraste entre mon état intérieur et ce qui se passait autour de moi, quelque chose qui me charmait et qui m'inspirait un sentiment d'indépendance et de supériorité qu'un chrétien n'aurait peut-être pas avoué, mais qui soutenait un jeune homme flottant encore entre le monde et l'Église.

§ III. — *Sa conversion et son baptême.*

« J'avais terminé mes études de droit ; il fallait embrasser un état dans le monde. Mes parents me destinaient au barreau, mais je ne sentais aucun attrait pour cette carrière. Mes amis se livraient aux études médicales ; je résolus de suivre leur exemple, autant pour partager leurs travaux que pour acquérir de nouvelles connaissances, complément nécessaire de la doctrine philosophique. J'en demandai l'autorisation à mes parents, qui la refusèrent longtemps ; enfin, Dieu inclina leur cœur, et je fus bientôt reçu comme chirurgien surnuméraire à l'hospice civil, où je suivis avec ardeur les cours chimiques de la Faculté. Tandis que je m'appliquais ainsi à la science de guérir, et que je soignais avec intérêt et avec zèle les malades confiés à ma garde, une autre sphère d'activité s'ouvrit en même temps pour moi, et j'y entrai avec mon ami Théodore Ratisbonne. Ce fut lui qui vainquit ma répugnance à partager les soins qu'il donnait à l'instruction de la jeunesse israélite, dont il s'était chargé. L'esprit chrétien dont nous étions remplis l'un et l'autre pénétra par degrés, sous les formes d'une instruction profane, les élèves qui la recevaient. C'était pour eux une sève féconde qui vivifiait leur cœur et leur esprit, et les heureux progrès de leur développement moral et intellectuel me dédommagèrent de toutes les peines et de tous les ennuis que me coûtèrent deux années de travaux et d'enseignement au milieu des Juifs.

« Plus je les voyais, plus je vivais avec eux et fréquentais la Synagogue, plus aussi je me sentais intérieurement entraîné vers l'Église, dont la parole et les espérances, transmises par le maître qui était devenu mon guide et mon père, me donnaient la force de surmonter mes dégoûts. Depuis longtemps, mes entretiens avec mes amis avaient pour objet la nécessité d'entrer dans l'Église franchement, ouvertement et par le fait, comme nous lui appartenions de cœur et d'intention, et ce fut à cette époque surtout que notre correspondance avec le maître fut active.

« En considérant les choses philosophiquement, il me semblait inutile de passer par les formes ordinaires de l'initiation chrétienne : non que j'eusse aucun éloignement pour les formes, mais leur nécessité ne m'était pas démontrée. Théodore ne pensait pas ainsi, il soutenait cette nécessité avec une foi que nous traitions de faiblesse. Cette faiblesse fit sa force et son bonheur; il fut initié avant moi, mais une fois qu'il le fut, notre union était si intime et nos croyances si harmoniques, que ma position me devint insupportable. Je me sentais comme isolé dans le monde, sans nom et sans caractère propre, sans culte, sans lien ni rapport commun avec aucune société religieuse; car juif, je ne l'étais plus, et chrétien, je ne l'étais pas encore.

« Je frappai alors avec instance à la porte de cette Église, arche de salut pour l'humanité. Elle me fut ouverte cinquante jours après que mon ami y fut entré, et celui qui m'avait appelé à la vérité et qui m'en avait montré la voie, qui était mon père en Jésus-Christ, me présenta aux fonds sacrés, à la piscine de la régénération.

« Le soir de ce même jour, je rentrai dans ma famille, dont les membres étaient tous réunis. Étrange situation ! Au dehors rien ne paraissait changé, ils me croyaient encore des leurs. Mais au dedans, je ne leur appartenais plus, et j'étais entré dans la terre promise. Ils attendaient le Sauveur, et je l'avais même confessé, j'avais été pénétré de sa vertu divine, je portais en moi les prémices de la vie du ciel ! La marque du sang que les Juifs firent retomber sur leur tête et sur celle de leurs descendants, en demandant la mort du Juste, était encore imprimée sur leur front, et le signe de la rédemption et du salut l'avait effacé du mien ! Oh ! que mon âme éprouvait de consolations et de tristesses, de joie et de douleur, quand je me trouvais ainsi avec la conscience de ma libération, de ma dignité et de mes espérances chrétiennes, au milieu de mes parents courbés encore sous le fatal anathème.

« Je cessai dès lors, comme je le devais, de judaïser à la Synagogue, sans néanmoins déclarer encore publiquement ma foi. Notre position dans les écoles juives, et le bien que la Providence nous permettait d'y faire, nous imposait cette réserve, bien pénible à mon cœur. Je sortais de grand matin pour assister au Saint-Sacrifice, et je cherchais la force et le courage nécessaire pour supporter le poids du jour. Je m'éloignais aussi quelquefois pour entrer furtivement dans une église, et y faire ma prière ; et ces prières faites dans le mystère et à la dérobée attiraient dans mon âme un baume divin qui la ravissait. Mais Dieu qui m'avait prescrit le silence, me donna aussi le signal de le rompre et de faire ma profession de foi publique. Un malheur inattendu frappa ma famille, me dégagea des fonctions que je remplissais dans les écoles et me rendit libre. Je pouvais alors montrer qui j'étais et me déclarer chrétien ; je le devais. Mais Dieu demandait plus encore. Une voix qui ne m'a jamais trompé me parlait depuis quelque temps au fond du cœur, et m'inspirait le désir de consacrer toute ma vie à celui qui m'avait racheté de son sang. »

§ IV. — *Sa vocation au sacerdoce.*

« L'ardeur de mon caractère avait besoin d'action et de dévouement. J'avais longtemps rêvé celui du soldat qui se donne à son prince et à sa patrie. Maintenant une autre milice m'ouvrait ses rangs ; Jésus-Christ m'appelait à entrer dans la sienne, je me sentais porté vers le saint ministère. J'avais fait part de ces dispositions à mon guide, qui m'avait retenu en me conseillant d'attendre avec patience une indication providentielle ; elle venait de se manifester. La position de ma famille exigeait que je prisse un parti décisif.

« Il fallait ou me fixer dans le monde en embrassant une de ses professions, ou rompre définitivement avec lui pour porter l'offrande de ma liberté et de ma vie au pied des autels. Dieu parlait, mais la nature aussi se faisait entendre et luttait contre la grâce. Il m'était arrivé plus d'une fois de pressentir comme un bonheur le moment de tout quitter pour me donner au Seigneur ; mon imagination me peignait alors cette résolution comme entourée d'un certain éclat.

« Je me voyais sortant du monde avec l'honneur que donne l'apparence du sacrifice, avec cette espèce de gloire qui s'attache au dévouement, et que les hommes accordent à ceux qui renoncent librement au faux brillant de la terre. Mais sortir du monde quand aucun avantage ne semblait plus m'y retenir, fuir les hommes quand ils n'avaient rien à m'offrir, délaisser ma famille quand elle semblait avoir le plus besoin de moi, l'abandonner quand ma présence lui était une consolation dans ses peines !... cette lâcheté apparente, cette ingratitude aux yeux des hommes et de ma famille, ce sacrifice de l'opinion, de la considération et de l'honneur, selon le monde, fut un des plus grands que Dieu exigea de moi ; il m'en donna la force et je le fis de toute mon âme. Mon entrée dans les ordres fut résolue. Cependant quelques obstacles extérieurs la retardèrent et me retinrent dans ma famille, comme pour m'habituer par degré à la souffrance que je n'avais jamais connue.

« Je me trouvais souvent seul avec mon père. Un soir j'étais auprès de lui. Je le vois encore, le coude appuyé sur une table, le front dans sa main droite, et gardant le silence. De ses yeux s'échappaient de grosses larmes, que lui arrachaient sa position et l'espèce d'indifférence qu'il croyait voir en moi ; car je me taisais aussi, et tandis que je partageais intérieurement ses afflictions, tandis que je sentais tout ce qu'avait de cruel pour lui mon apparente insensibilité, j'étais forcé de me roidir contre ma tendresse et de faire violence au désir que j'éprouvais de le consoler, pour ne pas être entamé dans ma résolution et pour conserver la force de l'exécuter. Un saint Louis de Gonzague, un saint François de Sales aurait eu des consolations pour son père, tout en restant fidèle à son Dieu ; mais, faible néophyte que j'étais, je demeurais immobile et muet, le visage contracté, étouffant tout signe extérieur des angoisses qui déchiraient mon âme. Mon secours et ma force étaient alors dans le souvenir de ces paroles du Sauveur : « Celui qui aime son « père ou sa mère plus que moi n'est pas digne de moi. » Oh ! que j'eusse volontiers quitté la vie pour échapper à l'alternative d'encourir les reproches de fils dénaturé ou de trahir mon divin Maître ! Il me soutint dans ce combat ; je lui abandonnai le soin de ma justification et la consolation de mes parents ; et, sans plus hésiter, j'obéis à l'appel. Je voulus épargner à ma famille des adieux pénibles ; et le jour de la Toussaint, vers sept heures du soir, je sortis furtivement de la maison paternelle, où je ne devais plus rentrer. Je me rendis dans celle où mes amis étaient réunis, et je concertai avec eux mon départ du lendemain pour la maison des hautes études ecclésiastiques, fondée à Molsheim par Mgr l'évêque, qui voulut bien m'y recevoir. Mais à peine étions-nous entrés que la porte du salon s'ouvre, et l'on annonce ma mère ; inquiète, troublée, alarmée de plusieurs indices qu'elle avait remarqués depuis quelques jours elle avait deviné mon secret, et venait tout éplorée redemander son fils. En entendant prononcer son nom, je m'étais élancé dans une pièce voisine. Elle ne me vit pas, et, trompée dans son espérance, elle se retira bientôt. Je reparus alors au milieu de mes amis assemblés. Tous gardaient le silence. C'était un de ces moments solennels où une démarche décide de l'avenir, et où l'homme, dans la plénitude de son pouvoir et de sa liberté, sent qu'il va faire un acte qui engagera toute sa vie.

« J'étais majeur, j'étais voué à Dieu, j'étais élu du sanctuaire, je voulus me retirer le soir même au grand séminaire, mais l'heure était trop avancée pour m'y présenter. Celui qui me donna l'hospitalité durant cette nuit fut M. Liébermann, grand vicaire du diocèse de Strasbourg, ancien supérieur du grand séminaire de Mayence. Le prêtre de Jésus-Christ, vénérable vieillard blanchi dans le saint ministère, reçut le néophyte avec la joie d'un vieux pilote qui voit échapper du naufrage le jeune marin que le flot a jeté sur la rive entre ses bras. Si la reconnaissance est la mémoire du cœur, je me rappellerai toujours sa bienveillance toute chrétienne et les soins touchants dont il m'entoura dans cette circonstance critique de ma vie.

« Cette nuit, la première que je passais sous un toît étranger, je l'employai en partie à écrire à ma famille, pour lui exposer les motifs de ma conduite ; et quand le jour fut venu, je partis pour ma destination. C'était une froide matinée d'automne ; d'épais brouillards obscurcissaient l'atmotphère ; point de lumière dans la vallée, plus de feuillage sur les coteaux, la nature était triste. J'arrivai au château de Molsheim ; j'étais le premier qu'il devait recevoir ; il était encore désert et triste comme la nature. Mon cœur était triste aussi, car je me voyais éloigné non-seulement de mes amis les plus chers, de mes guides, de ceux qui seuls ici-bas pouvaient adoucir mes peines et me dédommager par leur tendre affection des sacrifices douloureux que Dieu m'avait commandés. Toutefois, à la gloire de ce Dieu de bonté, je dirai que les consolations qu'il m'accorda bientôt dans le silence et la paix du cœur, dans le recueillement de la prière et la fréquentation des sacrements, surpassèrent tout ce que j'osais espérer et firent surabonder la joie où avait abondé l'affliction. Non, l'on n'a rien perdu quand on a trouvé Dieu, rien quitté quand on peut goûter le ciel au fond de son âme ; et c'est alors que l'on sent avec bonheur se réaliser ces paroles du Sauveur : « Cherchez d'a« bord le royaume de Dieu et sa justice, et le reste vous « sera donné par surcroît. »

« Cependant une nouvelle épreuve m'était réservée ; j'étais depuis trois semaines à Molsheim, quand un matin, je vois entrer dans ma chambre ma mère fondant en larmes. Elle venait encore, cette pauvre mère, faire une tentative pour retrouver son fils, mais elle ne pouvait parler, la douleur la suffoquait. Elle ne prononçait que des mots entrecoupés de sanglots : « Tu m'as quittée, Isidore, Isidore, je

« n'ai plus de fils !... Isidore, pourquoi n'es-tu plus mon
« fils ? » Oh ! oui, je l'étais encore ; la douleur poignante
que j'éprouvais n'en rendit que trop témoignage au dedans
de moi, lorsque je vis combien le chagrin avait troublé sa
raison et altéré ses traits, que l'aspect seul de mon habit
la faisait frémir, que ses mains s'étendaient pour m'embrasser, et qu'elle me repoussait avec terreur quand je
m'approchais d'elle pour répondre à sa tendresse. Mais, de
même que naguère il m'avait fallu étouffer mes peines en
face de mon père, je devais maintenant rester calme en présence de l'affliction maternelle, être à la fois fils et chrétien,
homme et ministre de Jésus-Christ, et, grâce au Seigneur,
je pus conserver ce double caractère ; mes paroles furent
douces et sereines, je cherchais sans faiblesse à modérer la
désolation de ma mère ; mes efforts furent inutiles, elle ne
me comprenait plus, la douleur l'avait égarée ; on l'entraîna
hors de ma chambre ; je restai seul ! O ma mère, puisse le
sacrifice que j'offris alors à Dieu de toutes les angoisses de
mon âme, de toutes les larmes que je n'avais pu verser en
votre présence vous attirer sa grâce, sa lumière et sa bénédiction ! Puissiez-vous retrouver votre fils dans le cœur de
Celui à qui tous les jours il demande votre salut et votre
bonheur !

« La secousse avait été violente, j'avais senti jusqu'à la
moelle des os le glaive de Celui qui a dit : « Je ne suis pas
« venu apporter la paix, mais l'épée ; je suis venu séparer
« le fils d'avec son père. » J'ai connu les déchirements de
cette lutte contre la nature, la chair et le monde, et quand
Dieu nous a soutenus dans de telles épreuves par la foi,
quand il nous a fait triompher par elle seule, qui osera dire
que cette foi est sans fondement ? Qui osera dire que la
doctrine qui l'engendre ne donne pas de certitude, et que
la parole qui transmet cette doctrine est sans vertu, sans
puissance et sans bénédiction ?

« Mon séjour à Molsheim était employé à des études théologiques. Celles que nous faisions en commun m'instruisaient bien moins que mes lectures particulières et ma correspondance avec mon guide qui, dans deux années que je passai dans la maison des hautes études, eut la charité de m'écrire régulièrement trois fois par semaine. »

§ V. — *Il professe la philosophie à Besançon.*

« Tandis que je continuais mon noviciat à Molsheim, M. Bautain, ordonné diacre, faisait à Strasbourg une suite d'instructions catéchétiques, où se portaient en foule les hommes du monde et la jeunesse académique ; sa parole chaleureuse les touchait en les éclairant et ramenait à l'église ceux qui depuis longtemps en avaient oublié le chemin. Le bruit de ses succès apostoliques se répandit au loin et retentit à Besançon. Le collége royal de cette ville était alors dirigé par un homme que distinguait autant l'étendue de ses connaissances que la fermeté de caractère qu'il déployait dans l'accomplissement de ses devoirs, souvent difficiles et pénibles. L'amélioration des études et la réforme des mœurs dans l'établissement qui lui était confié excitait sa plus vive sollicitude ; elle était partagée par un jeune prêtre plein de zèle, chargé des fonctions d'aumônier, et l'un et l'autre étaient soutenus dans leurs louables efforts par un illustre prélat que la Providence avait placé à Besançon. Le désir de ranimer la foi dans la jeunesse du collége et de rétablir les fondements d'une moralité solide, inspira au proviseur la pensée de faire entendre à ses élèves la parole du philosophe de Strasbourg, et ce fut de concert avec Mgr de Rohan qu'il l'invita à venir prêcher une retraite au collége. Toujours prêt quand il s'agit d'évangéliser, M. Bautain, prêtre depuis quelques mois, part pour Besançon, et je suis choisi pour l'accompagner. J'étais heureux de partager avec lui cette première mission, heureux d'en consacrer les prémices à cette jeunesse des colléges, dont les habitudes et les travaux avaient longtemps été les miens, et pour qui j'ai toujours conservé affection et sympathie. Mgr de Besançon (à qui Mgr de Strasbourg écrivait, en lui envoyant M. Bautain, qu'il lui confiait la *perle* de son diocèse), nous reçut non-seulement avec cette noble affabilité dont il était un si parfait modèle, mais encore avec une simplicité cordiale et une prévenance affectueuse, dont nous fûmes profondément touchés, et dès lors sa tendre piété, ses vertus apostoliques, l'estime et la confiance qu'il daignait nous témoigner, nous pénétrèrent d'un sentiment de respect et d'attachement que rien ne pourra jamais altérer. La mort nous a ravi ce digne pontife, mais elle n'a point détruit le rapport vivant qui s'est établi entre son âme et la nôtre, car j'ai l'intime conviction que dans le règne éternel de la vérité se continue et se perpétue ce qui a été fondé dans la vérité ici-bas.

« Le digne pasteur fut réjoui par les fruits que produisit la prédication de M. l'abbé Bautain au collége. Ils furent abondants, et la parole chaude de foi, brillante de lumière, que recevaient alors les élèves et les maîtres, laissa en eux une impression profonde. La chaire de philosophie devint vacante, on sentit quelle influence pouvait avoir le choix du professeur qui serait appelé à la remplir, et l'on s'adressa au professeur de Strasbourg, pour qu'il désignât un sujet investi de sa confiance et propre à reproduire son enseignement. Je fus indiqué, agréé, nommé, et je revins, avec l'autorisation de mon évêque, m'établir au collège de Besançon à la fin de l'année 1829. J'y commençai mes fonctions nouvelles, dont l'exercice fut plein de consolation et de doucœur. Les élèves recevaient avec joie la doctrine qu'il m'était donné de leur transmettre, mes collègues me témoignaient affection et bienveillance, et nous étions les uns et les autres encouragés par les bontés de Mgr l'archevêque, qui nous accueillait toujours en père, et venait bien souvent au milieu de nous réjouir ses enfants par sa présence et donner une nouvelle force à nos leçons par l'onction de sa parole qui ouvrait et gagnait tous les cœurs. Ainsi s'écoula une année ; je n'étais que diacre, Mgr de Besançon avait le désir de m'ordonner prêtre si j'obtenais le consentement de Mgr de Strasbourg, mais il me fut refusé. Mgr de Trevern m'avait laissé partir avec peine ; il avait depuis regretté la permission qu'il m'avait donnée et pressait mon retour ; il disait souvent qu'il voulait qu'on lui rendît son Isidore. »

§ VI. — *Promotion à la prêtrise.*

« Je revins à la fin de 1830 à Strasbourg, mais je n'y vins pas seul. J'avais vu souvent chez Mgr l'archevêque M. H. de Bonnechose, avocat général près la cour royale de Besançon, (1) que Mgr de Rohan admettait dans son intimité, et qui professait pour lui la plus vive affection. J'avais été touché de sa modestie et de sa réserve égales à ses talents et à sa réputation ; une secrète sympathie m'avait attiré vers lui ; dès l'origine je discernais en lui les mouvements de la grâce divine, qui agissait sur son cœur et semblait l'appeler à une mission plus pure et plus haute que celle qu'il remplissait déjà parmi les hommes, comme organe de la justice humaine ; j'avais souvent prié pour lui dans le fond de

(1) Aujourd'hui cardinal archevêque de Rouen.

mon cœur sans lui laisser rien entrevoir des sentiments et des espérances qui m'animaient à son égard. L'œuvre de Dieu avait mûri ; sa voix avait triomphé des intérêts du monde dans cette âme noble qui devait se donner tout entière à lui. Elle s'était livrée avec abandon, m'avait confié le changement qui s'opérait dans son intérieur ; j'avais répondu avec franchise et chaleur à ses ouvertures, et depuis ce jour nous fûmes amis pour ne plus nous séparer, car l'avocat-général voulut venir à Strasbourg pour y consulter le philosophe chrétien sur sa vocation, et cette vocation, bien reconnue, l'a fixé parmi nous, en a fait un collègue et un frère dans l'apostolat. A Noël 1830, il fut ordonné sous-diacre et je fus ordonné prêtre avec Théodore Ratisbonne.

« Déjà depuis deux mois Mgr l'évêque avait confié à mes amis la direction du petit-séminaire de Strasbourg et j'avais donné ma démission de professeur à Besançon pour partager avec eux la charge pénible qu'ils avaient acceptée...

« Revenu dans son diocèse, qu'il n'avait pas revu depuis sa promotion au cardinalat et depuis les événements de 1830, Mgr de Rohan sentit la nécessité de fortifier les études théologiques et de donner à l'enseignement philosophique de la jeunesse cléricale une direction plus haute, plus éclairée, plus conforme aux besoins du temps. Invités à venir le voir, nous nous rendîmes auprès de lui dans le courant des vacances, M. l'abbé Bautain, M. l'abbé de Bonnechose et moi. Il daigna nous confier ses projets d'amélioration ; plusieurs conférences furent employées à régler l'exécution, et elles eurent pour résultat la fondation d'une maison de hautes études annexée au grand séminaire et ma nomination à la chaire de philosophie du séminaire d'Ecole, situé à une lieue de Besançon. Mgr de Strasbourg consentit à ce que l'abbé de Bonnechose et moi nous vinssions nous établir de nouveau à Besançon, pour seconder les vues de son métropolitain. L'abbé de Bonnechose fut installé à la maison des hautes études et y commença un cours d'éloquence sacrée, et j'entrai en même temps dans l'exercice de mes fonctions au séminaire d'Ecole. »

§ VII. — *Retour à Strasbourg.*

« Après la mort du cardinal de Rohan, revenu à Strasbourg, j'eus la joie de me retrouver auprès de mon ancien maître, de mon guide, de mon père en Jésus-Christ, et de pouvoir partager sous sa direction les travaux de mes amis au collége de Saint-Louis. Mgr l'évêque nous donna la plus grande preuve de ses sentiments d'estime et de confiance, en ordonnant prêtres, à Noël 1833, quatre d'entre nous qui ne l'étaient pas encore. Unis de foi, de vues, de doctrines, nous avons continué jusqu'en ces derniers temps à instruire la jeunesse du diocèse confiée à nos soins par notre premier pasteur.

« Nous cultivions ainsi ces jeunes plantes sous l'œil de la Providence ; la vie se développait en eux, et déjà d'heureux fruits payaient nos efforts et en promettaient de plus abondants pour un prochain avenir, quand le maître de la vigne a permis que notre travail fût interrompu. La paix et ses consolations nous ont suivi dans notre retraite. A lui de juger entre nous et nos adversaires. Pour nous, qu'il a prévenus de tant de grâces, pour nous, qu'il a appelés de si loin à sa divine lumière, quelles que soient les tribulations que les hommes nous fassent éprouver, nous ne pouvons que lui rendre honneur, gloire et bénédiction par toutes les puissances de notre âme et tous les jours de notre vie.

« Isidore Goschler, *prêtre.* »

JULES LEWEL

§ 1. — *Ses rapports avec M. Bautain.*

Jules Lewel, juif converti par M. Bautain, avocat à la Cour royale de Nancy, puis prêtre et professeur au petit séminaire de Strasbourg, plus tard supérieur de Saint-Louis des français à Rome, rapporte ainsi lui-même, dans la *Philosophie du Christianisme*, l'histoire et les motifs de sa conversion :

« Amené au Christianisme par l'enseignement philosophique de M. Bautain, j'ai reçu, il y a huit ans, la plus grande grâce qui puisse être accordée à l'homme en ce monde, celle d'être régénéré dans mon âme par l'eau et l'Esprit. Depuis ce temps, parmi les conversions récentes opposées aux adversaires du Christianisme comme preuve de sa vitalité, j'ai souvent entendu citer la mienne et celle de plusieurs de mes amis. Heureux de nous sentir enfants de l'Église, nous jouissions avec une douce reconnaissance du bienfait de Dieu; mais persuadés qu'après dix-huit siècles de persistance et de combats, la religion de Jésus-Christ, toujours inébranlable et triomphante, avait d'autres témoignages de sa vertu divine que le retour de quelques hommes de bonne volonté, nous gardions le silence...

« Je dois à l'Eglise de lui rendre compte des motifs qui m'ont amené dans son sein, et de la voie par laquelle j'y ai été conduit.

« J'étais un de ces jeunes hommes tourmentés par le besoin de la vérité, sentant un grand vide dans mon âme et portant avec douleur les contradictions de ma double nature, lorsque la Providence, il y a treize ans, me conduisit à Strasbourg pour y suivre les cours de la Faculté de droit.

« La vérité, qui daignait, à mon insu, m'attirer à elle, m'avait préparé par degrés à ce moment qui décida de toute ma vie. Longtemps auparavant, bien jeune encore, j'avais perdu la foi de mon premier âge, l'esprit de doute et de critique l'avait remplacée. Je n'avais plus de père, et privé par une longue et cruelle maladie des conseils de ma mère, j'étais resté comme sans frein et sans guide, quand l'*Emile* de Rousseau me tomba entre les mains ; je lus cet ouvrage, et il me transporta. Un livre, après l'*Emile* de Rousseau, vint fortifier en moi cette tendance salutaire et me rapprocher plus encore de la vérité : ce fut le *Génie du Christianisme*.

« J'étais allé passer quelques jours à la campagne, chez un de mes amis ; j'y trouvai cet ouvrage et il fut pour moi une source d'idées nouvelles, nobles et grandes. Il me fit goûter une joie si douce, une consolation si profonde, que le souvenir de ces lectures me préserva de beaucoup de périls auxquels je fus exposé pendant mon séjour dans la capitale. Ce fut leur influence qui souvent éveilla les remords de mon âme après des fautes commises, et plus d'une fois me servit de frein au moment d'en commettre.

« Déterminé, après bien des vicissitudes, à faire mon droit, je m'y préparai par quelques études sérieuses. Curieux des recherches philosophiques, je me réjouissais d'aller bientôt entendre les leçons de M. Bautain que la renommée m'avait déjà fait connaître. Je me rappellerai toute ma vie qu'en me rendant à Strasbourg, au moment de quitter ma ville natale pour entrer dans la voie nouvelle vers laquelle tendaient mes vœux depuis longtemps, je tombai à genoux dans la voiture où j'étais seul, en versant d'abondantes larmes; je m'écriai de toute ma force : Mon Dieu, je veux être vertueux! Etait-ce le pressentiment de ce qui devait résulter de cette démarche importante? Je n'en doute pas aujourd'hui.

« Arrivé à Strasbourg, je suivis avec assiduité les cours de droit; je fréquentais plusieurs des Facultés des sciences et des lettres. Le cours de philosophie se faisant à la même heure que celui du droit pour lequel j'étais inscrit, je ne pus, cette première année, entendre M. Bautain que rarement et comme par échappée; mais sa parole m'attirait vivement et me captivait; je sentais en elle quelque chose de vivant qui m'allait au cœur. Cependant, vers la fin de cette année, dans l'espoir de pousser plus avant mes études de jurisprudence, j'avais songé sérieusement à aller finir mon droit à Paris; un seul motif m'arrêtait : le désir de pouvoir suivre plus assidûment le cours de philosophie. J'assistai dans cette disposition à la leçon qui termina le cours de 1822. Cette leçon m'émut tellement que je rentrai dans ma chambre hors de moi; je la parcourus longtemps dans une agitation extrême, et, percé au vif par cette parole vivante, plein du désir de la recevoir encore, je pris dans ce moment même la résolution de revenir à Strasbourg.

« J'y revins, en effet, deux mois après; mais, à mon arrivée, on m'annonce la suspension du cours de philosophie. Cet événement m'affligea sans me décourager; je conçus même l'espoir d'entrer en rapport avec le philosophe, sans prévoir cependant le moyen d'y parvenir. En attendant, je continue de m'occuper de philosophie, lorsqu'un jour, j'apprends que, sur la demande de quelques jeunes gens, M. Bautain a consenti à donner un cours particulier. J'obtins la faculté d'y être admis ; et quelque temps après, le 13 mai 1823, nous nous réunissons pour la première fois.

« Je n'essayerai point de décrire tout ce que me fit éprouver un enseignement si nouveau pour moi. Apprendre à connaître l'homme et le monde, les rapports qui lient les hommes entre eux et tous ensemble à Dieu ; entrevoir les mystères les plus profonds de la nature, la cause de la misère présente de l'humanité, le but de la vie humaine en ce monde et la voie à suivre pour l'atteindre : tels furent les premiers fruits de ces leçons ! Aussi, toutes ces hautes vérités, annoncées avec calme, noblesse, simplicité, opérèrent comme une rénovation dans mon intelligence. Il faut avoir été longtemps dans les ténèbres de l'ignorance, poursuivi cependant par le désir de la vérité et du bien, pour comprendre ce que j'éprouvai quand je me sentis comme investi de cette lumière nouvelle. C'était là cette parole vivante que je cherchais depuis si longtemps ; c'était cette science que j'avais si ardemment désirée. Par elle, mon origine, ma nature, ma loi et ma fin, que jusqu'ici j'avais à peine vaguement pressenties, m'étaient enfin manifestées ; j'apprenais à me connaître, et une mesure m'était donnée pour apprécier les hommes et les choses de ce monde avec lesquels j'étais resté jusqu'à ce moment confondu. Quelle joie de pouvoir croire à la dignité humaine malgré la dégradation de l'homme, de pouvoir espérer en une régénération spirituelle et progressive de l'humanité, de porter son regard depuis le berceau du genre humain jusqu'au temps présent, et de retrouver partout la main providentielle conduisant l'homme à travers les siècles à sa destination ! Quiconque a participé à l'enseignement de l'Eglise et à l'éducation chrétienne, n'a pu rester entièrement étranger à ces vérités ; mais encore une fois, moi, juif, et juif mondain, je les ignorais ; aussi, avec quelle ardeur mon âme altérée but l'eau vivifiante de cette doctrine !

« Trois mois s'écoulèrent ainsi ; ce fut un des temps les plus doux de ma vie. Hors les heures du cours, nous pouvions voir en particulier le professeur ; il nous recevait avec bonté, écoutait nos observations, éclaircissait nos doutes et ne nous laissait point partir sans nous donner quelques paroles de bienveillance et d'intérêt.

« Son enseignement, en éclairant notre intelligence, nous faisait sentir plus vivement le besoin de l'âme. J'appris que c'est par la prière que ce besoin est satifait, et je m'adressai à mon maître pour connaître le secret de la prière. Il me conseilla de lire avec calme et simplicité la parole sacrée, de recevoir suivant ma capacité la lumière qu'elle renferme, de réaliser le bien que j'aurais reconnu, et d'aller ainsi au jour le jour. Je relus donc une partie des livres de l'ancienne loi, puis j'ouvris l'Evangile, et j'entrais ainsi, sans le savoir, en rapport avec la source de la vérité et de la vie. J'appris à la connaître, non pas seulement en spéculation, mais par expérience, par conviction intime... »

§ II. — *Luttes avant sa conversion.*

« Un second cours de philosophie succéda au premier ; je continuai à lire l'Écriture et à prier. La science éclairant mon intelligence, et la prière nourrissant mon âme, j'avançais chaque jour, croyant n'être que philosophe, et devenant chrétien à mon insu ; car, adoptant la doctrine du maître qui m'instruisait, et cette doctrine n'étant que le développement de la parole de vérité, je recevais par là même cette parole dans mon esprit et dans mon cœur; j'apprenais à prononcer avec respect le nom de l'Auteur du salut. Je me rappelle encore que, dans les premiers temps, mon esprit plein des préjugés de l'ignorance et de ma première éducation ne vit d'abord en Jésus de Nazareth qu'un homme de bien, un philosophe dont la doctrine condamnait le mal et excitait au bien; plus tard, je le regardai comme un prophète, un envoyé divin, jusqu'à ce qu'un rayon de grâce, perçant jusqu'au fond de mon âme, me fit confesser avec le centurion de l'Evangile: *Oui, cet homme était vraiment le Fils de Dieu.*

« J'avais terminé mes études de droit et pris ma licence ; je revins à Nancy, non sans peine, éloigné par mes convictions philosophiques de la carrière qui s'ouvrait devant moi, redoutant d'avance l'embarras des affaires, les travaux de la pratique judiciaire et pressentant en outre plus vivement que jamais les obstacles que me susciterait dans le monde ma qualité de Juif. Aussi, quatre mois se passèrent avant que j'eusse pu me décider à prêter le serment d'avocat; je me fis enfin inscrire au tableau, et quelques mois après, je tombai dangereusement malade. Pendant ma convalescence, mon désir de quitter la profession d'avocat devint plus vif; je me sentais porté intérieurement à retourner à Strasbourg pour y vivre auprès de mon maître, afin de me livrer avec lui aux études médicales : je lui exposai mes vues. Loin de les désapprouver, il m'engagea à les suivre, en me conseillant toutefois de ne rien précipiter, et, pendant près d'une année encore, je continuai à fréquenter le barreau, je plaidai même; mais, en même temps, je suivais quelques cours de médecine à l'école secondaire de Nancy.

« Cette époque fut vraiment critique pour moi. Plus la motion intérieure me portait à revenir à Strasbourg, plus le monde et le mal semblaient se réunir pour m'en éloigner. Je continuais à m'occuper d'études sérieuses (j'invoquais la vérité) et faisais des efforts pour réaliser le bien que je connaissais; mais dans mon isolement, privé que j'étais des leçons et des conseils de mon guide, mon intelligence s'obscurcissait souvent et la force intérieure s'affaiblissait. Oh! quels reproches j'entendais en moi quand, cédant quelquefois aux vains attraits du monde, j'avais consenti à me mêler à ses fêtes, à prendre part à ses plaisirs! Comme il était sévère, terrible, le juge intérieur qui me condamnait! Sa voix mystérieuse et auguste ne cessait de proclamer la loi dans mon cœur, et me rappelait à la vérité par des motions secrètes.

« Tantôt c'était un passage de l'Évangile ou de l'Ancien Testament, la vue d'un crucifix qui élevait et fortifiait mon cœur; tantôt c'était une lettre de mon maître, le souvenir de mes amis, le bruit de leurs succès dans la voie du bien, qui venaient ranimer ma vigueur prête à s'éteindre.

« Sentant le besoin de m'entourer de signes qui me rappelaient mes devoirs, je portais sur moi les Commandements divins, et l'image du Dieu Sauveur placée pendant mon travail devant mes yeux, entretenait ma foi affermie. Un jour (ce souvenir est encore présent à mon âme), je crus voir l'image vivante de Jésus crucifié qui m'appelait, tant j'étais poursuivi par sa grâce! Une autre fois, après avoir passé la soirée dans le monde, j'étais rentré vers une heure du matin, triste et fatigué, mécontent des hommes et de moi-même; tout à coup j'aperçois, vis-à-vis de ma fenêtre, dans une maison voisine, à la pâle lueur d'une lampe, une personne à genoux priant devant un crucifix dans le silence de la nuit. Quel contraste! La honte et le remords entrèrent dans mon cœur! « Philosophe, amateur de la sagesse et de la « vérité, me dit une voix secrète, te voilà dans les ténèbres,

« saturé des niaiseries du monde, plein de dégoût et d'en-
« nui ; regarde cette âme : pendant que, dissipant en pure
« perte la parole et la vie, tu t'alliais à la vanité et au men-
« songe, recherchant l'estime et l'attention des hommes,
« cette âme ignorée, peut-être dédaignée du monde, croyant
« n'avoir pour témoin que Dieu seul, invoquait la vérité
« et attirait sur la terre la vertu et les bénédictions divi-
« nes. » Un autre jour j'étais triste ; un chant doux et simple vint frapper mes oreille, et l'air m'apporta de loin en loin ces paroles : « Je ne crains rien, Jésus est avec moi. » Ces mots me pénétrèrent jusqu'au fond de l'âme ; que de fois ils me sont revenus depuis pour me relever et me fortifier dans mes peines ! Un soir encore, c'était la veille de Noël, je sortais d'une assemblée brillante, il était onze heures, une foule inaccoutumée se dirigeait vers l'église cathédrale. J'y entrai avec elle ; et ce temple illuminé, cette affluence de fidèles qui se pressaient dans les parvis sacrés, la joie calme, la douce sérénité qu'exprimaient leurs traits, me frappèrent. J'eusse voulu rester parmi eux, mais je n'osai. Je m'éloignai triste et pensif du lieu de la prière, et rentrai dans ma solitude. Dans ce moment, le souvenir des vérités qui m'avaient été enseignées à Strasbourg se réveilla dans mon cœur, et je me rappelai que celui qu'on appelle le Sauveur des hommes était né à cette heure, et que les fidèles dont je venais de traverser la foule allaient célébrer cet événement mystérieux et sacré. Il me fut impossible de me livrer au repos ; une force invincible me força de me lever et de sortir. Il y a une croix de bois sur une place de la ville ; je m'y rendis et restai longtemps à genoux seul, dans l'obscurité, devant le signe de salut. Alors seulement, l'inquiétude et l'agitation s'éloignèrent de mon cœur, car j'avais invoqué Celui qui a rendu la paix au monde ; j'avais appelé sur moi sa vertu et son amour.

« Tel était l'état dans lequel je passai près de deux années. Cependant, durant ce temps, j'eus la consolation d'être employé à une bonne œuvre. Les Israélites de Nancy, à l'imitation de ceux d'autres villes de France, désirant favoriser l'avancement de leurs coréligionnaires, avaient formé une société dans le but de faciliter à des enfants pauvres l'apprentissage de quelques métiers ; je fus nommé membre de la commission administrative de la société, et j'y travaillais sous l'influence de l'esprit qui m'animait. Mais j'étais trop faible pour me soutenir longtemps dans cette position. Une correspondance active avait entretenu mes rapports avec mon maître et mes amis ; trois voyages à Strasbourg dans le cours de deux années les avaient resserrés encore, et me faisaient d'autant plus désirer de me fixer dans cette ville. Depuis quelque temps je sentais que mon avenir serait compromis par un plus long retard. La voix intérieure se faisait entendre plus vivement : ses reproches devenaient plus fréquents et plus importuns, lorsqu'un jour, en lisant l'Évangile, je tombai sur ce passage de saint Luc : *Il y a trois ans que je viens chercher le fruit à ce figuier sans en trouver. Coupez-le donc ; pourquoi occupe-t-il la terre?* Oui, me suis-je dit, voilà trois ans que j'ai reçu la parole divine, et je n'ai pas encore porté de fruits ! Dans ce moment même ma résolution de partir fut prise irrévocablement, et huit jours après, le 31 juillet 1826, j'étais à Strasbourg.

« Je recommençai la vie d'étudiant et suivis les cours de la Faculté de médecine. Afin de prendre une position vraiment sérieuse, quelque temps après mon arrivée j'avais passé plusieurs jours dans la retraite, occupé à prier et à méditer les plus hautes vérités. Pendant ces jours de grâce, je connus mieux la vertu que la prière ; les vérités chrétiennes que je méditais, expliquées par l'enseignement philosophique que j'avais reçu, et confirmées par mon expérience, me pénétrèrent plus profondément et fortifièrent ma résolution de mener, sous la direction de mon maître, une vie entièrement conforme à l'Évangile. Je me croyais chrétien, j'adhérais de cœur à la parole de Jésus-Christ, je l'invoquais avec foi, et quoique je susse qu'il y a des sacrements de l'Eglise, persuadé que, par ma foi, je participais à l'esprit qu'ils transmettent, je ne croyais pas nécessaire de les recevoir.

« Je vivais dans une grande intimité avec deux amis qui suivaient la même voie, MM. Théodore Ratisbonne et Isidore Goschler, qui tous deux s'employaient alors activement à la direction des écoles israélites. Cependant plus j'avançais, moins ce que j'avais obtenu me suffisait ! Il me manquait toujours quelque chose ! L'étude n'avait plus pour moi le même attrait ; et j'étais poussé vers un terme que j'entrevoyais à peine. Un jour nous nous entretenions des moyens de faire prospérer les Israélites, et on proposait de donner plus de développement à ce qui était commencé ; lorsque sans aucune préméditation, mais par suite de la conviction que j'avais de la nécessité de la foi au Christianisme, je me mis à dire : « Croyons-nous donc relever la Synagogue par le judaïsme? » Cette parole frappa une personne catholique qui était présente ; et elle me demanda : « Mais vous, Mon« sieur, qui parlez, êtes-vous donc chrétien? » Je répondis sans hésiter : « Oui, car je crois en Jésus-Christ. » Alors il me fut répliqué : « Vous vous trompez : vous pouvez être « catéchumène, mais vous n'êtes point chrétien ; car vous « n'êtes point baptisé ! »

« Cette parole si simple et si vraie me jeta dans le trouble, elle bouleversait mes idées ; et dès ce moment mon inquiétude augmenta. — Il faut donc être purifié par les eaux du baptême pour devenir chrétien, me disais-je. Le baptême ! je ne l'avais pas cru nécessaire ; mais aujourd'hui même je serais prêt à le recevoir, si ce n'est ma mère et la douleur profonde que cette démarche lui causera. — Les choses en restèrent là pour le moment, mais, de ce jour, il s'opéra un changement notable dans ma conduite ; je cessai de fréquenter la Synagogue ; j'allai dans les temples catholiques prendre part aux cérémonies de l'Eglise ; son culte imposant et mystérieux m'imposait un grand respect, et me faisait souvent éprouver des émotions, des sentiments que je n'avais jamais connus. Quelles douces larmes j'ai versées dans ces temples où j'osais à peine entrer, où je me regardais comme étranger, craignant même d'être reconnu par ceux que j'y rencontrais ; et combien de ois, poussé par le besoin de mon cœur, j'allai, dès le matin, à la faveur de l'obscurité, m'unir au prêtre à l'autel, à la prière des chrétiens qui m'entouraient ; et livré successivement à des sentiments de joie, de repentir et d'espérance, invoquer du fond de mon âme le Sauveur des hommes ! Ainsi, après quatre années d'instruction, d'expériences et d'études, soutenu par une grâce progressive, aidé de la prière et de la lecture de l'Evangile sans discussions, sans contention, éclairé par un enseignement large et profond, sans avoir su pendant longtemps où il me conduisait ; catéchumène depuis plusieurs années et ignorant ce nom, je me trouvai à la porte de l'Eglise catholique, sans que jamais on eût employé d'autre moyen pour m'amener à ce terme que la *science* et la *charité*. »

§ III. — *Il reçoit le baptême.*

« Cependant les exigences de ma conscience s'augmentant, je compris enfin qu'il fallait un sacrifice, que l'affection naturelle ne devait point l'emporter sur l'appel de Dieu, et je sollicitai le baptême devant lequel j'avais un instant hésité, parce que je n'avais pas encore la conviction de sa nécessité. Une fois convaincu, je le demandai avec instance sans plus de retard, heureux de pouvoir offrir à Dieu, en retour de sa grâce, un renoncement douloureux ! Il était déjà fait dans mon cœur, déjà même le jour de mon baptême était fixé, quand j'appris la mort de ma mère, elle venait de succomber après de longues souffrances. Puissent ces souffrances et mon sacrifice lui compter pour quelque chose devant le Dieu de miséricorde !... Je reçus alors une instruction religieuse plus dogmatique, et quelque temps après, le 2 février 1827, je m'inclinai avec amour sous la main bienfaisante qui me lava dans l'eau de la régénération, et m'appliqua la vertu du sang de mon Sauveur... Ce fut mon maître qui me présenta au baptême, c'est lui qui, depuis huit ans, m'aide à en tenir les promesses, et me soutient dans les travaux de la vie spirituelle.

« Cette époque fut un temps de grâces dont je n'essayerai pas même de parler ; j'y goûtais des joies profondes, ineffaçables. Ce qui me remplissait d'un bonheur intime, c'était de me sentir rattaché au grand arbre de la vie, d'avoir la conscience que j'appartenais enfin à l'élite de l'humanité, que par cette initiation sacrée, j'étais enfin relevé de la dégradation profonde où mes pères avaient langui pendant dix-huit siècles, et dont moi-même j'avais gémi et souffert. Il me semblait voir des frères dans tous ceux que je rencontrais, et j'étais porté vers eux par un mouvement d'affection que je n'avais jamais éprouvé.

« Après comme avant mon baptême, je continuais à recevoir l'enseignement, et la parole me fut donnée alors, non plus seulement sous la forme philosophique, mais avec une simplicité chrétienne, plus noble et plus touchante encore. Ce fut dans ces catéchèses que me furent développées avec plus d'étendue qu'auparavant les dogmes catholiques. Ce fut là que j'entendis parler d'une manière plus précise et plus explicite de l'Eglise, de son institution, de sa hiérarchie, de son autorité et de sa mission sur la terre, de son rapport avec l'Eglise triomphante dans le ciel et avec l'Eglise souffrante dans le lieu de purification. Là me furent expliqués le sacrement d'Eucharistie et la perpétuité du sacrifice offert sur le Calvaire. »

§ IV. — *Sa vocation au sacerdoce.*

« J'avais déjà plusieurs fois senti dans mon cœur ce feu divin qu'apporte avec lui le sacrement de l'amour; ma foi en ce mystère auguste resta quelque temps ténébreuse, et ce ne fut qu'après avoir été souvent nourri et fortifié par ce pain du ciel que je devins capable de concevoir l'idée sublime de ce mystère. Régénéré que j'étais à la vie divine, le besoin d'un aliment qui entretînt cette vie nouvelle en moi, m'en avait fait pressentir la nécessité; des analogies tirées de la nature m'en avaient fait entrevoir la possibilité; la touche intérieure de la grâce m'en donna la conviction profonde et l'expérience me l'a confirmée.

« Ainsi se consolidait et se fortifiait peu à peu une résolution prise avant mon baptême, celle d'entrer dans l'état ecclésiastique. Un jour, dans une instruction religieuse, il avait été question du sacerdoce chrétien destiné à perpétuer la doctrine et le sacrifice de l'Eglise; on m'avait montré le prêtre de la nouvelle alliance, chargé de transmettre aux hommes la vie de l'âme et de l'intelligence, et obligé dès lors à plus de pureté, à plus de science, à plus de dévouement. Je le vis représentant de Jésus-Christ sur la terre, dépositaire et ministre de son pouvoir, continuateur et ministre de son œuvre, placé dans l'Eglise pour éclairer ses frères, les soulager dans toutes leurs misères, et contribuer ainsi de la manière la plus efficace à leur bonheur !... Cet état, m'écriai-je, est le plus élevé auquel l'homme puisse atteindre en ce monde, c'est là la plus noble mission qu'il y puisse remplir !... Au même instant, mes regards tombèrent sur le portrait d'un des derniers évêques de Mayence, dont j'avais appris à vénérer le dévouement et la charité ; et l'image du vertueux prélat, qui semblait me dire ce que peut être un vrai ministre de Jésus-Christ, fit une telle impression sur mon âme, qu'aussitôt j'ajoutai : « Puisqu'il en est ainsi, je serai prêtre ! » Et depuis ce moment, grâce à Dieu, ma résolution n'a pas varié. Cependant, rien ne fut précipité : et longtemps encore après mon baptême, je continuai à mûrir en silence dans la voie nouvelle où la Providence m'avait fait entrer, poursuivant mes études médicales, mais sans y mettre la même activité. Dans ces premiers temps d'enfance spirituelle, saturé de la science humaine, j'avais besoin d'une nourriture plus solide ; mon âme était toute remplie des grâces que je recevais, et mon esprit était déjà tourné vers l'état plus sublime auquel j'aspirais.

« Dans le cours de cette année, mes deux amis, Théodore et Isidore, reçurent aussi le baptême ; celui-ci prit le premier l'habit ecclésiastique, et entra dans la maison de Monseigneur l'évêque, à Molsheim. Deux mois après je l'y rejoignis, et là, pendant deux années, nous vécûmes sous les yeux de notre évêque, dans le calme de la retraite..... »

§ V. — *Il est ordonné prêtre.*

« Pendant mon séjour à Molsheim je reçus successivement les Ordres sacrés. L'union toute de charité qui m'attachait à mon maître et à mes amis, devint plus étroite avec les années. Quelque temps après que j'eus été ordonné prêtre, je fus choisi avec eux pour faire partie de la nouvelle administration du petit séminaire. Pendant quatre années, nos convictions, notre foi, notre union, nous ont aidé à faire dans cette maison le bien qui s'y est fait; et aujourd'hui cette conviction, cette foi et cette union nous conservent calmes et tranquilles au milieu des bruits des opinions contradictoires que notre sortie de cet établissement a provoqués. Et cette *union*, cette *foi* et ces *convictions* sont *inébranlables*.

« Non, et dans les circonstances délicates où nous nous trouvons, j'ai besoin de le déclarer en finissant; non, ce n'est pas par des arguments de raison que j'ai été conduit à l'Église; homme du monde que j'étais, plein d'activité et de confiance en moi-même, ma raison païenne repoussait ces arguments; j'en savais ou croyais en savoir plus qu'il n'en fallait pour écarter ces faibles armes, et je regardais en dédain ceux qui s'en servaient. Privé de la grâce du baptême, du bienfait de l'instruction chrétienne, j'étais malade comme tout homme qui vient en ce monde, exalté par l'orgueil naturel dans mon esprit et ma volonté; et mon maître ne crut pas que pour guérir ce mal, il fallût l'enflammer. Au lieu d'exciter ma raison par l'argumentation, profitant de l'appel intérieur que la soif de la vérité manifestait en moi, il s'adressa à mon intelligence et elle parla à mon âme..., et, incliné par la grâce, je m'attachai par la foi simple, par l'acquiescement et l'adhésion du cœur à cette vérité que mon intelligence reconnaissait dans la parole sacrée! Ainsi devinrent inutiles toutes ces discussions qui ne satisfont jamais entièrement. Je n'avais point étudié, avant de devenir chrétien, les preuves de l'Être nécessaire; et je croyais à l'existence de Dieu... Je ne m'étais point appuyé sur les arguments tirés des prophéties; mais, dès mon enfance, j'y avais cru en union avec mes pères... Je ne connaissais pas les preuves déduites de l'authenticité de l'Évangile pour démontrer sa divinité; j'avais sans doute été frappé du changement opéré dans le monde par la doctrine chrétienne..., mais, avant d'être capable de concevoir la vraie cause de ce changement, avant de l'admirer, j'ai cru à la parole de Jésus-Christ; et éclairé par ma misère, touché par la grâce, j'avais aimé l'Homme-Dieu, j'avais prié...

« Ce ne sont donc ni des *erreurs* ni des *chimères* qui m'ont conduit à l'Évangile et à l'Église : c'est la conviction la plus intime et la plus profonde que l'homme puisse avoir en ce monde, celle que donne l'action même de la grâce dans le cœur, et la lumière de la vérité qui féconde l'intelligence. C'est cette conviction du cœur et de l'intelligence qui m'a arrêté dans la voie périlleuse où je courais; c'est par elle que m'est venue la lumière au milieu des ténèbres; c'est elle qui m'a appris à connaître un Sauveur... C'est à cette conviction que je dois ces moments de calme et de bonheur que j'ai goûtés depuis huit ans; c'est elle encore qui m'a fait supporter avec plus de patience les peines qui, pendant ce temps, m'ont quelquefois traversé. C'est elle qui m'a introduit dans la grande famille catholique, dans l'Église. C'est par elle qu'enfant de l'ancienne alliance, j'ai été appelé à devenir ministre de la nouvelle et prêtre de Jésus-Christ. C'est à elle que je dois enfin d'avoir vu, depuis mon entrée dans l'Église, cinq membres de ma famille régénérés par l'eau du salut, trouver leur bonheur dans la pratique de l'Évangile, et parmi eux le plus jeune de mes frères... Voilà ce que j'avais besoin de dire, voilà le témoignage ou plutôt l'hommage public que j'avais à rendre à la doctrine qui a fait mon salut, et le bonheur de tant de personnes qui me sont si chères..... »

§ VI. — *Sa mort.*

Voici en quels termes émus, M. L. Veuillot annonçait à ses lecteurs, dans l'*Univers* de Paris, du 13 février 1870, la mort de M. Jules Lewel, qui occupait à Rome, depuis longues années, une place de confiance :

Mgr Lewel s'était converti du judaïsme et il avait appartenu à l'école de M. l'abbé Bautain. Il succéda à Mgr de Bonnechose dans les très-honorables et très-modestes fonctions de supérieur de Saint-Louis. Il était en même temps l'homme du monde le plus aimable et le prêtre le plus discret, de parole douce, de conseil ferme, très-solide en ses sentiments et les laissant voir sans froisser ceux d'autrui. On le distinguait dans le petit nombre de ceux qui sont bien avec tout le monde, et non à tout le monde. La générosité de son âme lui permettait d'acheter cet avantage au prix qu'il y faut mettre ordinairement, c'est-à-dire en ne barrant le chemin de personne. Il restait sans ambition, loin de sa famille et de son pays, fièrement et modestement, dans un poste assez élevé sans doute, mais peu fructueux, et que l'on a pris l'habitude de regarder comme un marche-pied où il ne faut pas trop demeurer. Pour lui, il s'y trouvait bien. Il aimait Rome, Pie IX et le service de Dieu. Très-estimé et très-sage, il se plaisait en cette pénombre. Il y faisait le grand bien qu'un bon prêtre peut et sait faire partout, et n'était nullement tenté du jour éclatant où il eût pu parvenir.

Nous ignorons la date de la mort de Mgr Lewel. Nous ne savons pas même s'il est mort à Rome; mais nous pensons que c'est là qu'il a reçu la visite de Dieu. Il est sans doute mort dans cette cellule de Saint-Louis-des-Français où nous l'avons encore vu plein de vie et de sérénité, la veille de la dernière séance du concile. Pour l'arracher de Rome en ce temps-ci, il eut fallu des circonstances bien impérieuses. Son cœur l'eut averti, et il n'eut pas voulu risquer de mourir loin du calvaire où Pie IX souffre et prie pour la rédemption de l'Église.

LE COMTE SCHOUVALOFF

§ I. — *Ses premières années.*

Grégoire Pétrovich, comte Schouvaloff, naquit à Saint-Pétersbourg en 1804. Son éducation, qui se fit en famille, fut ce qu'on appelait et ce qu'on appelle encore en Russie une éducation de gentilhomme, c'est-à-dire que l'enfant passa des mains des esclaves nourrices entre celles des précepteurs étrangers et des maîtres indigènes; qu'il apprit sa religion, comme l'arithmétique ou la danse, au moyen de leçons à deux roubles le cachet, données par un prêtre de la paroisse, et la pratique à certaines heures du jour et à certains jours de la semaine, comme l'équitation, l'allemand... j'allais dire le français, mais ce serait une erreur: chez les seigneurs russes, la religion n'eut jamais l'honneur d'être placée sur le même rang que la langue française. « Chez nous, dit le P. Schouvaloff lui-même, la religion ne fait pas, comme dans les pays et dans les familles catholiques, partie inhérente de l'existence; elle est à côté de la vie. »

Cependant l'esprit du jeune Schouvaloff, son cœur surtout, ne pouvaient se contenter d'un dogmatisme étroit et d'un ritualisme infécond. L'aliment que ne pouvait lui fournir la religion, dont les trésors lui restaient fermés, il le chercha où ses instincts délicats, mais inéclairés, le lui faisaient supposer : « dans l'étude, dans les plaisirs de l'imagination, la vanité, l'amour-propre, les égarements du cœur, dans tout, s'écrie-t-il, excepté dans Dieu, qui en est l'unique source. »

Peu à peu, cependant, les grandes aspirations s'affaiblissent chez lui ; un séjour de quelques années dans un collége protestant de la Suisse où il entra à douze ans, l'étude des littératures étrangères, toutes empreintes encore de l'esprit du XVIIIe siècle, certaines poésies de Schiller infectées de fatalisme et qui s'étaient emparées de sa mémoire, enfin un égarement précoce et dont rien ne l'avait garanti, oblitérèrent longtemps chez lui la sensibilité religieuse.

§ II. — *Ses épreuves.* — *Sa conversion.*

Tout autour de lui pourtant, chez ses proches et au sein même de sa famille, les préoccupations religieuses étaient vives. Le catholicisme, ce feu latent qui couve au fond de toutes les âmes en Russie, se réveillait et se produisait par de hautes ou de touchantes conversions. Une sœur de son père, la princesse Dietrischtein, avait abjuré le schisme à Rome : sa propre sœur, à lui, était rentrée dans le sein de l'Eglise, et, mourant calme et résignée à vingt ans, avait eu la joie de ramener sa mère : entraînant spectacle domestique qui fut sans action sur lui ! Le bonheur d'une heureuse union, celui d'une paternité enviable ne purent davantage ranimer chez lui le sentiment religieux ; il y fallut la douleur : c'est le moyen que la Providence tient le plus souvent en réserve pour les heureux de ce monde. Le comte Schouvaloff la vit d'abord près de lui, chez son frère, puis assise à son propre foyer. Il perdit un enfant, trembla longtemps pour la vie d'un autre, et dut, après l'avoir vu s'éteindre dans une maladie remplie de péripéties cruelles, conduire, jeune encore, sa douce et affectueuse épouse au tombeau.

On suit avec intérêt, dans le livre de sa *Conversion*, à travers ces épreuves, ce père, cet époux rudement frappé ; on fait des vœux pour qu'il reconnaisse la main qui s'étend sur lui, et grand est le soulagement lorsqu'on le voit enfin ouvrir les yeux et comprendre le secret providentiel des peines qui l'atteignent. Dès lors, en effet, tout change pour lui ; loin de l'accabler, la douleur le relève ; son cœur fermé s'épanouit ; tous les instincts élevés de son enfance reparaissent. Le chrétien est retrouvé, mais le schismatique reste ; car le peu que fait le clergé russe pour l'instruction des fidèles est empoisonné de préjugés anticatholiques. Ces aveugles héritiers de la haine des Grecs mettent plus de soins en effet à prévenir leurs ouailles contre la religion des Latins qu'à leur enseigner la leur. Mais ici la lutte fut moins longue : il ne faut en effet qu'un peu de réflexion, d'étude et de bonne foi, quand on est chrétien, pour devenir catholique.

Le comte Schouvaloff cherchait trop largement la vérité pour s'arrêter à mi-chemin. Dieu d'ailleurs avait mis sur sa route un homme qui l'aida puissamment à faire les derniers pas. C'était une de ces âmes d'élite que la lumière de la vérité venait d'éclairer au sein de l'erreur, et dont la conversion généreuse avait troublé la capitale des Tzars: le prince Théodore Galitzin. C'est à Berne, quelque temps après la mort de sa femme, que le comte Schouvaloff le rencontra : « Je l'avais connu à Rome, dit-il, quelques années auparavant ; mais nos opinions religieuses étant diamétralement opposées, il ne s'était formé entre nous aucun lien d'amitié. Je n'aurais donc pas dû, d'après le cours ordinaire des choses, chercher à le voir ; et pourtant, dès que je le sus à Berne, il me prit un violent désir de causer avec lui. C'était comme un instinct secret qui me poussait. »

Il faut lire tout entier le récit de leur entrevue, trop long pour être rapporté ici, mais extrêmement intéressant. Le comte épanche d'abord sa douleur, s'étend au long sur sa femme, ses enfants, le travail de ses idées, les tourments de son esprit. Le prince le console, le calme, l'éclaire, détruit de proche en proche tout ce qui lui reste d'obscurité à l'endroit de l'Eglise, et lui fait toucher au doigt la faiblesse des raisons derrière lesquelles s'abrite le schisme.

Il fallut cependant encore des années d'étude, de comparaisons, d'entretiens avec les prêtres les plus éloquents de l'Eglise de France, le P. Petétot, le P. de Ravignan, Mgr l'évêque d'Orléans, pour amener à la pleine connaissance cette âme délicate dont la résistance n'était que de l'amour, et qui n'hésitait que par crainte d'embrasser l'erreur.

Ce fut seulement le 6 janvier 1843 que le comte Schouvaloff fit son abjuration dans la chapelle du couvent des Oiseaux, à Paris, entre les mains du P. de Ravignan et en présence de madame Swetchine et du prince Théodore Galitzin, les compatriotes et les confidents de ses combats, qui recueillirent en cette heure de joie le prix de leurs longues et amicales prières.

Voici en quels termes émus le comte Schouvaloff rapporte lui-même, dans le livre de sa *Conversion*, la touchante cérémonie de son abjuration :

« Enfin le grand jour approchait, et à la fin de l'année 1842, il fut décidé entre le P. de Ravignan et moi que je ferais mon abjuration le 6 janvier 1843, jour de la vocation des Gentils. Le temps qui me restait jusqu'à ce moment, je le consacrai à des lectures, à la méditation et à la prière.

« Néanmoins, je dois le dire, à mesure que l'instant de ma délivrance approchait, je sentais se refroidir en moi le feu de l'enthousiasme que la sainte vérité y avait allumé. Ma nature se révoltait à l'idée du joug sous lequel elle allait se courber; et mon orgueil et mes passions, ces anciens maîtres de mon cœur, tous ces démons à peine endormis, se révoltèrent avec fureur pour tenter un dernier assaut sur l'âme qui allait leur échapper. Bientôt, je sentis dans mon cœur un froid glacial et désolant, je me trouvai sec et aride... Oh ! je vous demandais, Seigneur, un peu de chaleur pour m'aider à consommer le sacrifice !... Mais en vain...; ma froideur augmentait de jour en jour. « Comment ? me disais-je, demain tu seras enfant de l'Eglise ; demain tu auras atteint le but de tes désirs ; tu seras un autre homme, et tu ne sens rien !... » Et le démon me suggérait des scrupules et des mauvaises pensées : je ne me sentais pas assez bon pour être catholique, je me trouvais trop froid. Mais le P. de Ravignan me consolait en souriant. « Tant mieux, me disait-il, et je préfère que vous fassiez ce grand acte avec calme et par persuasion, plutôt que dans un moment d'exaltation. » Puis il ajoutait : — Parce que vous êtes changé, est-il à dire que Dieu le soit, que la vérité le soit ? Non ; la vérité est immuable : mais vous n'avez pas encore l'expérience de la vie spirituelle, c'est à ceux qu'il aime que Dieu envoie des sécheresses ; car il veut augmenter leur amour par l'épreuve. » Il avait bien raison, et à présent je vois clairement que ce que je prenais pour de la froideur était un profond recueillement de moi-même à l'idée de l'acte important que j'allais accomplir. Mes facultés étaient arrêtées, et ma vie morale en quelque sorte suspendue, je ne pouvais donc pas me juger moi-même. Mais, grâce à vous, Seigneur, j'eus un guide éclairé. Et puis, je le crois et je dois le dire, si lorsqu'on a pris la résolution de se faire catholique, on éprouve, quelque temps avant d'abjurer, des doutes et des tentations de revenir sur ses pas..., oh! que l'on passe outre, et qu'on méprise ces doutes. La foi avec la paix complète, entière, ne se donne que comme une récompense du sacrifice. C'est une vérité dont j'ai fait l'expérience et que bien d'autres convertis ont éprouvée aussi. Dans nos rapports avec Dieu, il faut se contenter de la certitude que donne la foi.

Le lendemain, vers huit heures du matin, 6 janvier 1843, jour fortuné, heure mille fois bénie! j'étais dans la chapelle du couvent des Oiseaux, où je trouvai le R. P. de Ravignan, madame Swetchine et Théodore Galitzin. Le prince Gagarin était en Russie, sans quoi il n'eût pas manqué à cette solennité! Tout ce que je puis dire sur la cérémonie de mon abjuration, c'est qu'elle eut lieu, que le Père de Ravignan me donna l'absolution de tous mes péchés ; qu'il me dit, pendant que j'étais à genoux au pied de l'autel, des paroles qui me firent verser beaucoup de larmes, et qu'il me donna la sainte communion. Quant aux détails, il m'est impossible de m'en souvenir. Entre cet instant et ma mémoire s'étend comme un voile épais, et je me rappelle seulement qu'anéanti sous le poids du mystère qui s'opérait en moi et autour de moi, je ne pouvais, pour ainsi dire, ni sentir ni penser; il me semblait que ma vie était arrêtée, et si j'éprouvais encore quelque chose, c'était la douleur de ne rien éprouver. Oh ! à présent je comprends que c'était parce que je sentais trop que je croyais ne pas sentir.

« Après la messe, en prenant congé du P. de Ravignan, je lui dis tristement : « Mon Père, je n'ai pas de foi. » Il sourit avec bonté ; il savait mieux que moi ce qui se passait dans mon âme! Bien souvent, depuis cette époque, il m'a rappelé ces paroles ; et aujourd'hui encore, lorsque je lui parle avec reconnaissance de ma joie, de mon bonheur, il me dit avec un saint sourire : « Oh ! vous n'avez pas de foi ! »

« Et maintenant, si jamais cette feuille tombe sous les yeux d'un de nos frères séparés à qui vous auriez inspiré, ô mon Dieu, la pensée d'embrasser la vérité et qui vacillerait encore..., oh ! qu'il réfléchisse à ce qu'il vient de lire, et qu'il ne s'effraie pas des sécheresses et des froideurs inséparables de la vie spirituelle. Non, tout n'y est pas consolations sensibles ; et qu'il pense surtout, je l'ai dit, que la paix de la foi est bien souvent la récompense du sacrifice. Qu'il médite cette vérité, et surtout, je l'en conjure pour son bonheur, qu'il en fasse l'expérience. »

De ce jour à celui où le comte Schouvaloff entra dans l'Ordre des Barnabites, seize années s'écoulèrent encore. Il les a retracées dans son histoire : elles furent calmes et remplies par l'accomplissement scrupuleux des devoirs du père de famille et du chrétien. Devenu libre par l'établissement de ses enfants, il songea à réaliser le désir qu'il avait conçu de quitter entièrement le monde et de consacrer à Dieu ce qui pourrait lui rester de vie. Cette autre grande détermination devint entre le P. de Ravignan et lui l'objet d'une correspondance pleine de charmes qu'on lira dans *Ma Conversion et ma Vocation*.

§ III. — *Vocation religieuse.*

Nous détachons quelques pages de ce touchant chapitre qu'on dirait emprunté aux *Confessions* de saint Augustin :

« Après quelques années passées dans le calme, des devoirs impérieux me rappelèrent dans les salons, et de nouveau je pris part à ces fêtes si remplies et si vides, si joyeuses et si tristes. De nouveau je fis partie de tout cet ensemble frivole et souvent ridicule par le sérieux qu'on y attache; et, je dois l'avouer, je me laissai distraire. La politique d'une part, les vanités mondaines de l'autre m'entraînèrent. Mais, que le Seigneur en soit béni! si mon imagination se laissa parfois égarer, jamais mon cœur, jamais ma foi n'a faibli. Au milieu de ces salons, de ces spectacles, au milieu de la foule bruyante et folle, partout je trouvais un ennui, un vide désolant; et chaque fois que je m'étais laissé aller à ces vanités, j'avais honte de moi-même; je voyais que le but manquait : ma raison, ma conscience, mon cœur, ma foi, tout en moi se révoltait, et je me demandais : *Et après? et après?* Oui, cette question, *et après?* cette terrible question me faisait comme rentrer en moi-même; et alors je fuyais la foule; je m'enfermais, je priais et je courais à l'église. Oh! oui, que le Seigneur en soit mille fois béni! il n'a pas permis que j'abandonnasse jamais la prière, la messe quotidienne et la fréquentation des sacrements. Comme il parlait à mon cœur! D'année en année je comprenais toujours davantage le néant des grandeurs et l'ennui des plaisirs; je comprenais qu'une fois que l'âme a été touchée par la grâce et qu'elle a eu le bonheur de goûter la douceur de l'intimité avec vous, ô mon Dieu! le monde ne doit plus ni la distraire ni la tromper. Car il faut, il faut revenir à la vérité, à la raison, à la partie sérieuse, à la partie essentielle de la vie, il faut se rappeler l'Evangile, et se demander : *A quoi sert de gagner le monde entier et de perdre son âme?* Oui, il faut rester fidèle à la grâce et ne pas détruire en soi l'œuvre divine; il faut monter, monter toujours, car il ne s'agit plus de vivre dans les basses vallées; on a désormais fixé son habitation dans une région plus élevée, et cette région devient le point de départ pour s'élever encore. Non, ce n'est plus le péché seulement qu'il faut éviter, mais les infidélités et les imperfections elles-mêmes ; car, au point de vue de l'infini, toute imperfection est un mal. Oh! je le sentais, et mon âme aspirait à un état meilleur.

« Ce fut surtout après le mariage de ma fille, que Dieu parla plus haut à mon cœur. Je n'étais plus nécessaire à mes enfants, je n'avais plus rien à faire dans le monde ; et vieillir dans les salons me paraissait absurde et ridicule. J'aurais pu recommencer une carrière dans mon pays ; mais quelle carrière pouvait me tenter ? Dieu me voulait à lui. Ma carrière, je la voyais ouverte ; elle était devant moi, c'était la route du ciel. D'ailleurs, en Russie, ne pouvant pas me proclamer catholique, j'aurais été gêné dans ma pratique religieuse, et il m'était impossible de plier les besoins de mon âme aux pénibles entraves que nécessitait ce secret. Non, non, je le dis avec bonheur, aucune carrière ne m'a tenté ; l'ambition, les honneurs, tout me paraissait mesquin et faux. Et puis, si j'avais eu assez de faiblesse pour me laisser séduire ; si j'avais pu préférer les honneurs à vous, ô mon Dieu ! cette terrible question, *Et après ?* ne serait-elle pas sans cesse revenue comme un remords empoisonner mes joies et me tourmenter? Oh ! cette question, puisse-t-elle être, pour bien des âmes, comme les premiers rayons du soleil qui viennent éclairer les restes d'une fête, en montrer tout le néant et parfois l'infamie ! Oui, je le sentais, il me fallait une vie de bien, une vie de bonnes œuvres, une vie en Dieu.

« Cette vérité m'apparut surtout lors de la première retraite spirituelle qu'il me fut donné de faire chez les RR. PP. Jésuites de la rue de Sèvres, à Paris : c'était en 1852, quelques mois après le mariage de ma fille.

« Semaine heureuse ! Dirigé par le R. P. de Pontlevoy et

par le R. P. de Ravignan, hélas! déjà malade, je vis mon but. Il se présenta à moi dans toute sa beauté, et si alors on me l'avait permis, je ne serais plus rentré dans le monde. Mais les prêtres que Dieu conduisait, me connaissaient mieux que je ne me connaissais moi-même; mon cœur n'était pas assez touché; le fruit n'était pas mûr, il ne fallait donc pas le cueillir. J'avais encore besoin d'épreuves. Il fallait que, forcé par la grâce, j'en vinsse à dire : *Non, non, je ne puis plus rester dans le monde, il me faut la vie religieuse,* comme j'avais dit quelques années auparavant : *Non, je ne dois plus rester dans le schisme, il me faut la vérité.*

§ IV. — *Mort du Père Schouvaloff.*

Il y avait deux ans tout au plus que le comte Schouvaloff, ancien officier aux hussards de la garde impériale de Russie, était devenu le P. Schouvaloff prêtre Barnabite, quand Dieu l'a rappelé à lui. Il laisse un grand vide dans la maison à peine ouverte où il venait de s'installer avec quelques-uns de ses compagnons. Qui oserait dire pourtant qu'il est perdu pour eux ainsi que pour ses amis? « Non, s'écriait un jour un saint religieux dans une allocution prononcée à la suite d'un service funèbre célébré pour le repos de son âme, non, nous ne l'avons pas perdu! Les liens de la communion chrétienne n'unissent-ils pas les amis en deçà, comme au delà du tombeau? D'ailleurs ne survit-il pas dans son livre? »

Ce livre, en effet, est sa vivante peinture; on l'y retrouve tout entier avec cette noblesse de cœur, cette exquise bonté et ce sentiment exalté de la justice qui en faisaient le champion déclaré de toutes les causes généreuses. Sa sympathie était acquise à tout ce qui, dans la philosophie, la poésie et l'art, était de nature à relever l'homme. En religion, il avait une docilité d'enfant. Le P. Schouvaloff priait avec ardeur pour la conversion de ses compatriotes, et trois fois par jour, sur l'invitation que lui en avait faite personnellement le Souverain Pontife, il faisait à Dieu le sacrifice de sa vie pour leur salut et celui de sa famille. Puisque la mort est venue sitôt, ne nous est-il pas permis de penser que cette offrande a été acceptée, et qu'elle sera la source d'une nouvelle effusion de grâces célestes pour la Russie, où, depuis un siècle, il s'est fait dans les classes élevées un si grand pas vers le catholicisme (1)? L'histoire de cette famille des Schouvaloff résume en elle-même ce mouvement : Un Schouvaloff, en 1774, écrit l'*Epître à Ninon*; en 1859, un autre publie en mourant *Ma Conversion et ma Vocation*. De l'un à l'autre le chemin parcouru est grand.

(1) Les hommes de cœur finiront par comprendre que le czar, — quelles que puissent être ses bonnes qualités personnelles, — est comme le bras de celui que la sainte Écriture appelle par excellence *homicide* et *menteur*.

Homicide, les massacres de Varsovie sont là pour justifier surabondamment cette épithète.

Menteur, par le schisme d'abord qui est une impudente parodie de la vérité ; *menteur*, par cette couche légère de civilisation, sous laquelle demeure la sauvagerie native du Cosaque et du Kalmouk ; *menteur*, dans toute cette question de la Pologne, depuis le premier partage jusqu'à cette dernière guerre, qui n'est qu'une tuerie provoquée par des cruautés sans nom, par des persécutions sans exemple ; *menteur*, dans tous les ordres du jour, les articles de journaux, les lettres du czar destinées à donner le change à l'Europe, à représenter les Polonais comme d'incorrigibles révolutionnaires, tandis que ce sont des victimes poussées à bout, et qui ne prennent les armes que pour vendre au moins une vie qu'on veut absolument leur arracher.

NOTE.

On lit dans l'*Univers* du 2 janvier 1858 :

« A la dernière ordination qui a eu lieu à Saint-Sulpice, on remarquait avec un grand intérêt, parmi les nouveaux prêtres, un Italien qui, de Rome même, venait à Paris recevoir l'imposition des mains. Ce jeune étranger s'étant trouvé un jour en possession de sa fortune, était parti pour la France, attiré par la renommée de sa civilisation, du luxe et des plaisirs de sa capitale. Se détournant un peu de sa route, il alla à Monza pour revoir et embrasser un ami, un Russe, dont la conversion et l'entrée au couvent avaient fait grand bruit dans le monde. Là, au milieu de leurs entretiens, saisi de la grâce, il renonce tout à coup à ses projets mondains, à ses titres, à sa fortune, et prend comme son ami l'habit des clercs réguliers de Saint-Paul, autrement dits Barnabites. Si donc il arrive ensuite à Paris, ce ne sera plus en disciple d'une facile philosophie, mais afin d'y pratiquer et d'y enseigner les vertus chrétiennes.

« Fondée au commencement du XVIe siècle, la Congrégation des Barnabites a le même but à peu près que les congrégations contemporaines : la Compagnie de Jésus, les Théatins, les Somasques, les prêtres de l'Oratoire, la Congrégation des Missions, etc. : travailler au salut des âmes par la prédication et l'administration des sacrements ; veiller à l'exacte observance de la discipline ecclésiastique ; enseigner les lettres et les sciences, etc. Cette sainte milice, comme une armée composée d'armes différentes, fut enfantée par l'Eglise dans son admirable fécondité, afin d'opposer un modèle parfait de réforme chrétienne aux fausses et orgueilleuses prétentions du protestantisme et de la Renaissance. Quand Notre-Seigneur Jésus-Christ promit à Pierre que les portes de l'enfer ne prévaudraient pas contre l'Eglise dont il le posait comme le fondement, il nous annonçait par là même la lutte terrible, incessante, où elle allait se trouver engagée jusqu'à la consommation des siècles. Dans cette guerre faite à la vérité, le prince du monde a beau être vaincu, il revient toujours à la charge avec acharnement et par de nouvelles ruses ; aussi l'assistance divine doit-elle se manifester sous des aspects divers, suivant les circonstances.

« Si l'époque où nous vivons offre de tristes symptômes et plus d'une analogie avec le paroxysme infernal qui signala le VIIe siècle, nous avons en revanche les signes multipliés du secours d'En Haut. A ne considérer que les ravages de la tempête, nous devrions perdre courage, croire que la vague monte et va tout engloutir ; mais, d'autre part, comment ne pas se sentir plein d'espérance en voyant l'arbre reverdir et pousser de nouveaux rameaux en dépit de l'impiété des méchants et nonobstant la condescendance des honnêtes gens ? La France a été, plus que toute autre nation, le foyer des mauvaises doctrines ; mais aussi, plus que toute autre, elle semble avoir à cœur d'être l'apôtre énergique, zélé, de la vérité et de la charité. Sous ce rapport, rien de plus significatif que la restauration des ordres monastiques et le développement des congrégations religieuses. Depuis quelques années, nous avons vu reparaître tour à tour les Bénédictins, les Dominicains, les divers ordres de Franciscains, les Carmes, les Oratoriens, etc. ; aujourd'hui, ce sont les Barnabites qui viennent de fonder une maison à Gien, diocèse d'Orléans, et un noviciat à Paris, provisoirement établi rue Oudinot. »

GEORGES SPENCER

§ 1er. — *Ses recherches pour découvrir la vraie Eglise.*

Spencer (Georges), second fils de lord Spencer, frère de lord Spencer qui fut, il y a quelques années, membre du ministère anglais, sous le nom de lord Althorp, était membre du collége de la Trinité de Cambridge, pasteur à Brigton, aumônier de l'évêque de Londres, et en voie de devenir lui-même évêque anglican. Ce jeune homme, d'une des plus illustres familles d'Angleterre, en même temps qu'il était chapelain de l'évêque de Londres, était aussi chargé d'une paroisse voisine d'une terre de son père. Ami de la vérité, et croyant qu'elle n'existait que dans sa communion, il entreprit de persuader quelques catholiques. Cette tentative tourna tout autrement qu'il ne pensait. Les réponses qu'on lui fit l'étonnèrent. Il réfléchit mûrement, il étudia l'Ecriture et l'histoire du protestantisme. Sa bonne foi fut frappée de quelques mots sensés d'un simple domestique et des objections faites en sa présence par un jeune homme à des ministres habiles. Ce n'est qu'après ces préliminaires qu'il eut des entretiens avec des prêtres catholiques. Ayant vu clairement la vérité, il n'a point hésité à lui rendre hommage. La carrière qu'il avait embrassée, les honneurs où son nom lui permettait d'aspirer, l'épiscopat auquel il serait parvenu, rien ne l'arrêta. Les considérations de famille mêmes ne purent le retenir, et Dieu l'en a récompensé, car lord Spencer, son père, finit par trouver bon son changement. Il a quitté sa paroisse en conseillant à son troupeau de s'adresser au prêtre catholique le plus voisin (1).

Ordonné diacre en 1822, selon le rite anglican, Georges Spencer fit connaissance, en 1829, avec Ambroise Philipps, qui s'était converti sept ans auparavant, et qui était fort en état d'expliquer et de défendre la doctrine catholique. Enfin, un dernier entretien avec un prêtre catholique, M. Caestric, décida M. Spencer; il fit abjuration le 30 janvier 1830. Mais il rapporte lui-même l'histoire de sa conversion dans une lettre écrite de West-Brunswick, en date du 3 janvier 1834, et adressée à un prêtre catholique, M. Righy. Cette lettre, pleine de candeur, a paru dans quelques journaux anglais. La voici :

« Je fus, dit M. Spenser, ordonné diacre dans l'église anglicane, vers Noël 1822, étant persuadé, à cette époque, que tout était bien dans cette Eglise, quoique je n'eusse pas pris beaucoup de peine pour étudier les fondements et les principes de son établissement. Ce qui commença à modifier mes vues par rapport à l'orthodoxie et à l'excellence de l'Eglise d'Angleterre, ce furent les entretiens que j'eus avec différents ministres protestants des Eglises dissidentes.

« Je recherchais volontiers leur conversation, dans l'espérance d'en amener quelques-uns, ainsi que leurs troupeaux, à l'église établie, qu'à mon avis ils n'avaient pas eu de bonnes raisons de quitter.

« Mais, chaque secte que j'eus occasion de connaître

---

(1) Voir la note (*a*) à la fin du chapitre.

semblait avoir des choses assez raisonnables à alléguer en sa faveur et contre l'Eglise anglicane. Je compris alors que toutes ces sectes ne pouvaient être toutes vraies et fondées dans leurs doctrines contradictoires et dans leurs règles pratiques, et je vis clairement des erreurs palpables dans leurs divers systèmes; mais en même temps je découvris par leur conversation que je ne pourrais défendre chaque partie de mon propre système, et que ces ministres pouvaient m'opposer des arguments auxquels je n'avais rien à répondre de satisfaisant.

« J'étais libre de chercher la vérité, quelque part qu'elle pût se trouver; mais je n'avais pas l'idée qu'elle pût être dans l'Eglise de Rome. Mes amis me détournaient d'avoir aucune communication avec les prêtres catholiques; je crus pourtant qu'ils ne devaient pas être exclus du plan général de réunion que je voulais suivre, et, en conséquence je leur parlais fréquemment. D'abord je m'attendais à les trouver fort ignorants du véritable esprit de la religion, servilement attachés aux formes, et absolument incapables de défendre ce que j'appelais les absurdités de leur croyance; mais, à mon grand étonnement, chaque conversation que j'avais avec eux me faisait voir combien je m'étais trompé. Je trouvais qu'ils entendaient très-bien les dogmes de leur religion, et qu'ils savaient même les expliquer et les soutenir d'une manière victorieuse. Je commençais donc à songer qu'il y avait dans la religion catholique plus de vérité que je ne le soupçonnais, quoique je ne fusse pas convaincu qu'on eût tort d'être séparé d'elle, et que je la crusse dans l'erreur sur plusieurs points et en opposition avec l'Ecriture. »

§ II. — *Il a des idées plus justes sur l'Eglise catholique.*

« La première chose qui changea matériellement mes idées sur l'Eglise catholique, ce fut une correspondance que j'eus pendant six mois avec une personne inconnue qui avait voyagé sur le continent, et qui, étant entrée souvent dans les églises catholiques, avait été surprise de la beauté et de la piété des cérémonies, et en était venue douter de la sagesse de la Réforme et à faire des recherches sur ce sujet. Je crus la remettre dans le bon chemin en lui indiquant quelques arguments contre les catholiques, tirés, comme je le pensais, de l'*Apocalypse*, et d'autres livres de l'Ecriture.

« La personne soutint avec force que ces raisonnements n'étaient point tirés de l'Ecriture, et, en effet, je me convainquis qu'ils ne m'étaient venus à l'esprit que parce qu'ils avaient été employés par des commentateurs protestants. Je me décidai donc à m'en tenir à la parole de Dieu seul. Je n'ai su ce qu'était ce correspondant que lorsque j'allais sur le continent, pour me préparer à recevoir les Ordres. J'appris alors que c'était une jeune dame qui était sur le point de se faire catholique, mais qui, pour s'éclairer de plus en plus, m'écrivait, ainsi qu'à un ou deux autres protestants, pour voir ce que nous pourrions alléguer en faveur de notre Eglise.

« Nos réponses affermirent bien plus qu'elles n'ébranlèrent son attachement à la foi catholique. Elle embrassa en effet cette religion, et était sur le point de faire profession chez les dames du Sacré-Cœur, lorsqu'elle mourut de la manière la plus édifiante.

« Cette correspondance me rendit plus disposé à écouter favorablement les catholiques, mais il se passa trois ans avant que je vinsse à me décider pour leur croyance. Voici comment la chose arriva : Je fis connaissance, vers 1829, avec Ambroise Philipps, fils aîné d'un membre du parlement. La conversion de ce jeune homme à la foi catholique avait eu lieu sept ans auparavant, et m'avait beaucoup surpris quand j'en entendis parler. Son caractère et sa conversation m'intéressèrent, et j'acceptai avec plaisir l'invitation d'aller passer une semaine chez son père, à Garrenden-Parck. Je ne songeais point à combattre ses sentiments, car j'étais déjà convaincu qu'on pouvait être bon chrétien étant catholique. Je partis donc pour Garrenden-Park, le dimanche 24 juillet 1830 ; sur le soir, après avoir prêché deux sermons dans l'église protestante de Brigton, dans le Northamptonshire, dont j'étais recteur, je ne pensai point alors que ces sermons seraient les derniers que je prêcherais dans une église protestante. Tout le temps que je passai à Garrenden fut presque consacré à des entretiens sur la religion catholique, et je m'aperçus bientôt qu'au lieu d'être capable d'apprendre à Ambroise Philipps à mieux penser en religion, j'étais obligé de reconnaître que sur plusieurs points, il pouvait être mon maître. Je le trouvai très en état de défendre la foi catholique contre moi et contre quelques théologiens protestants plus expérimentés, qui se joignirent par occasion à notre conversation. A la fin, trouvant que je disputais avec obstination et non avec la candeur dont je faisais profession, je me décidai à considérer la chose sous un nouveau jour et avec une détermination sincère d'embrasser la vérité. »

§ III. — *Son retour à l'Église catholique.*

« Cette résolution me soulagea beaucoup et me délivra de tous mes doutes. Je devais retourner le samedi à Brigton, y reprendre mes fonctions; mais nous allâmes le vendredi à Leycester avec M. Philipps, et nous y passâmes la soirée avec M. Caestric, missionnaire, qui réside en cette ville depuis quelques années. La bonté et la patience avec lesquelles il écouta mes objections; ses explications, ses raisonnements achevèrent de m'ôter toute incertitude; je sentis que je ne pouvais ni ne devais résister plus longtemps, et, avant la nuit, je déclarai que j'étais soumis à l'Eglise de Dieu. Mon entretien avec M. Caestric me convainquit pleinement que l'Eglise catholique était l'Eglise fondée par le Sauveur, celle à laquelle il a promis que les portes de l'enfer ne prévaudraient pas contre elle, et que lui et son Esprit-Saint résideraient au milieu d'elle; celle qu'il a ordonné d'écouter, sous peine d'être considéré comme un païen et un publicain. Je fus convaincu qu'en lui obéissant, j'obéissais à Celui en qui j'avais placé mon espérance, et qu'ainsi je ne courais aucun risque de m'égarer. Grâce à Dieu, je chassai la pensée qui s'offrit d'abord à moi de retourner dans ma résidence et de remettre à me décider à la semaine suivante. La démarche que je fis le lendemain en me déclarant catholique est telle que je n'y pense jamais sans consolation. Il m'était démontré que l'Église catholique avait les quatre marques de l'Église de Dieu, qu'elle avait la parole infaillible de Jésus-Christ, et qu'elle devait durer jusqu'à la fin du monde. Les protestants nous disent bien qu'elle était d'abord l'Eglise véritable, mais qu'elle tomba ensuite dans l'idolâtrie et dans des doctrines perverses; ils le disent, mais ils ne peuvent montrer comment, quand et où elle tomba dans cet excès. Je crus donc plus prudent de m'en rapporter à la parole du Sauveur qu'à celle d'un homme, et si ma résolution de me faire catholique fut prompte, je défie de prouver qu'elle fut téméraire et inconsidérée.

« Je vis que l'occasion présente était la plus favorable. J'envoyai de nuit un messager à Brigton, pour annoncer ma résolution, et le samedi matin, 30 janvier, je fis mon abjuration du protestantisme dans la chapelle de Leycester. Je n'avais d'autre pensée que celle de servir Dieu dans le mystère de cette Église, que je venais de reconnaître comme la véritable. En conséquence, j'allai m'offrir au docteur Walsh, évêque catholique du district du Milieu, qui m'envoya au collège anglais, à Rome. »

§ IV. — *Devenu prêtre, il exerce le saint ministère dans sa patrie.*

« J'y ai été ordonné pour la mission d'Angleterre, le 26 mai 1832, jour de la fête de saint Augustin, et dans l'église de Saint-Grégoire, du pontife qui donna la mission à saint Augustin, pour aller travailler à la conversion de l'Angleterre (1). »

Depuis, Georges Spencer exerça son ministère dans sa patrie. Le 3 janvier 1834, *il demandait à Dieu d'être, par sa grâce, un humble instrument de la conversion de son pays, événement qui n'est peut-être pas éloigné et qui est le désir le plus ardent de son cœur* (2).

(1) Voir la note (*b*) à la fin chapitre.
(2) Le R. P. Ignace (Spencer) disait un jour au sujet de la conversion de l'Angleterre : « J'entends quelquefois affirmer

Georges Spencer, attaqué par deux journaux anglais, organes du protestantisme, le *Watchman* et le *Standard*, à l'occasion de sa conversion, répondit par une lettre du 25 novembre 1835, où il développa d'une manière très-remarquable la doctrine catholique. Devenu curé catholique de Westbromwich, en Angleterre, il prononça, le 8 octobre 1838, dans l'église de Saint-Jacques, à Dieppe, un discours dans lequel on lit les paroles suivantes :

« Délivré comme je l'ai été, par la grâce incomparable du Seigneur, des erreurs dans lesquelles j'ai passé mes premières années ; devenu, comme je le suis, prêtre de l'ancienne vraie Église, après avoir été pendant sept ans ministre d'un nouveau culte, je ne reconnais aucune autre affaire qui doive m'occuper en ce monde, pour ce qui me reste de vie, que de travailler à ramener dans le sein de cette Mère, où j'ai trouvé mon bonheur, mes compatriotes, surtout mes parents, les amis, les compagnons de ma jeunesse.

que l'Angleterre ne reviendra complétement à la foi catholique qu'après qu'elle aura été éprouvée par de grands châtiments. Ne pouvons-nous pas espérer que ce retour ne sera pas acheté à ce prix. Les peuples, comme les individus, peuvent ce me semble, revenir à la foi de trois manières : par la voie des miracles, par celle des châtiments et par l'opération simple et douce de la grâce qui s'obtient par la prière. Si Dieu daigne nous envoyer des thaumaturges, nous les recevrons comme des représentants privilégiés. S'il plaît à sa providence de nous réserver des malheurs et des calamités, je veux être des premiers à les accepter, non-seulement avec soumission, mais encore avec amour et actions de grâces. Toutefois ce qui se passe depuis vingt-cinq ans ne donne-t-il pas lieu d'espérer que Dieu veut se servir du troisième moyen pour nous ramener à lui ? »

C'est en effet depuis qu'on a commencé à faire tant de prières spéciales pour le retour de l'Angleterre que le mouvement religieux a été constaté. — Peut-être pourrions-nous ajouter que si les hautes classes de la société, les grands, les

« Pour cela je me suis livré à l'évêque sous lequel j'ai été reçu dans l'Eglise, pour servir la mission en Angleterre. Après avoir passé deux ans à Rome et y avoir reçu le sacerdoce, je me suis porté plein de foi et d'espérance à cette sainte œuvre ; pensant qu'il ne faudrait qu'annoncer la vérité à mes anciens confrères, pour qu'ils l'embrassent avec empressement et en grand nombre. Il s'opère continuellement des conversions, mêmes nombreuses. Ainsi cette année, un des quatre évêques d'Angleterre, celui qui est mon supérieur, me dit qu'en moins de six mois, il avait déjà confirmé, en différents endroits, *six cents* nouveaux convertis. »

riches et surtout les *ministres protestants* n'avaient pas répondu, avec générosité, souvent avec un désintéressement admirable à l'appel de la grâce obtenue par la prière, Dieu eût mis au service de sa justice la sévérité et les châtiments. — Puisse Dieu, ajoutait le Révérend Père, achever dans la douceur et dans la paix de nous ramener à lui !

NOTE (a).

Voici comment un journal anglais, le *Wexford Evening Post*, dans un de ses numéros d'août 1830, rendait compte de cette conversion :

« Il y a un an environ que Georges Spencer exprima au défunt docteur Vaughan, vicaire de Sain-Martin, à Leycester, et zélé calviniste, quelques doutes sur la légitimité des cérémonies de l'Eglise anglicane, dont il ne trouvait pas de motifs dans l'Ecriture : « C'est la tradition qui détermine la dis-« cipline, et sans la tradition, la Bible vous serait d'un faible « secours. » Ces paroles donnèrent à penser à M. Spencer. Il étudia les traditions, mais sans se douter que l'Eglise catholique en avait seule le dépôt. Vers la fin de janvier, il se trouvait chez l'évêque de Lichtfield, dont le neveu, âgé seulement de vingt ans, venait de se convertir. Ce saint jeune homme, charmé de la bonne foi de M. Spencer, lui proposa d'ouvrir une controverse ; cette offre, acceptée de grand cœur, se réalisa dès le lendemain. Plusieurs ministres de l'église établie par la loi se réunirent avec l'évêque et M. Spencer, chez le père du néophyte, qui n'avait pas encore suivi l'exemple de son fils. La discussion fut si concluante en faveur de la vérité que le prélat finit par prier son neveu de discontinuer ses instances, lui observant que son ami ne tarderait pas à encourir la disgrâce d'un père et d'un frère, en embrassant une foi qui n'était pas la leur. M. Spencer répondit noblement qu'aucune considération humaine ne pouvait désormais le retenir. Il alla de là dîner avec le neveu de l'évêque chez M. Cartrick, missionnaire, qui leva ses derniers doutes et reçut sa promesse de professer bientôt publiquement la doctrine dont il était pénétré. Il effectua cette résolution dans la chapelle de Sainte-Croix et reçut les sacrements de la Communion et de la Confirmation, le 14 février suivant, en présence de quatre prêtres catholiques, MM. Walsh, Weddal, Morgan et Cartrick. D'autres personnes suivirent cet exemple. Lord Spencer vint voir son fils le surlendemain, l'assurant qu'il n'avait rien perdu de son amitié et lui garantissant une pension de 3,000 livres en dédommagement de tous les avantages temporels qu'ils sacrifiait. »

— Vingt protestants ont fait profession du catholicisme le même jour que M. Spencer. Vingt-sept autres ont reçu l'instruction nécessaire à Wolverhampton, où il a passé quelques semaines, avant son départ pour Rome, chez le docteur Walsh. Enfin dix autres ont fait leur première Communion, le 21 février, à Hinckley, petite ville du même comté.

(*Morning Herald.*)

NOTE (*b*).

« Dès que Georges Spencer se destina au service de l'Église anglicane, il voulut suivre le conseil de saint Paul et garder la virginité pour être tout entier à Dieu et au soin des âmes. Aussi ne nous étonnons point de le voir, après sa conversion, choisir l'ordre austère des Passionistes, qui, dans ce temps-là même, cherchaient à s'introduire en Angleterre. Il ne songea d'abord qu'à y remplir avec simplicité les devoirs de novice, puis de profès, sans penser à devenir le promoteur d'un apostolat de prière pour son pays. Cependant cet ordre de pensées ne lui était pas étranger. Lui et ses amis priaient, célébraient ou entendaient des messes pour cet objet : ils s'encourageaient mutuellement par lettres ou de vive voix à persévérer dans cette œuvre.

« L'épuisement de ses forces et son séjour en France furent les moyens dont la Providence se servit pour le diriger dans cette voie particulière.

« En 1838, il venait de prêcher deux missions paroissiales : sa santé donnait des inquiétudes. Il partit, sur les instances du médecin, pour la France, en compagnie d'un jeune ami, sir Ambroise Lisle Philipps, dont la conversion avait précédé la sienne.

« A son arrivée à Paris, et dès la première visite qu'il fit à Mgr de Quélen, il redit ce qu'il répétait souvent : que ce dont on avait besoin en Angleterre, ce n'était plus le rappel des lois cruelles, qui avaient si longtemps opprimé les catholiques, mais le secours d'en haut et la prière des âmes ferventes ; qu'on pouvait beaucoup espérer, si les Français voulaient s'unir pour cet objet.

« Comme il parlait ainsi de l'abondance du cœur sans proposer aucun plan, le prélat le contraignit en quelque sorte à formuler sa demande, par la chaleur avec laquelle il entra dans ses vues. Il lui donna rendez-vous à Saint-Sulpice, où environ quatre-vingts prêtres devaient lui adresser leurs remerciments à la clôture d'une retraite pastorale. L'archevêque présenta à ses prêtres le noble converti devenu l'humble disciple de Saint-Paul de la Croix et leur proposa de prier tous les jeudis pour la conversion de l'Angleterre.

« La proposition fut favorablement accueillie, et, dès le jeudi suivant, plusieurs prêtres célébrèrent la sainte messe à cette intention. Ainsi l'élan était donné : les maisons religieuses le propagèrent ; archevêques et évêques lui prêtèrent le concours de leur autorité.

« Encouragé par la Providence et par les autorités les plus vénérables, le P. Spencer se mit alors à parcourir les villes et à visiter les maisons religieuses, les prélats et les personnages influents qui se trouvaient sur son chemin, sans en excepter les protestants. Sa naissance et son nom lui ouvraient les portes ; et c'est ainsi qu'il fut reçu par l'empereur d'Autriche et par d'autres têtes couronnées, et qu'il porta son habit de Passioniste jusque dans les salons de la reine Victoria et de ses ministres.

« En Hollande et en Belgique, l'union de prières s'établit. En Irlande, le motif héroïque proposé par le P. Spencer, pour animer ce peuple malheureux, était l'occasion d'accomplir à la lettre le précepte du Seigneur : « Priez pour ceux qui vous persécutent. »

« A Rome, le docteur Wiseman prit chaudement l'affaire à cœur. Pour régulariser le mouvement, il proposait d'appliquer à cet objet de communs désirs, la dévotion des Quarante-Heures, et celle du Rosaire, parce que le Saint-Sacrement et la sainte Vierge avaient été des objets spéciaux d'outrage national en Angleterre.

« Devenu évêque de Mellipotamos, le futur cardinal écrivit des lettres à la plupart des évêques de France. Ils y répondirent en publiant des mandements pour inviter leurs diocésains à prier pour la conversion de cette *île des saints*, devenue le foyer de toutes les erreurs. Celui de Mgr Parisis publiait en même temps un rescrit de Sa Sainteté Grégoire XVI, accordant une indulgence plénière en forme de jubilé aux fidèles du diocèse de Langres qui rempliraient les conditions indiquées par le prélat. Mais il eût manqué quelque chose à tant d'efforts, s'ils n'eussent pas été partout sanctionnés et enrichis d'indulgences par la suprême autorité du successeur du Prince des Apôtres.

« Au mois de mai 1850, Pie IX accordait une indulgence de 300 jours pour chaque prière faite pour la conversion de l'Angleterre. Le 9 mars de l'année suivante, à la requête de quelques dames anglaises, le même Pontife daignait accorder une indulgence plénière, une fois par mois, pour ceux qui prieraient chaque jour à cette intention. Au mois de septembre, le P. Spencer, après avoir soumis ses plans au cardinal Barnabo, obtint plusieurs audiences du Souverain-Pontife.

« Quelques détails de ces entrevues nous intéressent au point de vue des sectes de l'Orient. Ainsi le Saint-Père dit, au sujet du mémoire à présenter : « Souvenez-vous que je ne « veux plus de l'Angleterre toute seule ; il n'y faut pas son« ger. » — « Saint-Père, répondit le postulant, ce change« ment est fait. L'entreprise est pour toutes les nations sépa« rées ; seulement on met l'Angleterre en avant, comme le « point d'attaque important. J'oserai toutefois demander à « Votre Sainteté que le terme d'*hérétique* ne soit pas employé « pour désigner ceux qui sont l'objet de nos prières. Pour « moi, je ne me reconnais point coupable d'hérésie volon« taire avant ma conversion, et en général je ne reconnais « point que mes compatriotes en soient coupables non plus. » — « Ah ! que dites-vous ? reprit le Pape... » Puis, après un moment de réflexion, il approuva d'un gracieux signe de tête.

« Pour bien entendre ceci, il faut se souvenir que l'opiniâtreté est le caractère du péché d'hérésie. L'erreur est un malheur plutôt qu'un crime pour ceux qui ont été élevés dans l'hérésie et qui sont dans la bonne foi. Elle ne peut être imputée à crime aux enfants, ni aux âmes innocentes, qui appartiennent à l'Eglise par le baptême et par le cœur, et ce lien secret peut suffire à les sauver. Mais pour la généralité des adultes, cette possibilité est une de ces exceptions qui confirment la règle : *Hors de l'Eglise, point de salut.* Car ils ont le malheur d'être privés des Sacrements de réconciliation et des autres secours avec lesquels, nous autres catholiques, nous avons encore de la peine à éviter notre perte éternelle.

« Voyant donc dans la plupart de nos frères séparés des victimes de l'hérésie plutôt que des hérétiques formels, nous nous sentons pressés de faire descendre sur eux des torrents de grâce, afin qu'ils puissent être rétablis avant la mort dans la plénitude de la Communion catholique.

« Dans cette vue de charité, le 16 novembre 1854, Pie IX, consentant à ce que le nom d'*hérétique* ne figurât point dans les pièces, étendait, à la requête du P. Spencer, l'indulgence de 300 jours à *toute prière* faite pour les *non catholiques* de tous les pays. »

JOHN-HENRY NEWMAN

John-Henry Newman, né en 1801, et fils d'un banquier de Londres, fit de brillantes études à l'université d'Oxford, dont il devint un des membres les plus distingués. Après avoir occupé d'importantes fonctions dans l'Eglise officielle anglicane, il eut le bonheur plus tard de rentrer dans le sein de la vraie Eglise, et il est devenu un des champions les plus redoutables du catholicisme.

Provoqué dernièrement par un habile polémiste, il a cru devoir se défendre contre la calomnie. Telle est l'origine du volume intitulé *Apologia pro vita sua*: — *Apologie de ma vie*, ou *Histoire de mes opinions religieuses*.

Nous détachons de ce volume si remarquable quelques pages pleines d'intérêt sur les premières années de cet illustre écrivain (1).

§ I. — *Impressions de ses premières années.*

« On peut concevoir facilement quelle épreuve c'est pour moi d'écrire ma propre histoire, ainsi que je le vais

(1) Le volume, *Histoire de mes Opinions religieuses*, a été traduit en français par Georges du Pré de Saint-Maur. — 2e édition, 1 vol. in-12 de 564 pages. — Paris, Douniol.

faire ; mais je ne dois pas reculer devant la tâche. Cette parole : *Secretum meum mihi*, retentit sans cesse à mon oreille ; mais, à mesure que l'homme approche de sa fin, il craint moins les révélations.

« On m'apprit dès mon enfance à trouver une jouissance extrême dans la lecture de la Bible ; mais je n'eus pas d'opinions religieuses bien précises jusqu'à l'âge de quinze ans. Il va sans dire que je possédais parfaitement mon catéchisme.

« Lorsque j'eus grandi, je mis sur le papier ce que je me rappelais des pensées et des sentiments de mon enfance et de ma première jeunesse sur les sujets religieux. Parmi ces souvenirs, j'en choisis deux, ceux qui me paraissaient être les mieux définis, et qui ont quelques rapports avec mes convictions ultérieures.

« Dans la note à laquelle je me suis reporté, écrite, soit pendant les grandes vacances (1) de 1820, soit en octobre 1833, les remarques suivantes sur mon temps de collége étaient suffisamment présentes à ma mémoire pour qu'il me soit permis de les considérer comme dignes d'être rapportées.

« J'étais très-superstitieux, et, pendant quelque temps, antérieurement à ma conversion (quand j'atteignis quinze ans), j'avais l'habitude constante de me signer lorsque j'allais dans l'obscurité.

« Evidemment cette habitude avait dû me venir d'une source extérieure quelconque ; mais d'où m'était-elle venue? Je ne puis faire aucune conjecture à ce sujet ; bien certainement personne ne m'avait entretenu de la religion catholique que je connaissais de nom seulement.

---

(1) L'année est divisée à Oxford en quatre trimestres, séparés par quelques jours de vacances. — Les longues vacances qui terminent l'année scolaire commencent vers l'époque de la Fête-Dieu et finissent au mois d'octobre.
(*Note du traducteur.*)

« J'avais été une fois à la chapelle de la rue de Warwick avec mon père qui voulait, je crois, entendre quelque morceau de musique ; tout ce que j'en rapportai fut le souvenir d'une chaire, d'un prédicateur et d'un enfant balançant un encensoir.....

« Quand je fus âgé de quatorze ans, je lus les traités de Paine contre l'Ancien Testament, et je trouvai du plaisir à songer aux objections qu'ils contenaient. Je lus aussi quelques-uns des *Essais* de Hume, peut-être l'*Essai sur les miracles*. C'est là du moins ce que je donnai à entendre à mon père ; mais peut-être était-ce une vanterie. Je me souviens d'avoir également copié quelques vers français, de Voltaire, sans doute, contre l'immortalité de l'âme, en me disant quelque chose comme ceci : « Que c'est effrayant, mais que c'est plausible ! »

« Lorsque j'eus quinze ans (dans l'automne de 1816), il s'opéra un grand changement dans mes pensées. Je tombai sous l'empire d'un symbole défini, et le dogme grava dans mon esprit des impressions qui, par la grâce de Dieu, ne seront jamais effacées ni obscurcies. »

§ II. — *Impressions faites par l'étude.*

« La grande doctrine catholique de la lutte entre la cité de Dieu et les puissances des ténèbres fut encore profondément gravée dans mon esprit par un ouvrage d'un caractère tout opposé, l'*Appel sérieux* (*Serious Carll*) (1), de Law.

« A dater de ce moment, j'ai donné un plein assentiment,

(1) *Serious call to a devout life. Appel sérieux à une vie pieuse*, livre émouvant écrit il y a environ quatre-vingts ans.
(*Note du traducteur.*)

j'ai accordé une foi entière à la doctrine de l'éternel châtiment, telle qu'elle a été enseignée par Notre-Seigneur lui-même, aussi sincèrement qu'à la doctrine de l'éternelle félicité, bien que j'aie essayé de diverses manières de rendre cette vérité moins terrible pour la raison.

« En 1822, je me trouvai sous des influences très-différentes de celles auxquelles j'avais été soumis jusqu'alors. A cette époque, M. Whately, plus tard archevêque de Dublin, me témoigna beaucoup de bonté pendant son séjour de peu de mois à Oxford, qu'il allait quitter définitivement. Il m'en donna une nouvelle preuve en 1825, quand il devint principal d'Alban-Hall (1), en me choisissant pour vice-principal et *tuteur*. Je parlerai du Dr Whately tout à l'heure, car, de 1822 à 1825, je vis surtout le docteur Hawkins, prévôt d'Oriel aujourd'hui, à cette époque curé de Sainte-Marie; et quand je pris les Ordres en 1824 et fus nommé vicaire à Oxford, je me trouvai alors pendant les longues vacances en relations toutes spéciales avec lui. Je puis dire du fond du cœur que je l'aime et n'ai jamais cessé de l'aimer.

« Au point de vue des doctrines, c'est grâce à lui que de nombreux articles s'ajoutèrent à ma foi. Il me donna le *Traité sur la prédication apostolique* de Sumner, depuis archevêque de Cantorbéry ; qui me fit abandonner les restes de calvinisme qui étaient en moi, et admettre la doctrine de la régénération baptismale. Il me servit encore de bien

---

(1) L'Université d'Oxford se divise en plusieurs colléges, dont chacun possède séparément des propriétés considérables. L'étudiant, arrivé par une suite d'examens au grade de *fellow* (socius), a droit à une part du revenu de ces biens. — Les *tutors* sont des *fellows* nommés par le principal ou prévôt de chaque collége ; ils demeurent au milieu des étudiants et les surveillent. — Alban Hall est un de ces colléges. — Oriel est celui auquel appartenait le docteur Newman.
(*Note du traducteur.*)

d'autres façons en des questions moitié religieuses, moitié scolastiques.

« C'est avec bonheur que je rends ici hommage à la mémoire du Révérend William James, alors fellow d'Oriel. Vers l'année 1823, durant une promenade que nous fîmes, je crois, autour de la prairie de Christ-Church, il m'enseigna la doctrine apostolique. Je me souviens de m'être alors impatienté quelque peu en traitant ce sujet.

« Ce fut, je crois, vers le même temps, que je lus l'*Analogie* de l'évêque Butler (1), dont l'étude marqua une ère nouvelle dans les opinions religieuses de tant d'autres comme dans les miennes. Les points caractéristiques qui frappent tout d'abord les lecteurs de ce grand ouvrage, sont l'Église visible, oracle de vérité et modèle de sainteté, les devoirs de la religion extérieure, le caractère historique de la révélation (2). »

Notre cadre ne nous permet pas de raconter ici quelles luttes eut à soutenir le docteur Newman avant d'entrer en pleine lumière de l'Evangile.

On voit dans l'*Histoire de ses opinions religieuses* quels ouvrages contribuèrent à lui ouvrir les yeux et le déterminèrent à réfuter généreusement lui-même tout ce qu'il avait écrit contre le catholicisme.

§ III. — *Ses succès dans la cure de Sainte-Marie.*

M. Newman avait cherché, plus qu'aucun de ses amis et collaborateurs, à faire revivre dans l'Eglise anglicane les

---

(1) Analogie entre la religion naturelle ou révélée et le système du monde.
(2) *Histoire de mes Opinions religieuses*, 1868, par le docteur Newman.

travaux et les pratiques catholiques. Il a toujours été regardé comme le chef de l'école d'Oxford, quoique ses disciples n'aient pas été appelés de son nom ; son influence a été, sinon supérieure, au moins égale à celle du savant docteur Pusey. Profond penseur et brillant écrivain, M. Newman s'est toujours fait remarquer par la solidité de sa science et la franchise de son caractère. Il n'avait jamais reçu le titre de docteur, sa modestie s'étant contentée de prendre le grade de bachelier en théologie.

M. Newman n'était pas professeur public de l'Université, mais il a été professeur très-distingué du collége d'Oriel, dont il était l'un des *fellow*. Il avait joui aussi d'un des bénéfices dont dispose ce collége, celui de curé de Sainte-Marie, l'une des églises paroissiales d'Oxford. Il fut nommé à Sainte-Marie en 1828. C'est dans le cours des sermons prêchés en cette église qu'il a développé à la jeunesse studieuse de l'Université les doctrines qu'on lui a reprochées depuis, et qu'il a jeté le germe et hâté le développement du parti religieux dont les ramifications s'étendent dans toute la Grande-Bretagne.

La parole simple et puissante du curé de Sainte-Marie acquit un si grand prestige que les chefs des colléges, pour la plupart attachés aux traditions protestantes, essayèrent de détourner les jeunes étudiants d'assister aux sermons prêchés dans cette église ; mais le conflit qu'ils firent naître tourna au triomphe de l'orateur : il n'en eut pas moins d'auditeurs et le nombre de ses admirateurs s'accrut.

§ IV. — *Il donne sa démission de la cure de Sainte-Marie.*

Peu de temps après avoir rétracté les propositions émises contre l'Eglise de Rome dans ses divers ouvrages, M. Newman prit une résolution qui fut, durant plusieurs semaines, le thème de curieuses interprétations de la part de la presse anglaise. Il donna sa démission de la charge importante de curé de Sainte-Marie. Voici ce qu'il écrivait à ce sujet, le 25 octobre 1843, à un de ses amis :

« Je dois vous le dire franchement, ce n'est ni par désappointement, ni par irritation, ni par impatience qu'à tort ou à raison, j'ai résigné Sainte-Marie ; c'est parce que l'Eglise de Rome est, à mes yeux, l'Eglise catholique ; c'est parce que la nôtre n'étant pas en communion avec Rome, n'est point une partie de l'Eglise catholique ; c'est enfin parce que je ne crois pas pouvoir rester plus longtemps chargé, dans son sein, de la mission d'enseigner.

« Cette pensée me vint il y a eu quatre ans l'été dernier.

« J'en fis part à deux amis pendant l'automne. Elle surgit en moi, pour la première fois, des controverses monophysites et donatistes ; j'avais été engagé dans la controverse monophysite par le cours de mes études théologiques.

« Il y a trois ans que, vu l'état de mes opinions, je pressai, mais en vain, le prévôt de permettre que Sainte-Marie fût séparée de Littlemore ; je pensais que je pouvais, en toute sûreté de conscience, desservir Littlemore, tandis que je ne pouvais demeurer sans inquiétude dans un lieu aussi public qu'une Université.

« Finalement, j'ai agi en me conformant à des avis : ces avis, je ne les ai pas cherchés ; ils sont venus à moi dans l'accomplissement de mon devoir ; ce ne sont pas seulement les avis de ceux qui pensent comme moi, mais ceux d'amis intimes dont les sentiments diffèrent des miens.

« Je n'ai, que je sache, rien à me reprocher en fait d'impatience, du moins pratiquement ou dans mes actes, et j'espère que *Celui* qui m'a gardé jusqu'ici dans la marche lente de ma transformation, me gardera encore de toute précipitation dans ma conduite et de toute résolution prise avec une conscience incertaine. »

Quelques personnes virent dans cette nouvelle démarche un premier pas vers l'Eglise catholique. Il semblait que le profond théologien cherchât à se dégager peu à peu des liens qui l'attachaient à l'anglicanisme, afin de pouvoir le juger avec plus de liberté.

M. Newman avait depuis longtemps songé à donner sa démission. Dès l'année 1843, il s'était ménagé un lieu de retraite à Littlemore, l'annexe de sa paroisse, à une lieue d'Oxford. Là il avait loué un bâtiment pour loger sa nombreuse bibliothèque. Ce bâtiment étant beaucoup trop grand pour l'usage auquel il le destinait, il conçut le dessein de s'y retirer pour s'éloigner des troubles d'Oxford. Il fut heureux de pouvoir en même temps offrir un lieu de repos à ses amis. La maison fut appelée par lui le presbytère de Littlemore, où une petite église fut bâtie par ses soins; mais ses antagonistes se plaisaient à nommer cette maison son monastère. C'est dans cette retraite que MM. Lockart, Dalgairns et plusieurs autres ont puisé les germes de la science qui les a ramenés à la vérité.

L'isolement dans lequel vécut M. Newman depuis le jour où il se démit de sa cure de Sainte-Marie, jusqu'à celui où il est entré dans le sein de la véritable Eglise, ne laissait pas que d'inspirer des craintes assez vives à ses amis. L'année qui précéda sa conversion a surtout été féconde en conjectures. M. Newman ne prêchait plus, n'écrivait plus et ne se montrait nulle part. Que se passait-il dans cette grande intelligence ?

Ce qui s'y passait est facile à deviner ; son âme s'était ouverte au doute, et sa conscience délicate lui imposait le devoir de rester silencieux jusqu'à ce qu'il eût dissipé les ténèbres de son esprit. Il y aurait eu peu de sagesse de continuer à défendre un système qu'il pouvait être amené à condamner plus tard ; dans le doute, M. Newman s'abstint de prendre part aux controverses qui s'élevèrent lors de la publication du dernier ouvrage de M. Ward, et des poursuites dont l'auteur et le livre furent l'objet.

§ V. — *Son abjuration du protestantisme.*

M. Newman avait pris la résolution de se soumettre à l'Eglise. Seulement des circonstances particulières le décidèrent à ajourner la réalisation de ce grand projet jusqu'à la fin de l'année 1845, époque où il devait avoir achevé un ouvrage important pour la défense de l'Eglise de Rome et de ses doctrines.

La grâce de Dieu devança ses projets, en ne lui permettant pas d'ajourner si longtemps sa sainte résolution (1). Voici dans quelles circonstances il abjura l'erreur :

Le 29 septembre, jour de la Saint Michel, le pieux disciple de M. Newman, M. Dalgairns, avait fait sa profession de foi catholique dans la chapelle des Passionistes, à Aston-Hall. Il retourna ensuite à Littlemore, d'où il écrivit au Révérend Père Dominique de la Mère de Dieu, provincial de l'Ordre des Passionistes en Angleterre, pour l'inviter à pas-

---

(1) Voici ce qu'il a écrit lui-même à ce sujet :

« J'avais commencé mon *Essai sur le développement de la Doctrine* dans les premiers mois de 1845, et j'y travaillai avec ardeur toute l'année jusqu'au mois d'octobre. A mesure que j'avançai, l'horizon s'ouvrit si clairement devant moi qu'au lieu de parler des « catholiques romains », je les appelai hardiment les « catholiques. » Avant d'arriver à la fin, je résolus de demander mon admission ; et le livre resta inachevé, dans l'état où il était alors. »

ser à Oxford en allant en Belgique, où il était obligé de se rendre.

Le saint religieux ne perdit pas un instant; la voix de Dieu lui inspira sans doute qu'il y avait à Oxford une riche moisson à recueillir. Il se mit donc en route, en priant le Ciel de bénir son voyage, et il arriva à Oxford le soir du même jour, à dix heures, par une pluie battante qui, durant cinq heures, lui était tombée sur le corps (car les diligences anglaises offrent aux voyageurs l'avantage de les laisser complètement à découvert). En descendant de voiture, le Père Dominique trouva M. Dalgairns, venu à sa rencontre avec M. Saint-John, qui avait fait sa profession de foi à Prior-Park, le 2 octobre. La première parole qu'ils firent entendre au religieux fut de lui annoncer que M. Newman, leur ami et leur maître, était décidé à suivre l'exemple qu'ils lui avaient donné. Cette nouvelle fit oublier au bon Dominique les fatigues de son voyage, et il monta aussitôt en voiture pour se rendre auprès de M. Newman. A onze heures, il arrivait à Littlemore, dans la maison de retraite où Dieu a favorisé de grâces si abondantes le chef du puséisme. Il s'approchait à peine du feu pour sécher ses vêtements, que M. Newman entra dans le salon, se prosterna aux pieds du Père passioniste, et, après lui avoir demandé sa bénédiction, il le pria de le confesser et de le recevoir dans l'Eglise de Jésus-Christ. A ce spectacle, des larmes de joie baignèrent les joues du saint religieux, qui se mit en prière et se rendit aussitôt à la demande de celui que l'Eglise allait admettre au nombre de ses enfants. M. Newman passa la nuit à faire sa confession générale. Le lendemain matin, le Père Dominique confessa les révérends MM. Bowles et Stanton, qui, le soir du 9 octobre, firent leur profession de foi catholique dans la forme ordinaire, avec une ferveur à laquelle le Passioniste a rendu un touchant témoignage. Cette cérémonie se fit dans l'oratoire particulier de M. Newman. Ces messieurs reçurent ensuite l'absolution et le sacrement de baptême *sub conditione*. Le lendemain matin, 10 octobre, le Père Dominique dit la messe dans la chapelle de la maison, et donna la communion à MM. Newman, Saint-John, Bowles, Stanton et Dalgairns. Après la cérémonie, le Père Dominique fut conduit par M. Dalgairns chez un gentleman de Littlemore, nommé Woodmason. Arrivé là, le maître de la maison, sa femme et leurs deux filles, demandèrent à se confesser; ils furent, aussitôt après, reçus dans l'Eglise (1).

Ainsi s'accomplit, sans bruit, sans ostentation, l'événement qui, considéré soit au point de vue de son importance, comme fait isolé, soit à celui de son influence indubitable sur les conversions qui le suivirent, peut être désigné, sinon comme la fin providentielle du mouvement tout entier, du moins comme le symbole et la mesure de son résultat véritable. Trois semaines après sa conversion, M. Newman s'agenouillait avec ses compagnons et un membre du clergé anglican, reçu depuis dans l'Église, devant l'autel de Sainte-Marie à Oscott, pour recevoir le don du Saint-Esprit dans le sacrement de Confirmation. C'était le jour de Tous les Saints, 1ᵉʳ novembre 1845. Le sacrement leur fut administré par le très-révérend Mgr Wiseman, qui suivait depuis longtemps le mouvement d'Oxford avec le plus profond intérêt, et voyait dans l'événement de ce jour l'accomplissement d'une longue suite d'espérances mêlées d'inquiétudes et de ferventes prières. (*Historical notes on the Tractarian Movement*, p. 98.)

Quant à M. Newman, peu après sa conversion, il quitta sa

---

(1) Voyez à la fin de ce chapitre une note sur le P. Dominique (*a*).

demeure chérie de Littlemore, et se retira au collége d'Oscott, dans *Saint-Mary's-Vale*, établissement que le docteur Wiseman fit disposer pour recevoir les ministres et membres des Universités récemment convertis, qui désireraient faire des études théologiques. Il y resta jusqu'au moment où il partit pour la Ville sainte (1).

M. Newman alla se prosterner au tombeau des Apôtres, conformément au vœu qu'il en avait fait. Quelles douces émotions ont dû s'emparer de son âme, quand, approchant du marbre qui recouvre les reliques du premier évêque de Rome, il a vu monter à l'autel le Vicaire de Jésus-Christ,

---

(1) Le docteur Newman écrivait à un ami à ce sujet :

« 20 janvier 1846. — Vous pouvez vous figurer mon isolement. *Obliviscere populum tuum et domum patris tui!* Cette parole a résonné à mon oreille pendant les douze heures qui viennent de s'écouler. Ce que je comprends le mieux, c'est que nous quittons Littlemore ; et pour moi, c'est comme si nous nous lancions en pleine mer.

« Je quittai Oxford définitivement le lundi 23 février 1846. Le samedi et le dimanche précédents, je me trouvai dans ma maison de Littlemore tout seul, comme les premiers jours où j'en avais pris possession. Je passai la nuit du dimanche chez mon cher ami, M. Johnson, à l'Observatoire. Plusieurs autres amis vinrent me voir pour la dernière fois; MM. Copelard, Church, Buckle, Pattison et Lewis. Le docteur Pusey vint aussi prendre congé de moi ; et j'allai faire une visite au docteur Ogle, un de mes plus vieux amis, car il était mon *private tutor*, alors que j'étais étudiant. En lui, je pris congé de la *Trinité*, mon premier collége, qui m'était si cher et renfermait tant d'hommes si bons pour moi dès mon enfance et durant toute ma vie d'Oxford. Le collége de la *Trinité* ne s'était jamais montré sévère pour moi. En face de la chambre d'étudiant que j'y avais occupée, des mufliers croissaient en foule sur les murs ; et, pendant des années, j'avais vu dans ces fleurs l'emblème de ma vie, qui resterait, elle aussi, attachée à mon Université, jusqu'à la mort.

« Dans la matinée du 23, je quittai l'Observatoire. Depuis, je n'ai jamais revu Oxford, si ce n'est quand ses tours m'apparaissent au loin, du chemin de fer. »

le successeur de Saint-Pierre, qui, par une heureuse coïncidence, venait par dévotion célébrer la sainte Messe sur ce tombeau ! Que de pensées consolantes ont dû naître de ce rapprochement dans l'esprit de celui qui venait de faire acte de soumission à l'autorité de l'Eglise !... M. Newman a été accueilli par Pie IX et par les hauts dignitaires de l'Eglise avec les plus grandes marques de distinction et de bienveillance. Il entra ensuite au collége de la Propagande.

La résolution de M. Newman a mis en déroute un tiers du clergé anglican. Jusqu'alors l'établissement national avait perdu des individus ; dans la personne de M. Newman il perdait un chef d'école, un homme qu'un parti considérable de l'Eglise nationale entourait de son respect et de son admiration. Ses disciples lui étaient attachés jusqu'à l'enthousiasme ; ils réglaient leur conduite sur la sienne, et, à l'heure du danger, ils lui confiaient aveuglément leurs destinées comme à leur plus habile pilote. Il est assez naturel que la soumission de cette haute intelligence à l'autorité de l'Eglise ait jeté le trouble dans les rangs du puséisme, car l'anglicanisme ne possédait ni dans son épiscopat, ni dans ses universités, ni dans son nombreux clergé, un homme jouissant, comme théologien, d'une autorité égale à la sienne.

M. Newman ayant quitté Rome, rentra dans sa patrie après avoir été ordonné prêtre dans le cours de l'année qu'il passa dans la Ville sainte. Il avait résolu de rétablir l'Ordre des Oratoriens, et un grand nombre de ses amis devinrent ses disciples et ses collaborateurs dans cette œuvre importante. En vertu d'un bref du Saint-Siége, il établit donc l'ordre des Oratoriens de Saint-Philippe de Néri, d'abord aux environs de Birmingham, au cœur même de l'Angleterre et au centre du mouvement, puis ensuite à Londres.

13.

Plus tard, M. Newman reçut du Souverain Pontife un témoignage de satisfaction auquel applaudirent les catholiques de tous les pays. Le vicaire apostolique du district central, M. Ullathorne, a remis au savant théologien un bref de Pie IX, qui lui confère le titre de docteur. Cette cérémonie s'est faite dans la chapelle de l'Oratoire de Birmingham. Après les prières d'usage, l'Oratorien reçut le bonnet et l'anneau, insignes de sa dignité.

Le Père Newman a répondu, dans les lignes suivantes à tous ceux qui s'étaient permis de faire courir des bruits malveillants sur la sincérité et la solidité de sa conversion :

« Du jour où je suis devenu catholique, je n'ai naturellement plus à raconter l'histoire de mes opinions religieuses. Je ne veux pas dire que mon esprit soit resté oisif, ni que j'aie cessé d'occuper ma pensée de sujets théologiques ; mais que je n'ai aucun changement à raconter et que mon cœur n'a ressenti d'anxiété d'aucune sorte. J'ai été dans une paix et un contentement parfaits. Je n'ai jamais éprouvé un seul doute. Lors de ma conversion, je n'eus, vis-à-vis de moi-même, la conscience d'aucun changement intellectuel ou moral opéré dans mon esprit. Je ne me sentais ni une foi plus ferme aux vérités fondamentales de la Révélation, ni plus d'empire sur moi-même. Je n'avais pas plus de ferveur, mais j'étais comme le voyageur qui rentre au port après la tempête. Et la jouissance de ce repos a duré jusqu'aujourd'hui, sans interruption.

« Je n'éprouvai non plus aucune peine à accepter les articles additionnels qui ne font pas partie du symbole anglican. Quelques-uns de ces articles, je les croyais déjà ; aucun ne m'imposa un acte de soumission pénible. Le jour de ma réception dans le sein de l'Eglise catholique, j'en fis profession avec la plus grande facilité ; j'ai la même facilité à les croire aujourd'hui. »

NOTE (*a*). — LE P. DOMINIQUE.

« Le P. Newman a esquissé le portrait de l'homme vénérable, auquel fut accordé le bonheur insigne de le recevoir dans l'Église catholique. Dans le récit intitulé *Loss and Gain*, il raconte éloquemment l'histoire de la fondation providentielle, au milieu de l'incrédulité du xviiie siècle, de l'Ordre des Passionistes, dans lequel des religieux austères offraient à Dieu leurs privations et leurs châtiments volontaires pour la conversion des âmes. Leur vénérable fondateur avait reçu dans sa solitude du mont Cœlius, en face de la vieille église de Saint-Grégoire, une inspiration analogue à celle qu'avait jadis reçue ce grand pape, et était mort en priant pour *ses fils d'Angleterre*. Vers la même époque, un petit pâtre, gardant son troupeau sur les Appennins, près de Viterbe, et priant devant une statue de la Madone, se sentit « puissamment averti, au dedans de lui-même qu'il était destiné à prêcher l'Évangile sous les cieux du Nord. » Il devint frère convers, puis religieux chez les Passionistes, sous le nom de frère Dominique de la Mère de Dieu. Son cœur et sa pensée furent mystérieusement tournés vers l'Angleterre. Il attendit trente ans, et au terme de cette longue préparation, pendant laquelle sa vocation secrète ne varia pas, l'obéissance l'amena sur cette terre lointaine que Dieu lui désignait comme le champ de son apostolat. Après plusieurs années d'épreuves, la même main qui l'avait conduit jusque-là le conduisit à Littlemore, pour y recevoir l'abjuration du docteur Newman et de plusieurs de ceux qui, depuis si longtemps, cherchaient avec lui la vérité.

« Le P. Dominique mourut en 1849. Son agonie elle-même fut comme le dernier acte de son apostolat. Saisi de douleurs cruelles, au milieu d'un de ses pieux voyages, et n'ayant, comme son Maître, où reposer sa tête, il fut accueilli par une famille protestante, et frappa ses hôtes d'une telle admiration, par le spectacle de sa sainte mort, que tous, dit le P. Faber, l'auraient volontiers servi à genoux. Ses Frères se souvinrent alors que, depuis quelques années, il s'humiliait devant Dieu des respects dont il était involontairement l'objet, et lui demandait, comme une grâce, de mourir comme il était né, sous le toit du pauvre.

« Qu'il soit permis à des Français de rappeler qu'au temps même où Dieu éveillait mystérieusement dans le cœur d'un pâtre italien le besoin de travailler au salut de la lointaine Angleterre, il inspirait à l'un de nos plus saints prêtres la même affection et lui apprenait à travailler à la même œuvre, par l'apostolat de la prière. Au centre le plus fréquenté de Paris, dans une église presque abandonnée, depuis les mauvais jours du siècle dernier, ce serviteur de Dieu rétablissait le culte de Notre-Dame des Victoires, et sa plus constante demande aux fidèles qui l'y suivaient en foule et qui y vénèrent aujourd'hui sa mémoire, était de prier pour la conversion de L'Angleterre. Pendant plus de vingt ans, ces prières ignorées de ceux pour lesquels elles s'élevaient à Dieu, se joignirent aux mérites de tant d'âmes généreuses qui marchaient laborieusement vers la vérité, et Notre-Dame des Victoires, tendant ses bras maternels vers ceux qui ne savaient pas encore la prier, obtenait pour eux la lumière et le repos.

(Georges du Pré de Saint-Maur.)

FRÉDÉRIC-WILLIAM FABER [1]

§ 1er. — *Ses premières années ; souvenirs d'enfance.*

Frédéric-William Faber était né à Calverley, près de Bradford, dans l'Yorkshire, le 28 juin 1814. Il était fils de l'avoué de l'évêque anglican de Durham, et en cette qualité il habita quelque temps avec sa famille chez le docteur Aukland, qui occupait ce siége épiscopal. William Faber eut trois frères, qui jusqu'ici sont demeurés protestants et lui survivent : l'un, le général Faber, du corps du génie à Madras; l'autre, le Révérend Francis Faber, recteur de Saunderton; le troisième exerce les fonctions d'avocat dans le barreau de Strokton-Tees.

La famille de Faber, était d'origine française, elle était sans doute venue, après la révocation de l'édit de Nantes, chercher en Angleterre un asile assuré.

---

[1] Dans cette seconde édition, nous nous sommes servi pour compléter la notice sur le P. Faber des articles publiés par M. le chanoine de Cabrières dans l'excellente *Revue de l'enseignement chrétien*. Ces détails biographiques de l'illustre oratorien sont traduits des journaux anglais.

Il avait une mère très-tendre, si tendre, disait-il lui-même plus tard, « qu'elle lui avait donné la mesure double de l'amour auquel il avait droit. » Il la perdit quand il n'avait que quinze ans ; mais son cœur resta plein de cette chère et douce image. Bien des fois, dans ses poëmes, il a parlé de cette impérissable douleur.

Dans une lettre à son frère, datée de Pise, en 1841, il laisse voir le fond de son âme, tout entière livrée à ces ineffables émotions de souvenir et de regret :

« Le terrain sur lequel s'élèvent la Cathédrale, le Campanile, le Baptistère et le Camposanto, était couvert de trèfle blanc en fleurs, dont l'odeur pénétrante remplissait l'air. Ce parfum était d'une nature telle que, en un instant, monument, art, histoire, Pise, l'Italie, tout a disparu. Mes yeux ouverts voyaient, mais il ne voyaient pas ce qu'ils auraient dû réfléchir.

« J'étais en Angleterre ; et la *Tour penchée* semblait marquer, pour mon regard, la place exacte de cette fenêtre de notre salon d'Auckland, qui donnait sur la porte de l'Evêque, et dans l'embrasure de laquelle se trouvait cette vieille table salie, dont le tiroir était ma propriété réservée. C'est là que j'avais joué, si souvent et pendant de si longues heures, avec ma mère, au jeu des cartes géographiques. C'est là que, penché sur un épais volume, relié en cuir rouge, je lisais ces *Merveilles du monde*, parmi lesquelles la muraille de la Chine et la Tour de Pise m'avaient si fort intéressé. Oh ! je ne puis dire combien cette tour m'a rappelé ma mère ! Il m'a fallu un peu de temps pour sortir de cette impression et redevenir sensible à la réelle beauté de ce merveilleux spectacle. »

Pendant le même voyage à Constantinople, Faber montre encore, sur une feuille de son *Journal*, qu'il intitule :

Rêves d'un malade, combien sa pensée était pleine des pieuses et lointaines tendresses du foyer domestique.

« Le paysage était beau, mais la sainte tranquillité du soir était plus extraordinaire, plus émouvante que le paysage lui-même. C'était comme si mes crédulités enfantines se trouvaient justifiées, — et pourquoi non? — J'imaginais alors que les champs, les animaux, les oiseaux du ciel pouvaient connaître et célébrer le jour où leur Sauveur et le nôtre ressuscita d'entre les morts, pour racheter les hommes et les êtres sans raison ! Que de fois, le dimanche soir, me promenant avec ma mère, sur les sables de Seaton, je me suis étonné de voir les oiseaux de mer marcher tranquillement à côté de nous, sur le rivage, tout près du bord, tandis que les autres jours durant la semaine, ils s'en allaient effrayés.....

« Tout à coup mon regard crut reconnaître certaines lignes à l'horizon ; une flèche aiguë perça mon sein; le sentiment de ma douloureuse solitude s'abattit sur moi comme le souffle glacé d'un vent d'automne. Il me sembla que l'atmosphère s'était attristée et refroidie. J'aurais voulu être chez nous (*at home*). Mes pensées étaient dans les vastes vallées de Kent : l'Angleterre était au premier plan, Constantinople s'était effacée..... »

§ II. — *Impressions poétiques.*

Durant le temps qui s'écoula entre sa première enfance et son arrivée à Oxford, c'est-à-dire entre 1814 et le carême de 1833, Faber ne changea guère de séjour; il passa quelques années chez un *tuteur* (sorte de professeur), dans le Westmoreland; puis, après un court passage à Screwsburg et à Harra, il vint demeurer à Bishop-Auckland (Yorkshire), chez son père, qui était secrétaire du Dr Barrington, évêque anglican du beau siége de Durham. Quand au moment où il atteignait sa dix-neuvième année, il eut le malheur de rester orphelin, il entra dans la maison de son frère aîné, alors avocat dans la ville de Stockton-on-Tees.

Mais son pays de prédilection, celui de ses rêves et de ses enthousiasmes, ce fut cette *contrée du lac*, au centre du Westmoreland (la terre la plus occidentale), « qu'il put bien quitter de corps, mais d'où sa pensée ne s'exila jamais et vers laquelle, selon son témoignage, il soupirait » comme le prisonnier vers sa terre natale, lui trouvant toujours des beautés plus radieuses et prenant plaisir à la nommer son bonheur et sa joie (1) »

Nous rencontrons dans le *Journal de Voyage*, écrit en 1841, une belle page où le Westmoreland et ses lacs sont, selon l'expression du poëte, invisibles et présents.

« Un lac! Les sources profondes de mes anciennes joies jaillirent au dedans de mon cœur, et je reçus, au plus intime de moi-même, l'empreinte ineffaçable du paysage en face duquel je me trouvais. Toute la puissance de la beauté d'un soir d'automne régnait en ce lieu et y commandait les âmes. Oh! que cette vue était belle! qu'elle était belle! qu'elle était sainte! Ce n'était pas la lumière pourprée et brillante dont le voile de gaze transparente pare nos collines d'Angleterre; c'était un mélange ineffable de teintes légères, vertes et bleues, relevées de reflets d'or et qui s'harmonisaient avec la plus suave douceur....; on eût dit un message d'en haut, tant était éloquente l'intense tranquillité de la nature.

« L'aspect seul du lac, dont la surface n'avait pas une ride, éveillait les images du calme et de la paix céleste. Je

---

(1) Préface de sir Lancelot, édit. 1857.

me reculai. A l'arrière plan, les montagnes semblaient abaisser les nuages où leur crête se perdait; mais leurs profils se dessinaient sur l'horizon par un trait lumineux, dont la vue me suggérait la pensée étrange que derrière se trouvait une région éclairée par le soleil et que, pour l'avoir déjà visitée, je connaissais et j'aimais, je fis encore un pas pour m'éloigner; la même chaîne de montagnes, sombre tout à l'heure, étincelait sous les rayons obliques du couchant. Les bois n'avaient pas la sombre couleur des pins; ils étaient d'un vert léger sur lequel se détachaient des rochers blancs comme la neige, tandis que d'une caverne moussue sortait l'extrémité d'un arc-en-ciel brisé.... En un moment, les nuages revinrent et la pompe de cette magique soirée s'évanouit. Béni soit le Seigneur, le Dieu tout-puissant, le Roi souverain, m'écriai-je, et je ne fus pas le seul ému; mon compagnon dit aussi, comme s'il pensait tout haut : O vous, montagnes et collines, bénissez le Seigneur, louez-le, célébrez à jamais sa majesté. »

Faber était né poëte. « Il paraissait, dit son biographe, destiné par la Providence à devenir le poëte de l'église anglicane, au dix-neuvième siècle, et il serait, au point de vue littéraire et selon le jugement du célèbre Wordsworth, devenu le poëte de son siècle. » En ce sens, le même écrivain ne craint pas de dire que « la littérature anglaise a beaucoup perdu à ce que le jeune Frédéric William ait été tiré violemment, par la grâce, de la voie paisible et régulière dans laquelle il devait naturellement mettre le pied, pour être jeté dans une sphère d'activité tout autre, et soumis à des attractions si contraires en apparence à sa vocation intellectuelle. »

Heureusement, la littérature n'occupe qu'une place secondaire dans l'estime de Dieu, et sa main puissante aime mieux s'appliquer à créer le cœur d'un apôtre et d'un saint qu'à former même le génie d'un Racine ou d'un Corneille.

§ III. — *Etude de la Bible.*

Il n'y a pas à douter que, de très-bonne heure, Faber n'ait été, selon la coutume anglicane, exhorté à lire la sainte Bible. Nous trouvons dans ses papiers une page éloquente qui montre combien de charmes il avait su découvrir et goûter dans le Livre inspiré :

« Si l'hérésie arienne s'est propagée et s'est enracinée par la diffusion d'hymnes d'une très-grande valeur, mais écrites en langue vulgaire, ne peut-on pas affirmer aussi que, dans notre pays, l'un des plus forts remparts de l'hérésie consiste dans la beauté peu commune, dans la langue merveilleuse de la version protestante anglaise. Elle vit dans nos oreilles, comme une musique impossible à oublier, comme le son des cloches aimées, dont les convertis eux-mêmes ont peine à ne pas regretter l'harmonieuse douceur. Ses expressions sont si heureuses qu'elles ne rendent pas seulement la vérité sensible, elles la font vivre et palpiter. La Bible, c'est une partie intégrante de l'esprit national, c'est *l'ancre du sérieux de notre peuple.* S'il est trop vrai qu'on lui porte une sorte d'idolâtrie positive, cet excès se justifie aux yeux du savant et du lettré par les splendeurs incomparables de son style. Elle éternise, s'il est possible de s'exprimer ainsi, la mémoire des morts par les larmes et les regrets dont on la rend dépositaire. Les puissants souvenirs de l'enfance se lient à chacun de ses versets. Sous chacune de ses expressions on retrouve vivantes les épreuves et les tristesses d'une vie agitée; mais combien elle garde aussi fidèlement, pour les rendre éternellement jeunes et présentes les émotions douces, tendres, pieuses, bienfaisantes, pures, qui ont passé sur une âme et l'ont fait tressaillir. Jamais le doute ne l'a couverte de ses nuages ; jamais la controverse ne l'a déshonorée! Dans les bonnes et dans les mauvaises heures, elle a été comme la voix, silencieuse mais intelligible, de l'ange gardien. Ah! sur toute la surface du sol anglais, il n'est pas un seul protestant, qui conserve encore une étincelle du feu sacré de la foi, et dont la biographie religieuse ne soit contenue tout entière dans sa vieille et chère Bible saxonne. »

Et, toutefois, à ce moment, les croyances de Frédéric William ne semblent pas avoir été plus assises qu'elles ne le sont habituellement chez les jeunes hommes de sa religion. Les catholiques sont formés dès l'enfance à unir ensemble, au moins d'une manière spéculative, l'idée de la foi et celle de la piété; si bien qu'il leur paraît aussi impossible d'être pieux sans s'attacher à un symbole nettement défini, quil leur paraîtrait difficile d'aimer une personne dont l'existence ne leur serait pas démontrée. Chez les protestants, il n'en va pas ainsi : ils conçoivent le sentiment religieux comme pouvant vivre isolé d'une base dogmatique très-déterminée; ils pensent pouvoir, par exemple, aimer Notre-Seigneur et même croire en lui (ce qui, en matière de religion, est la forme suprême de l'amour), sans avoir des idées précises sur le mystère de l'Incarnation.

De même donc que, parlant de lui-même, le P. Newman a pu dire : « J'avais été accoutumé, dès mon plus bas âge, à prendre un grand plaisir à lire la Bible; mais, jusqu'à l'âge de quinze ans, je n'avais point de convictions religieuses formées; » de même il semble que Faber, vers sa dix-huitième année, ne savait pas bien encore qu'elle était sa foi.

§ IV. — *Tentation d'incrédulité.*

Tout petit enfant, « il avait fait sa joie des choses de Dieu. » C'est en ce temps de pures et naïves impressions que les leçons de sa mère lui avaient inspiré cette strophe charmante :

> Ils me commandent, Seigneur, de t'appeler mon Père.
> Certes, je trouve douce cette liberté !
> Et cependant tes miséricordes aimables me paraissaient
> Rappeler plutôt les caresses d'une mère !

Mais à Harrow, « il prit des vues infidèles; » et, dit-on, au moins une fois, non par jactance, mais parce qu'il cédait à une tentation réelle d'incrédulité, il exprima publiquement des opinions très-libres. Son maître, le Dr Longley, affligé de voir une telle âme loin de la vérité, et voulant d'ailleurs sauvegarder les jeunes compagnons de Fréd. William, le reprit avec bonté, et, le tirant ensuite à part, lui demanda de s'engager, sur l'honneur à ne plus tenir de semblables conversations devant ses camarades. Cet appel à l'honneur était fait pour être entendu : la parole fut donnée avec une générosité virile. Mais ce n'était point assez pour le Dr Longley. « Gémissant, sermonant, » il se mit à poursuivre son adolescent libre-penseur. Conversations prolongées, discussions, prières faites en commun, il employa tous les moyens qu'il jugeait les plus infaillibles. Enfin, l'intelligence du jeune rebelle se rendit à ses assauts d'une touchante sollicitude. La mort inattendue d'un compagnon chéri vint achever l'œuvre, en démontrant une fois de plus que la vie, malgré ses apparents enchantements, n'est qu'une fumée sans consistance; Faber laissa décidément son cœur s'ouvrir du côté du ciel. « Il avait toujours aimé d'ailleurs les livres de dévotion ; les assemblées pieuses l'attiraient et l'une de ses joies les plus précieuses était de visiter les pauvres pour les exhorter et les consoler. »

Enfin, cette particularité mérite d'être remarquée, « la Vie des saints, lui plaisait infiniment, et il donnait à cette lecture tout le temps que lui laissaient ses études classiques. »

§ V. — *Entrée à l'Université d'Oxford.*

Voilà ce qu'était, entre dix-huit et dix-neuf ans, de 1832 à 1833, au moment où, vers le carême, il entrait à Oxford, le futur oratorien. Cœur ardent et pur, âme rêveuse et mélancolique, il désirait la vérité bien plus qu'il ne la connaissait. « Ne respirant, au milieu de l'atmosphère de l'Université, que l'air libre des montagnes, tout entier aux souvenirs de son enfance insouciante, » plein d'admiration pour les poëtes et surtout pour Wordsworth, dont il voulait faire son modèle, Faber devait avoir une physionomie douce et attachante, à demi-voilée par la candeur et la modestie. Mais sous ces traits fins et charmants, animés souvent par un esprit très-délicat dont ses lettres offrent de fréquents exemples, se cachait une flamme dévorante. Sorti vainqueur, après une hésitation de quelques mois, de sa lutte contre les tentations du doute, Faber avait mêlé, dans une étrange association d'idées et de sentiments, les premiers enseignements strictement calvinistes qu'il avait reçus, avec ce qu'on appelait alors, en Angleterre, *l'Evangélicalisme*...

De cette obscurité dogmatique et de cette surexcitation sensible devaient naître les tristes effets que le jeune étudiant signalait à l'un de ses amis par les réflexions suivantes :

« Mon éducation religieuse a été faite par des membres bons et pieux du parti que, peut-être avec une intention méchante, on nomme *Évangélique*... Mes premières impressions ont donc été en faveur de leurs principes, et je garderai, je l'espère, pour eux, jusqu'à la fin de ma vie, un affectueux respect. Mais lorsque j'arrivai à Oxford, en 1833, je suivis les prédications de Newman. J'entendis exposer des opinions radicalement différentes de celles qui étaient alors les miennes. « Remarquez que je n'entends pas ici parler « d'opinions proprement *ecclésiastiques*. » Mon intelligence me parut incliner vers ce que prêchait Newman; mon cœur résistait ; enfin, après un combat intérieur qui fut douloureux et terrible (Dieu le sait), je vis décidément l'erreur des principes *évangéliques*, et je les rejetai. Beaucoup de mes amis m'avaient jugé, relativement à ma jeunesse, très-avancé en spiritualité. Hélas! par une suite naturelle du système religieux que j'avais d'abord adopté, je n'avais pu donner à ma piété aucun fondement solide. J'avais été comme un petit enfant qui, pour faire le tour d'une chambre, aiderait sa faiblesse en s'appuyant sur chaque chaise ou chaque meuble. En un mot, j'avais vécu sur une excitation religieuse chaque jour renouvelée, et je n'avais pas appris qu'une piété *au jour le jour* (*de die in diem*) ne saurait rassurer personne au dernier moment... Personne cependant mieux que moi, ce semble, n'aurait pu tirer profit du système *évangélique* : le poids amassé de longues années de péché et de folie ne pesait pas sur mon âme ; elle ne pouvait donc éprouver la réaction violente qui sépare l'état du pécheur presque abandonné de celui du saint dans l'extase. Je n'avais guère plus de dix-huit ans ; dès l'enfance, j'avais été réfléchi, mon cœur était fervent, je ne connaissais pas d'autre forme du christianisme...

« Je vois que l'Evangélisme nourrit le cœur, aux dépens de la tête ; et, la constitution de l'homme étant ce qu'elle est, quelle méthode serait plus dangereuse ?...

« J'ai donc recommencé à jeter les fondations de mon caractère religieux. Avec la grâce de Dieu, j'appuierai l'édifice supérieur de mon amour sur la base solide d'une sainte *frayeur;* c'est là le *commencement* de cette sagesse qui persuade les hommes. Je me suis soumis au contrôle rigoureux d'un sévère examen de ma conscience, et j'espère que, chaque jour, je fais quelques pas dans la pratique des plus modestes vertus : la douceur, l'humilité, la paix, une obéissance enfantine...

« Je voudrais, autant que possible, me retirer de ce bruit, de cette agitation des partis, pour écouter mon Dieu qui m'appelle à être avec lui sur la montagne. C'est là qu'il m'est bon d'être... Sûrement, les vues de Dieu sur le jeûne ne sont pas celles que l'homme en a naturellement. Il a souvent grandement béni ceux que j'ai gardés par amour pour lui. Je me tourne donc, avec des yeux ardents, vers l'Eglise primitive; je m'assieds en esprit aux pieds des apôtres, de ses évêques, de ses docteurs, étudiant ce système de *discipline pénitente* dont notre âge, amoureux de ses aises, se moque. Puissé-je, comme ils nous disent l'avoir éprouvé, expérimenter par moi-même que, pour se maintenir dans les temps d'épreuve, le plus fort appui, c'est la ceinture de la chasteté et la lampe de la vigilance... »

§ VI. — *Ses doutes sur l'enseignement du docteur Newman.*

D'abord surpris par le tour particulier de l'éloquence du docteur Newman, il s'était laissé entraîner par le courant qu'on a depuis appelé *tractarien*. Ensuite il s'était éloigné de ce maître dangereux.

« J'ai beaucoup réfléchi sur les mérites et les tendances du Newmanisme, et, plus que jamais, je suis convaincu de la fausseté de ce système...

« Je puis dire que, après avoir été un élève candide de Newman, après avoir lu très-attentivement ses œuvres et suivi régulièrement ses instructions à l'Eglise, j'ai trouvé fatigantes les simples paroles de la Bible. Les paisibles consolations du saint Livre semblaient se dérober à moi ; et je ne sais quelles rêveries platoniques, vagues, indéterminées, me semblaient plus souhaitables. Remarquez-le, je *sais* que ce ne sont pas là les vraies pensées de Newman lui-même ; je sais que c'est un chrétien éminemment pieux et très-humble. Mais je crois qu'il s'est assis aux pieds des anciens philosophes contemplatifs, avec une humilité qui n'est pas conforme à l'Ecriture ; je crois qu'il s'est imprégné de leurs maximes et que tous ses disciples, s'ils n'y prennent garde, deviendront autant d'*Esséniens chrétiens...* Je crois donc son système mauvais, et ses progrès ultérieurs ne m'inspirent que crainte et défiance... »

Ce mouvement violent, par lequel Faber s'était rejeté loin du Dr Newman et de son école, ne dura point. On ne se soustrait pas aisément à une grande influence, quand on l'a subie une fois. Une âme, affamée de croyances, ne peut point passer à côté d'un maître éloquent, austère, pur, sans se sentir, comme malgré elle, attirée vers les hauteurs où il allume son génie. Et d'ailleurs, il y a, dans les pratiques chrétiennes, lorsqu'on les comprend sous leur vrai jour, une telle correspondance avec les plus intimes aspirations du cœur que les connaître et s'y attacher pour jamais sont choses nécessairement synonymes. Aussi, W. Faber revint-il bientôt, avec un naïf repentir, à ses chères habitudes de prière, de contemplation, de mysticisme; et, le 11 novembre 1835, ce jeune homme de vingt et un an écrivait à un ami:

« Je ne puis vous dire ma joie lorsque, tard dans la soirée, je puis enfin fermer mes auteurs classiques et me mettre sous la douce influence de Georges Herbert. L'excitation du travail fait place alors à la tranquillité pieuse de la dévotion; mon esprit se sent pressé, par une suave impression; à rassembler le troupeau dispersé de ses meilleures pensées. »..... « Je sens que, l'étude d'Herbert et la grâce de Dieu aidant, je suis plus humble et plus doux qu'auparavant; peu à peu, je l'espère, j'arriverai à rétablir l'équilibre de mon âme, détruit par mon aversion passagère pour la théologie et le platonisme de Newman. »

A partir du moment où ce retour fut consommé, où (selon ses expressions) *l'équilibre*, un moment dérangé, *fut rétabli*, Faber ne s'arrêta plus dans le chemin qui devait le mener à la vraie foi. L'Evangélisme, qui avait d'abord rempli son âme, jusqu'à lui faire trouver que, « à Oxford, on attachait trop d'importance aux dehors de la religion, et pas assez à l'esprit intérieur de foi ou d'amour » lui parut dangereux. Il lut alors, *avec prière*, deux fois le Nouveau-Testament tout entier; et ce fut en ce même temps que, redoutant les tendances de Newman, il se sentit incliné, sinon vers *toutes* les doctrines calvinistes, au moins vers *quelques-unes* d'entre elles. Puis, ce biais de son esprit, comme il disait, lui devint justement suspect. Il comprit que si, de l'abandon de la doctrine primitive sur la nature des sacrements, il fallait aller jusqu'au calvinisme, « le calvinisme lui-même, par ses conséquences rigoureuses, supprimait la notion de l'Eglise. » Il revint, effrayé, vers Newman, vers Andrewes, vers les plus stricts principes de l'anglicanisme, et se pénétra, jusqu'à la moelle des os, de la nécessité d'admettre l'autorité de l'Eglise, ses prérogatives divines, la sainteté et l'efficacité de ses sacrements, en un mot, tout ce qu'il y avait de plus vital dans l'enseignement d'Oxford à cette époque.

§ VII. — *Le ministère pastoral.*

Faber, désormais affermi dans les opinions anglicanes, pouvait songer sérieusement à sa vocation. Il n'hésita pas à se consacrer au ministère pastoral. Ce ne fut pas sans combats intérieurs : son attrait persévérant pour la poésie lui faisait redouter une vie laborieusement consacrée à des devoirs obscurs et monotones. «Subordonner, comme il le disait, le poëte au prêtre, » ne pas étouffer complétement la flamme, mais la conduire et la modérer, cela lui paraissait se dévouer à des sacrifices, à des difficultés sans nombre. Mais aujourd'hui, comme au jour de sa vie mortelle, Notre-Seigneur, d'une manière invisible, continue à suivre du regard les routes où sont engagés les enfants des hommes, et il fait à quelques-uns d'entre eux l'honneur de leur dire la parole décisive : *Veni, sequere me,* venez, suivez-moi. Peu importe le moment et le lieu de ce divin appel : qu'il retentisse au milieu des multitudes et prenne une âme parmi les affaires et les soucis du monde, ou bien qu'il s'élève dans les déserts et renverse brusquement les rêves modestes d'un pâtre solitaire, c'est toujours la même voix, persuasive et impérieuse, austère et tendre, à laquelle on ne sait ni comment résister ni comment obéir, dont le tonnerre brise toute opposition, dont la suave douceur s'insinue et pénètre jusqu'aux plus intimes ressorts de la volonté.

W. Faber avait entendu la voix du Maître. Il ignorait sans doute en quelles eaux plongeraient les filets de son apostolat; mais deux idées, deux sentiments avaient envahi son intelligence et son cœur : comment résister à prêcher Jésus-Christ, à servir l'Église? Citons ici, d'une belle lettre qu'il écrivait d'Oxford, le 31 janvier 1837, au docteur Morris : ces lignes touchantes :

« C'est samedi soir, mon cher Jean, que j'ai été élu Fellow (sociétaire membre) de l'Université, mon cœur est si plein que je dois me borner à dire, avec l'évêque Taylor : « Qui suis-je, pour que le grand Dieu des hommes et des anges ait fait ainsi, dans le ciel, un décret spécial à moi, pour qu'il m'ait envoyé un ange de bénédiction, et pour que, au lieu de me condamner et de m'anéantir, ainsi que je l'ai trop mérité, sa bonté me distingue entre mes égaux, me préfère à de bien meilleurs et comble la mesure, après tant d'autres bienfaits, par cette dernière faveur? »

« — Il me semble que je suis dans le port que je cherchais, environné par les plus efficaces moyens de salut. Puissé-je, par la miséricorde de Dieu, faire des progrès proportionnés à tant de grâces ! Jusqu'ici, j'ai été léger, inconsidéré, d'une extrême indulgence pour moi-même. Mais je n'ai plus maintenant qu'un désir : consacrer ma vie entière à faire, pour Jésus-Christ et son Église, tout ce que mon cher Maître m'a rendu capable d'accomplir parmi les hommes de mon temps. »

§ VIII. — *Faber à la cure d'Elton. — Voyage sur le continent.*

Préparé, comme il l'était, par ses études antérieures et ses goûts à apprécier les ouvrages des Pères, W. Faber s'attacha plus encore à leur lecture, à cause du contraste qu'ils offraient avec la *maigre* et *terne* théologie anglicane, même la plus épurée. Gagné d'ailleurs entièrement à la manière de voir de Pusey et de Newman, il se sentait attiré à chercher comme eux la nourriture de son âme dans le trésor de ces écrits immortels, dont dix-huit siècles n'ont épuisé ni l'autorité, ni l'actualité.

Aussi, lorsqu'il entendit parler du projet de traduire les ouvrages des Ignace, des Polycarpe, des Hermas et de leurs successeurs les plus immédiats, il s'offrit avec empressement à prendre sa part d'un travail aussi important : « Puisque toutes mes facultés doivent être par la grâce de Dieu, appliquées au service de son Église, je serais très-heureux de pouvoir être associé à une telle œuvre ! Et d'autant mieux que le but des traducteurs ou des éditeurs est de contribuer à répandre plus abondamment le majestueux enseignement de la vieille théologie catholique ! »

... L'intervention de M. Mariott, l'un des fondateurs et collaborateurs de la *Bibliothèque des Pères*, fit échoir à W. Faber la charge de donner au public, en anglais, les traités de S. Optat de Milève; et ce choix fut très-apprécié par le futur oratorien, heureux, disait-il, « d'avoir, en approfondissant consciencieusement les écrits d'un seul docteur; l'occasion de se fortifier dans les études patristiques et de ramener, autour de son sujet principal, les lectures d'histoire ecclésiastique, nécessaires pour bien comprendre et bien connaître le schisme des Donatistes. »

Sur ces entrefaites, le temps des ordinations arriva. Diacre, le 6 août 1839, il ne fut promu à la prêtrise (anglicane) que deux ans après, en 1841, le 26 mai; mais entre ces deux dates, il eut le temps de se distinguer comme prédicateur et de publier, sur des sujets ecclésiastiques, diverses brochures qui furent très-appréciées. Son âme ardente, emprisonnée dans une sorte de cachot, se faisait à elle-même d'étranges raisonnements pour goûter la paix dont elle avait l'intention et le désir, sans pouvoir jamais y atteindre...

Quelques fonctions religieuses, analogues à ce que nous appelons un vicariat, attachèrent d'abord M. Faber à la paroisse d'Ambleside...

Vers l'automne de 1842, la cure d'Elton, dans le comté d'Huntingdon, vint à vaquer; et comme elle dépendait, pour la présentation du titulaire, du collége auquel appartenait W. Faber, le collége la lui offrit. Il déclina les premières ouvertures. On revint à la charge, comme pour le forcer à accepter. Il se décida; quoique avec bien des hésitations, m... d'après des motifs que nous tenons à rapporter, tels qu... correspondance nous les fournit.

« J'ai refusé positivement d'aller à Elton, il y a dix jours. Je ne consultais que mes répugnances intimes. Mais le Maître m'a forcé de réfléchir de nouveau sur cette proposition; et, selon la maxime de Pusey, je sais que les événements ont d'autant plus le caractère providentiel, qu'ils sont moins combinés par nos recherches personnelles. »

Installé dans la cure d'Elton, le 2 avril 1843, M. Faber quitta, le lendemain, ses nouvelles ouailles pour commencer, sur le continent, un voyage dont il se promettait les plus utiles résultats. Il voulait voir l'Eglise catholique à l'œuvre; il voulait aussi, dans les pays catholiques et surtout à Rome, étudier les méthodes adoptées pour procurer le plus sûrement la sanctification des âmes, afin de pouvoir, au retour, transporter ces usages, ces *industries* pieuses dans l'Eglise anglicane, et contribuer ainsi à mener vers Dieu les paroissiens confiés à sa garde.

Nous ne pouvons citer les pages, tour à tour charmantes, sérieuses, enthousiastes, mystiques, dont Faber avait enrichi son journal, pendant une première course fort longue, à travers la France et l'Italie. On nous permettra cependant de choisir et de rapporter ici quelques extraits, d'après lesquels on jugera du reste, et qui d'ailleurs, mieux que toutes les paroles, indiqueront la lente mais continuelle élaboration, par laquelle se préparait en silence la conversion, désormais prochaine du jeune pasteur, sur qui le puséysme faisait reposer alors tant d'espérances.

§ IX. — *Ses impressions en Italie.*

« J'ai besoin d'aller en Italie, non point comme un poëte, un touriste, un rêveur charmé, mais comme un pèlerin qui voit en elle *une seconde Palestine*, la *Terre-Sainte de l'Occident.* »

« Du bord du cratère de Baccano, j'ai apperçu le dôme de Saint-Pierre! J'ai franchi le Ponte-Molle, là même où, par sa victoire sur Maxence, Constantin fit triompher le christianisme! Le soir de ce jour à la clarté de la lune, j'ai prié devant la tombe des Apôtres! J'étais seul dans l'église métropolitaine du monde entier! Il m'est impossible d'exprimer ce que j'ai senti. »

Ainsi, le 9 mai 1843, Faber entrait à Rome, en pasteur

anglican ; il devait en sortir, vers les premiers jours de juillet, avec la résolution d'abjurer l'anglicanisme et de devenir catholique. Ses combats furent rudes ; il disait lui-même plus tard : que ce voyage avait été, pour lui, rempli de souffrances physiques et morales, et que jamais il ne saurait rendre combien son âme y avait été mise à de cruelles épreuves. En même temps, il s'accablait d'études laborieuses, consacrant à la théologie jusqu'à sept et huit heures par jour.

D'un côté, il ouvrait son intelligence et son cœur à tous les souffles qui pouvaient jeter en son âme le germe d'une conviction sérieuse et raisonnable ; se promettant à lui-même que « ni le mépris, ni la crainte de compromettre sa situation ou ses intérêts, ne l'empêcheraient d'aller dans la voie que la conscience lui indiquerait. » D'un autre côté, il aimait tendrement son Église, cette Église anglicane dont il était membre et pasteur, et à laquelle il lui répugnait d'entendre contester le droit de s'appeler elle-même catholique. « J'ai mis de côté tous les autres arguments. Il n'y a réellement qu'une chose à prouver ; il faut savoir si l'union avec le Saint-Siége est une condition absolument requise pour reconstituer l'*être* d'une Eglise chrétienne ; car, à vrai dire, je ne puis nier que cette union ne soit nécessaire au bien-être de toutes les Églises... »

« Ne perdez pas cette lettre, ne la détruisez pas ; si Dieu prolonge nos vies de la durée d'un quart de siècle, tous nos doutes seront éclaircis par les événements. Le Protestantisme périt. Ce qu'il renfermait de bon va, par la miséricorde de Dieu, enrichir les greniers du Père de famille ; ses éléments mauvais achèvent de se corrompre dans le blasphème et l'incrédulité. L'issue de la crise actuelle fera voir si notre Eglise est quelque chose de *plus* qu'une forme du protestantisme, quelque chose de supérieur et de plus large, si elle est vraiment une Eglise. Que si elle ne l'est point, Dieu nous soit en aide ; il faut aller à Rome. »

L'anglican qui pensait ainsi ne pouvait pas demeurer insensible aux splendeurs surnaturelles de la Rome chrétienne ; et d'avance, on aurait pu prévoir ce qui se passerait en lui, lorsque la majesté sereine et douce du vicaire de Jésus-Christ lui apparaîtrait. Aussi ne sommes-nous point surpris que deux scènes surtout l'aient vivement impressionné, et peut-être aient emporté ses derniers doutes. Ecoutons-le :

« Jeudi dernier, le Pape célébrait l'Ascension à Saint-Jean-de-Latran, l'Eglise mère du monde, comme on la nomme ici, et la cathédrale de l'évêque de Rome. Quelle cérémonie ! quelle vue ! je m'étais glissé jusqu'au bas de l'autel, dans l'enceinte formée par la haie des gardes suisses. Lorsque le Pape Grégoire (XVI) descendit de son trône, s'agenouilla devant l'autel, et que tous, avec lui, nous fléchîmes le genou, je contemplai la scène la plus touchante dont j'aie jamais été le témoin. Les robes rouges des cardinaux prosternés, la pourpre du vêtement des prélats inférieurs, les soldats agenouillés, la foule mêlée de tous les rangs et de tous les états, la magnificence de la prodigieuse Basilique, *la présence invisible des grands souvenirs dont elle est pleine;* au centre de tout cela, ce vieillard en ornements blancs, courbé jusqu'à terre pendant l'élévation du corps du Seigneur, et puis ce silence de mort ; — oh ! quelle vue ! S. Augustin disait qu'il eût voulu voir le triomphe d'un général romain. Son désir aurait été satisfait, s'il avait vu la pompe de jeudi dernier, s'il avait contemplé le saint Pape Grégoire (car ce pape est vraiment un saint) dans l'Eglise de Latran. »

Près de vingt jours après, le 17 juin 1843, M. W. Faber racontait, dans les termes suivants, à M. J. Morris, son intime ami, l'entrevue qu'il venait d'avoir au Vatican :

« Nous avions attendu, près d'une demi-heure, dans le couloir de la bibliothèque vaticane, lorsque le Pape arriva : un prélat lui ouvrit la porte, et demeura lui-même en dehors de la salle. Le Pape resta seul, tout vêtu de blanc, parce que le blanc est la couleur pontificale. En entrant je me mis à genoux; puis, une seconde fois, à quelques pas de lui; enfin, pour la troisième fois, tout près de sa personne. Il me tendit sa main; mais je voulus lui baiser le pied, parce qu'il me sembla puéril d'affecter le refus d'un hommage, auquel il est accoutumé. Avec le Dr Baggs pour interprète, nous eûmes une longue conversation. Il parla avec étonnement et chagrin de la suspense, dont on avait frappé le Dr Pusey, pour avoir défendu la vraie doctrine sur l'Eucharistie. Puis s'adressant directement à moi, il me dit :
— « Vous ne devez pas vous tromper vous-même, d'un côté par vos aspirations vers l'unité, de l'autre par une vaine attente que votre *Eglise* donne le signal du mouvement vers nous; songez à votre âme ! » — Je répondis alors au Pape que je craignais d'agir par volonté propre et par jugement *individuel*. — « Mais, reprit-il, dans l'Eglise anglicane, vous n'êtes que des individus; vous n'avez qu'une apparence d'unité, à quoi vous ajoutez de vivre tous sous l'autorité de la reine. Vous savez bien que je dis vrai ; vous savez comment chez vous toutes les doctrines sont librement enseignées. Vous avez de bons désirs. Que Dieu les fortifie. Pensez à vous-même et à votre salut. » Puis comme le Pape mettait ses deux mains sur mes épaules, je m'agenouillai; Grégoire XVI appuya ses mains sur ma tête, et m'adressa ces paroles : « Puisse la grâce de Dieu correspondre à vos bons désirs; puisse-t-elle vous délivrer des embûches de l'anglicanisme et vous amener à la seule véritable Eglise. »
— Je fondis en larmes. Ah ! je n'oublierai pas ce 17 juin 1843 ! »
Celui qui accompagnait M. Faber dans son audience privée

a raconté que, au moment où Grégoire XVI entendit annoncer que ce visiteur arrivait d'Angleterre, il s'écria par deux fois : *Inghilterra! Inghilterra!* et se mit à pleurer. — O saintes larmes de nos Papes! de quel prix vous êtes devant Dieu!

Rome avait donc conquis l'âme de M. Faber. Catholique de cœur, plus encore qu'il ne le croyait lui-même, il avait eu, deux fois, « la tentation de prendre son chapeau, pour s'en aller au collége anglais et abjurer. » Il avait résisté. Bien plus, attiré de cœur vers toutes les pratiques de notre culte, il avait renoncé à invoquer la Sainte Vierge et les saints, parce que l'un de ses amis, fervent puséyste, lui avait déclaré que cette invocation était inconciliable avec les principes de l'Eglise anglicane. « J'avais coutume, écrivait-il, de prier les Saints, — et cette habitude m'était douce. Vous m'avez dit que vous ne jugiez pas cette coutume en rapport avec notre système religieux. Aussitôt j'ai cessé ; car, grâce à Dieu, je veux obéir en tout, tant que je le pourrai. »

Cette lutte entre les ténèbres, familière à son âme depuis l'enfance, et la lumière catholique, que chaque jour faisait davantage resplendir devant lui, cette lutte était pour M. Faber une grande souffrance. Il l'avouait à un ami : « Si nous ne sommes pas dans la vraie Eglise, nous pouvons espérer, tant que nous demeurerons dans le doute, que, purifiés par l'efficacité de la Miséricorde suprême, c'est-à-dire par le purgatoire, nous serons greffés enfin sur le corps du Christ. Mais si nous allons au-delà du doute, alors que faire? Vous me répondrez : il faut souffrir, il faut souffrir. Si cela est vrai, je n'ai qu'à marcher droit devant moi ; au moment voulu, Dieu me manifestera le chemin.

« Quand j'espère prier, quand, sans paroles, je veux me

mettre à genoux, et adorer la présence de Dieu, quand je m'efforce d'aimer le Christ ou de méditer sur la Passion, je ne vois que brouillards et nuit profonde. Je pense alors que la vie spirituelle commencera pour moi, seulement lorsque je serai dans la véritable et unique Eglise. Suis-je sûr d'y être ? — Et si nous n'y sommes point, à quoi bon nos efforts ? Devant nous, se révèlent les caractères de la vraie Eglise, sa catholicité, son unité, sa sainteté, sa fécondité et son apostolat, ses miracles, ses saints, ses traditions antiques ? En un seul siècle, tandis que nous languissions dans la sécheresse et l'indifférence, l'Eglise romaine a eu pour enfants ces illustres saints : Philippe de Néri, Charles Borromée, François Borgia, François Xavier, François de Sales, Ignace, Félix de Cantalice, Louis de Gonzague, Camille de Lellis ! Nous prions en vain, tant que nous ne nous sommes pas humiliés devant l'Eglise, manifestée par des preuves aussi éclatantes. Nous nous confessons ; c'est en vain. Nous communions ; c'est sans fruit. En dehors de cette Eglise unique, tout n'est que fantôme, que mensonge !

« Voilà les tristes pensées qui m'assiégent ! Et si, à de rares intervalles, plus calme je m'écrie : *Amore amoris tui mundo mortar, qui amore amoris mei dignatus es in cruce mori* ; aussitôt se présente à moi cette question redoutable : Pourquoi ne sommes-nous point dans l'Eglise à laquelle appartenait le Saint qui a, le premier, formulé ce cri d'amour et qui a vécu de ses pures ardeurs ? »

§ X. — *Son zèle à Elton.*

De retour à Elton, M. Faber résolut de se consacrer tout entier à ses devoirs de pasteur et de ne point songer à quitter l'anglicanisme, avant d'avoir essayé de concilier, avec son respect pour l'Eglise à laquelle il appartient, la pratique des œuvres de zèle, que les pays catholiques lui avaient appris à connaître. Son but était de régir la paroisse d'Elton « selon l'esprit de saint Philippe de Néri et de saint Alphonse de Liguori. »

Faber n'était point exclusif, même sous ce rapport; et il prit longtemps beaucoup de peine pour arriver à former un chœur, afin de célébrer, par des chants mieux exécutés, le culte du dimanche et des jours de fête.

Mais ses soins principaux étaient pour le développement de la piété intérieure dans l'âme de ses chères ouailles. Il leur recommandait et publiait à leur usage de petits traités sur le Sacré-Cœur, l'examen de conscience et d'autres pratiques de dévotion à peine connues en dehors du catholicisme. Son zèle fut couronné de succès.

Elton comptait un peu moins de mille âmes, parmi lesquelles il y avait près de quatre cents *Dissenters*, extrêmement violents et qui n'avaient pas tardé à soupçonner les tendances du nouveau pasteur vers les opinions romaines. En moins d'un an, la chapelle méthodiste fut comme abandonnée, tandis que l'église paroissiale se remplissait.

M. Faber attira son peuple à la pratique de la confession et de la communion hebdomadaires. Il avait formé, parmi les jeunes gens, une sorte de communauté, qui, toutes les nuits, se rassemblait, pendant une heure, dans la *Rectorie* et y consacrait ce temps à la prière, surtout à la récitation d'une partie du psautier. La veille des grandes fêtes, cette heure d'oraison se prolongeait très-avant, et chaque membre du petit troupeau donnait, à tour de rôle, la discipline à ses confrères. Pendant le jour, ces chrétiens plus fervents se groupaient sous le patronage de St-Joseph et visitaient les malades pauvres.

On peut aisément se figurer les résultats amenés par une

manière d'administrer, si nouvelle au sein de l'anglicanisme. Les habitants d'Elton changèrent totalement leurs habitudes. Les plus désordonnés furent gagnés eux-mêmes par les saints exemples du pasteur ; et, brisant courageusement avec leurs manières dissipées et tapageuses, ils se rangèrent à des pratiques régulières de dévotion, que venaient tempérer ensuite d'honnêtes divertissements.

§ XI. *Son abjuration.*

Le Dimanche 16 novembre 1845, W. Faber monta dans la chaire de son église, dit à ses paroissiens, après un court exorde, qu'il leur avait toujours prêché la vérité, que, malheureusement, cette vérité n'était point acceptée par l'Eglise anglicane, et que, dès lors, il ne lui restait plus à lui-même d'autre choix que celui de se perdre ou de quitter l'anglicanisme, afin d'aller à la source des vraies doctrines.

Le lendemain, lundi 17 novembre, plusieurs voitures attendaient dès le matin à la porte du presbytère pour emmener Faber et sa compagnie, qui était de sept à huit personnes, à la station de Northampton. Malgré l'heure prématurée, la paroisse fut debout ; de toutes parts on ne voyait que mouchoirs agités, de toutes parts on n'entendait que paroles affectueuses d'adieu : « Dieu vous bénisse, docteur Faber ! Dieu vous bénisse où que vous alliez ! » Comment n'eût-il pas été l'amour des catholiques, celui qu'une population protestante saluait avec tant d'affection, au moment même où il venait de lui déclarer que sa conscience l'obligeait à se séparer d'elle ! Un gradué de l'Université de Cambridge, devenu plus tard le Père Knox, de l'Oratoire, et une douzaine de paroissiens d'Elton suivirent l'exemple de leur ancien pasteur (1).

Tandis que la paroisse d'Elton se laissait aller à des regrets qui ne sont pas éteints encore après vingt-sept années de séparation, William Faber et ses compagnons arrivaient à Northampton, et se rendaient dans l'après-midi auprès de Mgr Wareing, Vicaire apostolique du District oriental de l'Angleterre. Le prélat les attendait. Ils prononcèrent leur abjuration entre ses mains et furent réconciliés à l'Eglise. C'était le 17 novembre, jour où les catholiques anglais célèbrent la fête de Saint Hugues de Lincoln.

A partir de ce moment, le jeune Faber goûta le bienfait de la paix intérieure la plus profonde; on eût dit qu'il avait, comme les Apôtres après la Pentecôte, été pénétré par la présence sensible de l'Esprit-Saint, et, dans une lettre à M. J. Morris, que la fatigue l'empêcha d'écrire lui-même, il voulut cependant ajouter de sa main, ce mot, trois fois répété : *la Paix !*

Le lendemain, les néophytes, qui avaient fait leur confession la veille, participèrent pour la première fois à la sainte communion et reçurent le sacrement de confirmation.

La carrière était ouverte, il s'agissait maintenant d'y marcher. Faber était désormais tout entier à la gloire de Dieu et au salut de ses frères, non plus avec ce fardeau qui s'appesantissait de plus en plus sur lui à Elton, à mesure qu'il arrivait à sentir que l'Eglise anglicane n'est pas l'épouse légitime du Christ, mais avec cet allégement et cette dilatation de cœur que l'on n'éprouve qu'au sein maternel de la seule vraie Eglise.

Ce fut sur Birmingham que le nouveau Saul dirigea ses pas, et dès l'année 1846 il essaya de réaliser le projet qu'il

---

(1) Voyez la note (*a*) à la fin du chapitre.

avait formé de mener une vie commune avec plusieurs de ses compagnons, qui s'étaient résolus à ne le pas quitter. Muni de l'autorisation du vicaire apostolique, Mgr Walsh, et de son coadjuteur, le docteur devenu plus tard le cardinal Wiseman, Faber tenta de réaliser une congrégation religieuse. Les membres de cette société devaient porter l'humble nom de Frères de la volonté de Dieu ; mais dans le public catholique on les appela Wilfridiens, du nom de saint Wilfrid, qu'ils avaient pris pour patron.

La nouvelle communauté s'ouvrit sous les auspices de la plus stricte pauvreté. En renonçant à son bénéfice, Faber s'était trouvé absolument dépourvu de toutes ressources temporelles, et ses disciples dans un état analogue au sien. Il fallut vivre d'aumônes, et d'aumônes quotidiennes ; mais rien ne rebuta les heureux néophytes. Ils trouvaient dans l'Eglise catholique ce qu'ils étaient venus chercher : l'humilité et la souffrance ; mais l'on pouvait déjà prévoir le retour d'un nombre considérable de ses collègues d'Université à l'Eglise catholique. A leur tête brillait l'illustre et savant docteur Newman, entouré des disciples qui s'étaient réunis autour de lui à Littlemore. Cette nouvelle société de néophytes alla d'abord résider à Marys'-Vale, près de Birmingham ; mais bientôt elle se rendit à Rome, où le Ciel devait lui faire connaître sa destination. La pensée des associés était de mettre en commun leurs efforts pour travailler au salut des âmes en Angleterre ; mais il s'agissait de déterminer la forme qu'il convenait de donner à la réunion. L'Oratoire de saint Philippe de Néri sembla au docteur Newman le type que lui et ses compagnons devaient tendre à réaliser. Ils se présentèrent au noviciat de Sainte-Marie *in Vallicella*, et, dans le cours de l'année 1847, le docteur Newman devint enfant de Saint-Philippe. Il reçut alors de Pie IX la mission d'établir en Angleterre l'institut auquel il venait de s'agréger, et y revint peu après avec six compagnons, membres comme lui de l'Oratoire et remplis de zèle pour leur noble et sainte mission.

§ XII. — *Le Père Faber à l'Oratoire.*

Ce fut le 2 février 1848 que la première maison de l'Oratoire s'ouvrit sur le sol anglais, dans la même résidence de Marys'-Vale, d'où les confrères étaient d'abord partis. A la nouvelle de cet événement, William Faber n'hésita pas un instant; lui et ses compagnons offrirent tout aussitôt de se joindre à la nouvelle communauté, et, dès le 14 février, le P. Newman se rendit à Cotton-Hall, et reçut William Faber et tous les Wilfridiens au nombre des novices de l'Oratoire. Ce fut un grand exemple donné en ce siècle qui a vu et voit naître de toutes parts tant de congrégations nouvelles dont les fondateurs portent assez rarement, il faut en convenir, les signes célestes qui ont marqué les patriarches des divers ordres religieux. Faber était trop éclairé par l'étude de l'histoire de l'Eglise et de la Vie des Saints pour ne pas préférer une règle et un genre de vie tracés, il y a trois siècles, par saint Philippe de Néri, à un institut qui n'eût procédé que de lui, et auquel il se sentait d'ailleurs impuissant à conférer cette immortalité que les saints ont su donner à leurs œuvres.

Rien ne surpassait la ferveur de la famille anglaise de Saint-Philippe, qui se trouva d'abord rassemblée tout entière à Marys'-Vale. On rencontrait là des hommes ayant sacrifié toutes les espérances que le monde leur offrait pour se donner à la plus méprisée des causes; des hommes qui s'étaient faits pauvres pour Jésus-Christ, des hommes connus pour leur science profonde, pour leur renommée littéraire, des hommes dont la vie sainte et de plus en plus fidèle aux premières grâces avait enfin atteint jusqu'à celle de la conversion. En même temps, on sentait, à la vue de cette réunion, que la miséricorde divine avait fait un pas vers la contrée à laquelle elle envoyait de tels gages. Rome avait des bénédictions particulières pour une colonie si fertile en espérances, et la Catholicité, qui s'était émue au bruit des conquêtes éclatantes opérées par l'Esprit-Saint en Angleterre, attendait avec respect. Enfin le moment arriva où la divine semence produisit ses fruits. Le 2 février 1849, le P. Newman ouvrit l'Oratoire de Birmingham, dans Alcester Street, et au mois d'avril de la même année, le P. William Faber vint commencer la maison de Londres, dans la rue King William Strand, où il resta jusqu'en 1854. L'Oratoire fut alors transféré à Brompton, faubourg au sud-ouest de Londres, près de l'emplacement où s'est tenue la grande Exposition de 1862.

L'œuvre de Saint-Philippe de Néri, était donc désormais implanté sur une terre encore hérétique.

La maison de Brompton, qui n'a possédé le P. Faber que durant neuf années, est un monument de la piété des catholiques anglais, en même temps qu'un hommage au zèle si apprécié du digne supérieur. C'est là, dans cette vaste église, que sa voix éloquente a sans cesse retenti depuis 1854. Carêmes, Mois de Marie, Triduos, Octaves, Neuvaines, Cours annuels d'instruction, il suffisait à tout, et jamais l'auditoire ne faisait défaut ni ne se lassait. Toujours le P. Faber était prêt, toujours riche et abondant, toujours rempli d'onction; on sentait dans toutes ses paroles la vivacité de sa foi et son ardent amour de Dieu. Supérieur à tout calcul et à toute faiblesse, jamais sa parole, pas plus que sa plume ne fut entravée par une considération humaine. Il n'eût jamais consenti à gazer ni les formes absolues du dogme, ni les sévérités de la morale, ni les maximes de la vie spirituelle. Il n'ignorait pas que dans son nombreux auditoire, les protestants se pressaient à côté des catholiques, les mondains à côté des chrétiens fervents ; mais jamais le désir d'attirer l'applaudissement unanime de cette assistance mêlée n'obtint de lui quelqu'une de ces complaisances, quelqu'une de ces réticences auxquelles il est si aisé de se laisser aller. Il était trop saintement fier de posséder la vérité par l'Eglise, qui seule ici-bas nous la donne pour l'accommoder aux hommes qui ne peuvent être que ses humbles disciples, et s'il choquait parfois certains esprits, imitateur en cela du Fils de Dieu et de ses Apôtres, il en attirait d'autres qui se sentaient arrachés à eux-mêmes par cette parole forte et convaincue. Que d'hérétiques ramenés à l'Eglise ! que de pécheurs convertis ! que d'âmes longtemps tièdes et molles établies désormais dans les voies sûres et fermes de la perfection chrétienne ! Au reste, ceux qui ont suivi assidûment les prédications du P. Faber nous assurent qu'on en retrouve l'écho dans ses écrits ; et ses écrits, il n'est pas besoin de les avoir lus longtemps pour être ému par leur accent et subjugué par leur sainte énergie.

La vie du P. Faber était le reflet des sentiments profonds qui régnaient en lui. Cette âme si pleine de l'amour de Dieu, si pénétrée des mystères du Verbe incarné, si dominée par l'élément surnaturel, se faisait jour à tout instant dans les paroles et les élans qui s'en échappaient. La physionomie du P. Faber respirait la loyauté, la bonhomie même autant que la force ; et s'il a enseigné que le premier élément pour réussir dans la vie spirituelle est la bonne humeur, on voyait qu'il avait à cœur de joindre l'exemple au précepte. Il imitait en cela, comme en tout le reste, son glorieux père saint Philippe de Néri, dont la descendance était si visible en lui. Quelle tendresse filiale il professait pour cet aimable et sublime apôtre de Rome! Comme il aimait à communiquer aux autres l'attrait que lui inspirait le caractère de cet ami de Dieu! On sentait que le même esprit qui anima saint Philippe s'était reposé en lui; on y retrouvait cette charité, cette simplicité, cet enthousiasme qui donnent tant de charme à la vie de cet admirable Saint que la ville des Apôtres fête chaque année comme son second patron.

Né dans un pays hérétique, hérétique lui-même jusqu'à l'âge de trente-et-un ans, William Faber, une fois entré dans le sein de la vraie Eglise, se fit gloire d'appartenir à l'école ultramontaine. Il demanda à la tradition catholique, consignée dans les documents sur lesquels reposent notre foi, la solution des questions qui préoccupent aujourd'hui tant d'esprits parmi nous ; et ses prédications, aussi bien que ses livres, témoignèrent, en toute circonstance, sa fermeté dans les principes que l'Eglise a professés et professera en tous les temps.

Cet homme puissant en œuvres et en paroles ne fut donné à l'Eglise que pour dix-huit années seulement ; mais ces années ont été fructueuses, et c'est après avoir loyalement combattu que le guerrier du Seigneur s'est reposé. Dieu, qui l'avait destiné à exercer une action très-étendue, lui a ouvert le chemin; il a voulu que la parole du Supérieur de l'Oratoire de Londres se répandît au loin et lui suscitât en tous lieux des auditeurs et des disciples. Quarante mille exemplaires de son premier ouvrage (*Tout pour Jésus*) se sont répandus dans la seule Amérique du Nord; mais on est peut-être plus frappé encore de voir ce livre et ceux qui l'ont suivi circuler en France et en Allemagne, grâce aux traductions, et apporter à tant d'âmes nourriture et lumière, quand on sait avec quelle exubérance germent chaque jour tant de livres de piété et de dévotion destinés à mourir sur le sol qui les a produits. Avec quelle sympathie, quel empressement était accueilli tour à tour chacun des livres que le pieux auteur mettait au jour ! Que de milliers d'âmes se hâtaient d'aller boire à cette source nouvelle de dévots sentiments et de fortes résolutions ! La mort a tout arrêté, l'œuvre du P. Faber est terminée ; mais ne nous plaignons pas ; c'est un loisir que Dieu nous donne pour nous faire mieux goûter tant de beaux enseignements sortis de cette plume inspirée. La mission de tout homme est bornée, et il en a été de William Faber comme de la plupart de nos saints Docteurs, qui, presque tous, ont été enlevés sans avoir pu achever les labeurs qu'ils avaient commencés ou projetés (1).

Londres s'est aperçu du trépas d'un pauvre prêtre catholique, qui manquait tout à coup à l'affection et à l'admiration de cette faible minorité que l'on décore du nom de *papistes*. L'émotion était grande, en effet, et les démonstrations vives, dans cette partie de la population de l'immense capitale. D'ailleurs, William Faber occupait un rang très-distingué dans la littérature anglaise contemporaine, et nombre de protestants lisaient avec le plus vif intérêt tout ce qu'il publiait, séduits qu'ils étaient par le beau et pur langage dans lequel il s'énonçait. Il y a bien eu de la part de John-Bull quelques rustreries ; ainsi le *Punch*, qui est le *Charivari* de Londres, a intitulé un de ses articles : *Qui est ce Faber ?* et l'article était à l'avenant du titre. On nous permettra d'insérer ici quelques lignes de la réplique que lui adressa résolûment le journal *le Star* : « Le docteur « Faber, ou plutôt le P. Faber, comme l'appellent mainte- « nant les protestants et les catholiques, est un homme sin-

(1) Les catholiques anglais ont fait une grande perte dans la personne du P. William Faber, que les décrets divins ont ravi à l'Eglise de la terre, le 26 septembre de l'année 1863, pour l'agréger sans doute à l'Eglise du ciel.

« cère qui, au prix de grands sacrifices personnels, s'est
« voué à une cause impopulaire. Je pourrais remplir une
« colonne en énumérant seulement quelques-uns des nom-
« breux actes de chrétien de ce gentleman. Mais c'est pour
« répondre à la question : *Qui est ce Faber?* que j'ai pris la
« parole. Il a, depuis déjà de nombreuses années, attiré
« dans Londres des auditoires immenses, composés de per-
« sonnes de croyances différentes, qui se réunissent le
« dimanche pour entendre ses discours nombreux et émou-
« vants. Ses ouvrages (et il en a écrit beaucoup) sont tra-
« duits dans les diverses langues du continent. Ses can-
« tiques, quelque catholiques qu'ils soient, sont chantés
« dans beaucoup d'églises protestantes de village. Il a ob-
« tenu le prix de Newdegate, en poésie, à Oxford, lorsqu'il
« y était étudiant ; et dans un âge plus mûr, il a composé
« des pièces de vers d'une harmonie pure et d'une pensée
« chrétienne sans affectation, qui sont devenues comme
« un texte de famille dans beaucoup de maisons an-
« glaises. »

Les livres du P. Faber sont destinés à lui survivre. Ils sont désormais sa grande œuvre ; il est donc juste que l'on sache ce qu'a été devant Dieu et devant les hommes celui qui les a écrits. Ces livres sont un bienfait pour les âmes catholiques, ils sont venus en leur temps, et si faible relativement que soit le nombre de ceux qui les ont lus, on ne doit pas moins en regarder la production et la publication en notre temps comme un événement à la fois et un bienfait.

Quoiqu'il en soit, on conviendra que le P. Faber a réuni en grand nombre les qualités qui font les véritables auteurs spirituels : la sainteté de la vie, la science des choses divines et l'expérience des opérations de la grâce en lui-même et dans les autres. Une forte théologie l'a préparé à parler dignement des mystères, une orthodoxie scrupuleuse a dirigé sa pensée à travers les écueils dont la route est semée; la lecture approfondie et raisonnée des livres ascétiques et mystiques de toutes les écoles l'a puissamment aidé à s'orienter dans un monde si au-dessus du monde naturel ; la connaissance intime de la Vie des Saints lui a révélé les secrets de la grâce, et une humilité entière l'a accompagné dans toute sa carrière d'auteur spirituel. Il n'est pas une page du P. Faber, qu'elle soit sévère ou brillante, dans laquelle on ne sente le saint, l'homme qui n'a jamais écrit une ligne pour se recommander lui-même. Tel est, à notre avis du moins, le caractère des écrits qu'a laissés en héritage aux âmes pieuses le digne fils de saint Philippe (1).

(1) Heureux les morts qui meurent dans le Seigneur, car leurs œuvres les suivent, *opera enim illorum, sequuntur illos!* Ses œuvres ont suivi le P. Faber, pour lui faire cortége et pour le défendre, pour le vêtir de splendeur et le couronner de gloire devant Celui dont il a si bien dit l'amour, devant Celle dont il a si bien chanté les douleurs, dit M. Sagette. Si *Tout pour Jésus* lui rend dans le ciel les actes d'amour qu'il a suscités dans les âmes, il continuera de nous montrer ici-bas les voies faciles de l'amour divin : les *Progrès de l'âme* et les *Conférences* ajouteront à sa couronne de docteur mystique à mesure qu'ils nous aideront dans la conduite et la direction des âmes. Le *Pied de la Croix* l'aura conduit au pied de trône de l'Immaculée, tandis qu'il enivrera les âmes souffrantes des douleurs de notre divine Mère : le *Saint-Sacrement* lui révèlera ses océans de lumière, tandis qu'il nous attirera vers ses mystères d'amour. Le *Créateur et la Créature* l'inondera des feux de la présence béatifique en nous introduisant dans l'intimité de la présence divine. Le *Précieux Sang* le couvrira des flots empourprés de sa gloire, et nous continuerons à suivre dans les profondeurs de l'histoire et de notre cœur sa marche mystérieuse et triomphante; enfin, *Bethléem* lui donnera les ineffables caresses du divin Enfant.

HENRY-EDWARD MANNING

Henry-Edward Manning, né à Totteridge, dans le comté de Hereford, en 1808, est fils de William Manning, ancien membre du Parlement.

M. Henry Manning fut élevé à la grande école publique de Harrow. En quittant le théâtre de ses premiers succès classiques, il entra au collége de Balliol, à Oxford, où il obtint, en 1830, les honneurs les plus élevés de l'Université. Il n'est pas sans intérêt d'observer que, parmi les compagnons les plus distingués de sa classe, se trouvaient M. William Palmer, qui a embrassé la foi catholique, et M. Anstice, enlevé jeune encore à ses travaux, et dont la veuve est aussi entrée dans l'Église. M. Manning fut élu plus tard *fellow* du collége de Merton. Ayant reçu les ordres anglicans, il obtint, en 1833, le bénéfice de Lavington, dans le comté de Sussex, et publia dès lors une série de sermons qui furent très-goûtés. Le jeune *clergyman* épousa une des filles de feu le révérend M. Sargent, le pieux ministre de Lavington, un de ces hommes dont le zèle et les vertus font regretter qu'ils n'aient pas connu la vérité, mais qui, par l'excellence de leur vie, ont préparé la voie à ceux qui sont venus après eux. Madame Manning mourut fort jeune. Elle avait trois sœurs, dont deux sont devenues catholiques. La troisième avait épousé l'évêque anglican d'Oxford. Il y avait peu de temps que M. Manning était curé de Lavington, lorsque le R. docteur Otte le fit archidiacre de sa cathédrale. Cette position est la plus élevée du diocèse ; l'archidiacre est le substitut de l'évêque, et le remplace dans les fonctions les plus délicates. Depuis lors, jusqu'au moment où il s'est démis de ses fonctions, M. Manning s'est consacré tout entier aux devoirs de son ministère, aimé de tous et vénéré, même des hommes qui étaient les plus opposés à ses principes. En 1841, le savant archidiacre occupa la charge de prédicateur de l'université d'Oxford, fonction spéciale dont la durée est de deux ans. La réputation et l'influence de l'éminent théologien grandissaient à mesure que son talent était mis en œuvre. Les âmes qui cherchaient une direction se tournaient vers lui. Dans toutes les circonstances solennelles, on s'adressait à M. Manning ; et, quand il s'agissait de stimuler la charité des fidèles, son éloquence douce et persuasive faisait des merveilles.

En 1844, l'archidiacre de Chichester fut porté candidat comme prédicateur de Lincoln's Inn, charge dont disposent tous les membres éminents de cette célèbre école de jurisprudence. Ses opinions théologiques ne parurent pas assez larges aux jurisconsultes chargés de ce choix; ils préférèrent à M. Manning un ecclésiastique professant des doctrines plus accommodantes, mais qui lui était bien inférieur comme théologien et comme orateur.

De 1824 à 1850, M. Manning a publié quatre volumes de sermons, non moins remarquables par l'élévation des idées, la force de la doctrine, la grâce et la beauté du style, que par le travail de développement bien sensible que la vérité imprimait à son esprit. Le célèbre théologien publia aussi un *Traité sur l'unité de l'Eglise*, dédié à son ami M. Gladstone, depuis représentant d'Oxford au Parlement. On a de lui quelques sermons détachés, quelques brochures sur les questions qui ont successivement occupé l'attention du clergé anglican, et des *charges* ou mandements adressés au clergé en sa qualité d'archidiacre. Les sermons prêchés par M. Manning devant l'université d'Oxford ont été publiés en un volume en 1844. L'attachement, l'affection de ses paroissiens proclament assez haut de quelle manière l'archidiacre Manning remplissait ses devoirs de pasteur. Ces sentiments se sont manifestés dans plusieurs circonstances d'une manière touchante, et surtout durant les tristes incidents de l'affaire Gorham. Ce mémorable et instructif procès paraît avoir surtout contribué à dissiper les illusions que M. Manning a longtemps entretenues. Depuis une année environ, on remarquait que le pieux archidiacre prêchait moins souvent qu'autrefois. Il se bornait au ministère strictement indispensable à ses fonctions pastorales. On fit cette remarque l'été de 1850, lors de la consécration de l'église de Saint-Barnabé à Londres. Un service commémoratif des plus solennels eut lieu dans cette circonstance. On avait annoncé que M. Manning y prêcherait deux fois par jour durant l'Octave qui inaugurerait l'ouverture de l'église. Cependant M. Manning n'y prêcha qu'une seule fois. Ce silence était sans doute commandé par des doutes naissants. Après l'arrêt du conseil privé de la Reine, rendu dans l'affaire Gorham, l'archidiacre Manning fut des premiers à protester contre cette sentence, déclarant que l'Eglise anglicane se trouvait liée jusqu'à ce qu'elle eût rejeté expressément et ouvertement la doctrine énoncée qui s'y trouve sanctionnée. Ce fut presque immédiatement après que M. Manning donna sa démission d'archidiacre et de curé pour entrer dans la vie laïque. L'évêque de Chichester, le R. docteur Gilbert, homme aimable, mais d'une hostilité très-prononcée contre le catholicisme, refusa d'abord la double démission de

M. Manning. Le prélat attendit jusqu'au dernier jour sans le remplacer, espérant encore qu'il se déterminerait à reprendre ses fonctions. C'est ainsi que M. Manning sut se faire chérir, vénérer et désirer des hommes les plus opposés à ses idées.

Après plusieurs mois passés dans la retraite, l'étude et la prière, M. Manning fut reçu dans l'Église catholique, le jour de la Passion, 6 avril 1851, à Londres, entrant, selon l'expression d'un autre converti de distinction, dans le royaume de Dieu comme un petit enfant. Le dimanche des Rameaux, le nouveau fils de l'Eglise reçut la confirmation des mains du cardinal Wiseman, qui l'admit ensuite dans les ordres mineurs. M. Manning, après avoir reçu la prêtrise des mains de l'éminent cardinal auquel il devait succéder, alla étudier la théologie à Rome. Il revint, en 1854, grossir la phalange des apôtres qui évangélisent l'Angleterre. Dieu sait quels succès obtinrent l'exemple de ses vertus et l'éloquence de ses prédications. Tel est l'ancien archidiacre de Chichester, depuis la conversion du R. Newmann, la plus brillante conquête, sans contredit, que l'Église ait faite en Angleterre dans les rangs du clergé anglican.

L'université d'Oxford, à cette époque, perdit en peu de temps plus de *quatre-vingts à cent* de ses membres les plus distingués. (1)

(1) Il résulte des documents publiés sur l'Eglise catholique d'Angleterre dans le *Directory* de 1870, que la Grande-Bretagne comprend 9 archevêchés et 70 évêchés. Elle possède 1,354 églises et chapelles, 69 communautés religieuses d'hommes et 233 de femmes. Il y a eu l'année dernière 50 ordinations de prêtres séculiers et 12 de réguliers. A la Chambre des lords siégent 23 pairs catholiques dont voici les noms : le duc de Norfolk, le marquis de Bute, les comtes de Denbigh, Fingall, Graneret, Kenmare, Orford, Dunraven, Gainsborough, Gormanston; les lords Beaumont, Camoys, Stourton, Vaux de Harrowden, Petre, Arundell, Dormer, Stafford, Clifford,

M. Manning a mis au service de la propagation de la foi catholique un zèle aussi actif qu'éclairé ; grâce à sa haute influence, un grand nombre d'Anglicans distingués sont rentrés dans le sein de la vraie Église. Devenu successivement prévôt du chapitre de Westminster, prélat domestique du Pape, etc., Mgr Manning jouit d'une grande considération à Londres, même parmi les protestants, qui accourent à ses discours.

L'auguste Pie IX, qui avait pu, pendant les divers séjours du docteur Manning à Rome, apprécier son savoir et ses vertus, *le désigna lui-même,* en mai 1864, pour succéder à l'illustre cardinal Wiseman dans le siége archiépiscopal de Westminster.

Mgr Manning s'est montré à la hauteur de sa position, soit par les œuvres nombreuses qu'il a créées ou favorisées, soit aussi par les solides instructions pastorales qu'il a publiées et dans lesquelles l'éloquent prélat ne s'est pas contenté d'établir les droits du Saint-Siége contre les Anglicans, mais où il a réfuté victorieusement les Gallicans attardés auxquels les derniers événements n'avaient pu ouvrir les yeux.

Mgr Manning a été une des lumières du Concile œcuménique convoqué à Rome par Pie IX le 8 décembre 1869. L'expérience de l'éminent prélat sera d'un grand secours dans les questions qui touchent à l'Église anglicane.

Lovat, Howden, Howard, Acton. A la Chambre des communes siégent 36 membres catholiques : le vicomte de Castlerosse, sir H. W. Barron, sir R. Blennerhasset, sir J. Esmonde, sir P. O'Brien, sir C. O'Loghlen, sir J. Siméon, Mac Cogan, Mac Moncelle, O'Conor Don, O'Donoghue ; Dr Brudy, major Gavin, capitaine Fagan ; MM. Bryan, Callan, Corbally, D'Arcy, Dease Delahunty, De la Poer, Devereux, Kenelm, Digby, Downing, Ennis, Mac Evoy, Mac Mahon, Maguire, Matthews, Moore, Murphy, O'Conor, O'Reilly, Power, Sherlorck et Synans.

Les infirmités sous lesquelles succombe cette Église semblent arrivées à leur maximum, et les catholiques ont, plus que jamais, la confiance de voir, enfin, retourner au giron de l'Église de Jésus-Christ des frères dont ils déplorent l'aveuglement. On peut dire que l'Église anglicane se *déprotestantise* chaque jour davantage. En dépit des violences puritaines, un grand changement se réalise dans son sein de la manière dont s'opèrent tous les changements moraux, c'est-à-dire graduellement. La persuasion, l'exemple de vies saintes, donné par le clergé catholique depuis le rétablissement de la hiérarchie épiscopale par Pie IX, agissent simultanément, l'influence du temps contribue à adoucir les préventions, en accoutumant les oreilles à entendre certaines vérités, et l'Église prétendue réformée d'Angleterre renouera successivement les liens avec le passé en proclamant chaque jour quelqu'une des doctrines et des pratiques de la religion catholique (1).

(1) « Nous citerons aussi M. de Maistre, qui, dans son livre *Du Pape* et dans ses *Considérations sur la France*, parle dans le même sens. Il dit dans le premier de ses ouvrages :
« Tout semble démontrer que les Anglais sont destinés à
« donner le branle au grand mouvement religieux qui se
« prépare, et qui sera une époque sacrée dans les fastes du
« genre humain. Pour arriver les premiers à la lumière
« parmi tous ceux qui l'ont abjurée, ils ont deux avantages
« inappréciables et dont ils se doutent peu : c'est que, par
« la plus heureuse des contradictions, leur système religieux
« se trouve à la fois et le plus évidemment faux et le plus
« évidemment près de la vérité. »
« Dans ses *Considérations*, il dit en parlant de l'Église d'Angleterre :
« Si jamais les chrétiens se rapprochent, comme tout les
« y invite, il semble que la motion doit partir de l'Église
« d'Angleterre. Le presbytérianisme fut une œuvre française,
« et, par conséquent, une œuvre exagérée. Nous sommes
« trop éloignés d'un culte trop peu substantiel ; il n'y a pas
« moyen de nous entendre ; mais l'Église anglicane, qui nous

— Nous extrayons du rapport annuel (1872) sur la statistique du clergé et des établissements religieux de la Grande-Bretagne les chiffres suivants :

Le nombre des ecclésiastiques pour l'Angleterre et le pays de Galles est présentement de 1,599 (l'an dernier il n'était que de 1551). Pour l'Écosse, il s'est accru de 207 à 225. Les églises et chapelles publiques se sont élevées du chiffre de 1169 à celui de 1227. Les communautés d'hommes sont au nombre de 72 au lieu de 59; celles de religieuses ont atteint le chiffre de 252.

— En Norwége, les conversions se multiplient. Les luthériens assistent par centaines aux conférences des missionnaires. Il y a quelques semaines, le premier enterrement catholique a été fait publiquement à Christiania, et la foule témoignait sa sympathie respectueuse.

A Copenhague, les prêtres catholiques et les Sœurs de charité sont revêtus de leurs habits religieux sans le moindre inconvénient. Les Sœurs quêtent pour leur hôpital et sont bien accueillies même dans les maisons des protestants.

« touche d'une main, touche de l'autre ceux que nous ne
« pouvons toucher; et quoique, sous un certain point de vue,
« elle soit en butte aux coups des deux partis, et qu'elle pré-
« sente le spectacle un peu ridicule d'un révolté qui prêche
« l'obéissance, cependant elle est précieuse sous d'autres
« aspects, et peut être considérée comme un de ces inter-
« mèdes chimiques, capable de rapprocher des éléments
« inassociables de leur nature. »

LE R. Dʳ J. BRADLEY

On écrit de New-York au journal le *Monde*, 28 février 1872 :

Si l'Église, dans ces jours de calamités, verse des pleurs sur la désertion de quelques-uns de ses enfants, elle ne reste pas sans éprouver de vives consolations en voyant venir se presser contre son sein maternel tant de transfuges et d'égarés. L'Époux céleste a doté l'Église d'une admirable fécondité. C'est au moment où elle paraît stérile qu'elle exerce avec plus de force son action sur les âmes et que sa génération spirituelle est plus merveilleuse. Oui, sans doute, il faut s'attrister du spectacle que nous présente l'Europe, de l'apostasie officielle de tous les gouvernements qui prétendent vivre sans le Christ ; mais les épreuves, les persécutions sont le partage de l'Église et l'héritage que lui a laissé son divin fondateur. Elle ne le répudiera jamais.

Aujourd'hui même qu'elle est plongée dans une si grande tristesse, peut-on ne pas reconnaître ce souffle mystérieux qui passe sur les âmes et ouvre les yeux à la vérité ? Le mouvement religieux fut-il jamais plus actif, plus sincère ? et Rome n'est-elle pas l'objectif de tous les regards, de tous les cœurs chrétiens ?

Quoique fasse la Révolution, elle ne pourra éteindre la

foi, et si l'Église éprouve quelques pertes dans le vieux monde, ses entrailles se dilatent avec bonheur à la vue des progrès qu'elle fait chez les protestants et chez les infidèles. Dépouillée de tout pouvoir matériel, sans autres armes que la vérité, insultée, méprisée, persécutée comme sous les Nérons ou les Juliens, elle poursuit sa marche à travers les siècles et fait briller la croix civilisatrice chez tous les peuples.

Dans les pays catholiques, à mesure que le torrent de l'erreur déborde, le retour à la vérité, à la pratique des lois de Dieu et de l'Église devient plus sensible. Nos désastres inouïs, les dangers continuels du Saint-Père n'ont pas peu servi à ramener de hautes intelligences fourvoyées, et de nombreux chrétiens perdus dans l'indifférence ou dans le matérialisme. Chez les protestants, les conversions sont plus fréquentes, et si les évêques et les missionnaires ne publient pas chaque jour leurs conquêtes, c'est que l'œuvre de Dieu se fait dans le silence, dans l'intimité domestique. Le moment venu et quand nos adversaires croiront être les maîtres, on verra la somme de bien qui s'est faite sans bruit, et ceux qui aujourd'hui chantent triomphe seront confondus.

Il est cependant quelques conversions qu'il est bon de faire connaître. La position des personnages qui en sont l'objet étant plus élevée, leur exemple exerce aussi une plus heureuse influence; il est bon parfois d'opposer aux apostasies si éclatantes de plusieurs ministres de la religion la conversion d'autres ministres qui s'empressent d'occuper leurs places. Ce fait se renouvelle souvent en Angleterre et aux États-Unis. Nous en avons eu tout dernièrement une preuve manifeste. Nous voulons parler de l'abjuration faite à New-York, le 24 janvier 1872, par un éminent épiscopalien, et dont s'occupe toute la presse américaine.

Le R. Dr Joshua Bradley, gradué de l'Université d'Oxford (Angleterre), où il obtint le doctorat, remplissait la charge de pasteur de l'Église épiscopalienne du Saint-Sacrement, 43e rue Ouest, à New-York. Depuis quelque temps, il laissait percer le désir d'embrasser la foi catholique. La rectitude de son jugement, ses études et ses recherches l'avaient amené à conclure que là seulement se trouvait la vérité. Enfin, le 21 janvier, il prononça dans son église son sermon d'adieu, en prenant pour texte ces paroles : « Tu es Pierre, et sur cette pierre je bâtirai mon Église, etc. » C'était une scène d'un nouveau genre. Le Dr Bradley était aimé et estimé de toute sa Congrégation, et ce n'est pas sans une pénible surprise qu'on l'entendait raconter comment ses yeux s'étaient ouverts à la lumière, et l'on ressentait une vive douleur de le perdre. On répétait la parole d'un ministre anglican, lors de la conversion de Newman : *Il était trop bon pour rester parmi nous.* Chose bien digne de remarque, en effet, ce sont les meilleurs parmi les protestants qui reviennent à la foi catholique ; peut-on en dire autant de ceux qui la quittent (1).

Le Dr Bradley ne déguise pas combien il lui était dur de laisser l'Église anglicane, à laquelle il était si attaché. Mais il ne lui était pas possible, sans résister à sa raison et à sa conscience, de rester plus longtemps dans son sein. En étudiant l'histoire, il a reconnu que l'Église épiscopalienne n'a pas conservé la foi des premiers siècles ; qu'en se séparant du Siége de Rome elle était tombée dans le schisme, et que maintenant elle affichait les plus monstrueuses erreurs. Les

---

(1) Le Dr Bradley n'a que 31 ans ; il est sorti de cette célèbre Université d'Oxford qui a donné à l'Eglise tant d'éminents convertis : Mgr Manning, les PP. Newman, Wilberforce, Spencer, les deux Maréchal et tant d'autres qui ont jeté un si grand lustre en Angleterre et donnent tant d'espérances pour la conversion de ce pays.

évêques anglicans réunis à Baltimore n'ont-ils pas sapé cette Église par sa base en niant le changement moral qui s'opérait par le baptême, et en profanant le sacrement de la Cène ? S'ils croient Jésus-Christ présent dans l'Eucharistie, pourquoi lui refusent-ils leurs adorations? Les évêques anglicans ne se font pas scrupule de communier avec les presbytériens et les autres sectes. Il n'y a donc plus de critérium de vérité pour eux. Le jeune Dr Bradley est heureux de sortir de cette Babel protestante et de se convertir franchement à la doctrine de la suprématie papale. Il justifie son texte par des citations de saint Chrysostôme, de saint Augustin, et reconnaît dans l'Évêque de Rome le successeur de Pierre. Il n'éprouve aucune peine à admettre l'infaillibilité du Pape. « Notre-Seigneur, dit-il, est sans doute le Chef de l'Église; mais il a un Vicaire sur la terre. Une Église infaillible doit avoir un Chef infaillible. Le Pape, agissant comme Chef de l'Église, ne peut errer. » Voilà une doctrine qui sourit et calme les appréhensions de notre fragilité. (On a déjà fait la remarque que les ministres protestants qui reviennent à l'Église admettent tous sans difficulté les décisions du Concile du Vatican.) Le Dr Bradley n'est pas un fanatique. Il embrasse la foi catholique parce qu'il n'en trouve pas de meilleure. On demandait au P. Ignatius Spencer, qui de ministre anglican était devenu prêtre catholique : Pourquoi prenez-vous toujours les troisièmes places en voyageant ? — Parce que, dit-il, il n'y en a pas de quatrième. Il en est de même du Dr Bradley. La foi catholique est pour lui la véritable et parfaite forme du christianisme. Il croit l'Église une, sainte, catholique et apostolique; il trouve ces quatre marques seulement dans l'Église romaine. En terminant, il engage ses auditeurs à réfléchir, à étudier cette grave matière, à recourir à la prière; puis, s'ils reconnaissent comme lui la vérité, à tout sacrifier pour l'embrasser.

Le lendemain, il se rendit au monastère des Passionnistes, à Hoboken, pour faire une retraite préparatoire, et le mercredi 23, fête de saint Timothée, il fit solennellement son abjuration dans l'Église de Saint-Stephens, et reçut le baptême catholique des mains du Rév. Dr Mac Glynn. Cette vaste et belle église était remplie par les catholiques et les non catholiques, parmi lesquels un grand nombre de minisnistres de diverses confessions. Avant cette imposante cérémonie, le Dr Mac Glynn développa à l'auditoire la divine mission de l'Église, fondée par Jésus-Christ sur le rocher de pierre; et expliqua la doctrine qui seule mène au salut; puis il donna le sens des cérémonies auxquelles il allait procéder. L'émotion était grande dans l'auditoire quand le Dr Bradley, d'une voix haute et ferme, renonçait à ses erreurs et jurait de croire à toutes les vérités enseignées par l'Église catholique. Après cette cérémonie, un grand nombre de gentlemens et de ladies se présentèrent à la sacristie pour complimenter le nouveau converti, et ce dernier les recevait avec une simplicité et une modestie qui faisaient l'admiration de tous, et prouvaient manifestement l'opération de la grâce (1).

---

(1) Les États-Unis d'Amérique forment sept provinces ecclésiastiques, renfermant 53 diocèses et 8 vicariats apostoliques. Voici les noms de ces provinces, diocèses et vicariats :
Baltimore : 11 diocèses, 2 vicariats apostoliques.
Cincinnati : 9 diocèses.
Nouvelle-Orléans : 6 diocèses.
New-York : 10 diocèses.
Oreyon : 3 diocèses, 2 vicariats apostoliques.
Saint-Louis 11 diocèses, 4 vicariats apostoliques.
San-Francisco : 3 diocèses, 2 vicariats apostoliques.
Le nombre des prêtres est de 3,183. On compte aux États-Unis : 3,463 églises; 1,695 chapelles ou stations; 74 séminaires ou colléges préparatoires; 1,404 colléges ordinaires ou écoles; 203 couvents de femmes; 48 monastères d'hommes;

Le général Dungan, sénateur pour le county d'Anson, un des hommes les plus honorés et les plus distingués de la Caroline du Nord, vient aussi d'être reçu dans l'Église catholique. Il descend d'une mère française calviniste, et son père était ministre baptiste; son frère est encore ministre de cette secte. Il était possesseur d'une grande fortune dissipée dans la guerre du Sud. Il habitait dans une contrée de l'État où la religion compte peu de fidèles. Son county est presque entièrement baptiste, et il est douteux qu'il y ait d'autres catholiques en ce moment que le général Dungan. Dans la Caroline du Nord, le catholicisme semble encore au berceau. Mgr Gibbons, évêque de Wilmington, a un vaste champ à défricher et peu d'ouvriers pour le seconder. La moisson paraît mûre et les conversions se préparent. Le général Dungan est venu de lui-même demander le baptême. Comme il avait le cœur droit et honnête, Dieu l'a illuminé de sa grâce. Le jour de son baptême, la petite Congrégation catholique était en fête. Deux autres protestants firent en même temps leur abjuration et vinrent augmenter le nombre si restreint des catholiques.

150 orphelinats renfermant 9,000 orphelins; 49 hôpitaux; environ 150 autres établissements de charité.

Les chiffres qui précèdent, à l'exception de ceux qui représentent le nombre des églises, chapelles et séminaires, nous ont été fournis par un recensement fait en 1865. Depuis cette époque le nombre des établissements catholiques a considérablement augmenté.

AUGUSTE DE LA FERRONNAYS

§ I. — *Le comte Auguste de La Ferronnays dans sa jeunesse.*

Le touchant *Récit d'une Sœur* publié par une fille du comte Auguste de La Ferronnays, a répandu sur cette noble famille un vif intérêt. Après avoir lu cette histoire si pleine de larmes, on aime à connaître les détails intimes du chef de cette honorable maison, voilà pourquoi nous sommes heureux de pouvoir satisfaire cette pieuse curiosité en donnant ici quelques extraits du dernier ouvrage de M. A.-F. Rio, un ami de cœur de M. de La Ferronnays (1).

« Le comte Auguste de La Ferronnays, descendant d'un compagnon d'armes de Bertrand du Guesclin, avait dans sa personne, dans son âme et dans son caractère, tout ce qu'il fallait pour justifier cette descendance et son origine bretonne. Si quelques bouffées de l'air pestilentiel du XVIIIe siècle avaient pénétré jusqu'au foyer paternel, l'angélique piété de sa mère l'en avait préservé assez longtemps, pour mettre en sûreté, dans les replis les plus inaccessibles de son cœur, des germes latents qui, après y avoir été préser-

(1) Epilogue de l'art chrétien (1872). 2 vol. *Librairie Hachette.*

vés intacts à travers les vicissitudes les plus orageuses d'esprit, de cœur et de destinée personnelle, devaient enfin produire, pour l'édification de ceux qui étaient dignes de la comprendre, l'une des plus magnifiques floraisons spirituelles qu'on ait jamais vues.

« Ses premières aventures dans l'émigration ne furent favorables ni à son progrès intellectuel ni à son progrès moral. Ce fut seulement quand la vie rude des camps vint remplacer la vie trop oisive des châteaux, que le jeune émigré trouva l'emploi de ses qualités énergiques, mais sans pouvoir partager la satisfaction d'amour-propre que de rares succès, trop chèrement achetés, donnaient à ses compagnons d'armes. Que de fois ne lui avons-nous pas entendu raconter, avec son accent le plus ému, les angoisses patriotiques dont son cœur était saisi, quand il voyait les soldats français plier devant les autrichiens ou les Russes, dans les rangs desquels le malheur des temps le condamnait à combattre! car il comprenait mieux que la plupart des vétérans de l'émigration, le genre de fanatisme qui avait entraîné les populations à la défense des frontières envahies ou menacées, et il faisait remonter plus haut que 89, la responsabilité des maux auxquels la France était en proie et qui menaçaient de s'étendre à toute l'Europe. Mais son appréciation des effets et des causes ne s'élevait pas encore à la notion de solidarité nationale ou de châtiment providentiel attiré par une série de prévarications sur les innocents aussi bien que sur les coupables.

« Après les huit campagnes dont se composait l'état de service des émigrés depuis 1792 jusqu'au licenciement définitif de l'armée de Condé en 1801, rien ne manquait à l'éducation militaire du jeune comte de La Ferronnays, et son brillant courage n'avait pas été le seul genre de mérite qui l'eût signalé à l'estime de ses chefs et à l'émulation de ses camarades. Il n'aurait même dépendu que de lui, s'il avait voulu imiter quelques-uns de ses frères d'armes, de conquérir aussi rapidement qu'eux, au service d'une puissance amie, une position digne de ses talents et de son nom ; mais celle que lui avait faite l'amitié toute chevaleresque du duc de Berry, à côté duquel il avait affronté tant de périls, lui réservait une haute destinée.

« Au point de vue de l'honneur militaire, l'émigration française en Allemagne, avait été pour lui une excellente école, et il en avait rapporté des aspirations belliqueuses qu'il fut, plus d'une fois, sur le point de satisfaire. Mais, sous tout autre rapport, l'influence qu'avait exercée sur lui la société de ses compagnons d'exil, lui avait été très-nuisible, et ce n'était pas parmi les émigrés d'Angleterre, du moins parmi les émigrés laïques, qu'il pouvait trouver l'exemple et les lumières dont il avait besoin pour lutter contre les conséquences des doctrines que beaucoup d'entre eux avaient emportées de la mère patrie.

« L'amiral sir Philip Durham, lors de l'expédition de Quiberon, où il avait le commandement d'une frégate, racontait que les Français qu'il avait à son bord, et dont il comprenait parfaitement le langage, le scandalisèrent tellement par la licence et l'impiété de leurs propos que, malgré les quarante-six ans écoulés depuis ce scandale, l'impression de dégoût qu'il en avait reçue subsistait encore dans toute sa force. Hélas ! qui de nous, plus ou moins septuagénaires, n'a pas connu quelqu'un de ces émigrés politiquement et religieusement incorrigibles sur l'esprit desquels, quand ils en avaient, le XVIIIe siècle avait laissé son empreinte et qui étaient tout fiers de n'avoir rien appris ni rien oublié ?

« Quoiqu'il en soit, ce n'était pas dans une société composée de tels éléments qu'un jeune homme pouvait puiser l'émulation nécessaire pour remplir les lacunes que le malheur des temps avait nécessairement causées dans son éducation.

§ II. — *Epreuve et retour vers Dieu.*

M. Rio raconte qu'il s'était formé dans l'émigration des relations très intimes entre Auguste de La Ferronnays et le duc de Berry. M. de La Ferronnays, débarquait quelques années plus tard dans le port de Cherbourg ; sa longue absence ayant plutôt réchauffé que refoidi son patriotisme, il put croire qu'il inaugurait, en ce moment, la phase la plus brillante et la plus heureuse de sa carrière. Rien en effet ne semblait manquer à son bonheur, ni comme Français, ni comme époux, ni comme père, ni même comme courtisan : car le prince dont il était l'aide de camp et dont l'amitié lui était garantie par tant de souvenirs communs, était devenu l'héritier présomptif du trône ; ce qui ouvrait au fidèle compagnon de son exil une perspective qui promettait une ample satisfaction à son ambition et à sa vanité, s'il avait été ambitieux ou vain ; mais comme il n'était ni l'un ni l'autre, et que de plus il n'était pas né flatteur, on pouvait prévoir que la fortune ne lui sourirait pas longtemps.

« Ce fut en 1816, à l'occasion du mariage du duc de Berry, qu'elle sembla mettre le comble à ses faveurs. Madame de La Ferronnays, nommée dame d'atours de la future duchesse, avait eu la première l'honneur de lui faire sa cour le jour où elle débarqua sur le quai de Marseille ; et ce fut elle aussi qui réussit le mieux à gagner les bonnes grâces de la jeune princesse et qui eut avec elle les relations les plus cordiales depuis le moment de son débarquement jusqu'à celui de son arrivée dans la capitale ; de sorte qu'il y eut bientôt, entre la duchesse de Berry et sa dame d'atours, des rapports non moins intimes que ceux du duc de Berry avec son aide de camp. A quoi il faut ajouter, comme couronnement fatal de toutes ces prospérités domesques, le titre de gouvernante des enfants de France donné, par anticipation, à madame la marquise de Montsoreau, belle-mère de M. de La Ferronnays ; de sorte que les faveurs les plus enviées de la fortune semblaient garanties d'avance à la famille au moins pour deux générations.

Un homme n'a pas toutes les qualités ; c'est ainsi que le duc de Berry toujours très-convenable dans ses rapports avec les personnages officiels qui n'avaient à recevoir de lui que des ordres ou des bienfaits, ne gardait pas toujours la même mesure avec un ami dont la franchise lui semblait parfois importune, il était difficile qu'il n'y eût pas de temps en temps des explosions d'humeur plus ou moins impérieuses dans ses rapports avec de La Ferronnays, sauf ensuite à les réparer par des désaveux dont l'accent ne laissait aucune prise à la rancune, ni aucun doute sur la sincérité du repentir.

« Il vint un jour cependant où la blessure fut trop profonde pour que celui qui l'avait faite essayât même de la fermer ; et d'un autre côté, la fierté toute bretonne du gentilhomme qui l'avait reçue, était trop exigeante pour lui permettre de faire des avances de réconciliation là où il avait droit à une réparation. Ce mode de redressement étant impossible, la rupture était inévitable malgré les conséquences désastreuses qu'elle entraînait pour l'offensé. L'honneur était sauf ; mais la position du père de famille était affreuse ; car les ruines domestiques causées par les déprédations révolutionnaires n'avaient pas encore été réparées ou du moins allégées par la loi d'indemnité, de sorte que M. de La Ferronnays, tombé dans la disgrâce royale en même temps que dans celle du comte d'Artois et de son fils, renié pas ses faux amis qui ne voulaient pas se compromettre en plaidant sa cause, quelque juste qu'elle fût, se vit exposé avec ses cinq enfants, dont trois en bas âge, à recommencer en France l'amer apprentissage qu'il avait fait en terre étrangère.

« Bien que son étoile polaire fût encore cachée ou du moins voilée par de gros nuages, un instinct irrésistible lui fit prendre le chemin de la Bretagne, pour chercher des consolations et surtout des conseils auprès d'une sœur devenue supérieure du couvent de la Visitation à Nantes, et avec laquelle j'eus, en 1837, une longue conversation que je n'aurais pas confiée à ma mémoire seule, si j'avais prévu l'usage que j'en pourrais faire un jour. Il va sans dire qu'elle me parla beaucoup de son frère et du contraste, si consolant pour elle, entre la date de 1817 et celle de 1837. Ce fut alors que j'appris, pour la première fois, la persistance héroïque avec laquelle M. de La Ferronnays, depuis son enfance, avait continué, à travers toutes les distractions de la guerre et des plaisirs, à dire chaque jour, en dépit de tous les obstacles, la courte prière à la Vierge que sa mère lui avait appris à balbutier sur ses genoux. *Là se bornait probablement encore sa dévotion quotidienne,* quand il alla chercher à Nantes un adoucissement à ses chagrins. Mais il y avait d'autres âmes plus familiarisées avec Dieu que ne l'était alors la sienne, et auxquelles leur sublime résignation donnait presque le droit d'être exaucées. »

Après plusieurs mois de cruelle incertitude, on apprit enfin que le duc de Berry fut déterminé par son bon cœur à intervenir secrètement près du roi en faveur de son ami malheureux. M. de La Ferronnays fut nommé ambassadeur en Russie, nous ne le suivrons pas sur ce théâtre, où il eut occasion de faire apprécier les qualités de son esprit et de son cœur. Sa loyauté, son caractère et ses bonnes manières avaient triomphé de la hauteur de l'empereur Nicolas, qui le traitait en ami. Il était aussi l'ami du roi de France, qui, en 1828, l'avait appelé au ministère des affaires étrangères. Beau, brillant, brave, intelligent, il portait dans son cœur, à son front et dans toute sa personne quelques-unes de ces qualités qui font du vrai gentilhomme français, au milieu de tant d'hommes laids et bornés, le plus présentable et le plus accompli habitant de la terre.

La révolution de Juillet obligea M. de La Ferronnays à rentrer dans la vie privée, quoique sans fortune et chargé de plusieurs enfants (1). Voici dans quels termes il répondait à une personne qui le félicitait, à cette occasion, de son noble désintéressement :

« Votre admiration pour ma conduite est sans motif ; si vous voulez vous en convaincre, demandez-vous qu'elle eût été votre opinion sur mon compte si, par des considérations d'intérêt personnel, je m'étais conduit autrement que je ne l'ai fait ; certes vous m'auriez moins estimé ; je ne suis donc pas très-admirable de n'avoir pas fait ce qui aurait pu donner à vous ou à d'autres le droit de me mépriser. Mon premier besoin est toujours de marcher tête levée, même

---

(1) M. le comte de La Ferronnays était encore, au mois de mai 1830, ambassadeur à Rome.

Il avait épousé la nièce de cette vaillante et fidèle duchesse de Tourzel, qui accompagnait à Varenne le roi et la reine, comme gouvernante de leurs enfants. Trois fils et quatre filles étaient nés de cet heureux mariage. Toute cette famille, comblée de tous les dons de la naissance, du rang, du monde, était réunie à Rome, sous le plus beau ciel de la terre, dans le plus beau mois de l'année, et dans tout l'éclat d'une existence enviable.

devant mes ennemis; je mourrais s'il se pouvait trouver un seul homme dans le monde qui se crût en droit de me faire baisser les yeux. »

« ... La raison, la réflexion, la conviction, la conscience, mon amour exalté pour mon pays, tout me dit que je dois rester fidèle au principe conservateur, à celui sans lequel l'ordre, le calme, le bonheur et la prospérité des empires ne peuvent jamais être assurés. Mon patriotisme véritable et désintéressé ne sait point se courber devant l'œuvre de la violence, du caprice et de la précipitation. »

Malgré ces mécomptes et ce changement de position, les La Ferronnays n'étaient point encore malheureux. Dieu ne leur avait pas tout ôté, il ne leur avait pris que la richesse. Le père, par sa fidélité, avait grandi dans le respect public, ses fils et ses filles avaient été préparés par une éducation forte au travail et au sacrifice. Pendant quinze ans, leurs parents avaient traversé les honneurs, mais ils n'avaient pas oublié l'émigration, les épreuves des jours d'exil, et quand ils recontrèrent la pauvreté, ils la saluèrent comme une ancienne connaissance, aimant d'ailleurs et acceptant tout ce qui arrive, parce que, pour des chrétiens, ce qui arrive ici-bas arrive d'en haut. Ils se retirèrent près de Naples, à Castellamare, où leur résidence était assez bien l'image de leur vie : une chambre étroite et une vue magnifique, un horizon radieux contemplé d'une demeure exiguë. Un peu plus tard, nous les retrouvons à Chiaja, dans une jolie maison, gais, consolés, ravis, les frères partant pour la vie active, les sœurs s'aimant de toute leur âme, allant cueillir des fleurs dans les jardins de lady Acton, pour les porter le soir au bal, présentés à la cour; tous dépouillés de la fortune sans l'être d'aucune joie, et goûtant ce plaisir très-particulier que nous trouvons dans les voyages, et que nous devrions trouver dans le voyage de la vie, ce plaisir qui consiste à admirer plus vivement ce qui n'est pas à soi, sans aucun des soucis, sans aucune des vanités de la possession personnelle.

Toutefois, cette vie charmante n'était pas exempte de dangers. A l'étranger, on est trop libre, on ne sent pas attachés sur soi ces milles regards des parents, des amis, des voisins, des rivaux, dont le contrôle, souvent importun, est plus souvent utile. Les familles des diplomates, surtout, habituées à recevoir des grands égards et à nouer des liens passagers, passant de cour en cour, de Pétersbourg à Londres, ou de Londres à Rome, vivent dans un monde cosmopolite, le plus séduisant, le plus amusant de tous, peut-être, mais le plus dangereux (1).

§ III. — *Le travail de la grâce.*

Cependant le calme, la solitude, si favorable aux réflexions sérieuses, dont jouissait M. de La Ferronnays, loin des préoccupations diplomatiques, produisirent de salutaires impressions sur son âme naturellement chrétienne. On pouvait remarquer dans ses conversations le travail de la grâce sur ces idées qui se modifiaient chaque jour.

Nous laissons parler M. Rio, son ami intime :

« M. de La Ferronnays venait d'avoir à Paris des entretiens sur un important sujet qui l'avaient prédisposé à tous les élans de la foi et d'amour compatibles avec le degré d'initiation auquel il était parvenu. Ce n'était plus un narrateur que nous avions devant nous, c'était un prédicateur qui semblait décidé à laisser dans l'âme de chacun de ses

---

(1) A. Cochin.

deux auditeurs une impression qui fut en rapport avec leurs vocations respectives. Il s'épargnait si peu lui-même, dans les exhortations qu'il nous adressait, que nous étions comme ébahis de son abaissement volontaire. Ce fut alors que je vis resplendir en lui, pour la première fois, comme une étoile jusque-là voilée, la plus belle, la plus rare des vertus chrétiennes, je veux dire l'humilité!

« La subite apparition de ce phénomène dans un homme qui avait été exposé à toutes les tentations de l'orgueil me causa une sorte de stupéfaction qui, en réagissant sur mon interlocuteur, lui fit articuler ou plutôt balbutier des paroles qui achevèrent de me mettre hors de moi. Je me levai précipitamment, et comme la table me séparait de lui, j'allais me placer derrière sa chaise, afin de pouvoir arroser sa tête vénérable de mes larmes et la presser en même temps contre mon cœur. Ce moment fut doux au delà de toute expression et décisif pour l'avenir. Nous nous embrassâmes sans mot dire et cet embrassement fut le premier gage d'une amitié qui devait durer autant que sa vie, et réaliser pour moi un genre d'idéal que je n'avais pas même entrevu jusqu'alors. »

Les épreuves, surtout la mort de son fils Albert, vinrent encore perfectionner l'âme de M. de La Ferronnays *et ajouter je ne sais quoi d'achevé, que le malheur donne à la vertu.*

M. Rio fut très-édifié de la résignation de son digne ami dans cette circonstance si triste. « Connaissant, dit-il, sa nature expansive, je m'étais attendu à une de ces explosions de douleur d'autant plus irrésistibles qu'elles ont été plus longtemps comprimées. Mais je n'étais pas au courant de ce qui s'était passé d'extraordinaire dans cette âme privilégiée. Quel changement et quelle surprise, malgré tout ce qu'on m'avait dit pour m'y préparer! Quelle douceur dans le regard, quel attendrissement dans la voix, jadis si ferme et si sonore, et surtout quel charme tout nouveau pour moi, dans ce mélange de noblesse et de mélancolie, devenu depuis son malheur, le caractère distinctif de sa physionomie.

« A ce changement extérieur correspondait un changement intérieur dont il était pressé de s'entretenir avec moi... Maintenant que la lumière qui éclaire les régions du monde idéal avait commencé à luire pour lui, il avait appris à subordonner les intérêts de la vie pratique à des intérêts supérieurs...

« De là, à l'application du grand remède des âmes malades qui sont pressées de guérir, il n'y avait qu'un pas et ce pas avait été franchi. La petite église de Sainte-Valère avait été le théâtre de cet événement, le plus mémorable de tous dans une vie qui se compose, pour ainsi dire, d'événements mémorables, bien qu'ils ne soient pas tous éclatants. Nous y fîmes une visite d'action de grâces le lendemain de mon arrivée et l'on devine sans peine, d'après ce début, sur qui et sur quoi roulèrent nos conversations devenues plus intimes que jamais. Une semaine entière fut consacrée à ces épanchements réciproques par lesquels s'inaugurait une ère nouvelle dans notre amitié. »

Quelque temps après, M. de La Ferronnays écrivait à son ami des lettres où son humilité se montrait d'autant plus, qu'il prenait un soin plus grand pour cacher sa vertu. Nous en détachons le passage suivant :

« Il y a des mots qui ne doivent jamais se retrouver dans les lettres que *vous* m'écrivez: tels sont ceux *d'admiration*, de *reconnaissance*, de *dévouement* et autres expressions du même genre. Elles ne conviennent ni à vous ni à moi, elles me font rougir et m'obligent à faire sur moi-même des retours si humbles que j'en demeure tout confus et tout mal à mon aise. Il n'y a pas d'être au monde qui soit moins admirable que moi, croyez m'en sur ma parole. Quand vous me parlez de votre admiration, c'est comme si vous faisiez à un voleur l'éloge de sa probité. Je n'ai jamais rien fait, ni ne pourrai jamais rien faire qui mérite votre reconnaissance ni votre dévouement; ce sont de ces sentiments que l'on garde et qu'on doit être fier et content d'éprouver pour ceux auxquels on ne peut pas rendre le bien qu'on en reçoit...

« Aimez-moi donc toujours et tant que vous pourrez, mais au nom du ciel, ne m'admirez jamais et ne me parlez jamais de votre reconnaissance. »

M. de La Ferronnays n'était pas moins avancé dans la résignation et l'abandon à Dieu que dans l'humilité. Que l'on en juge par les sentiments si touchants de la lettre dans laquelle il annonçait à son ami le mariage de sa fille Eugénie si distinguée par les qualités de son esprit et de son cœur. On dirait une paraphrase du *Nunc dimittis.*

« Vous nous connaissez assez, mon cher Rio, pour être bien sûr que ma bonne femme et moi nous ne faisons pas un seul retour sur nous-mêmes, et que nous voyons sans regret et sans tristesse, le grand isolement dans lequel nous allons nous trouver. Dieu reste avec nous, mon ami! Est-ce donc être isolé? Il nous prouve qu'il nous aime en nous envoyant, dans nos vieux jours, une consolation plus grande que nous n'osions la désirer. Amour, espérance, prières, reconnaissance. Ah! soyez tranquille pour nous, la vie nous sera douce et légère. Notre temps finit, le soir arrive, nous pouvons déjà entrevoir l'aurore du jour sans fin; et maintenant que je suis tranquille sur le sort de mes pauvres filles (car Eugénie pourra tenir lieu de mère à ses sœurs), Dieu peut nous appeler. J'ai tant d'amour pour lui dans le cœur, que je sens que, confiant en son infinie miséricorde, je puis paraître en sa présence sans aucune crainte. »

On voit par ces paroles si belles, le travail que la *grâce, cette habile ouvrière*, comme dit Bossuet, avait fait dans l'âme d'Auguste de La Ferronnays.

§ IV. — *L'intérieur d'une famille chrétienne.*

Si nous voulons jouir du spectacle touchant d'une famille chrétienne, pénétrons avec M. Rio dans la maison de M. de La Ferronnays. Nous verrons comme les cœurs y sont unis, jamais le pauvre ne s'y présentait sans recevoir avec l'aumône matérielle quelque bonne parole qui le consolait dans son indigence. Tout y est bien réglé ; chaque chose a son temps, la prière en commun, les causeries, l'étude, la musique, les œuvres de charité. Les récréations, depuis la mort d'Albert de la Ferronnays (1), étaient devenues plus sérieuses, elles étaient empreintes d'une mélancolie indéfinissable qu'on remarquait surtout dans les exécutions musicales. « La voix d'Alexandrine était plus triste et plus pénétrante. On eut dit qu'elle avait toujours les yeux fixés sur une tombe. La voix d'Eugénie avait quelque chose de plus céleste et se mariait admirablement avec celle de sa belle-sœur. Je n'ai pas besoin de dire que leurs chants de prédilection étaient ceux qui

---

(1) M. Rio nous a révélé quelques détails très-édifiants sur la piété d'Albert de La Ferronnays. On sait combien il désirait le retour à la vraie Eglise de celle qui devait lui être unie par des liens indissolubles. Or, un jour, de grand matin il fit, aux sept basiliques de Rome un pèlerinage nu-pieds afin d'obtenir la conversion de cette âme. On sait qu'à son lit de mort, il eut la consolation de voir son vœu exaucé.

exprimaient le mieux leurs aspirations personnelle presque toujours dirigées vers le monde invisible....

« C'était en obéissant à des influences de ce genre qu'Alexandrine chantait où se faisait chanter par Eugénie le *Fil de la Vierge*, composition charmante et vraiment idéale dans ses tendances, et si bien assortie à l'espèce de mysticisme qui présidait à nos relations réciproques, que nous ne pouvions pas nous empêcher de la fredonner partout, même dans nos promenades. Nous en eussions volontiers fait un cantique du soir, si nous n'avions pas craint de profaner notre chapelle. Il y avait surtout une strophe, la dernière de toutes, qui s'était si bien emparée de l'imagination de M. de La Ferronnays, qu'il la chantait en guise de monologue, dès qu'il était seul dans sa chambre ou dans les allées de son jardin. Il est vrai que les deux derniers vers de cette strophe ouvraient une perspective bien attrayante pour une âme disposée comme l'était alors la sienne :

> Adieu, pauvre fil blanc, je t'aime, vole encore
>   Mais ne vas pas
> T'accrocher en passant au buisson qui dévore
>   Et tend les bras ;
> Ne te repose pas quand du haut des tourelles
>   Le jour a fui,
> Vole haut près de Dieu ; les seuls amours fidèles
>   Sont avec lui !

« Cette exhortation finale, soit qu'il se la répétât à lui-même, soit qu'il se la fit chanter par l'une de ses filles, le rendait à la fois joyeux et pensif, et quand le chant finissait il y avait toujours un silence proportionné à l'intensité de l'impression qui avait été produite. »

L'abbé Gerbet composa une belle pièce de vers sur les

Catacombes que la famille de La Ferronnays aimait à chanter sur l'air du *Fil de la Vierge*. En voici les plus belles strophes :

> Hier j'ai visité les grandes Catacombes
> Des temps anciens ;
> J'ai touché de mon front les immortelles tombes
> Des vieux chrétiens :
> Et ni l'astre du jour ni les célestes sphères,
> Lettres de feu,
> Ne m'ont jamais fait lire en plus grands caractères
> Le nom de Dieu !
> Lieux sacrés où l'amour pour les seuls biens de l'âme,
> Sut tant souffrir !
> En vous interrogeant, j'ai senti que sa flamme
> Ne peut mourir ;
> Qu'à chaque être d'un jour qui mourut pour défendre
> La Vérité,
> L'Être éternel et vrai, pour prix du temps, doit rendre
> L'Éternité !
> J'ai sondé d'un regard leur poussière bénie,
> Et j'ai compris
> Que leur âme a laissé comme un souffle de vie
> Dans ses débris ;
> Que dans ce sable humain qui dans nos mains mortelles
> Pèse si peu,
> Germent pour le Grand-Jour les formes immortelles
> De presqu'un Dieu !
> C'est là qu'à chaque pas on croit voir apparaître
> Un trône d'or.....
> Et qu'en foulant aux pieds des tombeaux, je crus être
> Sur le Thabor !....
> Descendez, descendez au fond des catacombes,
> Aux plus bas lieux ;
> Descendez, le cœur monte, et du haut de ces tombes
> On voit les cieux !

La prière se faisait en commun au château de Boury, selon le salutaire usage des familles chrétiennes. On la terminait quelquefois par un cantique composé par l'abbé Gerbet. Voici comment M. Rio raconte une de ces scènes si touchantes :

« A peine la prière fut-elle terminée, que les trois sœurs dont les voix harmonieusement combinées avaient jadis produit dans nos âmes des émotions faciles à réveiller, entonnèrent une espèce de cantique dont les modulations très-simples en elles-mêmes, n'étaient pas faites pour remuer l'imagination, si elles n'avaient pas servi d'accompagnement à des paroles tellement appropriées à la circonstance, qu'il était impossible qu'elles ne nous parussent pas avoir été composées exprès pour nous. Aussi l'impression qu'elles produisirent sur mon âme peu préparée à une si délicieuse surprise, fut-elle de celles que le langage humain ne saurait rendre. Voici la pièce qui en fut l'occasion :

LA PRIÈRE DU SOIR.

La nuit, la sombre nuit s'étend sur nos demeures,
Mais pour un cœur qui prie est-il de sombres heures,
 Venez, amis pleins d'un céleste espoir,
 Faire avec nous la prière du soir.

Dans cette triste vie où tout se décolore,
Si de quelque bonheur vous espérez l'aurore,
 Venez encore pour garder cet espoir,
 Faire avec nous la prière du soir.

Quand, aux jours douloureux, la nuit se fait dans l'âme,
Quand la joie en vos cœurs laisse mourir sa flamme,
 Ah! revenez pour retrouver l'espoir,
 Faire avec nous la prière du soir.

Quand votre dernier jour s'éteindra sur la terre,
Ne regrettez pas trop la céleste lumière,
 Et ne songez, pleins d'un meilleur espoir,
 Qu'à bien finir la prière du soir.

Pour se faire une idée de l'effet produit par cette dernière strophe, il faut avoir présent à l'esprit le deuil permanent de la famille, deuil diversement nuancé selon les souvenirs et les aspirations spéciales de chacun de ses membres. De là résultait nécessairement que tous ne s'assimilaient pas de la même manière les paroles de cette poétique prédication.

Le séjour de l'abbé Gerbet dans la famille de M. de La Ferronnays fut providentiel. Voici comme il en parle à sa fille Pauline :

« Le lumineux, le doux, le profond, et surtout le consolant abbé Gerbet répand un charme indicible dans nos entretiens du matin et du soir. Avec lui, la science et la métaphysique se dépouillent de toute sécheresse et de toute aspérité. La vertu prêchée par cet excellent homme s'insinue, pénètre, inonde d'une bienfaisante lumière et vous arrive droit au cœur. Mon ignorance l'accable de questions, d'objections, de subtilités, des sophismes : rien ne le rebute, rien ne l'ennuie ; il répond à tout, et comment ! À mesure qu'il parle (et je le fais parler jusqu'à lui dessécher la poitrine), je sens mon âme s'agrandir, mon cœur battre plus à l'aise, mon esprit s'étendre, et mes idées s'élever à une hauteur à laquelle je ne me serais jamais cru ni la force ni la puissance de les porter. Ah ! si partout cette religion sublime était parlée, écrite, interprétée comme elle l'est par ce véritable apôtre, il faudrait bien peu de temps pour qu'elle devînt universelle. La présence au milieu de nous de cet admirable consolateur est un véritable bienfait de la Providence, que je suis tenté de regarder comme un miracle de sa bonté, et qui me fait espérer la fin de nos épreuves. »

Cette foi, que M. de La Ferronnays avait acceptée avec une si entière générosité, établit dans son âme comme des degrés : *Ascensiones in corde suo disposuit*, par lesquels il s'éleva jusqu'au plus héroïque dévouement, de telle manière que si sa vie politique fut d'un sage, sa mort fut d'un saint.

§ V. — *Les dernières années du comte de La Ferronnays.*

Malgré son caractère noble et loyal, le comte de La Ferronnays avait oublié ses devoirs envers Dieu, au milieu du tumulte des affaires et des fêtes mondaines. Voici sur ses dernières années des détails bien touchants. Nous laisserons parler un de ses amis qui avait pu l'apprécier :

« Le long de la Voie Sacrée, parmi les monuments en ruine qui forment une ceinture si pittoresque à l'antique Forum, le temple des deux frères fondateurs de Rome est un de ceux qui ont le moins souffert des ravages du temps et des barbares. Le christianisme, en les purifiant, en a sauvé les débris. Restauré par un Pape, au VIe siècle, le temple de Romulus et de Remus est devenu l'église de Saint-Côme et Saint-Damien, deux frères aussi, mais deux frères chrétiens, demeurés toujours unis dans la vie par leur amour, dans la mort par le martyre, dans l'éternité par la gloire.

« J'aime cette église comme un monument des premières conquêtes de la foi sur le paganisme. Il y avait hier la station du carême, et je suis allé la visiter. L'âme encore toute remplie du souvenir de M. de La Ferronnays, je me suis rappelé qu'à pareil jour, il y a un an, je me trouvais près de lui, à cette même place, priant sur le tombeau des deux martyrs, devant le Saint-Sacrement solennellement exposé. Il me semblait le revoir encore à genoux contre la balustrade du sanctuaire, dans l'attitude du recueillement le plus profond, les mains jointes et le visage en quelque sorte resplendissant d'une ferveur angélique. J'ai relu, avec la vive émotion d'un tel souvenir, une prière en forme d'amende honorable, composée par lui et tout entière écrite de sa main; il l'avait laissée tomber de son livre en se retirant. Hélas! sa mort me permet aujourd'hui de révéler cette touchante prière; je crois pouvoir vous en adresser quelques fragments pour la plus grande louange de Dieu, et pour la gloire aussi de cette âme si grande, si admirable dans son repentir (1).

« ... O mystérieuse prévision de la plus incompréhensible
« bonté! c'est à vous seule que je dois de n'être point tombé
« dans le désespoir; seule vous pouviez relever mon âme
« du découragement mortel dans lequel devait l'entraîner
« le souvenir terrible et toujours présent de mes innombrables
« et si cruelles offenses! Je puis m'offrir au monde comme
« une preuve vivante de votre inépuisable miséricorde. Je
« reconnais que pendant l'affreux délire auquel je m'aban-
« donnai volontairement durant un si grand nombre d'an-
« nées, j'ai dépassé les extrêmes limites de l'ingratitude.
« Dès mon enfance, vous m'aviez prouvé votre protection
« en me laissant sous l'égide et la protection de la plus
« tendre et de la plus pieuse des mères, jusqu'à l'âge où,
« pour la première fois, je fus appelé à votre sainte table.
« Plus tard, lorsque les passions me présentèrent le joug
« humiliant au devant duquel me précipitait une ardeur in-
« sensée, vous ne cessiez, ô mon Dieu, de m'appeler à vous.
« Souvent, au milieu de mes égarements, votre voix péné-
« trait, comme malgré moi-même, au fond de mon cœur,
« me faisant entendre de sévères conseils, de salutaires
« menaces; mais, hélas! ces sévères avertissements pater-

---

(1) On remarquera que, par un excès d'humilité, le noble comte de La Ferronnays parle de lui à Dieu comme du plus grand pécheur.

« nels portaient dans mon âme moins de repentir que de
« trouble passager, dont je parvenais à me distraire en me
« précipitant dans de nouveaux désordres. Plus tard encore,
« et lorsque, sans doute par un effet nouveau de votre grâce,
« vous voulûtes que mon sort fût associé à celui de la plus
« vertueuse des femmes, vous ne m'avez entouré que de
« modèles et de guides qui tous m'indiquaient, en la sui-
« vant, la route qui pouvait me ramener à vous. C'est en-
« core vous, Dieu de bonté, qui, dans les dangers auxquels
« je fus souvent exposé durant les vicissitudes de ma car-
« rière, m'avez constamment et miraculeusement protégé.
« Vous saviez que, dans ces temps de révolte et de coupable
« folie, mon âme souillée n'aurait pu paraître devant le
« tribunal de votre justice que pour y entendre prononcer
« la sentence de son éternelle condamnation. Vous laissiez
« la mort menacer une tête coupable, mais sans lui per-
« mettre de frapper : vous m'attendiez encore !!! Voilà, mon
« Dieu, la moindre partie des grâces que vous m'avez ac-
« cordées. Et comment les ai-je reconnues?.... Pendant
« près d'un demi-siècle, j'ai volontairement fermé les yeux
« pour ne pas voir et bouché mes oreilles pour ne pas en-
« tendre. Esclave du démon, je sacrifiai à cet esprit de té-
« nèbres, je lui livrai mon repos, ma vie, ma conscience,
« mon âme, mon salut. Méconnaissant vos bontés, ô mon
« Dieu, repoussant la main qui voulait me sauver, et comme
« acharné à ma propre ruine, je me plaisais à entasser of-
« fenses sur offenses, outrages sur outrages; la masse de
« mes iniquités, s'élevant comme une montagne immense
« jusqu'au trône de votre justice, semblait la braver et pro-
« voquer vos vengeances. O mon Dieu, jamais, non, jamais
« aucun de vos enfants ne fut aussi ingrat ni plus coupable
« que je ne le fus envers vous. Et lorsqu'enfin, rassasié des
« jouissances empoisonnées du monde, épuisé de lassitude

« et de dégoût, les glaces de l'âge sont venues me donner
« un premier avertissement des approches de la vieillesse
« et de la mort ; lorsque des pensées sérieuses et un com-
« mencement d'inquiétude sont venus agiter mon âme,
« alors, mon Dieu, épouvanté de moi-même, j'ai cru que
« l'heure du pardon était passée, que des remords si tardifs
« et nécessairement si incomplets ne pouvaient plus désar-
« mer votre colère ; j'allais ajouter à mes offenses celle de
« douter de votre miséricorde, si, prenant pitié de ma mi-
« sère, vous n'aviez envoyé à mon secours un guide, un
« consolateur, qui, soutenant mon courage, m'a précipité
« à vos pieds, m'a appris à mieux vous connaître, à deman-
« der grâce et à espérer... »

« Ne diriez-vous pas que ces pages, baignées des larmes de M. de La Ferronnays, sont tirées du livre où saint Augustin, touché par la grâce, a déposé l'aveu public de ses longues erreurs et de la douloureuse expression de ses inconsolables regrets ?

« C'est aussi dans une de ses lettres que je prends les détails plus complets de sa conversion. Quand une âme se révèle elle-même en s'épanchant au pied de la croix ou dans le sein d'un ami, qui oserait tenter de mettre ses propres écrits à la place de ces touchantes effusions du repentir et de l'amitié ?

« Les reflexions que j'ai eu le temps de faire, dit-il, pen-
« dant la durée de ce long et solitaire voyage, ont enfin
« porté quelques fruits. En arrivant à Paris, j'étais con-
« vaincu, décidé ; cette résolution, cette conviction ne sont
« pas l'effet de l'entraînement ni de la précipitation. Ce
« n'est pas non plus l'éclat de lumière capable de m'éblouir
« qui m'a ouvert les yeux ; mon âme n'a point à se défendre
« ni à se tenir en garde contre les charmes d'une éloquence
« entraînante. Toutes les vives émotions que j'ai successive-

« ment éprouvées sont venues de moi, je n'y ai cédé qu'a-
« près les avoir combattues; le vieil homme a voulu se
« défendre, et la lutte a été vive et longue. Mais en repas-
« sant sur cette vie de cinquante-huit ans, en faisant l'énu-
« mération et l'examen sincère de cette longue série de
« jours qui tous furent employés à faire le mal, en pensant
« aux mauvais exemples que j'ai donnés, au mal que j'ai
« fait commettre, au scandale dont j'ai été si souvent l'oc-
« casion, et fouillant dans ce tas de méchantes actions sans
« pouvoir y en trouver une seule qui fut bonne ou seule-
« ment innocente, je me suis épouvanté de moi-même et me
« suis pris dans un si grand dégoût, que le désespoir a été
« bien près de s'emparer de mon cœur pour n'y laisser au-
« cune place au repentir. J'ai passé plusieurs jours, en
« voyageant, dans un état violent et pénible; puis, tout à
« coup, sans que je sache vous dire ni comment ni pourquoi,
« je me suis senti tranquille, presque heureux, comme si
« quelque chose de doux et de calmant était descendu dans
« mon âme : c'était sans doute l'espérance. Je me suis rap-
« pelé qu'elle était permise, qu'elle était même prescrite
« comme devoir, et que le pardon était promis au coupable
« repentant. J'ai béni, j'ai remercié le ciel de m'avoir en-
« voyé le remords, et avec lui l'espérance de la foi. C'est
« dans cette disposition que je suis arrivé à Paris. J'étais
« sûr de n'avoir désormais plus de respect humain à vain-
« cre, plus de fausse honte à craindre et à surmonter. Une
« de mes premières visites a été pour votre ami de la rue
« de Grenelle, auquel j'ai remis votre lettre. J'ai eu ensuite
« une longue entrevue avec lui. J'ai voulu que l'homme
« connût l'homme, avant que le juge écoutât le coupable;
« je lui ai raconté toute l'histoire de ma criminelle vie, et
« je vous jure que je l'ai fait avec sincérité et sans aucune
« envie de me disculper. J'éprouvais une sorte de bien-être

« et de soulagement à faire ces confidences sans les mettre
« sous la garantie du secret : en me livrant ainsi, il me sem-
« blait que j'expiais quelque chose. Après ces aveux faits à
« l'homme, il ne m'a été ni pénible ni difficile de les répéter
« aux pieds du juge qui a reçu la noble mission, le conso-
« lant pouvoir d'absoudre et de pardonner. Ma vanité habi-
« tuelle a voulu cependant un moment se révolter ; un
« meilleur sentiment l'a surmontée, et j'ai l'espoir que Dieu,
« qui lisait au fond de mon cœur, a vu mon repentir sin-
« cère, et que sa miséricorde infinie a sanctionné la grâce
« que son ministre a prononcée sur moi. Voilà, mon ami,
« où j'en suis depuis dix jours. Je sens avec bonheur et re-
« connaissance que chaque jour mes résolutions s'affermis-
« sent. Ma raison, soumise sans doute par la grâce, ne me
« demande plus compte de rien de ce que je crois ; mon
« esprit ne se perd plus dans de vaines analyses ; je crois
« tout simplement, et je trouve qu'il est doux et bon de
« croire ce qui ne commande que le bien et ne promet que
« le bonheur... »

« Ce fut là une grande et solennelle époque dans la vie du comte de La Ferronnays. Cette résolution une fois prise, il la suivit, il poussa jusqu'au bout, en ligne droite : rien ne put l'arrêter, ni faire fléchir son courage. *Il crut ;* et dès ce jour, toutes les actions de sa vie s'élevèrent à la hauteur de sa foi. Les terreurs du respect humain, d'ordinaire si fatalement puissantes sur les hommes qui se sont trouvés mêlés aux grands mouvements des affaires publiques, n'approchèrent jamais de son noble cœur. Il y avait trop de bonheur, et, selon lui, trop d'honneur à posséder la vérité catholique, pour ne pas marcher, la tête haute, à sa divine lumière. Humble et simple comme un enfant dans les candides effusions de son amour pour Dieu et dans la touchante ferveur de ses pratiques de piété, son âme, naturellement élevée, comprenait et saisissait avec une généreuse ardeur tout ce que le christianisme, soit dans ses relations privées, soit dans les rapports de la vie publique, inspire de fortes résolutions, d'affectueux et d'énergiques sentiments, de tendre compassion, de sublimes dévouements, de hautes pensées, de vues profondes et de rares lumières. Certes, c'était une grande et noble nature que celle du comte de La Ferronnays; mais le christianisme pratique, en le pénétrant de sa vie puissante, en avait doublé la noblesse et la grandeur (1).

« Je ne prétends par ici le louer ; je me borne à vous le faire connaître, et c'est par ses propres lettres seulement que je veux qu'il vous soit connu. Quoi de plus tendre et de plus élevé que cette compassion que lui inspire la douleur d'un père et d'une mère pleurant une jeune fille, leur unique amour, leur dernière joie perdue ?

« Quel retour affreux, s'écrie-t-il, quel moment que
« celui de leur arrivée *sans elle* à L*** ! Quel vide autour
« d'eux, et quelle existence désolée que la leur ! Cette foule
« de réflexions dont je ne puis me défendre oppressent le
« cœur, fatiguent la pensée, et précipitent aux pieds de la
« croix celui qui a le bonheur de croire. Que demander aux
« hommes, et que peut-on attendre d'eux dans les grandes
« crises de l'âme ? Comment leur sympathie, quelque vive
« qu'on la suppose, pourrait-elle s'identifier à cette immense

---

(1) Voici comment Châteaubriand, dans ses *Mémoires*, parle de M. La Ferronnays :

Beau-frère de M. de Blacas, M. de La Ferronnays est aussi pauvre que celui-ci est riche; il a quitté la pairie et la diplomatie lors de la révolution de Juillet : tout le monde l'estime et personne ne le hait, parce que son caractère est pur et son esprit tempérant.

« douleur ? Non, cher ami, la langue ne peut prêter à l'a-
« mitié la plus tendre aucune expression qui puisse adoucir
« le moins du monde le désespoir d'un père et d'une mère
« aussi profondément malheureux. La religion seule, et
« toujours elle, sait dire les mots que le cœur déchiré a
« besoin d'entendre ; seule elle a le droit et le pouvoir de
« faire couler les larmes sans trop d'amertume ; seule elle
« peut oser parler d'espérance à côté du désespoir ; seule aussi
« elle peut promettre l'avenir à ceux qui n'ont plus de passé
« ni de présent. Il n'y a qu'elle qui ait la sublime puissance
« de relever l'âme abattue, en offrant la certitude d'une
« éternelle réunion à ceux dont une affreuse séparation
« vient de briser pour toujours les liens de la vie mortelle.
« Oh ! que je plains ceux qui souffrent, et sont assez mal-
« heureux pour conserver des doutes sur ces grandes et
« consolantes vérités ! Chaque fois qu'une douleur nouvelle
« vient assaillir le cœur, qu'il doit être triste de ne savoir
« de quel côté tourner ses regards, et d'être obligé de rester
« seul aux prises avec le malheur et le désespoir ! L'âme
« chrétienne, au contraire, trouve toujours un sûr refuge
« au pied de la croix ; elle vient y répandre ses larmes,
« raconter ses douleurs, puiser la force et le courage de la
« résignation, qui serait impossible sans la foi qui donne
« l'espérance... »

§ VI. *Son esprit de foi.*

« La même lumière qui l'avait conduit aux sources pures
des véritables consolations, lui révélait, jusque dans l'abjection morale la plus profonde, la valeur surnaturelle de ces
âmes dégradées que la foi chrétienne réhabilite, tandis que
le monde, pour toute récompense, les écrase de son mépris.

Quelles sublimes paroles il laisse tomber sur un grand personnage arrivé, chargé de honte, aux dernières limites d'une vie de désordres !

« Cette tête autrefois si haute, si insolente, maintenant
« courbée sur la tombe ; ce regard spirituel, méchant et
« toujours libertin, aujourd'hui morne, éteint, hébété ; toute
« cette lente et humiliante décomposition d'une organi-
« sation dont on fut si fier et dont on abusa si effrontément :
« voilà des leçons ! Et bien ! mon ami, cette décrépitude,
« cette mort morale, cette fin presque rebutante d'une vie
« scandaleuse, le monde s'en dégoûte, s'en écarte avec hor-
« reur, mépris ou pitié. Mais Dieu est là ! Il ne juge pas
« comme le monde ; d'un mot, d'un regard, il relève, il ré-
« génère, il sanctifie cette âme égarée ; et celui que nous
« regardons avec tant de dédain, avec une pitié si souvent
« insultante, s'il a pu élever une fois son cœur et ses yeux
« vers le ciel, cet homme si fini a peut-être déjà sa place
« marquée là-haut. Encore quelques jours de souffrances et
« d'humiliations, et peut-être ce sera lui qui nous regardera
« en pitié. Voilà pourtant ce que notre sublime religion nous
« oblige de croire ; et ces gens vous disent que c'est une
« niaiserie ! Ils tuent, ils flétrissent et vous livrent au néant !
« Voilà ce qu'on nomme philosophie, amour de la sagesse ! »

« En aucun temps, l'éclat des grandeurs, ni la gloire d'un rôle important dans les conseils où s'agitaient les destinées de la France et de l'Europe n'avaient tenté l'ambition de M. de La Ferronnays. Il écrivait, le jour même de sa nomination au ministère des affaires étrangères :

« Mon ami, je suis bien triste et bien malheureux ! Malgré
« toutes mes résolutions, j'ai accepté cette terrible place.
« J'aurais résisté peut-être aux ordres du roi ; j'ai cédé à sa
« tristesse, à sa bonté, et me voilà enchaîné. Vous lirez ce
« matin ma sentence dans le *Moniteur*, et vous pourrez vous

« dire que, dans ma nouvelle position qui sera si enviée par
« tant de monde, il n'y a pas d'homme en France qui se
« trouve plus à plaindre et plus malheureux. C'est une sin-
« gulière chose que la destinée, et je ne comprends rien à
« la mienne, qui me pousse toujours du côté opposé à celui
« où je voudrais aller. Jamais cependant je ne l'ai trouvée
« plus triste, plus contraire à mes vœux, que dans cette
« circonstance. Si jamais on vous dit que je suis ambitieux,
« que j'aime ce qu'on nomme les honneurs, l'importance
« des places, enfin toutes ces niaiseries humaines pour les-
« quelles on se bat et l'on bouleverse les empires, pressez-
« vous bien vite de dire que l'on en a menti ! »

« Mais ce fut d'un point de vue plus grave et plus élevé, parce qu'il était plus religieux, qu'il envisagea, depuis sa conversion, toutes ces niaiseries humaines. Il les domine véritablement de toute la hauteur de l'éternité, dont il a constamment la pensée dans le cœur :

« Quand c'est au bout de cinquante ans d'étourdissement
« et de dissipation que ces grandes pensées de la mort vous
« occupent, croyez-vous qu'il soit bien de chercher à s'en
« distraire et qu'on ait tort de ne pas y être disposé ? Me
« trouvez-vous bien coupable de désirer que rien ne vienne
« m'arracher à ce genre de réflexion, auxquelles on ne se
« livre bien que dans le silence et la solitude ? Non, mon
« ami, je suis bien sûr que vous me comprenez, et que, si
« quelque devoir impérieux venait me demander ce qui me
« reste de forces et me condamner à une vie dépendante et
« distraite, vous sauriez me plaindre et mesurer l'immense
« sacrifice qui me serait imposé. A mon âge et avec un ter-
« rible passé, les minutes sont d'un prix immense ; on re-
« doute tout ce qui peut détourner ou dénaturer l'emploi
« d'une seule de ces minutes précieuses. J'ai perdu tant de
« temps, que tout ce qui peut m'arrêter ou me faire reculer

« peut me mettre dans le cas d'être surpris avant d'être
« arrivé. Tout cela n'est sérieux que pour moi ; les poli-
« tiques de salon et les rédacteurs de journaux n'y pensent
« guère, et en me poussant comme ils le font, il leur im-
« porte peu où je tomberai. *Mais il m'importe à moi !*
« Aussi ils peuvent être sûrs qu'à moins que je ne me sente
« convaincu de la volonté de Dieu, aucune considération ne
« me fera céder. »

« La plupart de ces admirables lettres furent écrites de Rome. C'est à Rome que cette belle âme, plus rapprochée des sources pures de la foi, rafraîchie par des rosées spirituelles plus abondantes, avait poussé en peu de temps d'aussi profondes racines dans la vertu ; c'est dans la douce chaleur de l'atmosphère catholique qu'elle avait épanoui ses fleurs les plus suaves ; c'est de là qu'elle répandait au loin tous ses parfums. C'est à Rome aussi, c'est sur cette terre sacrée qui lui avait été si propice, que l'arbre *est tombé*, affaissé sous le poids des fruits de charité tendre, de sincère piété, d'humble repentir, dont sa vigoureuse vieillesse, rajeunie par la foi, s'est montrée si féconde. La douceur de ses parfums et de ses fruits demeure dans l'Eglise de Rome comme l'une de ses plus belles gloires ; dans le souvenir de tous ses amis, comme un charme puissant qui les attache ou les attire au christianisme ; dans les cœurs mêmes qu'il a brisés en tombant, comme un baume céleste à leur blessure, comme un gage manifeste d'immortalité. »

§ VII.—*Derniers moments de M. le comte de La Ferronnays.*

(Extrait d'une lettre de Rome du 29 janvier 1842.)

« Hélas ! hélas ! encore une douloureuse perte et une perte tout inattendue ! Avant-hier, à cette même heure, mon ancien et fidèle ami, le comte de La Ferronnays était chez moi, m'amenant un jeune peintre dont le talent et les sentiments religieux lui inspiraient un vif intérêt. Comme je lui reprochais d'être venu beaucoup plus tard qu'il ne s'était annoncé : « Je n'ai pas pu venir plus tôt, me dit-il : j'avais « une lettre importante à écrire; il était indispensable que « je la fisse partir aujourd'hui. » Il ne se doutait pas, ni moi non plus, à quel point il était indispensable qu'il profitât de ce courrier. Je le quittai pour faire quelques visites, hélas! sans même lui dire adieu; et cependant je ne devais plus le revoir vivant. Il accompagna son fils et sa femme qui sortaient avec sa fille et son gendre le comte de Meun; ils allèrent ensemble à Saint-Jean de Latran, où il pria longtemps, comme à son ordinaire, devant le Saint-Sacrement. Il se plaignit un peu d'une douleur de poitrine, qui depuis quelque temps lui revenait par accès et d'une manière si vite et si subite, qu'elle l'empêchait tout à coup de marcher; mais du reste il fut aimable et gai comme il l'était toujours. Mes enfants le retrouvèrent au salut du Saint-Sacrement, dans la chapelle de l'Adoration Perpétuelle, au Quirinal.

« Il y avait ce soir-là une brillante fête à l'ambassade d'Autriche. Mme de La Ferronnays devait y conduire ses filles; et pendant qu'elles s'habillaient, M. de La Ferronnays s'amusait à faire jouer son petit-fils. Il était de huit heures et demie à neuf heures; il se plaignit encore de sa douleur; mais comme elle lui était habituelle, on l'attribuait à l'effet d'un *brasero* qu'on avait mis dans cette pièce pour la réchauffer, et dont la trop forte chaleur avait peut-être appelé le sang à la poitrine. Quoi qu'il en soit, on envoya chercher le médecin. Mme de La Ferronnays écrivit un mot à M. l'abbé Gerbet; mais son état inspirait si peu d'inquiétude, que M. de Meun s'approcha de sa belle-sœur Olga, à qui sa mère avait remis le billet, et s'attristait avec elle de la disposition d'esprit et de cœur de Mme de La Ferronnays, qui la portait toujours à s'exagérer les maux de son mari. On n'envoya donc pas tout de suite cette lettre à l'abbé Gerbet. A l'arrivée du médecin, une saignée fut jugée nécessaire : on appela un chirurgien ; mais les douleurs s'étaient calmées, on crut la crise terminée, et la saignée fut suspendue. Cependant de nouvelles douleurs firent bientôt rappeler le chirurgien, qui pratiqua deux saignées au bras ; mais ce fut sans aucun résultat. Le pauvre malade souffrait horriblement ; des cris échappaient malgré lui. Pendant ce temps, sa femme, son angélique femme, était dans une agitation affreuse, allant, venant, s'éloignant pour ne pas entendre ses plaintes, lorsque tout à coup quelques mots lui révèlent l'imminence du danger. A l'instant même elle s'établit près de son lit où l'on venait de le coucher, prend sa main dans la sienne, et dans le plus grand calme apparent, pleine de douceur et de résignation, elle ne le quitte plus. Cependant l'abbé Gerbet arrive ; il s'approche de son lit et le bénit ; puis à quelques questions qu'il lui adresse : « Oh ! oui, répond le cher « malade avec un admirable élan de cœur, oh ! oui, je me « repens de tous mes péchés ! Oh ! oui, j'aime Dieu de toute « mon âme ! » Et prenant le crucifix, il le presse avec amour contre ses lèvres, et ne cesse de répéter cette simple et touchante invocation : « Mon Dieu, ayez pitié de moi ! Sainte « Vierge, priez pour moi ; venez à mon aide ! » Il avait eu le bonheur de communier la veille. Dans ce danger extrême, son confesseur lui donne l'absolution ; il la reçoit avec un sentiment de profond repentir, que révèlent les larmes dont ses yeux sont obscurcis. Puis son regard, redevenu serein, n'exprime plus que le calme, la paix divine, la joie céleste de son âme : « Comme je suis heureux maintenant ! répète- « t-il d'une voix éteinte, avec un sourire de prédestiné ;

« comme je suis heureux ! « Mais bientôt un étouffement plus fort le saisit. « Adieu, dit-il à sa chère femme en lui « prenant la main, adieu mes chers enfants ! » Et quelques minutes après, cette âme si belle, si noble, si chrétienne, paraissait devant Dieu ; et les jeunes filles, encore parées pour une fête, maintenant, comme des anges de douleur, agenouillées devant un lit de mort, priaient avec des sanglots et des cris déchirants près du corps glacé de leur père. Il était dix heures et demie du soir.

« C'était un spectacle à fendre le cœur. Quel malheur inattendu ! quel coup de foudre ! Mais cette mort subite, qui a brisé de si doux liens en quelques heures, n'est pas venue à l'improviste pour celui qu'elle a frappé. Je puis dire que depuis plusieurs années il l'attendait et s'y préparait chaque jour, comme si le soir elle avait dû venir le surprendre. La pensée de la mort lui était habituelle, sans qu'elle altérât jamais ni le calme de son cœur, ni l'aimable et douce gaîté de ses conversations. Tandis qu'un profond dégoût des plaisirs et des grandeurs l'avait détaché de ses illusions dont il avait senti tout le vide, l'ardeur de sa foi lui montrait au delà du tombeau les magnifiques espérances qui pouvaient seules remplir un noble cœur comme le sien. Rome, avec le caractère de tristesse de ses ruines et les souvenirs de tous ses monuments chrétiens, ajoutait encore à la puissante impression des graves et saintes pensées dont son âme aimait à se nourrir. J'ai sous les yeux une lettre qu'il écrivait il n'y a pas encore un an ; je vais vous en transcrire ici quelques fragments qui vous feront mieux apprécier cette disposition de cœur où vivait habituellement cet homme excellent, en qui la religion relevait si bien toutes les nobles qualités qui nous rendent sa perte si douloureuse et sa mémoire si chère :

« Je quitte Rome avec un grand regret, disait-il, et sans

« les raisons qui me rappellent en France, j'y aurais bien
« certainement et pour longtemps prolongé mon séjour.
« C'est que je la vois et je la comprends bien mieux que je
« n'ai jamais su le faire encore. Pour celui qui a le bonheur
« de croire, pour celui qui s'est recueilli quelques instants
« dans cette ville du silence et de la foi, oh! c'est ici, à
« Rome, qu'il voudrait vivre et mourir. J'admire autant
« que d'autres ces ruines colossales qui donnent une si
« grande idée de ce que devaient être, et ces prodigieux
« monuments dont les débris couvrent toute cette plaine
« de Rome, et le peuple qui les élevait. Je conçois que
« l'imagination soit saisie, exaltée au milieu de ces magni-
« fiques décombres ; ce ne sont point là les ruines qui
« m'attachent, ni les souvenirs que j'aime à Rome et que je
« regrette en m'en éloignant. Mais le sol de ces théâtres
« inondés du sang de tant de milliers de martyrs; ces
« restes précieux des héros de la foi, partout conservés et
« vénérés au lieu même de leur glorieux supplice; cette
« sainte poussière des catacombes, cette terre sacrée si
« souvent témoin des souffrances et des triomphes de l'E-
« glise, de ses tribulations et de ses gloires; cette *pierre*
« inébranlable contre laquelle viennent, depuis bientôt
« dix-neuf siècles, se briser tous les efforts de la rage
« impuissante de l'impiété, de l'hérésie et du philosophisme;
« ce trône d'un pauvre pêcheur élevé sur le trône des
« puissants Césars, dominateurs du monde : tout cela ici,
« autour de moi ! O mon ami, comment le voir et ne pas
« croire? Comment ne pas pressentir ici les immortelles
« destinées de notre âme? Comment vient-on à Rome
« seulement pour voir des pierres? Comment surtout, au
« milieu de tant de témoins qui attestent Dieu et sa puis-
« sance, la religion catholique et sa vérité, peut-on ne cher-
« cher qu'à critiquer quelques abus, la police du pays et la

« singularité de quelques pratiques et cérémonies religieu-
« ses, pratiques utiles, cérémonies mystérieuses, dont nos
« infiniment petits et vains esprits ne comprennent ni le
« sens ni la nécessité ? Pour une âme catholique, Rome
« n'est que Rome catholique : c'est le pays des souvenirs
« catholiques, des miracles catholiques, des méditations, des
« inspirations, des espérances catholiques. Ici, la foi se
« raffermit ; ici, le catholique soulève en quelque sorte un
« coin du voile qui couvre les sublimes mystères de notre
« admirable religion ; ici, l'âme catholique pénètre d'une vue
« claire et distincte, le néant de toutes les grandeurs du
« monde, le vide de toutes ses gloires : elle respire l'air calme
« et pur de l'immuable éternité. J'ai vu Rome trois fois,
« lorsque mon cœur était encore glacé par les ténèbres
« de l'indifférence religieuse ; et comme d'ailleurs je
« n'étais ni artiste, ni poëte, trois fois je me suis mortel-
« lement ennuyé, comme je me serais ennuyé d'écouter un
« discours dans une langue que je ne comprends pas. Cette
« fois, j'ai le sens qui fait voir, entendre, comprendre,
« pressentir. Mes journées sont trop courtes ; je suis avide
« de voir et de savoir ; mon âme est pleine d'émotions
« délicieuses, et d'autant plus vives qu'elles sont toutes
« nouvelles pour moi. Je demande à Dieu qu'il m'accorde
« la grâce d'y revenir. Oh ! oui, c'est à Rome que je voudrais
« vivre et *mourir !* (1) »

(1) Comme l'a si bien dit l'abbé Dupanloup, alors à Rome, *M. de La Ferronnays est mort au milieu d'un acte d'amour parfait, qui l'a amené à l'instant dans le sein de Dieu.*
On trouve dans le second volume du *Récit d'une Sœur*, publié par madame Craven, fille de M. le comte de La Ferronnays, des détails très-touchants sur son vertueux père. Nous lui empruntons le récit de la mort de ce fervent chrétien et nous renvoyons le lecteur à cet ouvrage si plein d'intérêt, mais dont les premiers chapitres pourraient offrir du danger à certains jeunes gens.

« Et Dieu lui a fait cette grâce ; il a exaucé les pieux désirs de cette âme chrétienne : le comte de La Ferronnays est revenu à Rome, il y a vécu au milieu de toutes les consolations de la foi, et il a eu le bonheur d'y mourir au milieu de toutes ses bénédictions.

« Sa mort a fait répandre bien des larmes. C'était une âme si aimante et si tendre, et il était si universellement aimé ! *Cunctorum amans, cunctis amabilissimus.* Son corps a été embaumé et exposé durant trois jours dans une chapelle ardente, au palais Spina qu'habitait sa famille. Plusieurs prélats et des prêtres français se sont fait un pieux devoir d'y aller célébrer la sainte messe. Des amis nombreux, d'illustres étrangers, les ambassadeurs de France, d'Autriche et de Naples, de nobles femmes qui priaient et pleuraient à l'écart, ont formé le glorieux cortége de ses modestes funérailles. Au fond de toutes les âmes en deuil, la plus douce espérance, une espérance toute chrétienne qu'un événement extraordinaire avait fait naître, est venue tempérer l'amertume des regrets et la tristesse des larmes : le lendemain de sa mort, dans cette même église, à quelques pas du catafalque dressé pour ses funérailles, M. Ratisbonne, *pour la conversion duquel il avait promis en mourant de prier Dieu,* si lui-même il trouvait grâce auprès de sa justice, avait été renversé, comme saint Paul, par une vision surnaturelle, et s'était relevé demandant le baptême et bénissant l'illustre défunt qui avait prié pour lui sans le connaître. Ainsi, Dieu lui-même semblait nous autoriser à croire à l'éternel bonheur de cette âme si chère ; car, tandis que nous offrions pour elle et nos larmes, et nos prières, et le sang de Jésus-Christ, l'efficacité de son intercession dans le ciel se révélait au milieu de nous par un miracle (1). »

(1) Voir la note (*a*) à la fin du chapitre.

§ VIII. — *Relation de Madame de La Ferronnays.*

Voici en quels termes, Madame de La Ferronnays racontait à sa fille les circonstances édifiantes de la mort de celui qui venait d'être ravi à sa tendresse.

Elle s'adresse à Madame Craven :

« Rome, le 21 janvier 1842.

« Ma pauvre Pauline bien-aimée, que vas-tu devenir ! supporteras-tu le saisissement que tu vas éprouver ? Tu juges si cette inquiétude redouble la torture de mon cœur ! Tu sauras, sans que je te le dise, à quel point tu manques dans cet horrible moment, dont la terreur a été l'idée fixe de ma vie depuis bientôt quarante ans ! Car cette terreur, ma chère enfant, m'a saisie aussitôt que j'ai été à lui. « Si je le perdais, mon Dieu ! » C'était le cri du fond de mon cœur à toutes les heures de ma vie. Je n'ai jamais eu une heure de sécurité, presque pas une heure d'oubli sur ce point. L'espérance et la confiance en Dieu pouvaient seules me tenir en équilibre et je ne me rassurais qu'en priant. Alors j'espérais et je me calmais ; jamais cette agitation n'a cessé pour longtemps. Mon cœur a toujours battu comme lorsqu'on a peur, et lorsque l'abîme s'est ouvert, je l'avais trop mesuré d'avance pour ne pas le comprendre dans toute son étendue, sans illusion, sans cette pensée qu'on a toujours d'espérer que l'on rêve ; j'ai vu que tout s'abîmait sous moi !

« Que j'étais loin de la perfection de son détachement, de son amour de Dieu, de son désir du ciel ! Moi, le but de ma vie, c'était lui, la terre par conséquent. Il fallait que je souffrisse, que j'apprisse à me détacher ; Dieu vient de me mettre sa croix sur les épaules. Je la porterai, je l'espère, s'il m'en donne la force.

« 22 janvier,

« Mon enfant bien-aimée, voici la première journée entièrement désoccupée; les terribles scènes de tous ces jours-ci portaient en elles-mêmes leur force, mais aujourd'hui tout est fini. Il n'y a plus rien. Que Dieu et la pensée du bonheur de mon ami remplissent ce vide sans fond!

« Pourrai-je te faire un récit qui t'unisse complétement à nous! Il est déchirant, mais je l'aime encore mieux que le silence, puisque c'est te parler de lui.

« Il y a quinze jours, mon pauvre ami avait eu un peu de fièvre; le temps avait été mauvais, il avait neigé, chose si rare ici! et nos malades en avaient souffert. Eugénie avait été très-souffrante, et l'inquiétude pour elle m'avait fait perdre de vue celle pour ton père. Enfin, il se remit, et moi je fus souffrante à mon tour et je passai dans mon lit toute cette dernière semaine, sans me douter où elle me menait! Lui, pendant ce temps, ne pouvait ni se ralentir, ni contenir sa ferveur. Il avait fait seul la tournée des sept basiliques et l'avait terminée en communiant à Saint-Pierre samedi. Et moi, retenue dans mon lit (ce qui m'arrive si rarement), je n'avais pu partager tout cela avec lui! M'attendre lui avait semblé impossible! Il me dit ensuite : « J'aurais voulu communier mardi prochain, jour de la fête de la Chaire de saint Pierre, mais je ne sais si je le pourrai. » Il voulait, je crois, aller à Saint-Pierre ce jour-là. — Il communia, mais ce fut au ciel!

« Le dimanche, il allait très-bien. Il alla dîner chez la princesse Borghèse : il passa presque toute la soirée à causer avec Théodore de Bussierre et l'abbé Dupanloup. Il leur parla entre autres de son amour pour la Sainte Vierge à toutes les époques de sa vie : il y voyait le *fil* qui l'avait empêché de périr et qui l'avait enfin ramené à Dieu. Théodore lui parla beaucoup d'un juif dont il désirait vivement la conversion (c'est le frère de l'abbé Ratisbonne), et qui était ardent ennemi de Jésus-Christ. Cela avait fort intéressé ton père. Puis il avait parlé de la mort, et ton père avait dit : « qu'il fallait toujours être prêt, qu'on ne pouvait répondre de l'heure; » puis il avait parlé avec amour de Dieu, « si bien nommé le *bon Dieu*, » avait-il dit. Il rentra et me parla avec envie de tout le bien que faisait Bussierre : « Moi je ne fais rien ! » disait-il tristement.

« Lundi matin (le 17), il faisait un temps magnifique. Il fut à la messe. Après le déjeuner, il fut convenu qu'il irait se promener avec Eugénie et Adrien sur la belle pelouse qui mène de Saint-Jean de Latran à Sainte-Croix de Jérusalem, et jouit complétement du beau temps, ne souffrit qu'un instant de sa douleur (au cœur), qui passa sur le champ et continua à ramasser avec eux des fleurs sur le gazon. Il les quitta dans sa petite voiture et alla à Sainte-Marie Majeure, où il pria longtemps. Il fit à genoux, devant l'image de la Vierge de la chapelle Borghèse, qui était découverte ce jour-là, sa préparation à la mort qu'il disait tous les jours, puis plus de vingt fois le *Souvenez-vous*, me dit-il ensuite, pour des intentions sans nombre; puis il alla aux *sacramentale* pour la bénédiction.

« Il revint content de sa matinée, ranimé par la promenade. « Je veux y aller tous les jours, me dit-il, je crois que cela me fera du bien. » Il me conta toutes les prières qu'il avait faites et me dit « *qu'il avait dit au bon Dieu que, s'il voulait le prendre, il était prêt et entièrement soumis; que, s'il voulait le laisser vivre encore, il lui promettait de n'employer sa vie qu'à le servir et à faire ce qui pourrait l'honorer.* » Il se mit à écrire à son bureau, et moi je rentrai dans ma chambre, où, de mon côté, je me mis à genoux, pour faire la prière que je n'avais pu aller faire avec lui à l'église. Cette semaine passée dans mon lit m'avait rendue un peu languissante.

« Il y avait dans le salon une malheureuse brasière ; tous ces jours-ci, nous avions dit qu'il ne fallait plus la laisser là parce qu'elle faisait mal à la tête ; mais ce soir là, elle brûlait à peine, on ne songea pas à l'ôter. Après le dîner, ton père se mit près de cette brasière, disant qu'il avait froid aux pieds ; puis il se leva et joua avec Robert : il était gai, bien portant. Bientôt après cela, il sortit de la chambre, et au bout d'un instant on vint me dire « qu'il avait *sa douleur*. » J'y courus, et je le trouvai souffrant beaucoup, en effet, et bientôt il survint des vomissements. J'envoyai chercher le médecin, mais sans avoir encore aucune inquiétude réelle. Tes sœurs se coiffaient pour le bal, — oh ! mon Dieu ! J'allai dans leur chambre, et je leur dis avec regret que je ne croyais pas pouvoir les y mener, *quoique persuadée que cela allait passer*; je leur dis que j'étais fâchée de leur imposer ce sacrifice !

« Bientôt la douleur cessa, en effet, il se remit, et l'on renvoya, sans l'employer, le chirurgien venu pour le saigner. Est-ce possible, ô mon Dieu, que ceux qui aiment le mieux perdent ainsi la tête et l'esprit quand l'heure est venue ? Mais nous l'avions souvent vu ainsi, et l'espérance, toujours si forte, nous fermait les yeux à tous...

« Ma chère enfant, je ne puis achever aujourd'hui, le récit est presque au-dessus de mes forces en ce moment ; ce sera pour demain, car j'ai besoin de tout te dire moi-même. Je veux aller à l'église, je ne pleure, je ne vis que là ; puis j'ai l'esprit bouleversé par l'événement extraordinaire que tu vas apprendre. L'abbé Gerbet t'écrit aujourd'hui et te raconte tout, mais que ce soit pour nous seuls. Repassons ces merveilles dans nos cœurs et n'en disons rien, je t'en conjure. Je suis indigne de cette immense grâce. Mon Dieu! mon Dieu! je n'ai ni paroles, ni pensées!... »

« 23 janvier.

« Je reprends, ma Pauline, ma conversation avec toi : il me semble que cela peut seul me faire un peu de bien. Te figures-tu, mon enfant chérie, cet abîme dans lequel je suis tombée et où je me perds tous les jours davantage? C'est le purgatoire commencé et dont le ciel seul peut délivrer. Figures-toi que je ne pleure pas : je suis tombée plus bas que la région des larmes, il semble qu'elles disent d'elles-mêmes qu'elles peuvent se sécher, mais dans le tombeau on ne pleure plus, on est fixé sans retour.

« Je reprends mon récit de l'autre jour.

« La douleur cessa donc, et le chirurgien s'en alla sans l'avoir saigné. Dix minutes après son départ, tout recommença. Je courus à l'escalier pour faire rappeler le chirurgien, et presque au même moment on vint me dire que l'abbé Gerbet était arrivé. Je rentre dans la chambre, et, juge de mon effroi ! j'entends les paroles de l'absolution que l'abbé donnait à ton père?...

« Oh! mon Dieu! mon Dieu! où en sommes-nous? Je saisis le bras du médecin : « — N'espérez-vous donc plus rien ? » Il hésite un moment, puis me dit : « — Non ! » Et j'entends alors l'abbé dire ces paroles : « — Ayez confiance! » et ton père répondre avec force : « — Oh! je suis plein de confiance! » Puis l'abbé dit : « — Vous repentez-vous de toutes les fautes de votre vie passée ? » — « Oui ! oui ! » dit ton père avec une expression inouïe. Ses yeux brillaient, ils semblaient animés par un rayon du ciel, jamais je ne les avais vus si vifs, si expressifs. Alors l'abbé lui donna l'absolution. « — Merci ! merci ! » lui dit-il ; « adieu, mes enfants ! adieu, ma femme ! » Puis il arracha vivement le crucifix (indulgencié pour l'heure de la mort) qui était suspendu à son lit, et l'embrassa avec ardeur. Après cela, Eugénie plaça un oreiller sous sa tête ; il lui dit : « — Merci, mon enfant ! » avec un regard qui sera un doux souvenir pour elle. Mais bientôt l'affaiblissement vint ; je lui parlai, il ne m'entendait plus ; je le suppliai de me serrer la main, et cette chère main resta sans mouvement. Le pouls sembla un instant se relever, puis ne battit plus !...

« J'ai vu tout cela ! j'ai vu cette scène dont la seule prévision me privait presque de la raison ! et Dieu me fit, en ce moment, une si inconcevable grâce, que je ne puis l'attribuer qu'aux prières de mon pauvre ami. Je fis un acte de soumission aussi sincère que j'en étais capable. Sans doute il me tenait dans ses bras pour me soutenir ! Comme je rends grâce ensuite à tous les bons cœurs qui ont compris que je ne pouvais trouver de force que près de lui. On m'y laissa, et j'y fus calme. Adrien, quelques heures après, me trouva à genoux, tenant cette chère main tant de fois serrée ; il s'approcha de moi, et il dut me croire folle quand je lui dis : « Je vais bien, je me sens si près de lui ! il me semble que nous n'avons jamais été aussi réunis ! »

« Grâce immense, que Dieu m'a faite en ce moment affreux où la terre s'écroulait ! Je me sentais transportée avec lui près de Dieu, et j'oubliais presque mon malheur pour ne penser qu'à lui.

« Je passai ainsi toute cette première nuit. Au point du jour, je quittai mon bien-aimé pour aller entendre la messe à l'église en face, et je communiai comme j'en avais eu l'intention ce jour-là (celui de la Chaire de saint Pierre). Comment le fis-je ? Je ne le sais ; hors de moi, sans doute, et sans faculté de prier ni de pleurer.

« Je revins bien vite reprendre mon poste près de mon pauvre ami ; j'y passai toute cette journée tenant toujours sa main que je réchauffais dans les miennes, au point de lui donner l'apparence de la vie ! A présent que ces heures sont passées, je ne puis comprendre que j'aie eu des forces pour les supporter. Dieu m'en a donné !

« Je passai près de lui toute la seconde nuit, seule, du moins je le croyais ; mais des amis, de bons prêtres, étaient venus les uns après les autres pour prier, puis ils étaient partis. Je posai ma tête près de la sienne sur son oreiller, et, tenant toujours sa main, je m'endormis un peu ; puis je me réveillai pour tâcher de prier ; sans le pouvoir presque, articulant à peine des mots que mon abattement me rendait à moi-même presque inintelligibles. Quelle nuit ! Dès cinq heures, les amis revinrent, et on m'engagea à aller me reposer un peu chez Eugénie. Oh ! mon Dieu ! j'en suis donc là ! et cette angoisse rêvée pendant quarante ans s'est donc enfin réalisée !

« Quand la seconde nuit vint, j'aurais voulu veiller et prier sans bouger ; mais quelquefois la fatigue l'emportait et je me rejetais sur un fauteuil. J'eus pour compagnon de veille, pendant cette nuit, le P. Géramb, qui vint à onze heures du soir, et ne s'en alla qu'à huit heures du matin. A six heures, on était encore venu me chercher pour me forcer à me reposer un instant chez Eugénie. J'en revins au bout d'une heure ; puis, moins que jamais, je voulus m'absenter de cette chambre, car je sentais que l'heure allait venir où tout allait m'être enlevé. Exprimer cette agonie m'est impossible ! je ne pouvais que répéter que je l'unissais à celle de Notre-Seigneur, à celle de la sainte Vierge au pied de la croix. Et c'est alors, ma chère enfant, que Dieu m'envoya cette consolation d'un ordre si supérieur, si divin, qu'un instant mes souffrances furent comme suspendues.

« Pendant que j'étais prosternée près de ce cercueil, je me sens tirée par le bras, et l'abbé Gerbet, très-agité, me dit : « — Voici Bussierre qui voudrait vous dire une chose qui vous fera plaisir, et où M. de La Ferronnays se trouve intéressé. » Je me lève bien vite, je trouve Théodore hors de lui, et tu sais ce qu'il me raconte.

« Juges-tu de l'espèce de résurrection qui s'opéra alors dans mon cœur! Le soleil y reparut un instant, ce qui ne m'empêcha pas ensuite de retomber bien bas. Cependant cette consolation a conservé un effet bien réel ; je n'en suis pas moins seule, tout n'en est pas moins fini pour moi sur la terre ; mais il est heureux ! je puis presque n'en pas douter. Comme me l'a dit l'abbé Dupanloup, il est mort au milieu d'un acte d'amour parfait qui l'a amené à l'instant dans le sein de Dieu.

« Cette pensée a soutenu mon accablement. Ce jeune juif ne cessait de répéter : « N'est-ce pas étrange de se sentir ainsi en relation posthume et si intime avec un homme qu'on n'a jamais vu, et dont on savait à peine le nom ? » Il voulait y passer la nuit ; disait qu'il serait trop peu reconnaissant s'il ne donnait cette marque de respect et d'attachement à celui à qui il devait tout ! Mais on ne voulut lui permettre d'y rester que jusqu'à dix heures du soir.

« Pénétrée de ce que je venais d'entendre, je m'oubliai un peu moi-même pour ne penser qu'à la gloire céleste de celui pour lequel j'avais tant et trop désiré celle de la terre (1). »

(1) *Récit d'une Sœur*, tome II.

NOTE.

« *De l'abbé Gerbet à Madame Craven.*

« Le 22 janvier 1842.

« Chère enfant, lorsque, dans ma dernière lettre adressée à M. Craven, je vous disais que, tout en pleurant beaucoup, vous aviez aussi à remercier beaucoup ; lorsque je vous disais d'élever votre cœur vers Dieu parce que la sainte mort d'un père était aussi une grande grâce pour ses enfants, je ne savais pas encore à quel point ce mot se vérifierait. Dieu a accordé à votre famille, à vous, une des plus magnifiques consolations qu'on puisse imaginer ; une de ces consolations rares, extraordinaires, qu'on n'oserait demander. Je ne puis encore vous donner, dans cette lettre, tous les détails, vous verrez tout à l'heure pourquoi ; mais j'ai hâte de vous les faire connaître pour le fond. Vous savez, chère enfant, combien je suis peu disposé à croire légèrement aux choses miraculeuses : la vénération même qu'on leur doit oblige à ne pas ajouter foi, sans graves raisons, aux faits de ce genre. Mais ni beaucoup d'autres personnes ni moi ne pouvons nous empêcher de croire à celle dont il s'agit. Écoutez. Un Juif, appartenant à une très-riche famille d'Alsace, qui se trouvait accidentellement à Rome, se promenant dans l'église de Saint-Andrea delle Fratte pendant qu'on y faisait les préparatifs pour les obsèques de votre bon père, s'y est converti subitement, comme saint Paul sur le chemin de Damas, par un de ces coups miraculeux de la puissance et de la bonté divines. Il se trouvait debout en face d'une chapelle dédiée à l'Ange gardien, à quelques pas, lorsque tout à coup il a eu une apparition lumineuse de la sainte Vierge qui lui a fait signe d'aller vers cette chapelle. Une force irrésistible l'y a entraîné, il y est tombé à genoux, et il a été à l'instant chrétien. Sa première parole à celui qui l'avait accompagné a été, en relevant son visage inondé de larmes : « Il faut que ce monsieur ait beaucoup prié pour moi. » Quelle parole, chère enfant, sur votre bon père, dont on allait apporter le corps dans cette église ! Il n'y a pas moyen de suspecter la sincérité de ce jeune homme, comme je vous l'ai dit ; il est très-riche, et on ne peut avoir, à son égard, le genre de soupçon qu'on pourrait avoir au premier abord sur un Juif pauvre qui pourrait se faire chrétien pour être secouru par des aumônes. Celui-ci se nomme M. Ratisbonne, il est fils d'un banquier de Strasbourg qui jouit d'une très-grande fortune et de beaucoup de considération. Il devait épouser au printemps une jeune juive, sa parente, et sa conversion rompra très-probablement son mariage. Tous ses intérêts temporels devaient empêcher sa conversion, et ses idées juives, jointes à un certain indifférentisme pour les pratiques religieuses, s'y opposaient aussi ; c'est d'ailleurs un jeune homme de très-bonnes manières, très-spirituel et s'exprimant très-bien. Il est très-connu de Gustave de Bussierre dont il a été le camarade de collège et dont il est resté l'ami. Il a vingt-huit ans.

« J'ai vu ce matin M. Ratisbonne, j'ai recueilli de sa bouche divers détails ; il est impossible de vous dire à quel point il donne une vive idée de la conversion de saint Paul. « J'ai été, me disait-il, retourné en un instant. » Il désire souffrir pour la foi, et les épreuves ne lui manqueront pas. C'est Théodore de Bussierre qui a été conduit par des circonstances providentielles à l'accompagner successivement dans quelques églises pour les visiter.

« La première parole qu'il a dite, après le coup de la grâce, est déjà bien significative par rapport à l'influence de votre père, mais il y a d'autres circonstances que je vous dirai en vous envoyant le récit complet de ce qui a précédé et suivi.

« Dieu ! quelle magnifique chose et quelle immense consolation ! Je vous laisse sur ce mot, chère enfant, vous et votre mari. Je sais tout ce que vous avez senti et tout ce que vous allez sentir. »

M. ALPHONSE RATISBONNE

§ 1. — *Lettre de M. Marie-Alphonse Ratisbonne, à M. Desgenettes, fondateur de l'Archiconfrérie du Saint-Cœur de Marie, en réponse aux questions qui lui avaient été adressées concernant sa conversion.*

12 avril 1842.

Ma première pensée et le premier cri de mon cœur au moment de ma conversion, fut d'ensevelir ce secret avec mon existence tout entière au fond d'un cloître, afin d'échapper à un monde qui ne pouvait plus me comprendre et de me donner tout à Dieu qui m'avait fait entrevoir et goûter les choses d'un autre monde. Je ne voulus pas parler sans la permission d'un prêtre. On me conduisit vers celui qui représentait Dieu pour moi. Il m'ordonna de révéler ce qui m'était arrivé; je le fis, autant que cela m'était possible, de vive voix. Aujourd'hui je tâcherai, après quelques semaines de retraites, d'embrasser plus de détails; et c'est à vous, Monsieur le curé, à vous qui avez formé l'Archiconfrérie pour la conversion des pécheurs, c'est à vous que les pécheurs doivent compte des grâces qu'ils ont obtenues.

Si je ne devais vous raconter que le fait de ma conversion, un seul mot suffirait : le nom de *Marie!* mais on vous demande d'autres faits; on veut savoir quel est ce fils d'Abraham qui a trouvé à Rome la vie, la grâce et le bonheur. Je veux donc, en invoquant d'abord l'assistance de ma céleste Mère, vous exposer bien simplement toute la suite de ma vie.

Ma famille est assez connue, car elle est riche et bienfaisante; et à ces titres, elle tient depuis longtemps le premier rang en Alsace. Il y a eu, dit-on, beaucoup de piété dans mes aïeux; les chrétiens, aussi bien que les juifs, ont béni le nom de mon grand-père, le seul juif qui, sous Louis XVI, obtint, non-seulement le droit de posséder des propriétés à Strasbourg, mais encore des titres de noblesse. Telle fut ma famille; mais aujourd'hui les traditions religieuses y sont entièrement effacées.

Je commençai mes études sur les bancs du collége royal de Strasbourg, où je fis plus de progrès dans la corruption du cœur que dans l'instruction de l'intelligence.

C'était vers l'année 1825 (je suis né le 1er mai 1814); à cette époque, un événement porta un rude coup à ma famille. Mon frère Théodore sur lequel on fondait de grandes espérances, se déclara chrétien; et bientôt après, malgré les plus vives sollicitations et la désolation qu'il avait causée, il alla plus loin, se fit prêtre, et exerça son ministère dans la même ville et sous les yeux de mon inconsolable famille. Tout jeune que j'étais, cette conduite de mon frère me révolta, et je pris en haine son habit et son caractère. Elevé au milieu de jeunes chrétiens, indifférents comme moi, je n'avais éprouvé jusqu'alors ni sympathie ni antipathie pour le christianisme; mais la conversion de mon frère, que je regardais comme une inexplicable folie, me fit croire au fanatisme des catholiques, et j'en eus horreur.

On me retira du collége pour me mettre dans une institution protestante, dont le magnifique programme avait séduit mes parents. Les fils des grandes maisons protestantes d'Alsace et d'Allemagne venaient s'y former à la vie fashionable de Paris, et s'adonnaient aux plaisirs bien plus qu'à la science. Je me présentai néanmoins aux examens en sortant de cette pension; et par un bonheur peu mérité, je fus reçu bachelier ès-lettres.

J'étais alors maître de mon patrimoine, puisque, bien jeune encore, je perdis ma mère, et quelques années après, mon père. Mais il me restait un digne oncle, le patriarche de toute ma famille, un second père, qui, n'ayant point d'enfants, avait mis toute son affection dans les enfants de son frère.

Cet oncle si connu dans le monde financier par sa loyauté et sa capacité peu ordinaire, voulut m'attacher à la maison de banque dont il est le chef; mais je fis d'abord mon droit à Paris; et, après avoir reçu le diplôme de licencié et revêtu la robe d'avocat, je fus rappelé à Strasbourg par mon oncle, qui mit tout en œuvre pour me fixer auprès de lui. Je ne saurais énumérer ses largesses : chevaux, voitures, voyages, mille générosités m'étaient prodiguées, et il ne me refusait aucun caprice. Mon oncle ajouta à ces témoignages d'affection une marque plus positive de sa confiance : il me donna la signature de la maison et me promit, en outre, le titre et les avantages d'associé : promesse qu'il réalisa effectivement le 1ᵉʳ janvier de cette année 1842. C'est à Rome que j'en reçus la nouvelle.

Mon oncle ne me faisait qu'un seul reproche, c'était mes fréquents voyages à Paris : « Tu aimes trop les Champs-Elysées, me disait-il avec bonté. » Il avait raison : je n'aimais que les plaisirs ; les affaires m'impatientaient, l'air des bureaux m'étouffait ; je pensais qu'on était au monde pour en jouir ; et bien qu'une certaine pudeur naturelle m'éloignât des plaisirs et des sociétés ignobles, je ne rêvais cependant que fêtes et réjouissances, et je m'y livrais avec passion.

Heureusement qu'à cette époque une bonne œuvre se présenta à mon besoin d'activité : je la pris chaudement à cœur. C'était l'œuvre de la *régénération* des pauvres israélites, comme on l'appelle improprement ; car je comprends aujourd'hui qu'il faut autre chose que de l'argent et des loteries de charité pour régénérer un peuple sans religion. Mais enfin je croyais alors à la possibilité de cette rénovation, et je devins un des membres les plus zélés de la *Société d'encouragement au travail en faveur des jeunes Israélites*, société que mon frère, le prêtre, avait fondée à Strasbourg, il y a une quinzaine d'années, et qui toujours a subsisté, malgré le peu de ressources dont elle pouvait disposer.

Je parvins à remplir sa caisse, et je crus avoir beaucoup fait.

O charité chrétienne ! que tu as dû sourire à mon orgueilleux contentement ! Le juif s'estime beaucoup quand il donne beaucoup ; le chrétien donne tout et se méprise ; il se méprise tant qu'il ne s'est pas donné lui-même ; et quand il s'est donné tout entier, il se méprise encore.

Je m'occupais donc laborieusement du sort de mes pauvres coréligionnaires, quoique je n'eusse aucune religion. J'étais juif de nom, voilà tout ; *car je ne croyais pas même en Dieu.* Je n'ouvris jamais un livre de religion ;

et dans la maison de mon oncle, pas plus que chez mes frères et sœurs, on ne pratiquait la moindre prescription du judaïsme.

Un vide existait dans mon cœur et je n'étais pas heureux au milieu de l'abondance de toutes choses. Quelque chose me manquait ; mais cet objet me fut donné aussi....; du moins je le croyais !

J'avais une nièce, la fille de mon frère aîné, qui m'était destinée depuis que nous étions enfants tous les deux. Elle se développait avec grâce sous mes yeux, et en elle je voyais tout mon avenir et toute l'espérance du bonheur qui m'était réservé. Il ne me paraît pas convenable de faire ici l'éloge de celle qui fut ma fiancée. Cela serait inutile pour ceux qui ne la connaissent pas ; mais ceux qui l'ont vue savent qu'il serait difficile de s'imaginer une jeune fille plus douce, plus aimable et plus gracieuse. Elle était pour moi une création toute particulière, qui semblait faite uniquement pour compléter mon existence ; et lorsque les vœux de toute ma famille, d'accord avec nos sympathies mutuelles, fixèrent enfin ce mariage, si longtemps désiré, je crus que, désormais, rien ne manquerait plus à ma félicité.

En effet, après la célébration de nos fiançailles, je voyais toute ma famille au comble de la joie. Mes sœurs étaient heureuses ; elles ne me faisaient qu'un reproche, c'était d'aimer trop ma fiancée, et elles s'avouaient jalouses ; car je dois dire ici qu'il est peu de familles où l'on s'aime plus que dans la mienne : la plus intime union, la plus tendre affection règne et régna toujours entre mes frères et sœurs, et cet amour va presque jusqu'à l'idolâtrie... Oh ! elles sont si bonnes mes sœurs, si aimantes ! Pourquoi donc ne sont-elles pas chrétiennes !

Il n'y avait qu'un membre de ma famille qui m'était

odieux : c'était mon frère Théodore. Et cependant il nous aimait aussi ; mais son habit me repoussait, sa présence m'offusquait ; sa parole grave et sérieuse excitait ma colère. Un an avant mes fiançailles, je ne pus retenir ces ressentiments, et je lui exprimai dans une lettre qui dut rompre à jamais tout rapport entre nous. Voici en quelle occasion : Un enfant était à l'agonie ; mon frère Théodore ne craignit point de demander ouvertement aux parents la permission de le baptiser ; et peut-être allait-il le faire, quand j'eus connaissance de sa démarche. Je regardai ce procédé comme une indigne lâcheté ; j'écrivis au prêtre de s'adresser à des hommes et non point à des enfants, et j'accompagnai ces paroles de tant d'invectives et de menaces, qu'aujourd'hui encore je m'étonne que mon frère ne m'ait pas répondu un seul mot. Il continua ses relations avec le reste de ma famille ; quant à moi, je ne voulus plus le voir. Je nourrissais une haine amère contre les prêtres, les églises, les couvents, et surtout contre les jésuites dont le nom seul provoquait ma fureur.

Heureusement mon frère quitta Strasbourg : c'était tout ce que je désirais. Il était appelé à Paris, à Notre-Dame des Victoires, où il ne cesserait, disait-il en nous faisant ses adieux, de prier pour la conversion de ses frères et sœurs. Son départ me soulagea d'un grand poids ; je cédai même aux instances de ma famille à l'occasion de mes fiançailles, en lui écrivant quelques mots d'excuse : il répondit avec amitié, me recommandant ses pauvres, auxquels je fis en effet parvenir une petite somme.

Après cette espèce de raccommodement, je n'eus plus aucun rapport avec Théodore et je ne pensai plus à lui ; je l'oubliai... tandis que lui il priait pour moi !

Je dois consigner ici une certaine révolution qui s'opéra dans mes idées religieuses à l'époque de mes fiançailles.

Je l'ai dit, je ne croyais à rien, et dans cette entière nullité, dans cette négation de toute foi, je me trouvai parfaitement en harmonie avec mes amis catholiques ou protestants; mais la vue de ma fiancée éveillait en moi je ne sais quel sentiment de dignité humaine; je commençai à croire à l'immortalité de l'âme; bien plus, je me mis instinctivement à prier Dieu, je le remerciais de mon bonheur et pourtant je n'étais pas heureux...... Je ne pouvais me rendre compte des mes sentiments; je regardais ma fiancée comme mon bon ange, je le lui disais souvent; et, en effet, sa pensée élevait mon cœur vers un Dieu que je ne connaissais pas, que je n'avais jamais prié, ni invoqué.

On jugea convenable, à cause de l'âge trop tendre de ma fiancée, de retarder le mariage : elle avait seize ans. Je dus faire un voyage d'agrément en attendant l'heure de notre union. Je ne savais de quel côté diriger mes courses ; une de mes sœurs, établie à Paris, me voulait près d'elle; un excellent ami m'appelait en Espagne ; je résistai aux instances de plusieurs autres qui me communiquaient de séduisants projets. Je m'arrêtai enfin à la pensée d'aller droit à Naples, de passer l'hiver à Malte, afin d'y fortifier ma santé délicate, et de revenir ensuite par l'Orient; je pris même des lettres pour Constantinople, et je partis vers la fin de novembre 1841. Je devais être de retour au commencement de l'été suivant.

Oh! que mon départ fut triste! Je laissais là une fiancée bien-aimée, un oncle qui ne s'épanouissait qu'avec moi, des sœurs, des frères, des nièces, dont la société faisait mes plus chères délices ; je laissais là encore ces écoles de travail, ces pauvres israélites dont je m'occupais si activement, et enfin des amis nombreux qui m'aimaient, des amis d'enfance que je ne pouvais quitter sans verser des larmes; car je les aimais et je les aime encore!

Partir seul et pour un si long voyage! Cette pensée me jetait dans une profonde mélancolie. « Mais, me disais-je, Dieu m'enverra peut-être un ami sur ma route! »

Je me rappelle deux singularités qui signalèrent les derniers jours qui précédèrent mon départ; et aujourd'hui ces souvenirs me frappent vivement.

Je voulus, avant de me mettre en voyage, donner ma signature à un grand nombre de quittances concernant la Société d'Encouragement au travail... Je les datai d'avance du 15 janvier; et, à force d'écrire cette date sur une foule de pièces, je me fatiguai, et je me disais en posant ma plume : « Dieu sait où je me trouverai le 15 janvier, et si ce jour ne sera pas le jour de ma mort!..... »

Ce jour-là je me trouverai à Rome; et ce jour sera pour moi l'aurore d'une nouvelle vie!

Une autre circonstance intéressante fut la réunion de plusieurs israélites notables, qui s'assemblèrent pour aviser aux moyens de réformer le culte judaïque et le mettre en harmonie avec l'esprit du siècle. Je me rendis à cette assemblée, où chacun donna son avis sur les perfectionnements projetés. Il y avait autant d'avis que d'individus; on discuta beaucoup; on mit en question toutes les convenances de l'homme, toutes les exigences du temps, toutes les dictées de l'opinion, toutes les idées de la civilisation; on fit valoir toute espèce de considérations; on en oublia qu'une seule : la loi de Dieu. De celle-là il ne fut pas question; je ne sache pas même que le nom de Dieu ait été prononcé une seule fois, pas plus que le nom de Moïse, ni le nom de la Bible.

Mon avis, à moi, était qu'on laissât tomber toutes les formes religieuses, sans recourir ni aux livres, ni aux hommes; et que chacun en particulier, comme tous ensemble, pratiquerait sa croyance à la façon qu'il entendrait.

Cet avis prouve ma haute sagesse en fait de religion; j'étais dans le progrès, comme vous le voyez. On se sépara sans rien faire.

Un israélite, plus sensé que moi, avait dit cette parole remarquable que je rapporte textuellement : « *Il faut nous hâter de sortir de ce vieux temple, dont les débris craquent de toutes parts, si nous ne voulons pas être bientôt ensevelis sous ses ruines.* » Parole pleine de vérité, que chaque israélite répète aujourd'hui tout bas. Mais, hélas! il y a dix-huit siècles qu'ils sont sortis de leur vieux temple, et ils n'entrent point dans le temple nouveau, dont les portes sont ouvertes devant eux!

Je partis enfin. En sortant de Strasbourg, je pleurais beaucoup, j'étais agité d'une foule de craintes, de mille étranges pressentiments. Arrivé au premier relais, des cris de joie, entremêlés de musique en plein vent, me tirèrent de mes rêveries. C'était une noce de village qui était sortie joyeuse et bruyante de l'église au son des flûtes et des violons rustiques; les gens de la noce entourèrent ma voiture comme pour m'inviter à leur joie. « Bientôt ce sera mon tour! » m'écriai-je. Et cette pensée ranima toute ma gaîté.

Je m'arrêtai quelques jours à Marseille, où mes parents et mes amis me reçurent avec fête. Je ne pus presque point m'arracher à cette élégante hospitalité; il en coûte, en effet, de quitter les rives de France, quand on laisse derrière soi une vie d'affection et tant d'aimables souvenirs. Outre les chaînes qui m'arrêtaient à ces rivages, la mer elle-même semblait ne point vouloir me livrer passage : elle soulevait des montagnes pour me barrer le chemin; mais ces montagnes s'abaissèrent devant la vapeur qui me transporta à

Naples. Je pus jouir bientôt du spectacle de l'immensité qui se déployait sur ma tête; mais ce qui me frappait plus que le ciel et la mer, c'était l'homme, faible créature qui brave les dangers et maîtrise les éléments. Mon orgueil, en ce moment s'élevait plus haut que les vagues de la mer et formait de nouvelles montagnes plus tenaces et moins flexibles que les flots qui nous battaient.

Le navire, avant d'arriver à Naples, fit une halte à Civitta-Vecchia. Au moment d'entrer au port, le canon du fort tonnait avec force. Je m'informai avec une maligne curiosité du motif de ce bruit de guerre sur les terres pacifiques du Pape. — On me répondit : « C'est la fête de la Conception de Marie. » Je haussai les épaules sans vouloir débarquer.

Le lendemain, à la lumière magnifique d'un soleil qui étincelait sur la fumée du Vésuve, nous abordâmes à Naples. Jamais aucune scène de la nature ne m'avait plus vivement ébloui : je contemplais avec avidité les brillantes images que les artistes et les poëtes m'avaient données du ciel.

Je passai un mois à Naples pour tout voir et tout écrire; j'écrivis surtout contre la religion et les prêtres qui, dans cet heureux pays, me semblaient tout à fait déplacés. Oh! que de blasphèmes dans mon journal ! Si j'en parle ici, c'est pour faire connaître la noirceur de mon esprit. J'écrivais à Strasbourg que j'avais bu du *lacryma-christi* à la santé de l'abbé Ratisbonne, et que de telles larmes me faisaient du bien à moi-même. Je n'ose transcrire les horribles jeux de mots que je me permis en cette circonstance.

Ma fiancée me demanda si j'étais de l'avis de ceux qui disent : Voir Naples et mourir. Je lui répondis : « Non ; mais voir Naples et vivre; vivre pour la voir encore. »

Telles étaient mes dispositions.

Je n'avais aucune envie d'aller à Rome, bien que deux amis de ma famille, que je voyais souvent, m'y engageassent vivement : c'étaient M. Coulmann, protestant, ancien député de Strasbourg, et M. Rothschild, dont la famille à Naples me prodiguait toute espèce de prévenances et d'agréments. Je ne pus céder à leurs conseils : ma fiancée désirait que j'allasse droit à Malte, et elle m'envoya un ordre de mon médecin qui me recommandait d'y passer l'hiver, en me défendant positivement d'aller à Rome, à cause des fièvres malignes qui, disait-il, y régnaient.

Il y avait là plus de motifs qu'il n'en fallait pour me détourner du voyage de Rome, si ce voyage s'était trouvé sur mon itinéraire. Je pensais y aller à mon retour, et je pris une place à bord du *Mongibello* pour me rendre en Sicile.

Un ami m'accompagna sur le bateau, et me promit de revenir au moment du départ pour me dire adieu. Il vint, mais ne me trouva point au rendez-vous. Si jamais M. de Rochecourt apprend le motif qui m'y a fait manquer, il s'expliquera mon impolitesse et la pardonnera sans aucun doute.

M. Coulmann m'avait mis en rapport avec un aimable et digne homme qui devait faire comme moi le voyage de Malte : j'étais heureux de cette rencontre, et je me disais : « Ah ! voilà l'ami que le ciel m'a envoyé ! »

Cependant le bateau n'était pas encore parti le premier jour de l'an. Ce jour s'annonçait pour moi sous les plus tristes auspices. J'étais seul à Naples sans recevoir les vœux de personne, sans que j'eusse personne à serrer dans mes bras ; je pensais à ma famille, aux souhaits et aux fêtes qui entourent à pareille époque mon bon oncle ; je versais des larmes, et la gaieté des Napolitains augmentait ma tristesse. Je sortis pour me distraire, en suivant machinalement le flot de la foule. J'arrivai sur la place du Palais et me trouvai, je ne sais comment, à la porte d'une église. J'y entre. On y disait la messe, je crois. Quoi qu'il en soit, je me tins là, debout, appuyé contre une colonne, et mon cœur semblait s'ouvrir et aspirer une atmosphère inconnue. Je priais à ma manière, sans m'occuper de ce qui se passait autour de moi : je priais pour ma fiancée, pour mon oncle, pour mon père défunt, pour la bonne mère dont j'ai été privé si jeune, pour tous ceux qui m'étaient chers; et je demandais à Dieu quelques inspirations qui pussent me guider dans mes projets d'améliorer le sort des juifs, pensée qui me poursuivait sans cesse.

Ma tristesse s'en était allée comme un noir nuage que le vent dissipe et chasse au loin ; et tout mon intérieur, inondé d'un calme inexprimable, ressentait une consolation semblable à celle que j'aurais éprouvée, si une voix m'avait dit : *Ta prière est exaucée*! Oh! oui, elle était exaucée au centuple et au delà de toutes prévisions, puisque le dernier jour du même mois, je devais recevoir solennellement le baptême dans une église de Rome !

Mais comment suis-je allé à Rome ?

Je ne puis le dire, je ne puis me l'expliquer à moi-même. Je crois que je me suis trompé de chemin; car, au lieu de me rendre au bureau des places de Palerme, vers lequel je me dirigeais, je suis arrivé au bureau des diligences de Rome. J'y suis entré et j'ai pris ma place. Je fis dire à M. Vigne, l'ami qui devait m'accompagner à Malte, que je n'avais pu résister à faire une courte excursion à Rome, et que je serais positivement de retour à Naples pour en repartir *le 20 janvier*. J'eus tort de m'engager, car c'est Dieu qui dispose; et cette date du 20 janvier devait marquer autrement dans ma vie. Je quittai Naples le 5, et j'arrivai à Rome le 6, jour des Rois. Mon compagnon de voyage était un Anglais, nommé Marschal, dont la conversation originale m'amusa beaucoup en chemin.

Rome ne me fit point, au premier abord, l'impression que j'espérais. J'avais d'ailleurs si peu de jours à donner à cette excursion improvisée, que je me hâtais en quelque sorte de dévorer toutes les ruines anciennes et modernes que la ville offre à l'avidité d'un touriste. Je les entassais pêle-mêle dans mon imagination et sur mon journal. Je visitais, avec une monotone admiration, les églises, les catacombes, les innombrables magnificences de Rome. J'étais accompagné le plus souvent de mon Anglais et d'un valet de place; je ne sais à quelle religion ils appartenaient, car ni l'un ni l'autre ne se déclarèrent chrétiens dans les églises; et, si je ne me trompe, je m'y conduisais avec plus de respect que les deux autres.

Le 8 janvier, au milieu de mes courses, j'entends une voix qui m'appelle dans la rue : c'était un ami d'enfance, Gustave de Bussierre. J'étais heureux de cette rencontre, car mon isolement me pesait. Nous allâmes dîner chez le père de mon ami, et, dans cette douce société, j'éprouvai quelque chose de cette joie qu'on ressent sur cette terre étrangère, en retrouvant les vivants souvenirs du pays natal.

Quand j'entrai dans le salon, M. Théodore de Bussierre, le fils aîné de cette honorable famille, le quittait. Je ne connaissais point personnellement le baron Théodore, mais je savais qu'il était l'ami de mon frère, son homonyme; je savais qu'il avait abandonné le protestantisme pour se faire catholique : c'en était assez pour m'inspirer une profonde antipathie. Il me semblait qu'il éprouvait à mon égard le même sentiment. Cependant, comme M. Théodore de Bussierre s'était fait connaître par ses voyages en Orient et en Sicile, qu'il a publiés, j'étais bien aise, avant d'entreprendre les mêmes courses, de lui demander quelques indications;

et, soit ce motif, soit par simple politesse, je lui exprimai mon intention de lui faire ma visite. Il me fit une réponse de bon goût, et ajouta qu'il venait de recevoir des lettres de l'abbé Ratisbonne, et qu'il m'indiquerait la nouvelle adresse de mon frère. « Je la recevrai volontiers, lui dis-je, quoique je n'en use point. »

Nous en demeurâmes là ; et, en me séparant de lui, je murmurais en moi-même de la nécessité où je m'étais engagé de faire une visite inutile, et de perdre un temps dont j'étais avare.

Je continuai à courir dans Rome tout le long du jour, sauf deux heures que je passais le matin avec Gustave, et le repos que je prenais le soir au spectacle ou en soirée. Mes entretiens avec Gustave étaient animés ; car entre deux camarades de pension, les moindres souvenirs fournissent d'intarissables sujets de rire et de causerie. Mais il était zélé protestant et enthousiaste comme le sont les piétistes d'Alsace. Il me vantait la supériorité de sa secte sur toutes les autres sectes chrétiennes, et cherchait à me convertir, ce qui m'amusait beaucoup ; car je croyais que les catholiques seuls avaient la manie du prosélytisme. Je ripostais ordinairement par des plaisanteries ; mais une fois, pour le consoler de ses vaines tentatives, je lui promis que si jamais l'envie me prenait de me convertir, je me ferais piétiste ; je lui en donnai l'assurance, et à son tour, il me fit une promesse, celle de venir assister aux fêtes de mon mariage, au mois d'août. Ses instances pour me retenir à Rome furent inutiles. D'autres amis, MM. Edmond Humann et Alfred de Lotzbeck s'étaient joints à lui pour me déterminer à passer le carnaval à Rome ; mais je ne pus m'y décider ; je craignais de déplaire à ma fiancée, et M. Vigne m'attendait à Naples, d'où nous devions partir le 20 janvier.

Je mis donc à profit les dernières heures de mon séjour

à Rome, pour achever mes courses. Je me rendis au Capitole et visitai l'église d'*Ara cœli*. L'aspect imposant de cette église, les chants solennels qui retentissaient dans sa vaste enceinte, et les souvenirs historiques éveillés en moi par le sol même que je foulais au pieds, toutes ces choses firent sur moi une impression profonde. J'étais ému, pénétré, transporté, et mon valet de place, s'apercevant de mon trouble, me dit, en me regardant froidement, que plus d'une fois il avait remarqué cette émotion dans les étrangers qui visitent l'*Ara cœli*.

En descendant du Capitole, mon cicerone me fit traverser le *Ghetto* (quartier des juifs). Là, je ressentis une émotion toute différente : c'était de la pitié et de l'indignation. Quoi ! me disais-je à la vue de ce spectacle de misère, est-ce donc là cette charité de Rome qu'on proclame si haut ? Je frissonnais d'horreur, et je me demandais si, pour avoir tué un seul homme il y a dix-huit siècles, un peuple tout entier méritait un traitement si barbare et des préventions si interminables ?... Hélas! je ne connaissais pas alors *ce seul homme !* et j'ignorais le cri sanguinaire que ce peuple avait poussé; cri que je n'ose répéter ici et que je ne veux pas redire. J'aime mieux me rappeler cet autre cri exhalé sur la Croix : *Pardonnez-leur, ô mon Dieu, car ils ne savent ce qu'ils font !*

Je rendis compte à ma famille de ce que j'avais vu et ressenti. Je me souviens d'avoir écrit que j'aimais mieux être parmi les opprimés que dans le camp des opresseurs. Je retournai au Capitole, où l'on se donnait beaucoup de mouvement à l'*Ara cœli*, pour une cérémonie du lendemain. Je m'enquis du but de tant de préparatifs : on me dit qu'on disposait la cérémonie du baptême de deux juifs, MM. Constantini, d'Ancône. Je ne saurais exprimer l'indignation qui me saisit à ces paroles; et quand mon guide me demanda si je voulais y assister : « Moi! moi ! m'écriai-je, assister à de pareilles infamies ! Non, non : je ne pourrais m'empêcher de me précipiter sur les baptisants et sur les baptisés ! »

Je dois dire, sans crainte d'exagérer, que jamais de ma vie je n'avais été plus aigri contre le christianisme que depuis la vue du *Ghetto* : je ne tarissais point en moqueries et en blasphèmes.

Cependant j'avais des visites de congé à faire, et celle du baron de Bussierre me revenait toujours à l'esprit comme une malencontreuse obligation que je m'étais gratuitement imposée. Très-heureusement, je n'avais pas demandé son adresse, et cette circonstance me paraissait déterminante : j'étais enchanté d'avoir une excuse pour ne point effectuer ma promesse.

C'était le 15, et j'allai retenir ma place aux voitures de Naples : mon départ est arrêté pour le 17, à trois heures du matin. Il me restait deux jours : je les employai à de nouvelles courses. Mais en sortant d'un magasin de librairie où j'avais vu quelques ouvrages sur Constantinople, je rencontre au *Corso* un domestique de M. de Bussierre père; il me salue et m'aborde; je lui demande l'adresse de M. Théodore de Bussierre ; il me répond avec l'accent alsacien : « Piazza Nicosia, n° 38. »

Il me fallut donc, bon gré mal gré, faire cette visite, et cependant je résistai vingt fois encore. Enfin je me décide en traçant un *P. P. C.* sur ma carte.

Je cherchai cette place Nicosia, et après bien des détours et circuits, j'arrivai au n° 38 : c'était précisément la porte à côté du bureau des diligences où j'avais pris ma place le même jour. J'avais fait bien du chemin pour arriver au point d'où j'étais parti : itinéraire de plus d'une existence humaine ! Mais du même point où je me retrouvais alors, j'allais repartir encore une fois pour faire un tout autre chemin.

Mon entrée chez M. de Bussierre me causa de l'humeur; car le domestique, au lieu de prendre ma carte que je tenais en main, m'annonça et m'introduisit au salon. Je déguisai ma contrariété tant bien que mal, sous la forme du sourire, et j'allai m'asseoir auprès de madame la baronne de Bussierre, qui se trouvait entourée de ses deux petites filles, gracieuses et douces comme les anges de Raphaël. La conversation, d'abord vague et légère ne tarda point à se colorer de toute la passion avec laquelle je racontai mes impressions de Rome.

Je regardais le baron de Bussierre comme dévot, dans le sens malveillant qu'on donne à ce terme, et j'étais fort aise d'avoir l'occasion de le tympaniser à propos de l'état des juifs romains : cela me soulageait; mais ces griefs placèrent la conversation sur le terrain religieux. M. de Bussierre me parla des grandeurs du catholicisme; je répondis par des ironies et des imputations que j'avais lues ou entendues si souvent : encore opposais-je un frein à ma verve impie, par respect pour madame de Bussierre et pour la foi des jeunes enfants qui jouaient à côté de nous. — « Enfin, me dit
« M. de Bussierre, puisque vous détestez la superstition et
« que vous professez des doctrines si libérales; puisque
« vous êtes un esprit-fort si éclairé, auriez-vous le courage
« de vous soumettre à une épreuve bien innocente ? —
« Quelle épreuve ? — Ce serait de porter sur vous un objet
« que je vais vous donner.... Voici ! C'est une médaille de
« la Sainte Vierge. Cela vous paraît bien ridicule, n'est-ce
« pas ? Mais quant à moi, j'attache une grande valeur à cette
« médaille. »

La proposition, je l'avoue, m'étonna par sa puérile singularité : Je ne m'attendais pas à cette chute. Mon premier mouvement était de rire en haussant les épaules ; mais la pensée me vint que cette scène fournirait un délicieux chapitre à mes impressions de voyage, et je consentis à prendre la médaille comme une pièce de conviction que j'offrirais à ma fiancée. Aussitôt dit, aussitôt fait. On me passa la médaille au cou, non sans peine, car le nœud était trop court et le cordon ne passait pas. Enfin, à force de tirer, j'avais la médaille sur la poitrine et je m'écriai avec un éclat de rire : « Ha! ha! me voici catholique apostolique et romain ! »

C'était le démon qui prophétisait par ma bouche.

M. de Bussierre triomphait naïvement de sa victoire et voulut en remporter tous les avantages.

« Maintenant, me dit-il, il faut compléter l'épreuve. Il « s'agit de réciter matin et soir le *Memorare*, prière très- « courte et très-efficace que saint Bernard adressa à la « Vierge Marie. — Qu'est-ce que votre *Memorare* ? m'écriai- « je, laissons ces sottises ! » Car, en ce moment, je sentais toute mon animosité se renouveler en moi. Le nom de saint Bernard me rappelait mon frère, qui avait écrit l'histoire de ce Saint, ouvrage que je n'avais jamais voulu lire ; et ce souvenir réveillait à son tour des ressentiments contre le prosélytisme, et le jésuitisme, et ceux que j'appelais tartufes et apostats.

Je priai donc M. de Bussierre d'en rester là ; et tout en me moquant de lui, je regrettais de n'avoir pas moi-même une prière hébraïque à lui offrir pour que la partie fût égale ; mais je n'en avais point, et n'en connaissais même point.

Cependant mon interlocuteur insista ; il me dit qu'en refusant de réciter cette courte prière, je rendrais l'épreuve nulle, et que je prouvais par cela même, la réalité de l'obstination volontaire qu'on reproche aux juifs.

Je ne voulus point attacher trop d'importance à la chose, et je dis : « Soit! je vous promets de réciter cette prière; si « elle ne me fait pas de bien, du moins ne me fera-t-elle « pas de mal! » Et M. de Bussierre alla la chercher en m'invitant à la copier. J'y consentis : « A la condition, lui répondis-je, que je vous remettrai ma copie et garderai votre original. » Ma pensée était d'enrichir mes notes de cette nouvelle pièce justificative.

Nous étions donc parfaitement satisfaits l'un et l'autre; notre causerie, en définitive, m'avait paru bizarre, et elle m'amusa. Nous nous séparâmes, et j'allai passer la soirée au spectacle, où j'oubliai la médaille et le *Memorare*. Mais, en rentrant chez moi, je trouvai un billet de M. de Bussierre, qui était venu rendre ma visite, et m'invitait à le revoir avant mon départ. J'avais à lui restituer son *Memorare*, et devant partir le lendemain, je fis mes malles et mes préparatifs, puis je me mis à copier la prière, qui était conçue en ces propres termes :

« Souvenez-vous, ô très-pieuse Vierge Marie, qu'on n'a « jamais ouï dire qu'aucun de ceux qui ont eu recours à « votre protection, imploré votre secours et demandé votre « suffrage, ait été abandonné. Plein d'une pareille con-« fiance, je viens, ô Vierge des vierges, me jeter entre vos « bras, et gémissant sous le poids de mes péchés, je me « prosterne à vos pieds... O Mère du Verbe, ne dédaignez « pas mes prières, mais écoutez-les favorablement et les « exaucez. »

J'avais copié machinalement les paroles de saint Bernard, sans presque aucune attention : j'étais fatigué; l'heure était avancée, et j'avais besoin de prendre du repos.

Le lendemain, 16 janvier, je fis signer mon passeport et achevai les dispositions du départ; mais, chemin faisant, je redisais sans cesse les paroles du *Memorare*. Comment donc, ô mon Dieu, ces paroles s'étaient-elles si vivement, si intimement emparées de mon esprit? Je ne pouvais m'en défendre; elles me revenaient sans cesse : je les répétais continuellement, comme ces airs de musique qui vous poursuivent, qui vous impatientent, et qu'on fredonne malgré soi et quelque effort qu'on fasse.

Vers onze heures, je me rendis chez M. de Bussierre pour lui rapporter son inextricable prière. Je lui parlai de mon voyage d'Orient, et il me fournit d'excellents renseignements.

« Mais s'écria-t-il tout à coup, il est étrange que vous
« quittiez Rome dans un moment où tout le monde vient
« assister aux pompes de Saint-Pierre. Peut-être ne revien-
« drez-vous jamais, et vous regretterez d'avoir manqué une
« occasion que tant d'autres viennent chercher avec une si
« avide curiosité. »

Je lui répondis que j'avais pris et payé ma place; que déjà j'en avais donné avis à ma famille; que des lettres m'attendaient à Palerme; qu'enfin il était trop tard pour changer mes dispositions, et que décidément je partirais.

Ce colloque fut interrompu par l'arrivée du facteur, qui apportait à M. de Bussierre une lettre de l'abbé Ratisbonne. Il m'en donna connaissance; je la lus, mais sans aucun intérêt, car il n'était question, dans cette lettre, que d'un ouvrage religieux que M. de Bussierre faisait imprimer à Paris. Mon frère ignorait d'ailleurs que je fusse à Rome. Cet épisode inattendu devait abréger ma visite : car je fuyais même le souvenir de mon frère.

Cependant, par une influence incompréhensible, je me décidai à prolonger mon séjour à Rome. J'accordai aux instances d'un homme que je connaissais à peine, ce que j'avais obstinément refusé à mes amis et à mes camarades les plus intimes.

Quelle était donc, ô mon Dieu, cette impulsion irrésistible qui me faisait faire ce que je ne voulais pas ? N'était-ce pas la même qui, de Strasbourg, me poussait en Italie, malgré les invitations de Valence et de Paris ; la même qui, de Naples, me poussait à Rome, malgré ma détermination d'aller en Sicile ; la même qui, à Rome, à l'heure de mon départ, me força de faire la visite qui me répugnait, tandis que je ne trouvais plus le temps de faire aucune de celles que j'aimais ? O conduite providentielle ? Il y a donc une mystérieuse influence qui accompagne l'homme sur la route de la vie ! J'avais reçu à ma naissance le nom de Tobie avec celui d'Alphonse. J'oubliai mon premier nom ; mais l'Ange invisible ne l'oublia point. C'était là le véritable ami que le ciel m'avait envoyé ; mais je ne le connaissais pas. Hélas ! il y a tant de Tobies dans le monde, qui ne connaissent point ce guide céleste et qui résistent à sa voix !

Mon intention n'était point de passer le carnaval à Rome, mais je voulais voir le Pape ; et M. de Bussierre m'avait assuré que je le verrais au premier jour à Saint-Pierre. Nous allâmes faire quelques courses ensemble. Nos conversations avaient pour objet tout ce qui frappait nos regards : tantôt un monument, tantôt un tableau, tantôt les mœurs du pays ; et à ces divers sujets se mêlaient toujours les questions religieuses. M. de Bussierre les amenait si naïvement, y insistait avec une ardeur si vive, que plus d'une fois, dans le secret de ma pensée, je me disais que si quelque chose pouvait éloigner un homme de la religion, c'était l'insistance même qu'on mettait à le convertir. Ma gaieté naturelle me portait à rire des choses les plus graves ; et aux étincelles de mes plaisanteries, je joignais le feu infernal des blasphèmes auxquels je n'ose penser aujourd'hui, tellement j'en suis effrayé !

Et cependant M. de Bussierre, tout en m'exprimant sa

douleur, demeurait calme et indulgent. Il me dit même une fois : « Malgré vos emportements, j'ai la conviction « qu'un jour vous serez chrétien, car il y a en vous un fonds « de droiture qui me rassure, et me persuade que vous se- « rez éclairé; dût pour cela le Seigneur vous envoyer un « Ange du ciel. »

« — A la bonne heure, lui répondis-je, car autrement la « chose serait difficile. »

En passant devant la *Scala Santa*, M. de Bussierre se prit d'enthousiasme. Il se leva dans sa voiture, et, se découvrant la tête, il s'écria avec feu : « Salut, saint Escalier! voici un « pécheur qui vous montera un jour à genoux! »

Exprimer ce que produisit sur moi ce mouvement inattendu, cet honneur extraordinaire rendu à un *escalier*, serait chose impossible. J'en riais comme d'une action tout à fait insensée; et quand plus tard nous traversâmes la délicieuse *Villa Wolkonski*, dont les jardins éternellement fleuris sont entrecoupés par les aqueducs de Néron, j'élevai la voix à mon tour, et je m'écriai en parodiant la première exclamation : « Salut, vraies merveilles de Dieu! c'est devant « vous qu'il faut se prosterner, et non pas devant un *esca-* « *lier!* »

Ces promenades en voiture se renouvelèrent les deux jours suivants, et durèrent une ou deux heures. Le mercredi 19, je vis encore M. de Bussierre, mais il semblait triste et abattu. Je me retirai, par discrétion, sans lui demander la cause de son chagrin; je ne l'appris que le lendemain à midi, dans l'église de Saint-André-des-Frères.

Je dus partir le 22, car j'avais de nouveau retenu ma place pour Naples. Les préoccupations de M. de Bussierre avaient diminué son ardeur prosélytique, et je pensais qu'il avait oublié sa médaille miraculeuse, tandis que moi je murmurais toujours avec une inconcevable impatience l'invocation perpétuelle de saint Bernard.

Cependant, au milieu de la nuit du 19 au 20, je me réveillai en sursaut : je voyais fixe devant moi une grande croix noire, d'une forme particulière et sans Christ. Je fis des efforts pour chasser cette image ; mais je ne pouvais l'éviter, et je la retrouvais toujours devant moi, de quelque côté que je me tournasse. Je ne pourrais dire combien de temps dura cette lutte. Je me rendormis, et le lendemain, à mon réveil, je n'y pensais plus.

J'avais à écrire plusieurs lettres ; et je me rappelle que l'une d'elles, adressée à la jeune sœur de ma fiancée, se terminait par ces mots : *Que Dieu vous garde !...* Depuis, j'ai reçu une lettre de ma fiancée, sous la même date du 20 janvier ; et, par une singulière coïncidence, cette lettre finissait par les mêmes mots : *Que Dieu vous garde !...* Ce jour-là était, en effet, sous la garde de Dieu !...

Toutefois, si quelqu'un m'avait dit dans la matinée de ce jour : « *Tu t'es levé juif et tu te coucheras chrétien* », si quelqu'un m'avait dit cela, je l'aurais regardé comme le plus fou des hommes.

Le jeudi, 20 janvier, après avoir déjeuné à l'hôtel et porté moi-même mes lettres à la poste, j'allai chez mon ami Gustave le piétiste, qui était revenu de la chasse, excursion qui l'avait éloigné pendant quelques jours.

Il était fort étonné de me retrouver à Rome. Je lui en expliquai le motif ; c'était l'envie de voir le Pape. « Mais je « partirai sans le voir, lui dis-je, car il n'a pas assisté aux « cérémonies de la Chaire de Saint-Pierre, où l'on m'avait « fait espérer qu'il se trouverait. »

Gustave me consola ironiquement en me parlant d'une autre cérémonie tout à fait curieuse qui devait avoir lieu, je crois, à Sainte-Marie-Majeure. Il s'agissait de la bénédiction des animaux. Et sur cela, assaut de calembours et de quolibets, tels qu'on peut se les figurer entre un juif et un protestant.

Nous nous séparâmes vers 11 heures, après nous être donné rendez-vous au lendemain; car nous dûmes aller examiner ensemble un tableau qu'avait fait faire notre compatriote le baron de Lotzbeck. Je me rendis dans un café sur la place d'Espagne pour y parcourir les journaux; et je m'y trouvais à peine quand M. Edmond Humann, le fils du ministre des finances, vint se placer à côté de moi, et nous causâmes très-joyeusement sur Paris, les arts et la politique. Bientôt un autre ami m'aborde; c'était un protestant, M. Alfred de Lotzbeck, avec lequel j'eus une conversation plus futile encore; nous parlâmes de chasse, de plaisirs, de réjouissances du carnaval, de la soirée brillante qu'avait donnée la veille le duc de Torlonia. Les fêtes de mon mariage ne pouvaient être oubliées : j'y invitai M. de Lotzbeck, qui me promit positivement d'y assister.

Si en ce moment (car il était midi) un troisième interlocuteur s'était approché de moi et m'avait dit : « Alphonse, « dans un quart d'heure tu adoreras Jésus-Christ, ton Dieu « et ton Sauveur; et tu seras prosterné dans une pauvre « église; et tu te frapperas la poitrine aux pieds d'un prêtre, « dans un couvent de jésuites où tu passeras le carnaval pour « te préparer au baptême, prêt à t'immoler pour la foi ca« tholique; et tu renonceras au monde, à ses pompes, à ses « plaisirs, à ta fortune, à tes espérances, à ton avenir; et, « s'il le faut, tu renonceras encore à ta fiancée, à l'affection « de ta famille, à l'estime de tes amis, à l'attachement des « juifs... et tu n'aspireras plus qu'à suivre Jésus-Christ, et à « porter sa croix jusqu'à la mort; » je dis que si quelque prophète m'avait fait une semblable prédiction, je n'aurais jugé qu'un seul homme plus insensé que lui : c'eut été l'homme qui aurait cru à la possibilité d'une telle folie !

Et cependant, c'est cette folie qui fait aujourd'hui ma sagesse et mon bonheur.

En sortant du café, je rencontre la voiture de M. Théodore de Bussierre. Elle s'arrête et je suis invité à y monter pour une partie de promenade. Le temps était magnifique, et j'acceptai avec plaisir. Mais M. de Bussierre me demanda la permission de s'arrêter quelques minutes à l'église Saint-André-des-Frères, qui se trouvait presque à côté de nous, pour une commission qu'il avait à remplir. Il me proposa de l'attendre dans la voiture ; je préférai sortir pour voir cette église. On y faisait des préparatifs funéraires, et je m'informai du nom du défunt qui devait y recevoir les derniers honneurs. M. de Bussierre me répondit : « C'est un « de mes bons amis, le comte de La Ferronnays ; sa mort « subite, ajouta-t-il, est la cause de cette tristesse que vous « avez dû remarquer en moi depuis deux jours. »

Je ne connaissais pas M. de La Ferronnays ; je ne l'avais jamais vu, et je n'éprouvai d'autre impression que celle d'une peine assez vague qu'on ressent toujours à la nouvelle d'une mort subite. M. de Bussierre me quitta pour aller retenir une tribune destinée à la famille du défunt. — « Ne « vous impatientez pas, me dit-il en montant au cloître, ce « sera l'affaire de deux minutes. »

L'église Saint-André est petite, pauvre et déserte ; je crois y avoir été à peu près seul, aucun objet d'art n'y attirait mon attention ; je promenai machinalement mes regards autour de moi, sans m'arrêter à aucune pensée ; je me souviens seulement d'un chien noir qui sautait et bondissait devant mes pas. Bientôt ce chien disparut : l'église tout entière disparut : je ne vis plus rien... ou plutôt, ô mon Dieu, je vis une seule chose !!!...

Comment serait-il possible d'en parler ? Oh ! non, la parole humaine ne doit point essayer d'exprimer ce qui est inexprimable ; toute description, quelque sublime qu'elle puisse être, ne serait qu'une profanation de l'ineffable vérité (1).

(1) Une réticence, si inattendue à l'endroit le plus important du récit, est peut-être, de tout ce qu'il renferme, ce qu'il y a de plus frappant ; et si la pieuse curiosité du lecteur en souffre et en murmure, sa raison doit, en revanche, y reconnaître une preuve de plus, une preuve invincible, une preuve qui, selon nous, suppléerait seule toutes les autres, de la réalité de l'apparition et de la véracité du narrateur. Car certes, s'il y avait ici, soit illusion, soit imposture, c'eût été précisément, *spécialement*, sur l'apparition *même* que l'on se serait étendu ; on en aurait fait la description la plus magnifique, la plus éblouissante, la plus minutieusement circonstanciée : tous les détails précédents et suivants n'eussent été en quelque sorte qu'un cadre préparé tout exprès pour mieux faire ressortir le trait dominant du tableau. Eh bien ! et, tout au contraire, parvenu à la circonstance la plus merveilleuse, au miracle lui-même, le témoin se tait, la parole expire sur ses lèvres, ou plutôt il ne trouve pas de parole pour rendre de pareilles choses : il est comme suffoqué par le souvenir de ce qu'il a vu, éprouvé, senti ; et, comme saint Paul descendant du troisième ciel, déclarait « *y avoir entendu des choses mystérieuses qu'il n'est pas donné à l'homme de rapporter*, » de même lui, quoiqu'il ait aussi *tout compris*, ne peut rien dire... Ah ! s'il n'y a pas là un caractère évident, irréfragable, inimitable, de bonne foi et de vérité, il n'y a plus de signe auquel on puisse distinguer le ravi du faux, il n'y a plus de témoignage auquel on doive encore se fier, il n'y a plus de certitude humaine possible ; la parole de l'homme n'a plus d'*accent* : elle n'est qu'un vain *son*.

Respectons donc, en l'admirant, ce silence humblement éloquent, et que le surcroît de confiance qu'il nous inspire nous console du regret qu'il nous laisse. Mais en même temps, et pour suppléer autant que possible, les précieux détails dérobés à notre curiosité, recueillons au moins quelques paroles, non du converti lui-même, mais que son frère a adressées à l'Archiconfrérie, consignées dans le premier cahier de ses *Annales* ; elles compléteront tout ce qu'il nous est donné de savoir de l'apparition miraculeuse et de ses effets.

« Quand Alphonse, a dit M. l'abbé Ratisbonne, abandonné

J'étais là, prosterné, baigné dans mes larmes, le cœur hors de moi-même, quand M. de Bussierre me rappela à la vie.

Je ne pouvais répondre à ses questions précipitées ; mais enfin je saisis la médaille que j'avais laissée sur ma poitrine ; je baisais avec effusion l'image de la Vierge rayonnante de grâces... Oh ! *c'était bien Elle !*

Je ne savais où j'étais ; je ne savais si j'étais Alphonse ou un autre ; j'éprouvais un si total changement, que je me croyais un autre moi-même... Je cherchais à me retrouver, et je ne me retrouvais pas... La joie la plus ardente éclata au fond de mon âme ; je ne pus parler ; je ne voulus rien révéler ; je sentais en moi quelque chose de solennel et de sacré qui me fit demander un prêtre... On m'y conduisit ; et ce n'est qu'après en avoir reçu l'ordre positif, que je parlai selon qu'il m'était possible, à genoux et le cœur tremblant.

pour quelques instants par M. de Bussierre, fut arrivé au fond de l'église, tout à coup l'église disparut devant lui ; il n'en vit plus rien ; il ne vit qu'une seule chose : une femme du port le plus majestueux, dont la figure exprimait une douceur et une bonté ravissantes, vêtue d'une robe blanche, les bras étendus de la même manière que la figure de la sainte Vierge est représentée sur la médaille miraculeuse. A peine l'a-t-il vue, qu'elle fait un geste pour l'appeler à elle. Dans son étonnement, il se sent attiré ; pressé d'obéir, il avance, tombe à genoux devant l'auguste MARIE : car C'ÉTAIT ELLE ! Lui a-t-elle parlé ? il n'en sait rien, tout ce qu'il sait, c'est qu'il *l'a vue en réalité* ; et cet instant si précieux de la présence de Marie a suffi pour lui donner, à lui qui n'avait aucune idée des principes et des vérités de la foi catholique, la foi et la connaissance explicite et adéquate de toutes les vérités chrétiennes, de manière à exciter l'étonnement et l'admiration de tous ceux qui l'entendent.... On examine sa doctrine ; les hommes les plus savants l'interrogent ; il les étonne par ses réponses et les remplit d'admiration : dans un instant, *il a tout vu, il a tout appris, il a tout su !* »

Mes premiers mots furent des paroles de reconnaissance pour M. de La Ferronnays et pour l'Archiconfrérie de Notre-Dame des Victoires. Je savais, d'une manière certaine, que M. de La Ferronnays avait prié pour moi ; mais je ne saurais dire comment je l'ai su, pas plus que je ne pourrais rendre compte des vérités dont j'avais acquis la foi et la connaissance. Tout ce que je puis dire, c'est qu'au moment du geste, le bandeau tomba de mes yeux ; non pas un seul bandeau, mais toute la multitude de bandeaux qui m'avaient enveloppé, disparurent successivement et rapidement, comme la neige et la boue et la glace sous l'action d'un brûlant soleil.

Je sortais d'un tombeau, d'un abîme de ténèbres, et j'étais vivant, parfaitement vivant ; mais je pleurais ! je voyais au fond de l'abîme les misères extrêmes d'où j'avais été tiré par une miséricorde infinie ; je frissonnais à la vue de toutes mes iniquités, et j'étais stupéfait, attendri, écrasé d'admiration et de reconnaissance..... Je pensais à mon frère avec une indicible joie ; mais à mes larmes d'amour se mêlèrent des larmes de pitié. Hélas ! tant d'hommes descendent tranquillement dans cet abîme, les yeux fermés par l'orgueil ou l'insouciance ; ils y descendent, ils s'engloutissent tout vivants dans les horribles ténèbres... Et ma famille, ma fiancée, mes pauvres sœurs !!! Oh ! déchirante anxiété ! C'est à vous que je pensais, ô vous que j'aime ! c'est à vous que je donnais mes premières prières... Ne lèverez-vous pas les yeux vers le Sauveur du monde, dont le sang a effacé le péché originel ? Oh ! que l'empreinte de cette souillure est hideuse ! Elle rend complétement méconnaissable la créature faite à l'image de Dieu.

On me demande comment j'ai appris ces vérités, puisqu'il est avéré que *jamais je n'ouvris un livre de religion, jamais je ne lus une seule page de la Bible, et que le dogme du péché originel, totalement oublié ou nié par les juifs de nos jours, n'avait jamais occupé un instant ma pensée : je doute même d'en avoir connu le nom.* Comment donc suis-je arrivé à cette connaissance ? Je ne saurais le dire. Tout ce que je sais, c'est qu'en entrant à l'église, *j'ignorais tout*, et qu'en sortant *je voyais clair*. Je ne puis expliquer ce changement que par la comparaison d'un homme qu'on réveillerait subitement d'un profond sommeil, ou bien par l'analogie d'un aveugle-né qui tout à coup verrait le jour : il voit, mais il ne peut définir la lumière qui l'éclaire et au sein de laquelle il contemple les objets de son admiration. Si on ne peut expliquer la lumière, comment pourrait-on expliquer une lumière qui, au fond, n'est que la vérité elle-même ? Je crois rester dans le vrai en disant que je n'avais nulle science de la lettre, mais que j'entrevoyais le sens et l'esprit des dogmes. Je *sentais* ces choses plus que je ne les *voyais*, et je les sentais par les effets inexprimables qu'elles produisirent en moi. Tout se passait au dedans de moi ; et ces impressions, mille fois plus rapides que la pensée, mille fois plus profondes que la réflexion, n'avaient pas seulement ému mon âme, mais elles l'avaient comme retournée et dirigée dans un autre sens, vers un autre but, et dans une nouvelle vie.

Je m'explique mal ; mais voulez-vous, Monsieur, que je renferme dans des mots étroits et secs, des sentiments que le cœur même peut à peine contenir ?

Quoi qu'il en soit de ce langage inexact et incomplet, le fait positif est que je me trouvais en quelque sorte comme un être nu, comme une table rase. Le monde n'était plus rien pour moi ; les préventions contre le christianisme n'existaient plus ; les préjugés de mon enfance n'avaient plus la moindre trace ; l'amour de Dieu avait tellement pris la place de tout autre amour, que ma fiancée elle-même m'apparaissait sous un nouveau point de vue : je l'aimais comme on aimerait un objet que Dieu tiendrait entre ses mains, comme un don précieux qui fait aimer encore davantage le donateur.

Je répète que je conjurai mon confesseur, le R. P. de Villefort, et M. de Bussierre de garder un secret inviolable sur ce qui m'était arrivé. Je voulus m'ensevelir au couvent des trappistes pour ne plus m'occuper que des choses éternelles; et aussi, je l'avoue, je pensais que dans ma famille et parmi mes amis, on me croirait fou, qu'on me tournerait en ridicule, et qu'ainsi mieux vaudrait échapper entièrement au monde, à ses propos et à ses jugements.

Cependant les supérieurs ecclésiastiques me montrèrent que le ridicule, les injures et les faux jugements faisaient partie du calice d'un vrai chrétien; ils m'engagèrent à boire ce calice, et m'avertirent que Jésus-Christ avait annoncé à ses disciples, des souffrances, des tourments et des supplices. Ces graves paroles, loin de me décourager, enflammèrent ma joie intérieure; je me sentais prêt à tout, et je sollicitais vivement le baptême. On voulut le retarder : « Mais quoi ! m'écriai-je, les juifs qui entendirent la prédication des Apôtres furent immédiatement baptisés; et vous voulez m'ajourner, après que j'ai entendu la Reine des Apôtres ! » Mes émotions, mes désirs véhéments, mes supplications touchèrent les hommes charitables qui m'avaient recueilli, et l'on me fit la promesse, à jamais bienheureuse du baptême !

Je ne pouvais presque pas attendre le jour fixé pour la réalisation de cette promesse, tellement je me voyais difforme devant Dieu ! Et cependant que de bonté, que de charité ne m'a-t-on pas témoigné pendant tous les jours de ma préparation ! J'étais entré au couvent des pères Jésuites pour vivre dans la retraite sous la direction du R. P. de

Villefort, qui nourrissait mon âme de tout ce que la parole divine a de plus suave et de plus onctueux. Cet homme de Dieu n'est pas un homme : c'est un cœur, c'est une personnification de la céleste charité! Mais à peine avais-je les yeux ouverts, que je découvris autour de moi bien d'autres hommes de ce même genre, et dont le monde ne se doute pas. Mon Dieu! que de bonté, que de délicatesse et de grâce dans le cœur de ces vrais chrétiens! Tous les soirs, pendant ma retraite, le vénérable Supérieur général des Jésuites venait lui-même jusqu'à moi et versait dans mon âme un baume du ciel. Il me disait quelques mots, et ces mots semblaient s'ouvrir et grandir en moi à mesure que je les écoutais, et ils me remplissaient de joie, de lumière et de vie!... Ce prêtre, si humble et à la fois si puissant, aurait pu ne point me parler, car sa seule vue produisait en moi l'effet de la parole : son souvenir aujourd'hui encore suffit pour me rappeler la présence de Dieu et animer ma plus vive reconnaissance. Il me faudrait un cœur bien autrement vaste et cent bouches pour dire quel amour je ressens pour ces hommes de Dieu, pour M. Théodore de Bussierre qui a été l'ange de Marie, pour la famille de La Ferronnays, à laquelle je porte une vénération et un attachement au-dessus de toute expression!

Le 31 janvier arriva enfin; et ce ne sont plus quelques âmes, mais toute une multitude d'âmes pieuses et charitables qui m'enveloppèrent en quelque sorte de tendresse et de sympathies! Combien je voudrais les connaître et les remercier! Puissent-elles toujours prier pour moi, comme je prie pour elles!

O Rome, quelle grâce j'ai trouvée dans ton sein!

La Mère de mon Sauveur avait tout disposé d'avance; car elle avait fait venir là un prêtre français pour me parler ma langue maternelle au moment suprême du baptême c'est M. Dupanloup, dont le souvenir se rattachera toute ma vie aux émotions les plus vives que j'aie éprouvées. Heureux ceux qui l'ont entendu ! car les échos de cette puissante parole, qu'on a répétée plus tard, ne rendront jamais l'effet de la parole elle-même. Oh ! oui, je sentais qu'elle était inspirée par *Celle-là* même qui faisait l'objet du discours.

Je ne rapporterai point les choses qui regardent mon baptême, ma confirmation et ma première communion, grâces ineffaçables que j'ai toutes reçues en ce même jour des mains de S. E. le cardinal Patrizi, vicaire de Sa Sainteté.... J'aurais trop à vous dire, si je m'adonnais à vous rendre mes impressions, si je redisais ce que j'ai vu, entendu et ressenti; si je rappelais surtout la charité qui m'a été prodiguée. Je nommerai seulement ici l'éminentissime cardinal Mezzofante : le Seigneur a doué cet illustre personnage du don des langues, comme une récompense accordée à un cœur qui se fait tous à tous.

Une dernière consolation m'était réservée.

Vous vous rappelez quel était mon désir de voir le Saint-Père, désir ou plutôt curiosité qui m'avait retenu à Rome. Mais j'étais loin de me douter dans quelles circonstances ce désir se réaliserait. C'est en qualité d'enfant nouveau-né de l'Eglise, que je fus présenté au Père de tous les fidèles. Il me semble que, dès mon baptême, j'éprouvais pour le Souverain Pontife les sentiments de respect et d'amour d'un fils; j'étais donc bienheureux quand on m'annonça que je serais admis à cette audience sous la conduite du R. Père Général des Jésuites ; mais pourtant je tremblais, car je n'avais jamais paru devant les grands du monde, et ces grands me paraissaient alors bien petits en comparaison de cette vraie grandeur. J'avoue que toutes les majestés du monde me semblaient concentrées sur celui qui possède ici-bas la puissance de Dieu, sur le Pontife qui, par une succession non interrompue, remonte à Saint-Pierre et au grand-prêtre Aaron, sur le successeur de Jésus-Christ lui-même, dont il occupe la Chaire inébranlable !

Je n'oublierai jamais la crainte et les battements de cœur qui m'oppressaient en entrant au Vatican, en traversant tant de vastes cours, tant de salles imposantes qui conduisent au sanctuaire du Pontife. Mais toutes ces anxiétés tombèrent et firent place à la surprise et à l'étonnement, quand je le vis lui-même si simple, si humble et si paternel ! Ce n'était point un monarque, mais un père dont la bonté extrême me traitait comme un enfant bien-aimé !

Mon Dieu ! en sera-t-il ainsi au dernier jour, quand il faudra paraître devant vous pour rendre compte des grâces reçues ? On tremble à la pensée des grandeurs de Dieu, et l'on redoute sa justice ; mais à la vue de sa miséricorde, la confiance renaîtra sans doute, et avec la confiance un amour et une reconnaissance sans bornes (1).

(1) Voici l'extrait d'une lettre du jeune converti à M. l'abbé Ratisbonne, son frère, où il lui rend compte de cette audience du Souverain-Pontife :

« Depuis mon baptême, je reste au couvent pour ne pas ternir la blancheur de ma robe dans les boues du carnaval. Ce soir, je commencerai une retraite absolue qui durera huit jours. J'ai beaucoup à travailler pour réparer le temps perdu ; mais ce travail est si doux, si consolant ! à chaque instant, on trouve de nouvelles forces, de nouveaux trésors. Le Père Général de la Compagnie de Jésus m'a présenté hier, avec Théodore de Bussierre, au Saint-Père. Tu ne peux te figurer l'accueil tendre et touchant que j'ai reçu de cet excellent et digne pasteur. Il ne me semblait pas me trouver devant le premier Pontife du monde, le successeur de saint Pierre, mais devant mon père : il m'embrassait, me serrait dans ses bras, me parlait avec une affectuosité familière. Il m'a fait cadeau d'un crucifix et d'une médaille à son effigie. Il me promit de m'envoyer d'autres médailles. J'avais pris avec moi une centaine de médailles de la Vierge miraculeuse de l'Archiconfré-

Reconnaissance! telle sera désormais ma loi et ma vie. Je ne puis l'exprimer en paroles, mais je tâcherai de l'exprimer par mes actes.

Les lettres de ma famille me rendent toute ma liberté ; cette liberté, je la consacre à Dieu et la lui offre dès à présent, avec ma vie entière, pour servir l'Eglise et mes frères, sous la protection de *Marie !*

MARIE-ALPHONSE RATISBONNE.

L'ensemble des documents qu'on vient de lire ne laisse, ce nous semble, aucun doute sur la nature miraculeuse du grand événement qui a retenti dans toute la chrétienté. Une décision formelle de l'Eglise à ce sujet a encore ajouté à l'autorité de faits si notoires.

§ II. — *Cérémonie du baptême le 21 janvier.*

Cette conversion est trop miraculeuse, elle a eu trop de retentissement pour que nous ne donnions pas le récit complet des circonstances édifiantes qui l'ont accompagnée.

On lira avec un vif intérêt la relation des cérémonies du baptême conféré à M. Ratisbonne dans l'église du *Gesù.*

Vers huit heures et demie, M. Ratisbonne, vêtu de la blanche tunique des catéchumènes, a été amené par le R. P. de Villefort, qui l'avait préparé, et par M. le baron Théodore de

---

rie, et je les ai fait bénir. C'est une *mitraille* dont j'espère me servir utilement dans la suite... Le Pape m'a conduit ensuite dans sa chambre à coucher, et m'a fait voir, au-dessus de son lit, une gravure représentant la fameuse médaille de la Vierge... Voilà le digne Vicaire de Jésus-Christ : la majesté l'entoure ; mais lui est humble, simple, doux, paternel. Que c'est édifiant ! et quel exemple ! »

Bussierre, son parrain, à la chapelle de Saint-André, située près de la grande porte de l'église. Objet de la curiosité de tous pendant plus d'une demi-heure d'attente, il supportait, avec une résignation angélique, les regards indiscrets, se soumettant humblement à une épreuve bien méritoire, dans un moment où toutes les pensées, tous les sentiments d'une vie nouvelle se pressaient en foule au fond de son cœur. Par moments, il serrait avec ferveur le chapelet qu'il tenait à la main, et il regardait la médaille qui y était attachée, comme pour puiser, dans le souvenir et la protection de celle qui l'avait sauvé, de la force pour toutes les fatigues, du courage pour toutes les épreuves.

A neuf heures, S. E. le cardinal Patrizi, vicaire de Sa Sainteté, après s'être revêtu, à l'autel de Saint-Ignace, de ses habits pontificaux, a commencé les prières prescrites par le rituel pour le baptême des adultes. Ce sont d'abord des psaumes de David, dans lesquels une foule de passages semblaient écrits tout exprès, et pour exprimer les sentiments du catéchumène, et pour raconter par quelle voie le Seigneur l'avait appelé à la lumière. Car telle est l'admirable profondeur des Ecritures, que chacun y trouve l'expression qui lui manque pour rendre les besoins de son âme, et je dirais presque toutes les circonstances de sa vie intérieure.

Qui aurait pu, en effet, mieux raconter, et ce désenchantement du monde, et ces troubles du cœur qui poursuivaient le jeune israélite au milieu des plaisirs d'une position brillante, et contre lesquels il allait chercher des distractions sous un ciel nouveau ? « O mon âme ! pourquoi es-tu triste et pourquoi me troubles-tu ? *Quare tristis es ?* Pauvre âme souffrante, c'est en vain que tu changes d'horizon ; tu te nourriras nuit et jour de tes larmes : *Fuerunt mihi lacrymæ meæ panes die ac nocte*, parce qu'il n'y a point de repos pour l'exilé, parce qu'on peut te dire chaque jour : Où est ton Dieu, *ubi est Deus tuus?* Mais espère au Seigneur, car bientôt tu confesseras son nom, et tu trouveras le repos du cœur, le baume qui guérit toutes les blessures : *Spera in Deo, quoniam adhuc confitebor illi, salutare vultus mei.* Voilà qu'au jour marqué, il t'envoie la Mère des miséricordes : *In die, mandavit Dominus misericordiam suam.* Espère au Seigneur ; ne crains plus maintenant d'approcher du tabernacle admirable où se cache le Saint des Saints : *Transibo in locum tabernaculi admirabilis, usque ad Domum Dei* ; lui seul peut épancher cette soif qui te dévore. Désormais tu as compris toute l'horreur du péché et de la souillure originelle. *Quando veniam,* quand pourrais-je entrer dans l'arche sainte hors de laquelle il n'y a point de salut? quand pourrais-je me prosterner devant la face de mon Dieu ? *et apparebo ante faciem Dei?* Comme le cerf altéré soupire après les sources d'eaux vives, ainsi mon âme a soif de l'eau sainte du baptême, ainsi mon cœur a soif de Dieu, qui est la source de la force et de la vie. »

Ces prières terminées, S. E. le cardinal vicaire, précédé du clergé, s'est dirigé processionnellement vers le fond de l'église. Alors le R. P. de Villefort et M. le baron de Bussierre ont amené devant lui le jeune israélite. — « Que demandez-vous à l'Eglise de Dieu ? — La foi. » Ah ! il l'avait déjà, cette foi saine et catholique : l'*Etoile du matin* s'était levée pour lui et l'avait illuminé de ses rayons divins ! Aussi, lorsqu'on lui enjoint de *détester avec horreur la perfidie des Juifs, de repousser avec mépris la superstition des Hébreux* (1), il n'hésite pas un instant ; et la modeste fermeté de ses réponses prouve qu'il n'est pas indigne de

(1) Expressions du rituel.

la grâce que l'Eglise lui fait en abrégeant les épreuves imposées aux catéchumènes.

Déjà le Pontife a soufflé trois fois sur son visage pour mettre en fuite l'esprit malin; il l'a marqué du signe du chrétien, du signe révéré de la Croix, sur le front, sur les yeux, sur les oreilles, sur la poitrine et sur les épaules, afin d'enseigner au pieux néophyte qu'il doit consacrer au Christ sa pensée et son cœur, qu'il doit porter avec amour le joug de la Croix; enfin, il lui a fait goûter le sel de la sagesse, et il a récité sur lui les prières de l'exorcisme. Le jeune néophyte est prosterné sur le parvis du temple; une dernière marque de soumission, une épreuve inattendue lui est demandée: « Baisez la terre, » lui dit-on; et aussitôt sans trouble comme sans hésitation, il baise la terre; prouvant à cette foule qui le contemple, qu'il est vraiment chrétien, puisque son jeune cœur a déjà deviné que l'humilité est la seule porte qui conduise à la vérité et au salut. Admirable, éloquente leçon pour nous tous, qui oublions trop souvent que Jésus notre maître était doux et humble de cœur.

Aussi, dès ce moment, plus de doutes: l'esprit du Christ est avec le néophyte, puisqu'il est humble et soumis. L'Eglise n'hésite plus: elle le regarde, elle le traite comme son enfant chéri. Elle oublie, et sa vie passée et ses blasphèmes d'hier; elle ne voit plus en lui que le pupille privilégié de Marie. Le Pontife lui fait prendre en main le bord de son étole en signe d'adoption, et pour lui enseigner que, dans la famille catholique, les enfants ne marchent qu'humblement appuyés sur leurs pères. C'est ainsi qu'il ramène, comme en triomphe, à l'autel de Saint-Ignace, cette brebis chérie qu'il vient d'arracher à Satan.

Comment vous dire tous les sentiments divers qui agitaient l'assemblée à la vue de ce jeune homme? Son visage, remarquable par un heureux mélange de fermeté et de douceur, sa longue barbe, sa démarche, son costume, tout en lui reporte la pensée au temps de la primitive Eglise. On eût dit un de ces chrétiens des catacombes qui espéraient le martyre !

De bonnes femmes romaines, qui se pressaient pour mieux le voir, exprimaient bien dans leur naïf langage la charité toute fraternelle qui nous animait tous : *Ah quanto sei caro*, s'écriaient elles, *ah! beato lui!* et elles baisaient leur chapelet, comme pour remercier de cette belle fête la Madone, cause de notre joie. Puis elles se montraient l'une à l'autre, avec une curiosité pleine d'affection, celui dont la Providence s'était servi pour préparer ses voies; elles se disaient : C'est un Français ; c'est lui qui a donné la médaille à l'israélite, qui lui a demandé de prier la Bienheureuse Vierge. *Ma che buon signore! Che Dio lo benedica!* Et nous aussi, nous disions du fond du cœur : Que Dieu le bénisse, lui et tous les siens !

Cependant, devant le pontife du Seigneur, qui se tient debout près de l'autel, le catéchumène s'est agenouillé pour recevoir l'eau sainte du baptême. On lui demande son nom : « MARIE », répond-il avec un élan de reconnaissance et d'amour ; Marie! le nom trois fois béni de la Reine des Patriarches, qui lui a ouvert les portes de l'Eglise et qui lui ouvrira celle du Ciel. — « Que demandez-vous? — Le « baptême. — Renoncez-vous à Satan? — J'y renonce. — « Et à toutes ses pompes? — J'y renonce. — Et à toutes ses « œuvres? — J'y renonce, répond pour la troisième fois « celui dont Dieu a illuminé les ténèbres. — Croyez-vous « en Dieu le Père tout-puissant, Créateur du Ciel et de la « terre? — J'y crois. — Croyez-vous en Jésus-Christ son « Fils unique, Notre-Seigneur, qui est né et qui a souffert? « — J'y crois. — Croyez-vous au Saint-Esprit, à la sainte

« Eglise catholique, à la communion des Saints, et à la ré-
« mission des péchés, à la résurection de la chair et à la vie
« éternelle? — J'y crois. »

Le ton, l'accent, la conviction intime avec laquelle l'enfant de Marie prononce cette profession de foi catholique produisent sur tous ceux qui ont le bonheur de l'entendre, une impression qui vibre encore aujourd'hui au fond de leur cœur.

« Que demandez-vous? — Le baptême. — Vous voulez être baptisé? — Je le veux. »

Enfin l'eau sainte, dont la source rejaillit jusqu'à la vie éternelle, a coulé sur ce front humblement abaissé. Marie Ratisbonne se relève chrétien, chrétien pur et fervent comme les Anges qui sont devant le Seigneur.

Il tient à la main le cierge bénit, dont la flamme est l'image de cette lumière de la foi soumise qui n'égare jamais. L'imposition des mains et l'onction du saint-chrême lui donnent une grâce nouvelle, en confirmant la plénitude de celle qu'il a déjà reçue. Désormais Ratisbonne est disciple de la Croix; il est prêt à confesser la loi du Christ qui s'est immolé pour nous.

§ III. — *Discours de M. Dupanloup.*

C'est alors que M. l'abbé Dupanloup a adressé à l'assemblée quelques-unes de ces paroles que son cœur sait toujours trouver, quand il s'agit de louer Marie et de célébrer la bonté du Seigneur. Nous reproduisons ici des fragments, malheureusement bien incomplets et bien affaiblis, de cette fervente improvisation. L'orateur a manifesté, à la face de Rome entière, sa foi pleine et absolue à la miraculeuse intervention de Marie dans la conversion subite dont il rendait grâce à Dieu, mais en évitant, comme un fils soumis, toute expression qui aurait semblé prévenir la décision régulière de la seule autorité compétente en matière de miracle.

« Je vous bénis, a dit l'orateur sacré, je vous adore, ô mon Dieu! quand du haut des cieux vous fixez un regard de pitié et d'amour sur le plus humble des enfants de votre puissance; quand, selon l'expression du Prophète, vous remuez le ciel et la terre et multipliez les prodiges pour sauver ceux qui vous sont chers, pour conquérir une seule âme.....

« O vous! sur qui tous les regards reposent ici en ce moment, avec un attendrissement inexprimable, avec le plus tendre amour (car c'est Dieu, c'est sa miséricorde que nous aimons en vous); vous dont la présence en ce saint lieu m'inspire ces pensées, racontez-nous vous-même quelles étaient vos pensées et vos voies, par quelle secrète miséricorde le Seigneur vous a poursuivi, vous a ramené... Car enfin, qui êtes-vous? que demandez-vous à ce sanctuaire? quels sont ces hommages que vous y apportez? quelle est cette robe blanche dont je vous vois revêtu? Dites-nous d'où vous veniez, où vous alliez, quelle force a tout à coup changé vos voies; et comme Abraham votre aïeul, dont vous êtes aujourd'hui le bienheureux fils, marchant devant vous comme lui à la voix du Seigneur, sans savoir où tendaient vos pas et les yeux encore fermés, comment vous êtes-vous trouvé tout à coup dans cette cité sainte? Oui, c'est à vous de nous dire comment le soleil de la vérité et de la justice s'est levé dans votre âme; quelle fut sa brillante aurore; pourquoi vous goûtez comme nous, mieux que nous peut-être, la *bonne parole*, les vertus du siècle futur et toutes nos bienheureuses espérances. Dites-nous enfin (nous avons le droit de le savoir) pourquoi vous entrez dans nos biens comme votre héritage, et qui vous a introduit parmi nous? car hier encore, nous ne vous connaissions pas.... ou plutôt nous vous connaissions!!!...

« Oh! ici je dirai tout ; car je sais quelle joie je donnerai à votre cœur en racontant, avec vos misères, les célestes miséricordes.

« Vous n'aimiez pas la vérité, mais la vérité vous aimait ; aux efforts du zèle le plus ardent, le plus pur, vous ne saviez opposer qu'un sourire dédaigneux, un silence nonchalant, une réponse subtile, des exigences hautaines et quelquefois des plaisanteries blasphématoires. O Dieu patient! Dieu qui nous aimez malgré nos misères! votre miséricorde a quelquefois une profondeur, une sublimité, une tendresse, une puissance, et (laissez-moi le dire), des délicatesses infinies !

« Tout à coup un bruit se répand dans la sainte cité, et tous les cœurs chrétiens en sont consolés ; on dit : « Celui « qui blasphémait hier, qui ce matin encore se moquait des « amis de Dieu, le voilà qui évangélise ; la grâce est répan- « due d'en haut sur ses lèvres ; il ne sort plus de sa bouche « que bénédiction et douceur ; les plus vives lumières « de la loi évangélique semblent briller à ses yeux : on di- « rait que l'onction céleste lui a enseigné toutes ces cho- « ses... » D'où lui sont donc venus ces yeux illuminés du cœur, ce cœur éclairé d'en haut, qui voit tout, *qui a tout compris ?* O Dieu! vous êtes bon, infiniment bon, et j'aime à redire cette douce parole que nous recueillions naguère sur les lèvres bénites de celui dont le souvenir est désormais ineffaçable dans nos cœurs, celui que nous pleurions il y a quelques jours, que nous regrettons encore aujourd'hui, mais que nous ne pleurons plus : « *Oui*, disait-il, *vous êtes*

« bon, et les enfants des hommes ont bien fait de vous ap-
« peler le BON DIEU (1). » Vous ébranlez les lois de la nature ; rien ne vous coûte pour sauver vos enfants. Quand vous ne venez pas vous-même, vous envoyez vos Anges... Que dis-je, vos Anges ?... Ah ! quelle est Celle-ci : *Quæ est ista ?*... Marie, je vous salue ! vous êtes pleine de grâces, *Ave, gratiâ, plena*, et de la plénitude de votre cœur maternel, vous aimez à la répandre sur nous. Le Seigneur est avec vous, *Dominus tecum*, et c'est par vous qu'il se plaît à descendre jusqu'à nous. Et maintenant, il me faudrait prendre des images dans les cieux, ou parler le langage enflammé des prophètes, pour vous louer dignement. Car, Marie, votre nom est plus doux que la joie la plus pure, plus suave que les parfums les plus exquis, plus délicieux que l'harmonie des Anges, *in corde jubilus*; plus aimable au cœur fidèle, que le rayon de miel aux lèvres du voyageur fatigué, *mel in lingua;* plus secourable au cœur coupable, mais repentant, que la rosée du soir aux feuilles desséchées par le soleil du midi, *ros in herba*. Vous êtes belle comme l'astre des nuits, *pulchra ut luna*, et c'est vous qui ramenez le pas du voyageur égaré ; vous êtes éclatante comme l'aurore, *aurora consurgens ;* douce et pure comme l'étoile du matin, *stella matutina ;* et c'est vous qui précédez dans les cœurs le lever du Soleil de justice.

« Marie, je ne puis suffire à raconter vos amabilités et vos grandeurs ; et c'est ma joie de succomber sous tant de gloire ! Mais, puisque je parle dans l'assemblée de vos enfants qui sont mes frères, je continuerai sans crainte à dire, à votre louange, toutes les pensées de mon cœur.

« A votre nom, ô Marie ! le ciel se réjouit, la terre tressaille d'allégresse, l'enfer frémit d'un impuissant courroux.

(1) Dernières paroles de M. le comte de La Ferronnays.

Non, il n'y a pas de créature si sublime ou si humble, qui puisse vous invoquer et périr. Les augustes basiliques élevées par la piété des grandes nations, les chiffres d'or, les riches bannières travaillées par des mains royales, comme les modestes présents du nautonier déposés à votre pauvre chapelle, dans le creux du rocher, sur le rivage des mers, ou bien votre humble image que j'ai vue tracée par la main des martyrs au fond des catacombes, tout atteste votre puissance pour apaiser les orages et faire descendre ici-bas la divine miséricorde. Marie, j'ai vu les lieux les plus sauvages de la nature sourire à votre nom et se parer de grâce; les pieux habitants de la solitude célébraient votre gloire : l'écho de la montagne, les flots du torrent répétaient à l'envi vos louanges ; j'ai vu, dans les grandes cités mondaines, fleurir à l'ombre de votre nom les plus pures et les plus nobles vertus ; j'ai vu la jeunesse, avec cet élan généreux, avec cette ardeur confiante, avec ce charme inexprimable dont la vertu embellit le front de la jeunesse, je l'ai vue préférer votre nom, et le bonheur de célébrer vos fêtes, à de brillantes destinées, à tous les enchantements du monde peut-être !

« J'ai vu des vieillards, après soixante, quatre-vingts années d'une vie sans foi, sans vertus, se soulever sur la couche de leurs douleurs, se souvenir, à votre nom, du Dieu qui avait béni leur première enfance ; et vous apparaissiez à leurs derniers regards comme un signe de sécurité et de paix pour la vie éternelle !... O Marie, qui êtes-vous donc ? *Quæ est ista?* Vous êtes la Mère de notre Sauveur ; et Jésus, le fruit de vos entrailles, est le Dieu béni aux siècles des siècles ; vous êtes notre sœur, *soror nostra es;* comme nous, fille d'Adam, vous n'avez point partagé notre funeste héritage ; et nos malheurs vous inspirent pour nous la commisération la plus profonde et la plus tendre.

« O Marie ! vous êtes le chef-d'œuvre de la puissance divine ! vous êtes l'invention la plus touchante de sa bonté ! je ne saurais mieux dire : vous êtes le plus doux sourire de sa miséricorde ! O Dieu ! donnez des yeux à ceux qui n'en ont point, pour voir Marie et comprendre la douce lumière de ce regard maternel ; donnez un cœur à ceux qui en manquent, pour aimer Marie ; et de Marie au Verbe éternel, à la beauté toujours ancienne et toujours nouvelle, à cette lumière incréée qui guérit les yeux des malades et apaise tout désir dans nos âmes, de Marie à Jésus, de la Mère au Fils, il n'y a qu'un pas...

« Notre frère bien-aimé (et je suis heureux de vous donner le premier ce nom), voilà sous quels favorables auspices vous entrez dans cette *Jérusalem nouvelle qui est le tabernacle du Seigneur, dans l'Eglise du Dieu vivant qui est la colonne et le fondement de la vérité...* Mais, avant de laisser votre cœur s'ouvrir à tant de joie, il y a une forte leçon que je vous dois en ce jour ; et puisque je suis destiné à faire retentir le premier à vos oreilles la parole évangélique, je ne vous en cacherai pas l'enseignement le plus austère. *Vous avez tout compris*, dites-vous ; mais laissez-moi vous le demander, avez-vous compris le mystère de la Croix ?... Prenez garde ! c'est le fond du christianisme.

« Je ne vous parle pas seulement de cette croix bénite que vous adorez avec amour, parce qu'elle met sous vos yeux Jésus-Christ crucifié pour l'expiation de vos péchés. Empruntant le langage énergique d'un ancien apologiste de notre foi, je vous dirai : « Il n'est pas question en ce mo-
« ment de la Croix qu'il vous est doux d'adorer, mais de
« la Croix qu'il vous faudra bientôt subir. *Ecce cruces jam
« non adorandæ sed subeundæ.* » Voilà ce qu'il faut comprendre si vous êtes chrétien, et ce que votre baptême a dû vous révéler.

« D'ailleurs, j'essayerais vainement de vous le dissimuler, il est difficile que votre avenir ne vous réserve point de croix ; je les vois qui se préparent ; sans doute il faut les adorer de loin ; mais il y a mieux encore, il faudra les subir de près et les supporter avec courage. Je serais bien trompé, si la vertu évangélique ne devait pas croître et se fortifier dans votre cœur par la patience. Que Dieu soit béni ! Vous avez été introduit dans le christianisme par Marie et par la Croix : c'est une admirable entrée ! Encore une fois, que Dieu en soit béni ! car je le sais, il vous a donné des oreilles pour entendre, et un cœur pour sentir ce langage. Fils de l'Eglise catholique, vous partagerez donc la destinée de votre mère ! Voyez-la, voyez Rome, où vous venez de naître à l'Evangile : toujours combattre et toujours triompher, voilà son partge ici-bas ! Aussi rien ne l'étonne après dix-huit siècles de combats et de victoires !

« C'est au centre même de l'unité catholique ; c'est au pied de la Chaire suprême, d'où partent chaque jour encore les rayons de la foi la plus vive et la plus pure pour percer les ténèbres de la gentilité, de l'hérésie et du judaïsme, que l'Eglise a répandu sur votre front l'onde bienfaisante de la régénération céleste ; que dis-je, c'est Pierre lui-même, le Moïse de la loi nouvelle, dignement représenté par le premier vicaire de son auguste successeur (1), qui a frappé pour vous le mystérieux rocher, la pierre immobile, *petra erat Christus*, d'où jaillissent ces eaux qui remontent jusqu'à la vie éternelle. C'est dans les flammes mêmes de l'Esprit-Saint que vous avez été baptisé, *Spiritu in sancto et igne*. Toutes les splendeurs des plus magnifiques solennités de la religion rayonnent en ce moment sur vous, et nous-

---

(1) On a vu plus haut que c'est S. E. le cardinal vicaire qui a administré à M. Ratisbonne le sacrement de baptême.

mêmes, autour de vous, nous en sommes tous illuminés ! C'est aujourd'hui votre Pentecôte, et l'Esprit de force et d'amour a rempli votre cœur. C'est aujourd'hui votre Pâque, et Jésus-Christ va bientôt vous nourrir de sa chair sacrée et de son précieux sang : c'est lui-même que vous recevrez réellement et substantiellement, et en vérité. Votre foi, votre attendrissement, les larmes qui tombent de vos yeux préviennent ici toutes vos paroles. Ne craignez donc pas que je vienne en ce moment vous fatiguer par de longs discours, et vous démontrer une vérité que vous êtes trop heureux de croire. Je ne vous dirai qu'une chose, que vous sentez comme moi, c'est que Jésus-Christ est trop notre Dieu et notre ami, pour nourrir notre âme d'une vaine figure, et tromper notre amour par une fausse présence. Nous avons d'ailleurs besoin de lui à ce point, car il nous commande de l'aimer jusqu'à mourir réellement pour lui; or, la sainte et divine Eucharistie fut toujours la nourriture et la force des martyrs. Voilà ce que toute l'antiquité chrétienne a toujours cru...

« Mais c'en est assez ; je retarde trop votre bonheur. En ce moment, le ciel vous contemple avec amour, la terre vous bénit, et Jésus-Christ vous attend. Marchez donc : les Anges du ciel ont commencé la fête, et les amis de Dieu la continuent avec vous ici-bas; et celui même (1), qui a paru mourir à nos yeux, mais dont le cœur est vivant dans la main du Seigneur, ses vœux et ses prières, vous le savez, ne vous ont pas manqué. Le moment solennel est donc venu !

« Abraham, Isaac, Israël, les Patriarches et les Prophètes vous encouragent du haut des cieux, et Moïse vous bénit, parce que la Loi, dans votre cœur, a rencontré l'Evangile.

---

(1) Le comte de La Ferronnays.

La miséricorde et la vérité vous soutiennent, la justice et la paix vous entourent, le repentir et l'innocence vous couronnent. Enfin, c'est Marie qui vous reçoit et qui vous protège !

« O Marie ! c'est donc pour nous un devoir de répéter encore une fois cette prière à laquelle nous devons peut-être les consolations de cette sainte journée, et il n'y a plus en ce moment, dans cette grande assemblée, qu'une voix et qu'un cœur pour redire avec moi :

« Souvenez-vous, ô très-pieuse Vierge Marie, qu'on n'a
« jamais ouï dire qu'aucun de ceux qui ont eu recours à
« vous et imploré votre assistance, ait été abandonné. Gé-
« missant sous le poids de nos péchés, nous venons, ô
« Vierge des Vierges, nous jeter entre vos bras. O Mère du
« Verbe, souvenez-vous des justes, souvenez-vous des pé-
« cheurs ! souvenez-vous de ceux qui vous connaissent, et
« aussi de ceux qui ne vous connaissent pas ; souvenez-
« vous de nos misères et de votre miséricorde ! Je ne vous
« dirai pas : Souvenez-vous de ce jeune homme, car il est
« votre enfant et la douce et glorieuse conquête de votre
« amour ; mais je vous dirai : Souvenez-vous de ces êtres
« si chers pour lesquels il vous offre en ce jour les pre-
« mières prières de son cœur catholique : rendez-les-lui
« dans le temps, rendez-les-lui dans l'éternité !... Et puis-
« qu'ici je suis étranger... ou plutôt non, car il n'y a point
« d'étranger à Rome : tout catholique est romain... mais
« puisqu'enfin nous sommes nés tous deux sur la terre de
« France, je crois répondre aux vœux de tous les cœurs
« qui m'entendent, en vous disant : Souvenez-vous de la
« France, de la France où il y a encore de nobles vertus,
« des âmes généreuses et d'héroïques dévouements, et faites
« reluire sur l'Eglise de France la beauté de ses anciens
« jours ! »

Le très-saint sacrifice de la Messe a terminé la cérémonie. En voyant avec quelle ferveur priait le nouveau catholique, avec quel recueillement l'assemblée tout entière s'unissait à ses prières, il était impossible de ne pas se sentir tout pénétré de foi. C'est surtout au moment solennel de la sainte communion, que Notre-Seigneur a dû répandre des grâces bien douces et bien précieuses sur cette pieuse réunion. Notre cher frère Marie Ratisbonne était tellement anéanti par le sentiment intime de la présence divine, qu'il a fallu le soutenir lorsqu'il s'est approché de la table sainte, et ce n'est qu'avec le secours du P. de Villefort et de son parrain, qu'il a pu se relever après avoir reçu le pain des Anges. Un torrent de larmes inondait son visage : il succombait sous le poids de toutes les émotions et des grâces ineffables dont le Seigneur le comblait.

A la vue de ce jeune homme, juif obstiné il y a quelques jours, et aujourd'hui catholique tout brûlant de foi, tout embrasé de charité, on ne pouvait s'empêcher de murmurer au fond du cœur : « Seigneur, vous êtes admirable dans vos œuvres ; » et l'on se rappelait involontairement ce mot profond échappé au converti après l'apparition miraculeuse : *J'ai tout compris!*

Après le *Te Deum*, le cardinal vicaire a ramené dans l'intérieur de la maison du *Gesù* le nouvel enfant de l'Eglise; et on dit qu'à peine hors du lieu saint, il n'a pu s'empêcher de presser contre son cœur, avec une tendresse toute paternelle, celui qu'il venait d'initier à la vie du ciel.

La joie de M. Ratisbonne était ineffable. Entouré de tous ceux qui avaient pu pénétrer près de lui, de tous ceux qui voulaient le voir, l'entendre, l'embrasser, il recevait les félicitations de tous : heureux de toutes les puissances de son cœur, en songeant qu'il appartenait désormais à la sainte famille catholique.

Un témoin oculaire a raconté que, lorsqu'on le ramena dans la cellule qu'il avait occupée pendant sa retraite, son premier mouvement fut de se précipiter à genoux devant son crucifix, pour remercier le Sauveur de toutes les grâces dont il était inondé.

Comblé par le Seigneur des faveurs les plus privilégiées ; ayant jeté loin de lui, comme un manteau usé, toutes les misères de son passé ; paré de cette innocence baptismale dont l'éclat se ternit si tôt, hélas ! il soupirait après la solitude, redoutait le bruit du monde, cherchait à échapper au curieux empressement de tous : il mettait comme un sceau sur son cœur, afin de ne point laisser s'épancher les trésors de grâce que le Seigneur y avait enfouis.

Il témoigna donc le désir de passer dans la retraite les jours de dissipation et de bruit qui approchaient. De quel œil eût-il pu voir les folles joies et les vains plaisirs de la terre, celui à qui il avait été donné de lever les yeux sur la *Rose mystique*, sur la plus belle fleur du ciel, et qui dans la ferveur de sa foi naissante, dans les joies intimes de sa reconnaissance et de son amour, sentait pour la première fois combien le Seigneur est doux.

Dans l'église de Saint-André, à Rome, où la Sainte Vierge apparut à M. Ratisbonne, et dans la chapelle que, depuis cet événement, on appelle la *Chapelle-du-Miracle,* on a gravé, en italien et en français, l'inscription suivante au bas d'un tableau représentant l'apparition miraculeuse :

LE VINGT JANVIER 1842
ALPHONSE RATISBONNE, DE STRASBOURG
VINT ICI JUIF OBSTINÉ
LA VIERGE LUI APPARUT
TELLE QUE TU LA VOIS
TOMBÉ JUIF
IL SE RELEVA CHRÉTIEN
ÉTRANGER
REMPORTE CHEZ TOI CE PRÉCIEUX SOUVENIR
DE LA MISÉRICORDE DE DIEU
DE LA PUISSANCE DE LA VIERGE

§ IV. — *Zèle du P. Alphonse Ratisbonne pour la conversion des Juifs.*

Nous trouvons dans l'appendice du second volume du *Récit d'une Sœur* quelques détails intéressants que nous rapportons, afin de compléter ce que nous avons dit sur M. Alphonse Ratisbonne.

« On sait qu'Alphonse Ratisbonne, après avoir passé quelques années dans la Compagnie de Jésus, la quitta pour reprendre la vocation première à laquelle il s'était senti appelé en même temps qu'au christianisme, mais à laquelle le désir de faire un abandon plus complet de lui-même l'avait d'abord fait renoncer. Cette vocation, c'était celle de se dévouer à la conversion et à l'éducation des juifs, ses anciens coreligionnaires.

« La conversation que j'eus avec lui à ce sujet en 1856, et que j'écrivis alors dans mon journal, peut donc n'être pas tout à fait dénuée d'intérêt.

« Paris, 21 septembre 1856.

« Alphonse (ou le P. Marie) Ratisbonne arrive en ce moment de la Terre-Sainte. Il y avait six ans que je ne l'avais vu, et peut-être ne l'aurais-je pas reconnu à cause de la longue barbe qu'il porte maintenant, comme tous les prêtres qui viennent du Levant. Mais ses yeux ont toujours cette même expression frappante du premier moment de sa conversion.

« Nous avons causé longuement de tout ce qui s'est passé depuis notre dernière entrevue. Il faisait alors partie de la Compagnie de Jésus, qu'il a quittée depuis. Il m'a parlé de cette résolution et de ce qui l'a causée, d'une manière simple, touchante, persuasive, gardant pour le grand Ordre dans lequel se sont écoulées les dix premières années de sa vie chrétienne un tendre et filial respect, disant qu'il ressentirait toujours les heureux effets du temps qu'il avait passé dans cette forte école à se préparer à la vie sacerdotale et apostolique; mais qu'ensuite le désir de se consacrer à la conversion des juifs n'avait pas cessé de le poursuivre, et qu'enfin, troublé, inquiet, il avait pris le parti de quitter la Compagnie, pour se vouer aux israélites, ses frères, si toutefois, informé des motifs de cette résolution, le Saint-Père lui conseillait de la mettre à exécution.

« Ce fut donc avec la plus haute approbation que puisse avoir ici-bas un catholique, prêtre ou laïque, qu'Alphonse Ratisbonne en revint à sa vocation première. L'œuvre de Notre-Dame de Sion, fondée par lui et son frère, à laquelle ils appartiennent tous deux maintenant, a pris un développement extraordinaire, et tout semble indiquer que cette œuvre est bénie, et qu'en s'y consacrant pour le reste de sa vie, il suit sa véritable vocation et a repris dans l'Eglise la place qui lui était assignée par Dieu, au moment où il y a été si miraculeusement appelé.

« Il arrive en ce moment de Jérusalem, et le récit de ses émotions dans la ville sainte ne ressemble guère à ce que peuvent en dire les voyageurs, même les plus pieux... Il n'est point éloquent, il s'exprime lentement et très-simplement, mais il communique cependant facilement la profonde conviction dont il est pénétré; son accent, son regard, son silence même témoignent

> That there is that within which passeth show (1).

et que ce n'est pas sur la foi seulement qu'est fondée son espérance, mais sur un souvenir positif et tout-puissant, toujours présent à sa mémoire.

« La pieuse et touchante pensée qui le domine en ce moment, est celle de faire à Jérusalem l'acquisition du lieu où se trouvait le prétoire, c'est-à-dire du lieu même de l'*Ecce homo*, aujourd'hui au pouvoir des musulmans. C'est là qu'il voudrait établir une maison de son ordre, afin qu'à cette même place où retentit, il y a dix-huit siècles, l'effroyable cri : *Que son sang retombe sur nous et sur nos enfants!* les prières du repentir et de l'expiation de ces mêmes enfants s'élèvent jour et nuit vers le ciel.

« Dieu veuille bénir cette pensée et celui qui l'a conçue! »

Cette pensée, on le sait, a été pleinement et entièrement réalisée depuis.

---

(1) Qu'il y a en lui quelque chose qui va au delà de ce qui peut se manifester. (HAMLET.)

HERMANN COHENN

§ Ier. — *Il fait partie des sociétés secrètes.*

Hermann Cohenn est né à Hambourg, le 10 novembre 1821, d'une famille juive, honorablement connue dans le négoce ; elle se composait, à l'époque de sa conversion, de son père et de sa mère, de deux frères et d'une sœur mariée à un dessinateur distingué. Tous sont israélites, fort attachés à leur religion, et ne comprennent pas le changement d'Hermann, tout en rendant hommage à sa sincérité.

Hermann ne reçut aucune éducation religieuse ; mais, dès l'âge de six ans, il improvisait sur le piano et réjouissait le cœur de ses parents par ses heureuses dispositions. A douze ans il donna un concert qui charma tous les habitants de sa ville natale, et décida de sa carrière musicale ; on l'envoya à Paris en 1834.

Laissons-le raconter lui-même les premières impressions de sa vie d'artiste, dans une lettre au R. P. Ratisbonne, dont la conversion présente avec la sienne une si frappante analogie.

» Né de parents juifs, dès l'âge de dix ans je fus lancé dans la carrière d'artiste musicien ; j'avais à peine atteint ma douzième année, qu'ayant fait des progrès extraordinaires, je pus donner en public un premier concert de piano dans ma ville natale. »

A cette époque, le jeune Hermann fit un voyage dans le Mecklembourg, où le grand-duc fut ravi du talent extraordinaire de l'enfant, et lui conseilla de suivre la carrière musicale. Un si haut suffrage sembla déterminer la vocation d'Hermann : il fut encouragé par de nouveaux triomphes obtenus sur le grand théâtre de Francfort; et bientôt après, sa mère l'amenait à Paris, où ils arrivèrent le 5 juillet 1834. Les lettres de recommandation dont il était porteur le lancèrent tout de suite dans le grand monde. Laissons-le parler lui-même :

« Dans toutes les sociétés on me choyait, on me fêtait, et, trouvant en moi une compréhension assez facile pour mon âge, on s'efforçait de m'inculquer tour à tour toutes les affreuses doctrines qui venaient, du fond de l'enfer, pulluler dans cet antre appelé Paris. Athéisme, panthéisme, socialisme, massacre des riches, terreur, partage des biens, licence complète des mœurs, etc., tout entra dans mon cerveau dès l'âge de treize ans. J'étais même devenu un propagandiste des plus zélés, et par conséquent le Benjamin de chaque nouveau prophète venu de l'enfer. Je possédais tous les vices, lorsqu'accompagné d'un autre artiste aussi célèbre qu'il était impie, nous parcourûmes l'Angleterre, la Suisse, l'Italie et l'Allemagne, cherchant partout des prosélytes à nos doctrines empoisonnées; les prêtres étaient pour nous des êtres antisociaux, et nous regardions les moines comme des monstres, à l'égal des antropophages.

« La divine Providence a montré par moi combien l'on peut revenir de loin », ajoute-t-il.

Il devint l'enfant adoptif du célèbre Listz (1), et fonda avec lui un conservatoire de musique à Genève. Puis ils voyagèrent avec George Sand dans différentes contrées de l'Europe, chargés des lauriers qu'ils recueillaient partout sur leur passage.

A cette époque, les productions les plus immorales de la presse faisaient ses délices.

§ II. — *Le moment de la Grâce.*

« De retour à Paris, qui aurait pu me prédire que la divine Providence avait le dessein de montrer en moi combien elle peut ramener de loin une créature égarée ? Certes, je ne le prévoyais pas moi-même....

« Je ne tardai pas à retrouver dans la capitale la brillante position que j'y avais eue auparavant. Tout me réussit avec un succès incroyable; le faubourg Saint-Germain m'adopta; je fus, par cette adoption, comme le favori et l'enfant gâté de la vogue; toutes les fortunes, toutes les séductions du monde s'emparèrent de mon esprit; je ne regardais plus en arrière ni en avant, et je vivais au jour le jour, sans songer au lendemain. Toutefois, cette existence si belle, si digne d'envie, dans l'opinion de tant de gens, je n'avais pas le temps d'y réfléchir, et j'étais en réalité toujours inquiet.

« Cette situation se prolongea jusqu'au mois de mai 1846. A cette époque, le mois de Marie était célébré avec une grande pompe à l'Eglise de Sainte-Valère, rue de Bourgogne; des chœurs d'amateurs s'y étaient formés et y exécutaient des morceaux d'harmonie ou de chant qui attiraient la foule. M. le prince de la Moskowa, qui présidait à ces con-

---

(1) Listz est converti aussi et revêtu du sacerdoce.

certs pieux et que j'avais déjà l'honneur de connaître, me pria, un soir, de vouloir bien aller le remplacer pour la direction des choses ; j'acceptai, et je me rendis à mon poste, uniquement inspiré par amour de l'art musical et la satisfaction de rendre un bon office. Dans l'église même, durant la cérémonie, je n'éprouvai rien d'extraordinaire, mais quand le moment de la bénédiction fut arrivé, bien que je ne fusse nullement disposé à me prosterner comme le reste de l'assemblée, je ressentis intérieurement un trouble indéfinissable ; mon âme, étourdie et distraite par les agitations du monde, se retrouva, pour ainsi dire, et fut comme avertie qu'il se passait en elle une chose tout à fait inconnue auparavant. Je fus, sans m'en douter, ou plutôt sans participation de ma volonté, entraîné à me courber. Etant revenu le vendredi suivant, je fus impressionné absolument de la même manière, et je fus frappé de l'idée subite de me faire catholique.

« Peu de jours après, je passais, un matin, près de la même église de Sainte-Valère ; la cloche annonçait une messe ; j'entrai dans le sanctuaire et j'assistai au sacrifice, immobile et assez attentif ; j'entendis une, deux et trois messes, sans songer à me retirer ; je ne pouvais comprendre ce qui me retenait. Après être rentré chez moi, je fus involontairement, dans la soirée, ramené vers le même lieu, et la cloche m'y fit rentrer de nouveau. Le Saint-Sacrement était exposé, et dès que je le vis, je fus entraîné vers la balustrade de communion et je tombai à genoux. Je m'inclinai cette fois, sans effort, au moment de la bénédiction, et, en me relevant, je sentis un apaisement très-doux dans tout mon être. Je m'en retournai dans ma chambre et je me couchai ; mais durant la nuit entière je n'eus, en rêve ou en réalité, l'esprit occupé que du Saint-Sacrement. Je brûlais d'impatience d'assister à de nouvelles messes, et, dès la même époque, j'en entendis plusieurs à Sainte-Valère avec une joie intérieure qui absorbait toutes mes facultés.

« Dès lors, pressé par la grâce, dont les premiers effets m'avaient touché si inopinément, et sur l'indication qui me fut donnée, j'allai trouver Madame la duchesse de Rauzan et je la priai de m'adresser à un prêtre. Elle m'indiqua M. l'abbé Legrand, à qui je racontai ce qui s'était passé; il parut y prendre intérêt, et il me fit don d'un *Exposé de la Doctrine chrétienne* de Lhomond. Peu après avoir commencé cette lecture, il me vint à la pensée d'aller à la messe, et je ne tardai pas à y assister tous les dimanches. »

§ III — *Les progrès de la grâce.*

Malgré les bonnes dispositions de son néophite, l'abbé Legrand, par prudence et pour lui donner le temps de s'instruire, remit au 28 du mois d'août la cérémonie de son baptême; mais la grâce n'était pas oisive en lui; si le démon, dans sa rage de se voir enlever une victime, lui livrait tous les jours de nouveaux combats, du haut des cieux il recevait des armes pour les soutenir et remporter autant de victoires. En vain, le monde avec toutes ses pompes, le démon avec toutes ses suggestions, et la chair avec tous ses plaisirs, venaient tour à tour et tous ensemble pour renverser l'édifice que la divine miséricorde avait déjà bâti dans son cœur; la grâce polissait de plus en plus son ouvrage.

Mais l'enfer réunit toutes ses forces pour livrer au jeune converti un nouveau combat qui doit être décisif... Hermann sera ou vaincu pour toujours ou vainqueur à jamais.

C'est la ville d'Ems qui sera le théâtre de la victoire ou de la défaite. Notre artiste s'y rend pour donner un concert. Le saint jour du dimanche arrive, l'airain sacré retentit et lui rappelle le devoir qu'il s'est imposé d'assister au Saint-Sacrifice ; entouré des anciens amis de ses égarements, osera-t-il les quitter ? ne craindra-t-il pas leurs railleries impies? Hermann s'aura-t-il s'affranchir du respect humain ?... Un combat terrible se livre entre la grâce et la nature, le ciel et l'enfer, Dieu et Satan... La grâce triomphe, le ciel est dans la joie, Dieu est vainqueur... Laissons parler Hermann de son bonheur :

« Je vais à la messe; là, peu à peu, les chants, les prières, la présence (invisible, mais cependant sentie par moi) d'une puissance surhumaine commancent à m'agiter, à me troubler...; en un mot, la grâce divine se plait à fondre sur moi, de toute sa puissance. Au moment de l'élévation... tout à coup je sens éclater à travers mes paupières un déluge de larmes qui ne cessent de couler avec une voluptueuse abondance le long de mes joues enflammées. Ô moment heureux ! je t'ai là, présent à mon esprit, avec toutes les sensations célestes que tu m'apportais d'en haut, et j'invoque avec ardeur le Dieu tout-puissant et tout miséricordieux, afin qu'il m'accorde que ton délicieux souvenir reste éternellement gravé dans mon cœur, avec les stigmates ineffaçables d'une foi à toute épreuve et d'une reconnaissance proportionnée au bienfait dont tu as daigné me combler, ô Dieu d'amour! J'éprouvais ce que saint Augustin dut éprouver dans son jardin de Cassiaco, au moment où il entendit le fameux *Tolle! tolle!* ce que dut éprouver un autre israélite dans une des églises de Rome, le 20 janvier 1842, lorsque la très-sainte Vierge daigna lui apparaître. Je me rappelle bien avoir pleuré dans mon enfance; mais jamais, non, jamais de semblables larmes ne m'avaient été connues. Cependant je sentis surgir du fond de ma poitrine, soulevée par ma conscience, les remords les plus déchirants au souvenir de ma vie passée. Tout à coup et spontanément, comme par intuition, j'offris à Dieu ma confession intérieure, générale et rapide, de toutes les énormes fautes que j'avais commises depuis mon enfance : je les voyais là, étalées devant moi par milliers, innombrables, repoussantes, hideuses, méritant toute la colère du juste Juge. Et cependant je sentis aussi, à un calme inconnu qui bientôt vint répandre son baume consolateur sur toute mon âme, que le Dieu de miséricorde me les pardonnerait, qu'il détournerait son regard de mes crimes, qu'il aurait pitié ne ma sincère contrition, de ma douleur amère, de mon violent repentir. Oui, je sentis qu'il me faisait grâce et qu'il accepterait en expiation ma ferme résolution de l'aimer par dessus tout, et de me convertir à lui désormais... En sortant de cette église d'Ems, j'étais déjà chrétien ; oui aussi chrétien qu'il est possible de l'être, quand on n'a pas encore reçu les sacrements. » C'est-à-dire qu'il avait, en quelque sorte, reçu le baptême de *désir*.

§ IV. — *Son baptême*

Le jour si désiré de son baptême, auquel il s'était préparé par une fervente retraite, arriva enfin.

Il existe à Paris une touchante institution, où toutes les personnes qui la composent, depuis le directeur jusqu'au dernier élève de la maison, ont été ramenés par la miséricorde divine du judaïsme à la vraie foi.

C'est là, dans la chapelle de Notre-Dame de Sion, et par le ministère de M. l'abbé Legrand, que le jeune Hermann se dépouilla du vieil homme pour se revêtir du nouveau, renonça au nom d'Hermann pour prendre celui d'Augustin, dont on célébrait en ce jour la conversion... Il eut pour parrain M. Gouraud, médecin distingué, et pour marraine madame la duchesse de Rauzan. Le P. Marie-Théodore Ratisbonne assistait à la cérémonie, qui fit sur l'heureux néophite une impression ineffable, comme on peut le voir dans les lignes suivantes :

« Pendant que le prêtre versait, en trois signes de croix, l'eau sainte sur mon front, en proclamant solennellement qu'il me baptisait au nom du Père, du Fils et du Saint-Esprit, voilà tout à coup que mon corps tressaillit d'une sensation nerveuse, assez semblable à celle que l'on éprouve quand on est touché d'une machine électrique d'une grande force... Les yeux du corps se ferment ; au même moment les yeux de l'âme chrétienne, qui vient de naître en moi, s'ouvrent à une clarté surhumaine, cette clarté se répand en mon âme. Dieu le Saint-Esprit, comme pour sceller sa promesse, descend du haut des cieux sur moi, me prend par la main et montre à mon regard, ravi en extase, ce que jamais un être fini ne pourra comprendre : L'INFINI !!!... Oui, j'ai vu (les yeux du corps fermés, mais ceux de l'âme dilatés de bonheur) une charité immense, sans fin, un espace sans bornes, ou plutôt pas d'espace ; car mon regard planait, plongeait toujours plus loin, et nulle part ne rencontra d'espace... et pourtant des myriades de têtes d'anges, d'une beauté raphaélique, entourés de nuages argentés, chantaient des hymnes d'une beauté ineffable, plus beaux que jamais oreille n'en entendit, et des chérubins secouaient des parfums ; une douce chaleur me pénétrait, et mon regard, malgré l'éblouissante lumière qui rayonnait de partout, ne se fatiguait pas. Et au milieu régnait une lumière bien plus éclatante de blancheur... là, il y avait un trône, et sur ce trône était assis, ayant à sa droite sa divine Mère bien-aimée, Notre-Seigneur Jésus-Christ, beau d'une éternelle jeunesse, et à ses pieds, tout à l'entour, l'armée des saints, vêtus des plus belles couleurs de l'arc-en-ciel. Ces saints étaient prosternés au pied du trône, ils l'adoraient !... Et cependant, en même temps, ils tournaient vers moi leurs regards, pleins d'un doux sourire de bienveillance, et tout le ciel et ses habitants semblaient se réjouir de mon baptême, comme si une pauvre petite âme de pécheur rachetée pouvait avoir un poids quelconque dans la balance de l'éternité !... Oh ! vraiment, je devrais déchirer ce papier sur lequel je vous écris (c'était une lettre qu'il adressait à M. Ratisbonne, trois jours après avoir reçu cette faveur insigne); car il ne contient pas une image qui approche seulement de la réalité qui m'apparut.

« Mais Dieu permit que moi, pauvre pécheur et misérable ver de terre, je fusse admis, par une grâce à laquelle on ne trouve pas de nom, à entrevoir pendant un instant ce qui restera caché généralement, même aux plus justes, jusqu'à leur dernier jour. »

Dès qu'il eut reçu le baptême, Hermann ne fit que soupirer après le jour de sa première communion.

§ V. — *Nouvelles épreuves*.

Bientôt Hermann se sentit attiré à l'état religieux, qui n'est autre chose que la consécration du chrétien à Dieu par les trois vœux solennels de pauvreté, de chasteté et d'obéissance, dans un des Ordres approuvés par l'Église...

Mais que d'obstacles se présentèrent à lui ! Non, ce n'étaient ni les plaisirs, ni les pompes, ni les vanités du monde qui pouvaient l'arrêter; ils n'avaient plus rien pour lui. S'il n'avait consulté que ses désirs, le jour même de son baptême il se serait enseveli dans un cloître, pour se consacrer à jamais à son Dieu. Mais, hélas, il avait des engagements dans le monde, conséquences funestes d'une jeunesse orageuse (une dette considérable); il voulait surmonter cet obstacle avec honneur, et il en attendait les moyens de la Providence. Le 24 février 1848 vint comme un coup de foudre; le numéraire disparut, nombre de familles, même opulentes, retranchèrent les beaux-arts de l'éducation de leurs enfants, des artistes distingués se virent subitement plongés dans la misère; et cependant, dans l'espace de dix-huit mois, notre artiste converti réalise plus qu'il ne pouvait espérer et se trouve ainsi en état de pouvoir dire avec honneur un éternel adieu au monde.

Mais, hélas! un second obstacle, bien plus fort que le premier, vient entraver les desseins qu'a sur lui la Providence. C'était avec peine que ses parents, israélites, avaient vu Hermann converti à la foi; mais, en se faisant catholique, il fut bien plus prévenant à leur égard, et ils étaient obligés de reconnaître, malgré leurs préjugés contre la religion du Christ, que les liens de famille devinrent pour lui plus forts que jamais, ses mœurs plus pures, ses manières plus douces et plus gracieuses. Comment pouvaient-ils penser qu'il allait les quitter soudainement?... Prières, représentations, menaces, tout fut inutile; lorsque les paroles, jadis adressées à son père Abraham retentirent fortement dans son cœur, « il était déjà sorti de son pays »; mais à présent il fallait quitter et sa maison et ses parents.

Pénible combat, dure alternative : ou désobéir à son Dieu, ou résister à ceux de qui, après Dieu, Hermann avait tout reçu. Il n'hésita pas même un seul instant. Ses parents imiteront sans doute le sacrifice d'Abraham, sacrifice non sanglant, et qui leur portera bonheur; ils seront bénis pour avoir obéi au Seigneur, et leur fils ne cessera de prier pour eux, afin que le Seigneur éclaire leur esprit et dissipe les ténèbres de leur cœur.

Après avoir dit adieu aux choses de ce monde, il soupirait après un lieu où il pût uniquement vaquer aux choses du ciel, dont il avait un moment éprouvé le bonheur. Colombe errante dans un monde nouveau, il cherchait un abri pour se mettre à couvert des orages que l'enfer pouvait lui susciter. C'est en lisant la *Vie de Saint Jean de la Croix* qu'il crut apercevoir ce lieu de sûreté dans l'Ordre du Carmel; il se décida donc pour aller faire une retraite chez les Carmes d'Agen : il part de Paris le jour même de Notre-Dame du Mont-Carmel, sans se douter de cette fête, et arrive à Agen pour assister aux premières vêpres du saint prophète Élie, fondateur de cet Ordre célèbre.

§ VI. — *Son entrée au Carmel.*

De nouveaux obstacles s'élèvent : l'ordre ne peut admettre parmi les enfans de Marie un israélite récemment converti; le supérieur général peut seul les aplanir ! Voilà une lueur d'espérance pour Hermann. Quel bonheur pour lui ! il part, il court, il vole à Rome, il arrive la veille du jour où devait s'assembler le définitoire général ; il reçoit un bienveillant accueil. Ses espérances deviennent plus fortes; elles ne seront pas trompées ! Le lendemain, il apprit avec une indicible joie qu'à la première session, le définitoire général lui avait accordé, à l'unanimité, la dispense qu'il demandait. Partez donc, cher Augustin, vous vous devez à la France, berceau de votre conversion; Brussey vous attend, ici vous bénirez le Seigneur parmi vos frères, venez parmi eux goûter le bonheur. — Il a trouvé le bonheur, à l'exemple du grand saint dont il porte le nom, dans la connaissance de Dieu et de lui-même. Dieu ! la vérité absolue, la beauté suprême, le souverain bien ! il va droit à Dieu même dans le sacrement de son amour ineffable. C'est là son unique trésor, c'est là que l'on trouve toujours son cœur; et, parce qu'il lui doit sa conversion et son bonheur, il s'est donné tout entier à lui. Voilà pourquoi il s'appelle Augustin du Très-Saint-Sacrement.

Sa dévotion pour cet abrégé des merveilles du Seigneur a pris naissance avant même qu'il fût chrétien. Écoutez ce qu'il disait avant son baptême :

« Lorsque les fidèles vont communier, voilà mes larmes qui débordent de nouveau; ce ne sont plus de douces larmes, mais des larmes brûlantes, amères, larmes arrachées par la désolation de ne pas être admis, moi aussi, à la Table sainte. » Puis, trois jours après son baptême, il ajoutait : « Et aujourd'hui, n'ayant pas encore eu la consolation de faire ma première communion, je ne puis assister à ce moment suprême sans pleurer sur la privation qui me fait mourir. » Dirai-je ce qu'il éprouva le jour de la Nativité de la sainte Vierge, lorsque, pour la première fois, il assista au banquet sacré?... Non, non, jetons un voile sur ce bonheur : l'esprit le conçoit, la langue ne saurait le dire... Il ne peut s'arracher du pied du tabernacle où vit son amour.

Un soir qu'il venait de se délasser, avec son Bien-Aimé, dans une église de Paris, il s'oublia tellement qu'une Sœur converse le pria poliment de se retirer. « Volontiers, répondit-il, mais après la bénédiction. — Il n'y en a pas. — Mais alors je partirai quand ces deux personnes se retireront. — Elles veillent toute la nuit. L'heure de fermer l'église est déjà passée, et il ne nous est permis d'y admettre après cette heure que des personnes associées. »

Augustin sort de cette église sous une vive impression. « Eh quoi! dit-il, de jeunes personnes de dix-huit à vingt ans, faibles et délicates, s'assemblent toutes les nuits pour célébrer les louanges de Jésus-Christ dans l'Eucharistie, et il ne se trouverait pas dans tout Paris une réunion de jeunes gens fort et vigoureux pour former une garde permanente à notre Dieu ! Les palais des rois sont gardés, et le Roi des rois restera seul !.. » Le lendemain il parcourut les églises de Paris, à peine voit-il quelque jeune homme pieux qu'il s'empresse de lui communiquer son plan. En peu de jours, il réussit au delà de ses espérances, et il jette les premiers fondements de cette admirable association de l'Adoration perpétuelle du Très-Saint-Sacrement ; et désormais, tandis que le soleil se couchera comme pour ne pas être témoin des souillures de la capitale, de jeunes chrétiens, sans cesse prosternés au pied du trône du Dieu des miséricordes, intercéderont pour les coupables, afin de détourner, par leurs prières, le glaive de la vengeance céleste ; et si ce glaive terrible et meurtrier vient fondre sur cette terre criminelle, la charité qu'ils ont puisée auprès de l'Homme-Dieu, qui versa son sang pour nous, leur inspire un zèle vraiment apostolique. Ils se partagent tout Paris, entrent dans les maisons où sévit le fléau dévastateur, montent jusqu'aux mansardes pour porter la consolation à des malheureux qui se débattent contre la misère et la mort. Qui sait combien de pécheurs seraient morts impénitents sans ce zèle que notre Augustin avait puisé dans le tabernacle du Seigneur !

« C'est le 2 juillet 1850 qu'il a fait ses vœux solennels, mais il a renouvelé depuis le vœu d'entendre, autant que ses talents et la règle le lui permettent, le culte et l'amour du Très-Saint-Sacrement. »

Après sa conversion, il a publié les *Chants à Marie* et les *Cantiques au Saint-Sacrement* avec une admirable introduction, véritable chant inspiré par l'amour de Dieu, où le génie de l'art se déploie dans toute sa puissance ; sous l'inspiration d'une foi profonde, ses accents sont autant de prières et d'élévations. L'art chrétien soutient la prière du fidèle et monte vers le ciel avec elle comme un pur encens; il sert d'auxiliaire à la parole du prêtre et se traduit dans cette belle langue musicale qui raconte si bien la gloire de Dieu ; il la répand à flots d'harmonie sur les auditeurs recueillis.

Il demanda, comme une grâce, d'avoir sa cellule attenante à la chapelle de l'oratoire du couvent où se trouve son trésor ! Oh ! si les murs pouvaient nous dire tous les beaux moments de son bonheur ! Combien de fois, en baisant ce mur étroit qui le dérobait à ses regards, il dut s'écrier : « Mon Bien-Aimé est à moi et moi je suis à lui ! » Combien de fois, comme Samuel, se réveillant dans la nuit, il a dû dire au Seigneur : « Parlez, mon Dieu ! car votre serviteur écoute. » Quels colloques ! quel bonheur ! il jouit du ciel sur la terre ; il est sur le Thabor, non sur le Calvaire. Aussi, demandez-lui s'il désire avec ardeur aller au ciel, il vous répondra avec une naïveté charmante: « Oh ! pourvu que je puisse communier tous les jours, je ne crois pas que Dieu me réserve un plus grand bonheur là-haut. »

Quels heureux effets sa ferveur pour cet auguste mystère a produits dans sa communauté de saints ! Mais il faut s'arrêter ; on ne finirait pas si l'on voulait tout dévoiler !

Après avoir exercé le Saint ministère pendant plusieurs années en France et en Angleterre, le Père Hermann, comme s'il avait senti que sa fin approchait voulut se retirer dans une des maisons de retraite de son ordre. La Providence lui ménagea une épreuve bien sensible. Il perdit la vue qui lui fut rendue par Notre-Dame de Lourde. On voit dans la crypte de l'église un *ex voto* en marbre sur lequel sont gravées ces paroles touchantes :

1ᵉʳ NOVEMBRE 1868
GUÉRISON DES YEUX DU P. HERMANN.
GLOIRE A MARIE QUI EN 1847
L'ARRACHA A L'AVEUGLEMENT JUDAIQUE.

Les malheurs de la patrie, dans sa dernière guerre avec la Prusse, firent sortir le P. Hermann de sa bienheureuse solitude. Il se rendit en Allemagne pour donner ses soins aux prisonniers français décimés par des maladies contagieuses. Et il eut l'insigne bonheur de mourir victime de son zèle sur le champ d'honneur de la charité chrétienne.

SILVIO PELLICO

§ 1er. — *Jeunesse de Silvio Pellico et ses malheurs.*

Silvio Pellico naquit en 1789, à Saluces, dans le Piémont, d'une famille dont il a fait lui-même, dans ses *Prisons*, un aimable portrait. Son enfance fut maladive et faible, et l'amour, les tendres soins de sa mère, conservèrent seuls une vie si précieuse. « J'étais en proie aux douleurs et à la tristesse, dit-il dans ses poésies. Autour de moi se réjouissaient, vifs et sautillants, beaux comme des anges, les petits enfants de mon âge ; moi, comme eux né robuste, j'étais tombé dans une langueur cruelle et des spasmes inexplicables.

L'enfant rêveur et triste, qui semblait déjà oppressé par les épreuves à venir, cherchait par instinct le divin Consolateur des âmes ; il se plaisait, dès ses premières années, dans la solitude des temples, et il raconte lui-même ce qu'il éprouvait dans les lieux consacrés à la prière. « Les jours de fête, quand j'étais tout petit enfant, les bras de ma pieuse mère me portaient dans l'église de Saluces, et mon cœur a gardé le souvenir du secret espoir qui adoucissait mes maux, lorsque mon regard suppliant cherchait Dieu sur les autels antiques et vénérés.

« ... Sous ton ciel que j'aime, ô Pignerol, mon adolescence a été consolée par des joies suaves et religieuses : je me rappellerai toujours l'heure sacrée où j'allais tout tremblant vers l'autel, avec une troupe de jeunes hommes, accomplir le grand acte, confirmer par mes propres paroles les augustes promesses qu'à mon baptême firent pour moi des lèvres étrangères. »

Silvio Pellico passa les premières années de sa jeunesse en France, et fut ensuite professeur de langue française à Milan. Il s'y lia avec Foscolo, Monti et Volta, et devint précepteur des enfants du comte Porro. Toute l'Italie applaudit à sa tragédie de *Francesca da Rimini*, jouée en 1819. Un journal, *il Conciliatore*, qu'il avait contribué à fonder en 1818, fut supprimé par la censure autrichienne en 1820. Quand la révolution éclata cette même année en Piémont et à Naples, il devint suspect et fut emprisonné. Il fut conduit de Milan à Venise, et condamné à mort comme conspirateur.

Silvio Pellico demeura à la prison Sainte-Marguerite jusqu'au 12 février 1821, environ quatre mois. Il y reçut la visite de son père, accouru de Turin, et celle du comte Porro. Il y connut le faux duc de Normandie. Ce fut là, enfin que, dès le second jour, il comprit que la religion seule enseigne la patience et la résignation. Lorsqu'il se demanda d'où viendrait à ses fortunés parents la consolation d'une telle épreuve, une voix d'en haut lui répondit : « De celui qui donna à une mère la force de suivre son fils au Golgotha »; et cette force que Dieu devait donner à la sienne, il commença dès lors à sentir qu'elle entrait aussi dans son cœur.

Jusque-là, il le dit lui-même, s'il n'avait pas été hostile

à la religion, « il la suivait peu et mal. » De ce jour il résolut de lui être plus fidèle, et avec le temps il en reprit les salutaires pratiques (1). Ce n'est donc pas la douleur qui, à la longue, a maîtrisé son âme et l'a rendue au christianisme. Même quand cette âme luttait encore, elle se sentait vaincue d'avance, et il ne lui avait manqué que la solitude pour se reconnaître et se redonner à Dieu tout entier. Les tourments et la colère pourront bien lui arracher des cris de souffrance ou de malédiction; l'impétuosité de l'homme mettra plus d'une fois en péril la modération du chrétien, mais dès les premiers jours, il faut le répéter, Silvio Pellico avait abdiqué toute haine entre les mains de Dieu (2).

Arrivé à *San Michele*, Silvio fut enfermé dans une chambre qui donnait sur une cour, sur la lagune et sur l'île de Murano. Cette belle île de Murano, où se fabriquent aujourd'hui encore ces frêles verroteries qui ont été un des caprices du moyen âge, n'est séparée de *San Michele* que par

---

(1) On lit dans une lettre de Silvio Pellico :
« Mes erreurs n'étaient point de l'athéisme, mais des doutes, des hypothèses orgueilleuses ; c'était l'absence de la piété et de la simplicité du chrétien ; c'était la crainte de paraître un esprit faible, si je ne me montrais pas raisonneur. Je croyais encore, mais c'était une croyance attaquée, mutilée, chancelante. Dans cet état, on n'a réellement pas une religion, car on néglige la prière et les sacrements : on ressemble beaucoup à l'athée. »

(2) Il écrivit sous le titre *Le mie Prigioni* (1833), avec une simplicité qui a fait verser bien des larmes, le récit de ses souffrances un peu amplifiées, mais endurées avec une admirable résignation. Ce livre a été traduit dans toutes les langues de l'Europe. — Silvio Pellico acheva sa vie à Turin dans la pratique de la piété, et mourut en 1854. Il a laissé huit tragédies, douze *cantiche*, des œuvres diverses et un traité de morale chrétienne, *Dei Doveri degli Uomini*. Ses *Lettres* ont été traduites en français, par M. A. de Latour, 1 vol, in-8°, 1857.

un canal. Ce fut dans cette autre prison que Pellico reçut d'abord la nouvelle de sa condamnation. Mais l'amertume de ce moment lui fut bien adoucie par la joie de se retrouver avec Maroncelli, qu'il n'avait pas revu depuis que, l'un et l'autre, ils avaient été arrêtés. Il leur fut accordé de passer la journée ensemble.

Condamnés à mort tous les deux, la clémence impériale commuait la peine en quinze ans de détention dans la citadelle de Spielberg. Cette sentence devait être signifiée le lendemain aux condamnés, en présence de Venise entière. Lorsqu'on eût de nouveau séparé les deux amis, la nuit et la solitude livrèrent à l'âme de Silvio un assaut terrible. Un moment, le vaincu résigné à la volonté de Dieu, faillit redevenir le vaincu frémissant de l'homme, un condamné vulgaire, jetant à la face de ses juges et du ciel l'anathème du désespoir ; mais la crise ne dura que quelques heures, et, quand le jour reparut, à défaut d'une entière résignation, il avait du moins repris ce calme apparent, qui en est le signe et en assure le retour.

§ II. — *Silvio Pellico revient sincèrement à Dieu.*

La lecture des Livres saints acheva de le calmer et de le ramener à Dieu.

« Cette lecture, dit-il, ne me donna jamais la moindre disposition à la *bigoterie*, à cette dévotion mal entendue qui rend pusillanime ou fanatique ; au contraire, elle m'enseignait à aimer Dieu et les hommes, à désirer toujours de plus en plus le règne de la justice, à abhorrer l'iniquité, en pardonnant à ceux qui la commettent. Le christianisme, au lieu de détruire en moi ce que la philosophie pouvait avoir fait de bon, l'affermissait, le corroborait par des raisons plus élevées, plus puissantes.

« Un jour, ayant lu qu'il fallait prier sans cesse, et que la vraie prière ne consiste pas à marmoter beaucoup de paroles à la manière des païens, mais à adorer Dieu avec simplicité, en paroles comme en actions, et à faire que les unes et les autres soient l'accomplissement de sa sainte volonté, je me proposai de conserver vraiment cette prière non interrompue, c'est-à-dire de ne plus me permettre une pensée qui ne fût pas animée par le désir de me conformer aux décrets de Dieu.

« Les formules de prière que je récitais en adoration furent très-peu nombreuses; non pas par mépris (au contraire, je les crois salutaires, aux uns plus, aux autres moins, pour fixer leur attention dans le culte), mais parce que je me sens ainsi fait, que je ne suis pas capable d'en réciter beaucoup sans me perdre en distractions et sans mettre en oubli les pensées du culte.

« Le soin de me tenir continuellement en la présence de Dieu, loin d'être un fatigant effort d'esprit et un sujet de terreur, était pour moi une chose très-douce. N'oubliant pas que Dieu est toujours près de nous, qu'il est en nous, ou plutôt que nous sommes en lui, la solitude perdait chaque jour de son horreur pour moi : ne suis-je pas dans la meilleure compagnie? me disais-je ; et je redevenais serein, et je fredonnais avec plaisir et avec tendresse.

« Eh bien, pensai-je, ne pouvait-il pas me venir une fièvre qui m'aurait emporté au tombeau? tous mes parents qui se seraient abandonnés aux pleurs, en me perdant, n'auraient-ils pas gagné peu à peu la force de se résigner à ma perte? Au lieu de la tombe, la prison me dévore : dois-je croire que Dieu ne les pourvoira pas de la même force ?

« Mon cœur élevait des vœux plus fervents pour eux, quelquefois avec des larmes ; mais ces larmes étaient mêlées de douceur. J'avais pleine confiance que Dieu nous soutiendrait, eux et moi : je ne me suis pas trompé. »

C'est ainsi que Silvio passa dans une pieuse résignation les premiers temps de sa captivité ; mais après sa condamnation, et lorsqu'on le transporta de Venise au château de Spielberg, enfer et tombeau des malheureux qu'il renferme, sa force morale l'abandonna avec ses forces physiques ; cette âme et cette voix, naguère si douces, si harmonieuses, ne firent plus entendre que les rugissements du désespoir. Voici comment l'auteur dépeint lui-même son funeste état :

« Plût à Dieu que j'eusse pensé seulement à mes parents et à quelque autre personne chérie ! Ce souvenir m'affligeait et m'attendrissait ; mais je pensai aussi au prétendu rire de joie et d'insulte d'un juge, au procès, à la cause des condamnations, aux passions politiques, au sort de tant d'amis..., et je ne sus plus juger avec indulgence aucun de mes adversaires. Dieu me mettait à une grande épreuve ! Mon devoir eût été de la soutenir avec courage. Je ne le pus pas ! je ne le voulus pas ! La volupté de la haine me plut davantage que celle du pardon : je passai une nuit d'enfer.

« Le matin, je ne priai pas. L'univers me paraissait l'ouvrage d'une puissance ennemie du bien. Autrefois, j'avais été déjà calomniateur de Dieu ; mais je n'aurais pas cru le redevenir, et le redevenir en si peu d'heures ! Celui qui roule des pensées de haine, principalement quand il est frappé d'une grande infortune, qui devait au contraire le rendre plus religieux, eût-il même été juste, devient méchant. Oui, eût-il même été juste, parce que l'on ne peut haïr sans orgueil. Et qui es-tu, misérable mortel, pour prétendre qu'aucun de tes semblables ne te juge sévèrement ? pour prétendre qu'aucun ne te puisse faire du mal de bonne foi, en croyant agir avec justice ? pour te plaindre si Dieu permet que tu souffres plutôt d'une manière que d'une autre ?

« Je me sentais malheureux de ne pouvoir prier ; mais où règne l'orgueil, l'homme n'a pas d'autre Dieu que soi-même.

« J'aurais voulu recommander au Consolateur suprême mes parents désolés, et je ne croyais plus en lui. »

Haïr, ne pas croire !... ah ! c'était impossible pour Silvio. Aussi triompha-t-il de cette seconde épreuve comme de la première, parce qu'il s'appuya pour se relever sur le bras de Dieu, et non sur ce dur et orgueilleux stoïcisme qui ne plie pas, mais qui se rompt sous le vent de l'adversité.

Dans un autre chapitre de ses *Prisons*, Silvio Pellico a écrit ces pages touchantes où se révèle sa belle âme :

« J'aurais désiré que le chapelain, duquel j'avais été si content, lors de ma première maladie, nous eût été accordé pour confesseur, et que nous l'eussions pu voir de temps en temps, même sans nous trouver gravement malades. Au lieu de lui donner cette charge, le gouverneur nous destina un religieux augustin, le Père Baptiste, en attendant que vînt de Vienne la confirmation ou la nomination d'un autre.

« Je craignais de perdre au change ; je me trompais. Le Père Baptiste était un ange de charité ; ses manières annonçaient une bonne éducation ; elles étaient mêmes élégantes ; il raisonnait profondément sur les devoirs de l'homme.

« Nous le priâmes de nous visiter souvent : il venait tous les mois, ou plus fréquemment s'il le pouvait. Il nous portait même, avec la permission du gouverneur, quelques livres, et nous disait, au nom de son abbé, que toute la bibliothèque du couvent était à notre disposition. C'eût été un grand avantage pour nous s'il eût duré. Toutefois nous en profitâmes pendant quelques mois.

« Après la confession, il demeurait longtemps pour converser, et dans tous ses discours apparaissaient la droiture de son âme, sa dignité, son amour de la grandeur et de la sainteté de l'homme. Nous eûmes le bonheur de jouir pendant un an environ de ses lumières et de son affection, et il ne se démentit jamais. Jamais une syllabe qui pût faire soupçonner l'intention de servir, non son ministère, mais la politique. Jamais le moindre manque d'égards.

« Au commencement, pour dire la vérité, je me défiais de lui ; je m'attendais à le voir appliquer la sagacité de son esprit à des investigations inconvenantes. Dans un prisonnier d'État, semblable défiance n'est que trop naturelle. Mais combien je restai soulagé alors que tout cela s'évanouit, alors que je ne découvris dans l'interprète de Dieu d'autre zèle que celui de la cause de Dieu et de l'humanité !

« Il avait une manière à lui particulière et très-efficace de donner des consolations. Je m'accusai, par exemple, de frémissements de colère à cause des rigueurs de la discipline de notre prison. Il moralisait quelque temps sur la vertu de souffrir avec calme en pardonnant ; puis il venait à peindre avec les plus vives couleurs les misères des conditions différentes de la mienne. Il avait beaucoup vécu à la ville et à la campagne, connu les grands et les petits, et médité sur les injustices humaines ; il savait parfaitement décrire les passions et les mœurs des diverses classes de la société. Partout il me montrait des forts et des faibles, des oppresseurs et des opprimés, partout la nécessité ou de haïr nos semblables, ou de les aimer par une généreuse indulgence et par compassion. Les exemples qu'il me racontait pour me rappeler l'universalité de l'infortune et les bons effets qu'on en peut obtenir, n'avaient rien de singulier ; ils étaient au contraire très-communs ; mais il les disait avec des paroles si justes, si puissantes, qu'elles me faisaient fortement sentir les conclusions qu'il me fallait en tirer.

« Ah ! oui, toutes les fois que j'avais entendu ces charitables reproches et ces nobles conseils, je brûlais d'amour pour la vertu, je n'abhorrais plus personne, j'aurais donné ma vie pour le moindre de mes semblables, je bénissais Dieu de m'avoir fait homme.

« Ah ! malheureux qui ignore la sublimité de la confession ! malheureux qui, pour se singulariser, se croit obligé de la regarder avec dédain ! Il n'est pas vrai que, tout homme sachant qu'il faut être bon, il soit inutile de se l'entendre dire, qu'il suffise de ses propres réflexions et de lectures opportunes, non ! la parole vivante d'un homme a une puissance que n'ont ni les lectures ni les réflexions particulières ! L'âme en est bien plus émue, les impressions qu'elle éprouve sont bien plus profondes. Dans la voix d'un frère qui vous parle, il y a une vie et une opportunité que souvent vous chercheriez en vain dans les livres et dans vos pensées. »

Que de grâce et d'onction dans ce récit, qui, cependant, a passé d'une langue dans une autre, et en même temps quelle candeur, je dirais presque quelle humilité de langage ! On dirait que le poëte a voulu se cacher sous le chrétien.

§ III. — *Lettres écrites de sa prison* (1).

C'est par la correspondance intime d'un homme que l'on apprécie son esprit et son cœur. On lira avec édification les extraits que nous allons citer des lettres écrites par Silvio Pellico, du fond de sa prison, aux divers membres de sa famille.

« Milan, de ma cellule, le 25 janvier 1821.

« Comme la privation double les jouissances, ayant été si longtemps sans pouvoir vous écrire, mon cœur en ce moment éprouve un bonheur infini de la grâce que j'ai obtenue de vous donner de mes nouvelles. En ce moment je suis heureux. Pour un fils qui a de si bons parents, il n'est pas de douceur plus grande que celle de s'entretenir avec eux ; bénissons donc le ciel qui mêle les consolations aux souffrances qu'il répand sur la terre.

« Après avoir si souvent espéré que je touchais aux derniers jours de ma captivité, je puis enfin me flatter que je ne me fais pas illusion en regardant comme très-proche ce terme si désiré. Je le souhaite beaucoup pour moi, mais plus encore pour mes chers parents, car je crains qu'ils ne souffrent beaucoup plus que je ne souffre moi-même. Si je ne songeais qu'à moi, je n'éprouverais pas une bien vive impatience de sortir d'ici, y jouissant d'une santé excellente, et trouvant qu'après tout, quand on a une chambre passable et tout ce qui est nécessaire pour vivre, il n'y a pas grande différence à poursuivre cette courte carrière mor-

(1) Nous nous sommes servi, dans la citation des *Lettres de Silvio Pellico*, de l'excellente traduction qui en a été faite par M. Antoine de Latour.

telle dans un lieu plutôt que dans un autre. Repoussez donc cher papa, toute idée noire à mon sujet, et persuadez à ma chère maman, à mes frères et à mes sœurs, qu'ils ne doivent pas le moins du monde s'affliger pour moi ; ils s'abusent complétement s'ils s'imaginent que je suis vraiment malheureux. Je veux vous savoir tous tranquilles et joyeux, et alors il ne me manquera presque plus rien pour être un des hommes les plus satisfaits qui existent. J'ai vu assez de pays, de temps et de vicissitudes pour apprécier le monde ni plus ni moins qu'il ne vaut, et pour être à peu près content de tout quand je suis rassuré sur ceux que j'aime... »

A son Père.

« Venise, 8 août 1821.

« Toutes mes peines s'évanouissent quand je me sens aimé par des cœurs aussi parfaits que le sont tous ceux de ma chère famille. Je n'ai pas encore besoin d'argent, mais quand j'aurai achevé de dépenser celui que j'ai, je profiterai de vos bonnes offres. Mille remercîments aussi pour l'ouvrage des *Souffrances de Jésus-Christ*, dont vous m'annoncez l'envoi. Vous pourrez me faire passer des livres de dévotion : j'ai déjà avec moi le premier de tous, mon inséparable Bible, mais un cadeau que me fait mon bon père me sera toujours précieux. »

« Venise, 21 décembre 1821.

« Mon bien-aimé père,

« Les vœux si pleins d'affection que vous m'exprimez par votre lettre du 15 m'attendrissent et me consolent. Il est pourtant bien doux de se voir si tendrement aimé par des parents aussi adorables! Je remercie le ciel qui me les a donnés tels, et je ne lui demande que de me les conserver et de me fournir le moyen de les rendre plus heureux en les entourant de mes soins respectueux et tendres.

« Tels sont, cher papa, les vœux que je forme, non-seulement à l'occasion des fêtes et du passage au nouvel an, mais chaque jour de l'année. Le souvenir des vertus de mon excellent père et de mon excellente mère m'a toujours soutenu dans le malheur ; ce souvenir est le trésor où j'ai puisé la force et la résignation qui m'étaient nécessaires. Sans mettre trop d'impatience à attendre le terme que la Providence peut avoir marqué à mon infortune présente, j'espère cependant, moi aussi, qu'elle aura une fin. Je vous remercie ainsi que maman et toute la famille des continuelles prières que vous faites pour moi. J'ai la ferme confiance qu'elles seront exaucées et que l'année prochaine se lèvera propice à notre commun désir de nous retrouver dans les bras les uns des autres.

« Tenons-nous-en à ce qu'au milieu même des tribulations, saint Paul répétait à ses amis :

« *Gaudete, iterum dico, gaudete, Dominus prope est.*

« La volonté du ciel nous doit toujours être chère. »

« Venise, 24 février 1822.

« Mon très-cher père,

« Tous les maux me sont devenus légers depuis que j'ai acquis ici le premier des biens, la religion, que le tourbillon du monde m'avait presque ravie. Quoique privé encore de la consolation de pouvoir dédommager mes chers parents de ce qu'ils ont souffert pour moi, toutefois, même dans les moments où je dois m'éloigner d'eux plus encore, je ne me sens pas malheureux, et je ne le suis pas parce que la religion m'assure que mes tendres parents préfèrent me savoir loin d'eux, mais *chrétien*, que de m'avoir au milieu des apparentes prospérités de ce monde, mais privé *de la grâce*, c'est-à-dire le cœur épris des attaches terrestres. La clémence souveraine, qui a tempéré pour moi la rigueur des lois, ne m'inspire pas seulement de la reconnaissance pour ce bienfait, mais me console pour l'avenir; et je conserve le vif pressentiment que j'obtiendrai, au bout de quelque temps, une atténuation de peine qui me renverra au sein de ma chère famille avant l'heure maintenant fixée. La solitude (bienfait inappréciable que j'ai toujours aimé et appelé de mes vœux dans les ennuyeux bruits de ce monde!) la solitude et la réflexion m'ont fait comprendre de quel danger sont pour la société humaine les idées exaltées du patriotisme auxquelles je me suis associé dans l'innocence de mon cœur, mais dont la prudence aurait dû me tenir éloigné.

« Accoutumé à discerner dans tout événement une bienfaisante intention de la Providence, j'aime à voir dans l'avenir, non-seulement quelque profit moral pour mon âme, mais encore ce progrès de culture littéraire, auquel j'ai toujours aspiré et que les affaires m'empêchaient d'atteindre. Si mon ardeur pour l'étude doit faire un jour quelque honneur à mon pays et à mon nom, il était peut-être nécessaire que je fusse frappé d'une catastrophe qui m'enlevât pour un temps à toute distraction. Je voudrais ne pas devoir ces douceurs de la vie méditative à un malheur qui afflige mes chers parents; mais puisque cette épreuve m'est échue en partage, veuillez, je vous prie, considérer non-seulement les mauvais, mais aussi les bons côtés qu'entraîne avec soi la destinée qui m'est faite. Certes, c'est une grande prévoyance de la bonté divine d'avoir mis dans mon caractère plus de penchant pour la vie intérieure que pour l'extérieure, et de m'avoir donné dès l'enfance un attrait si vif pour la solitude. Il est évident que par là le Ciel me voulait doter pour toujours de la disposition nécessaire à me faire supporter avec une philosophie chrétienne la circonstance présente.

« Ce que j'ai dit doit suffire à vous convaincre que mon âme est dans une quiétude parfaite, et en tout résignée à la volonté de Dieu. »

Les livres ascétiques, dont Silvio faisait ses délices, sont une preuve de sa piété. Il écrivait à sa sœur, si pleine d'affection et de sollicitude pour lui :

« Ma chère Joséphine, tu m'as fait un grand cadeau en m'envoyant les *Souffrances de Jésus*. Ce livre ne cessera de m'être bien cher. »

Venise, île de Saint-Michel, 21 mars 1822.

. . . .

« Mes très-chers parents, Dieu fera briller le jour où nous serons réunis, et alors seulement il me sera donné de vous témoigner, par ma vénération et par ma conduite, toute l'immensité de la reconnaissance qui est en moi. Je ne puis à présent vous remercier qu'en demandant à Dieu, dans mes incessantes prières, qu'il vous conserve et répande sur vous toutes ses bénédictions. Vous sachant si affectueusement préoccupés de mon bonheur temporel, mais bien plus encore du bien de mon avenir, il ne m'en coûte plus du tout de me soumettre aux événements; mon courage est doublé : j'ai la plus intime persuasion qu'il ne m'est rien arrivé que pour mon bien, et que s'il en est résulté une cruelle affliction pour mes chers parents, c'est aussi pour le bien de leur âme, et afin qu'ils eussent une occasion particulière de mettre en pratique tout ce qu'ils ont de vertu chrétienne. »

« Après un long silence, on risque de devenir bavard,

tant on aurait de choses à dire; je ne finirais jamais. Et comment n'aurait-on pas mille choses à dire quand le cœur est plein de reconnaissance pour des parents aussi tendres que les miens? De tous les bienfaits dont je ne cesse de rendre grâce à Dieu, le plus grand, assurément, c'est de m'avoir donné un si excellent père, une si bonne mère; ma tendresse pour eux est immense, et je trouve dans ce sentiment une source continuelle d'ineffable consolation. Mes frères chéris, mes sœurs bien-aimées ont aussi une grande part dans cette tendresse : excellentes créatures ! »

Dans une autre circonstance, il écrivait les lignes suivantes :

« Je vous souhaite à tous de bonnes pâques; ne vous affligez pas pour moi. Dieu, qui est partout, est ici aussi pour me consoler, et, comme tout en envoyant les épreuves, il aime à donner quelque marque de son infinie bonté, il m'accorde une santé parfaite...

« Je vous embrasse de tout mon cœur. Aimez-moi, et que la meilleure preuve de cet amour soit de ne pas vous affliger... Persuadé que je n'ai pas besoin de prêcher la patience à des âmes chrétiennes comme les vôtres, je me borne à me dire, etc. »

§ IV. — *Pardon accordé à Silvio.*

« A MES TRÈS-CHERS PARENTS, FRÈRES ET SŒURS.

« Vienne, 10 août 1830.

« Quand je m'y attendais le moins, — quand la longue habitude de la réclusion me trouvait déjà résigné à n'avoir plus que dans le ciel la consolation d'embrasser ceux qui me sont chers, — tout d'un coup, voici la grâce! — Il m'est impossible, mes bien-aimés, d'exprimer la reconnaissance avec laquelle j'ai reçu ce don inespéré. Tous mes sentiments sont en tumulte, et leur foule me rend incapable de les expliquer.

« Ces sentiments sont: adoration pour ce Dieu de miséricorde qui ne m'a pas abandonné dans le malheur, — élans d'amour vers tous ces cœurs dont j'ai éprouvé la bonté, — désir ardent, désir immense de sécher les larmes que j'ai coûtées à une si bonne, si chère famille. Mais à ces douces émotions et à mille autres que je puis à peine discerner s'en mêle une pourtant bien douloureuse! Trouverai-je vivantes toutes les personnes de ma famille! Elles étaient toutes si nécessaires à mon cœur! J'aurai tant à réparer par ma tendresse auprès de toutes et de chacune pour les tourments que je leur ai causés! Oui, le malheur m'a plié, je peux soutenir quelque coup qui... — Oh! mes parents! oh! mes frères! oh! mes sœurs! qui de vous me tendra les bras? Je le sais, je le sais! tous, si vous vivez! Si l'un de vous me manque, veuillez y préparer mon cœur, en m'écrivant sans retard à Milan.

« Ne vous inquiétez pas si mon arrivée se fait un peu attendre: nous ne pouvons voyager vite, parce que nos santés exigent des précautions. J'ai eu besoin moi-même de prendre quelques jours de repos dans cette ville.

« Ne craignez pas, ô mes biens chers, que tant d'années d'éloignement et de misère aient desséché mon âme, et que vous ne retrouviez pas en moi le Silvio qui vous aimait tant. Je suis toujours le même Silvio. Le malheur ne m'a pas rendu pire; au contraire, j'oserai le dire, il m'a fait meilleur. Et le véritable but du reste de ma vie sera toujours, toujours de me rendre meilleur encore. Réjouissez-vous avec moi en Dieu. Lui, qui m'a tant assisté dans toutes les douleurs physiques et morales d'une longue captivité, ne peut manquer de nous assister encore ! Il ne me renvoie dans vos bras que pour qu'à l'aide de cette consolation, nous nous relevions ensemble des cruelles angoisses que nous avons souffertes.

« L'affluence des pensées et des émotions me fait écrire sans ordre,— comme un enfant. J'aurais tant de choses affectueuses à vous dire, — et je ne les trouve pas. Pardonnez-ma stupidité du moment.

« Ah ! que de torts plus graves vous avez à pardonner à votre Silvio ! — et je sais que votre amour couvrira tous ces torts !

« Je brûle de vous revoir tous ; mais, hélas ! je tremble d'en trouver quelqu'un de moins.

« En attendant, je vous embrasse avec la dernière tendresse et le plus ardent désir de contribuer à la joie de vos cœurs à tous, et particulièrement à ceux de mes vénérés parents.

« A. M. Onorato Pellico.

« Novarre, 12 septembre 1830.

« Mon bien-aimé père,

« Oui, oui, le Ciel a exaucé nos vœux ; oui, le meilleur des pères ; oui, la plus chérie des mères, mes chers frères, mes chères sœurs, votre Silvio est sorti de la longue sépulture où il a tant déploré, et ses propres fautes et les chagrins causés par lui à de si bons parents, à une si chère famille !

« Que Dieu bénisse tous mes bienfaiteurs ! Père chéri, mère bien-aimée, je vous embrasse avec le reste de la famille, et je me flatte que, sous deux ou trois jours, ce seront de véritables et complets embrassements.

« Mon cœur est déjà près de vous.

« Votre très-malheureux naguère, maintenant heureux et toujours bien tendre, SILVIO. »

A MADAME JOSÉPHINE PELLICO.

« Turin, 15 septembre 1830.

« Ma Joséphine,

« Ton Silvio est ici ; il ne trouve pas le moment de te dire combien son pauvre cœur a été inondé de joie et de tendres émotions, hier soir, quand il est arrivé à la maison paternelle, et qu'il a eu la consolation de se trouver dans les bras de ses parents et de ses frères ! Tu me manquais, ma bonne sœur, je ressentais, je ressens encore ton éloignement. Mais je me fais une raison en pensant que tu n'es plus à cinq cents milles de moi, et qu'il ne me sera pas difficile d'aller bientôt porter ma révérence à madame la supérieure de Chieri. N'est-il pas vrai que, si un jour j'apparais tout d'un coup devant toi, tu dépouilleras un moment ta gravité d'abbesse pour me dire que tu m'aimes? Oui, oui, toi aussi, tu m'as pardonné tout le chagrin que mes malheurs t'ont causé. La bonne Mariette aussi me manque ! Oh ! comme j'aurais voulu poser mon regard attendri sur cette chère sainte sœur ! Mais je comprime mes regrets en me disant à tout instant : « Elle n'est pas loin de nous.
« Heureuse en Dieu, elle jouit aussi de notre bonheur ac« tuel, c'est un ange qui a contribué à m'obtenir les grâces
« que j'ai reçues; elle veille, elle prie incessamment ; elle
« est ravie en extase dans la contemplation des bontés

« dont nous comble le Seigneur. » Pleurons-la, puis rions de nos larmes d'enfant, et, comme elle, réjouissons-nous dans le Seigneur.

« Je te remercie, toi aussi, mon amie chérie, de toute la part que tu as eue par tes prières et tes vertus au bien que j'ai obtenu.

« Dieu t'en récompensera, sais-tu! Lui seul peut t'en récompenser, et je le lui demanderai toute ma vie. »

Au Père Gian Gioseffo Boglino.

« Il y eut un an avant-hier que je revenais à Turin, de ma captivité. Quel jour de chères émotions! Revoir, après une si longue absence, après de si cruelles angoisses, un père, une mère, deux frères? — Oh! que grandes et nombreuses ont été, dans ma courte existence, les douleurs et les joies! Que Dieu soit béni pour les unes et les autres! Je ne changerais pas mon sort pour celui de personne au monde. »

§ V. — *Les joies du retour.*

Silvio Pellico était arrivé à Turin le 15 septembre 1830, faible, épuisé, respirant avec difficulté, et ayant grand besoin des soins d'une mère pour réparer une santé presque perdue. Le bonheur de se retrouver au milieu des siens était déjà le plus efficace des remèdes ; mais ce bonheur ne lui faisait pas oublier ceux qu'il avait laissés dans les fers, et l'un de ses premiers soins fut d'écrire aux parents de Borsieri pour leur parler de son infortuné compagnon, et mettre ainsi dans cette pauvre famille un peu de la joie qu'il rapportait dans la sienne.

23.

Cette joie était immense. La famille de Silvio Pellico se composait encore de cinq personnes : — d'abord son père, beau vieillard à longs cheveux blancs, âme saine et forte, intelligence cultivée, de qui Silvio avait reçu le génie poétique en même temps que la vie; car Onorato Pellico avait été poëte en son jeune âge; — son frère Luidgi, également poëte et auteur d'aimables comédies, esprit modeste et sûr; — un second frère, François, qui s'était fait prêtre, et plus tard jésuite; — puis le génie austère de la maison, celle de ses sœurs qui avait survécu, Joséphine, supérieure d'un couvent de Rosines, qui venait de loin en loin à Turin, prendre aussi sa part des joies de ce retour inespéré; haute et noble figure de religieuse que Silvio avait l'art de faire sourire, et à laquelle il adresse, et presque toujours en français, ses lettres les plus charmantes, les seules peut-être où s'éclaire d'un rayon de gaieté le fond mélancolique de sa pensée; — sa mère enfin, cette sainte femme qui avait entouré de soins si tendres sa maladive enfance qui, après l'avoir reconquis, le soutenait chaque jour dans ses nouvelles épreuves, et qui, d'instinct, l'encouragea plus que personne à écrire et à publier ses *Mémoires*. Il appartenait à un cœur de femme et de mère de comprendre mieux que les sages l'héroïsme chrétien d'un pareil récit; de telle sorte que, si Onorato Pellico a donné le poëte à l'Italie, c'est peut-être, c'est surtout à la mère que l'Italie doit le fervent chrétien.

Lorsque, autour de cette chère famille que Dieu venait de rendre à Silvio se furent groupés les amis d'autrefois et ceux que lui avaient donnés depuis le malheur et la renommée, que pouvait-il lui manquer encore? Hélas! la liberté de ceux qu'il avait laissés au Spielberg, et le retour de ceux qui gémissaient loin de leur patrie. Sa pensée se reportait surtout vers cette autre famille qui avait été la sienne à

Milan, celle des Porro. Le comte Porro vivait exilé à Marseille, et séparé de ses enfants, qui continuaient à habiter Milan. Nous avons de la pieuse fidélité des souvenirs de Silvio un précieux témoignage : c'est une espèce d'épître qu'à peine arrivé à Turin, il adressait au comte Porro, et dont voici le début :

« Je n'ai pas vécu avec toi, cher Porro, les années de l'adversité ; c'étaient, au contraire, les beaux temps où nous fûmes unis d'un lien si fraternel qu'il en est peu d'exemples parmi les âmes heureuses.

« Et quoique, devenus la proie d'une fatalité irrésistible, nous ayons été depuis arrachés l'un à l'autre, que tu aies pleuré au loin le sol de la patrie, pendant que moi, des fers chargeaient mes pieds.

« Ni certes tu ne m'as oublié, ni ton ami ne t'a mis en oubli ; et le ciel sait tout ce que mon cœur a répandu de gémissements sur tes jours attristés par l'exil !

« Vivant avec toi, j'étais lié à toi par la noblesse de ton âme, par les périls et le repos tour à tour partagés, mais, plus que tout le reste, par notre douce et commune tendresse pour tes chers fils confiés à mes soins.

« Ils étaient mon ambition la plus chère ! Ils étaient le souci de ma vie, mon espérance ! Et comme ils aimaient à faire montre de leur filial amour pour toi et aussi pour moi !

« La foudre tomba et rompit le charme de nos jours heureux. A moi elle vous ravit tous, à moi elle ravit toute joie; toi, tu pris, sans tes enfants, le chemin de l'exil !

« Et ce n'est qu'après deux lustres que j'ai revu mes vieux parents et les rivages paternels ! Cependant tes fils avaient grandi sans moi, et je n'ai plus revu leurs bien-aimés visages !

« Et il ne m'est pas permis de franchir les murs de leur

ville natale, ni à eux de fouler mes sentiers; nous nous aimons, mais, depuis que nos lèvres ne se les disent plus, combien de nos pensées mutuelles nous échappent!

« Je les ai tant aimés, je les aime tant, que toujours je repense à ces jeunes esprits, je voudrais te voir rendu à leurs embrassements, je demande à Dieu d'ouvrir leur âme à tous les nobles instincts :

« Mais qu'ils brillent en eux purs des dangereux prestiges qui entraînent les âmes ardentes, et qu'ils ne soient pas, comme nous, les tristes victimes de l'amour de la patrie! »

§ VI. — *Silvio chez la marquise de Barolo.*

Après que Silvio eut repris peu à peu la douce habitude de ce bonheur de tous les jours, qu'il se fut accoutumé à se revoir entouré des siens, à sentir le soleil d'Italie entrer chaque matin dans sa chambre, à s'agenouiller librement dans quelque église voisine de la maison paternelle, et que sa santé se fut un peu raffermie, en entendant murmurer à son oreille les vers applaudis au théâtre, il se souvint que, lui aussi, il avait été poëte.

Un mot de lui jette une grande lumière sur l'état de son âme à cette époque : « Que mon nom soit ou non célèbre, écrivait-il dans une lettre qui n'a pas été recueillie, qu'importe? Toutes les louanges qu'on me donne empêchent-elles qu'une infinité d'hommes obscurs ne soient meilleurs que moi? » Devenir meilleur, telle était sa grande affaire. Voilà pourquoi, s'écartant de plus en plus de la voie commune, il continuait son œuvre sur lui-même et cherchait à faire de son âme le plus accompli de ses ouvrages.

Mais, pour pouvoir se livrer sans trop de distraction à ce

travail intérieur, il lui fallait un asile qui ne fût pas un couvent, et où, sans renoncer au commerce de sa chère famille, il se vît à l'abri des soucis de la vie matérielle, une de ces saintes retraites qui tiennent de la vie monastique par la prière, mais qui se rattachent encore au monde par les œuvres extérieures de la charité. Cet asile lui fut noblement offert au palais Barolo. On éprouve un légitime orgueil à se dire que la bienfaitrice de Silvio Pellico, celle à qui il dut le repos et la consolation de ses derniers jours, était une Française, une Colbert, qui, en épousant le marquis de Barolo, se crut doublement *obligée*, et par le beau nom qu'elle quittait et par celui qu'elle avait pris. Chrétienne sincère et d'une active charité, et approuvée, soutenue par un mari dont la vertu était à la hauteur de la sienne, la marquise de Barolo n'eut pas de repos qu'elle n'eût doté sa patrie adoptive de ces écoles gratuites tenues par des Sœurs, dont elle avait admiré en France les salutaires effets. Elle fonda donc des écoles d'abord, puis des salles d'asile, enfin des infirmeries. Elle avait besoin, pour l'assister dans ses travaux, de quelqu'un dont la vocation eût toutes les délicatesses de la sienne et qui lui servît d'intermédiaire, notamment auprès des évêques, dont le droit et le devoir étaient de surveiller ces pieuses fondations. Elle cherchait une âme patiente et douce, un esprit qui sût parler tour à tour la langue des petits enfants et celle des princes de l'Église; une plume exercée et toujours prête : qui, mieux que Pellico, pouvait être appelé à remplir les multiples fonctions de ce sacerdoce de la charité? En 1815, il avait enseigné dans le collége des Orphelins militaires, à Milan ; plus tard, on le sait, il avait été chargé d'élever les enfants du comte Briche, et ensuite ceux du comte Porro ; et il ne laisse échapper aucune occasion de dire tout le charme qu'il trouvait à s'occuper de l'enfance. La marquise de Barolo eut l'instinct de cette aptitude de Silvio, et en fit sans bruit le ministre de sa bienfaisance privée. Du reste, loin de s'enorgueillir de cette noble confiance, Silvio Pellico, tout en grandissant le bienfait, n'est occupé dans sa correspondance qu'à se faire petit lui-même et à diminuer l'idée qu'on pouvait prendre de son crédit. Il dit quelque part avec une humilité charmante : « Je suis simplement un hôte que madame la marquise a la bonté de souffrir. » C'était bien mieux que cela.

Cependant on eût dit que Dieu n'avait donné à Silvio Pellico une nouvelle famille que pour lui rendre moins accablante la douleur de se voir enlevés, l'un après l'autre, cette première famille, au sein de laquelle il vivait toujours par le cœur. Ce fut sa mère que Dieu reprit d'abord à son amour ; cette sainte femme mourut le 12 avril 1837, bénissant Dieu qui, après avoir ramené l'absent dans ses bras, lui avait accordé près de sept années pour s'accoutumer à l'idée de le perdre encore. Si le coup fut rude pour tous, combien plus pour Silvio, qui avait eu en sa mère, depuis son retour, un guide et un oracle ! Mais lui seul pourra trouver des paroles pour déplorer une telle perte.

Au mois de mai de l'année suivante, la famille était de nouveau agenouillée autour d'un lit de mort... La fin d'Onorata Pellico fut douce comme l'avait été celle de la compagne de toute sa vie. Pour comprendre le vide qui se fit dans l'âme de Silvio, il faut relire une lettre où il peint au comte Confalonieri l'agonie du vieillard. Rappelons également ce passage de la dédicace de *Leoniero da Dertona* :

« Je garde ineffaçables dans ma mémoire les jours où vous, mon père, vous initiiez vos fils à l'étude, et, leur apprenant à écrire en vers, vous les avertissiez qu'il ne fallait pas cultiver son esprit pour en devenir vain, mais par amour intellectuel et pour l'accord qui existe entre le beau et la vertu. » — « Ils m'ont appris, disait-il encore après cette double perte, d'abord à vivre, puis à mourir. »

« Etant allé le visiter, écrit un de ses amis, quelques jours après la mort de son père, je le trouvai seul, comme toujours, assis à un bureau, pâle, plus concentré que de coutume et le front penché sur sa Bible. »

Telle sera désormais l'attitude ordinaire de Silvio Pellico.

§ VII. — *Dernières années de Silvio et sa sainte mort.*

Après la mort de son frère Luidgi, Silvio écrivait avec une touchante expression d'amour fraternel : « Mes jours se sont obscurcis. »

L'état de sa santé empirait d'année en année. Chacune de ces épreuves avait emporté quelque chose de sa vie ; depuis la dernière, les crises étaient devenues plus fréquentes, plus douloureuses. C'étaient de continuelles suffocations aggravées par une toux opiniâtre, par de fortes douleurs de poitrine, qui souvent le retenaient des mois entiers au lit ou dans sa chambre, et le rendaient incapable de toute occupation suivie ; la lecture lui devenait alors difficile. De chacune de ces crises, Silvio Pellico se relevait plus faible, mais plus résigné ; et ce que j'admire ici, comme dans tout le cours de sa vie, ce n'est pas que le malheur et la souffrance l'aient ramené au christianisme, c'est que chez lui le christianisme ait triomphé de cette double et redoutable épreuve.

Cependant les atteintes de la maladie dont Silvio mourait depuis tant d'années, devenaient de jour en jour plus graves. Il passait de longs mois sans pouvoir se lever. Vers la fin de 1845, il avait fait, de compagnie avec son frère, un voyage à Rome, et Grégoire XVI l'avait reçu avec bonté. Il y était en 1851 avec la marquise de Barolo, et il avait eu la joie de saluer Pie IX. Mais si ces voyages, pleins de religieuses consolations et de ces pures jouissances qui semblent renouveler la vie, si un hiver passé à Naples, avaient un moment contenu le mal, il reprit, au retour, toute sa violence, et l'automne de 1853 ne fut qu'une longue crise. Silvio en sortait encore par instants. « Presque tous les matins, dit Briano, dans l'église de San Dalmazzo, on voyait un front plus triste, plus recueilli que tous les autres, se prosternant devant les autels, pêle-mêle avec le plus humble vulgaire, c'était Silvio Pellico. Quand il passait dans les rues, tout le monde remarquait sa démarche grave, lente, son front élevé vers le ciel, dans lequel étaient déjà toutes ses pensées. Il semblait ne plus appartenir à la terre et son front était entouré de l'auréole des bienheureux (1). Des jeunes gens, des étrangers s'attachaient à ses pas, attirés par cet aspect extraordinaire, par ce maintien peu commun et se réjouissaient d'avoir vu en face l'auteur de *Mes Prisons*. »

Dans les premiers jours de janvier 1854, ce pieux empressement fut trompé : la pieuse et chétive créature ne reparut plus sur le chemin de San Dalmazzo ; Silvio Pellico était tombé pour ne plus se relever. Cette fois il reconnut la mort ; mais il l'avait si souvent regardée en face, que devant ce doux et intrépide regard, depuis longtemps son aiguillon était émoussé.

Quinze jours avant de mourir, il disait : « Je vous rends grâce, ô mon Dieu, de m'avoir fait rencontrer plus d'amis que d'ennemis ! Bien des gens m'ont soutenu et me sont venus en aide dans le cours de ma vie ; un petit nombre a

(1) *Journal des Débats.*

cherché à me nuire : c'est de tout mon cœur que je pardonne à ces derniers et que je prie pour eux. »

Plus près de sa fin et ne pouvant plus tenir la plume, il faisait écrire à sa sœur : — « Je ne puis assez te remercier de ta constante amitié ; je n'ai besoin de recommander à tes prières ni mon âme, ni ma vénérée bienfaitrice, ni toutes les personnes qui m'ont pardonné mes défauts et m'ont traité avec bonté. Adieu, sœur ; adieu, frère ; adieu mon incomparable bienfaitrice : Oh ! oui, à Dieu, allons tous à Dieu ! *In manus tuas, Domine, commendo spiritum meum.* »

La sainte fille accourut assez tôt pour revoir une dernière fois celui à qui elle allait encore survivre, après tant d'autres pertes ! Quant à lui, désormais consolé, « il rendait grâce au Seigneur de l'avoir fait naître dans la religion catholique et de parents si exemplaires dans la foi et dans la vertu, et qu'il espérait revoir bientôt dans le royaume éternel. »

Peu d'heures avant la dernière, il plaisantait encore avec D. Ponte, le digne chapelain de la marquise. Comme celui-ci se retirait pour céder la place au médecin : — Ne vous éloignez pas, lui dit Silvio, redevenant tout à coup sérieux, mais toujours calme, peut-être avant peu aurons-nous besoin de vous.

« Donnez-moi, dit-il en souriant, une prise de tabac... Voyez-vous ? c'est la dernière que je prends... Dans deux ou trois heures je serai en paradis... je sens très-bien que je m'en vais... Si j'ai péché, j'ai expié... voyez-vous ?... Quand j'ai écrit *Mes Prisons*, j'ai eu quelque temps la vanité de me croire un grand homme... ce qui n'était pas vrai... et je m'en suis repenti toute ma vie... »

Vers trois heures du matin, le bon prêtre lui rappelant les souffrances de Jésus-Christ, pour le soutenir dans l'agonie, il se tourna de son côté pour lui répondre : — « Ah !

cher dom Ponte, je ne puis maintenant penser à autre chose qu'au Seigneur. Quand je serai mort, faites-vous mon interprète auprès de toutes les âmes compatissantes qui vous parleront de moi. »

Quelques instants après il avait cessé de vivre, le 31 janvier. — Toute sa vie, Silvio avait été pauvre. Quand on ouvrit son testament, il parut presque riche, tant il avait trouvé de choses à léguer à tous ceux qui l'avaient aimé ou simplement assisté (1).

Ainsi vécut, ainsi mourut l'homme éminent et bon. L'Europe entière a lu avec attendrissement le récit qu'il a fait de dix années de sa vie : on devait désirer d'en connaître la suite, et de savoir comment s'était servi de la liberté celui qui avait fait de la captivité un usage si admirable ; comment il avait pratiqué, dans une époque et dans un pays si pleins d'orages, de piéges et de tentations, ces maximes de l'Évangile qui avaient brillé à ses yeux d'une si vive lumière dans les ténèbres de la prison. Cette fin d'une belle histoire est tout entière dans les lettres de Silvio, récit d'autant plus attachant qu'il n'a rien d'apprêté et qu'il se continue de jour en jour, au fur et à mesure des événements, dans les épanchements de la famille et de l'amitié. Oublions aujourd'hui le poëte : il s'agit ici d'une âme qui se laisse voir telle que Dieu l'a faite, telle que le christianisme l'a achevée.

La vie de Silvio Pellico, de plus en plus ensevelie dans la souffrance, dans la prière et dans les bonnes œuvres, ne cessait d'être, par tout ce qu'on en savait, un enseignement pour ses contemporains. Couronnée par une mort sainte,

---

(1) Nous devons à la digne sœur de Silvio Pellico une copie de son testament, que nous reproduisons en note à la fin du chapitre.

elle a reçu de cette suprême épreuve la seule perfection qui lui manquât, et mérite aujourd'hui d'être offerte en exemple à tous les chrétiens. C'est celle d'un homme qui a porté jusqu'à l'héroïsme la patience, la bonté, la douceur, la bienveillance, la charité, l'amour du prochain, le pardon des injures, en un mot toutes les vertus évangéliques. La mère de Silvio Pellico était, par le sang, compatriote de saint François de Sales. Ceux qui liront les *Lettres* du fils trouveront peut-être qu'il l'était aussi par le cœur.

Le *Journal des Débats* lui-même, habituellement si injuste envers les catholiques, a publié les lignes suivantes à la mémoire de Silvio :

« La plupart des écrivains qui ont rendu un dernier hommage à Pellico se sont attendris sur ses malheurs. Il me semble qu'il faut plutôt envier sa vie. Il a reçu de Dieu un beau talent et une belle âme; il a eu de bons parents, de bons amis, qui l'ont tendrement et fidèlement aimé. Prisonnier, il a souffert pour une noble cause et s'est amélioré par la souffrance; après sa captivité, il a recueilli, sans orgueil, l'admiration du monde; il laisse après lui une mémoire honorée et bénie. Au point de vue humain, on peut concevoir une destinée plus héroïque et plus éclatante; au point de vue chrétien, il n'y en a pas de plus belle. »

TESTAMENT DE SILVIO PELLICO.

Au nom de la Très-Sainte-Trinité, Père, Fils et Saint-Esprit.
Je rends à Dieu, mon Sauveur, les plus vives actions de grâces de m'avoir donné la vie, et j'accepte volontiers la mort pour sa gloire, espérant que c'est pour mon bien éternel.

J'ai cette ferme espérance, appuyée sur les mérites infinis de Jésus-Christ, l'intercession de l'immaculée Vierge Marie et celle de tous les saints anges et des saints; confiant aussi dans les prières compatissantes de quelques âmes que je laisse sur la terre, parmi lesquelles je compte particulièrement mon frère, ma sœur et ma vénérée bienfaitrice, la marquise de Barolo, née Colbert.

Je remercie le bon Dieu de m'avoir fait naître dans la sainte Église catholique, apostolique, romaine, et de parents exemplaires dans la foi et dans la vertu, que j'espère rejoindre bientôt au royaume éternel. Je le remercie aussi de m'avoir donné des frères et des sœurs meilleurs que moi, et de ne pas avoir permis qu'il y eût dans notre famille des cœurs malveillants, ni même dans notre parenté personne qui se soit déshonoré par une mauvaise conduite. Je le remercie encore de m'avoir fait rencontrer plus d'amis que d'ennemis; bien des gens m'ont soutenu et me sont venus en aide dans le cours de ma vie; un petit nombre a cherché à me nuire: c'est de tout mon cœur que je pardonne à ces derniers et que je prie pour eux.

En remerciant Dieu d'avoir usé envers moi de tant de miséricorde sur cette terre, j'aime à remarquer avec la plus grande reconnaissance qu'il m'ait donné pour bienfaiteur le marquis Tancrède de Barolo et pour bienfaitrice sa pieuse mère, et de leur avoir donné à mon égard des cœurs si bons et si indulgents.

N'ayant rien à offrir à ma bienfaitrice qui soit digne d'elle, je la prie de vouloir accepter mon écritoire d'argent, qui, si elle n'a d'autre mérite par rapport à moi, a du moins celui de m'avoir été laissée par son excellent époux, d'heureuse et vénérée mémoire. Je la prie de choisir parmi mes livres de piété ceux qui peuvent lui être agréables : plusieurs m'ont été donnés par elle. Je la remercie des consolations que j'y ai puisées; je mets aussi à sa disposition les autres objets de piété qui m'appartiennent, particulièrement des reliques.

Je prie ma bienfaitrice de me pardonner de n'avoir pu assez répondre à ses bontés, et de l'avoir peut-être affligée bien des fois par mes défauts, quoique je l'aie constamment vénérée. Ah! oui, je l'ai vénérée et aimée, non-seulement pour le bien qu'elle m'a fait, mais, pour le bien immense que je l'ai vue faire, par la grâce de Dieu, dans ses maisons de charité, avec un zèle infatiguable, pour l'avantage temporel et spirituel de tous ceux à qui elle peut donner des secours et de bons exemples.

Dans l'impossibilité où je suis de lui offrir en ce monde la moindre récompense, je l'assure que lorsque je serai dans le paradis, où j'espère avoir le bonheur d'être admis, j'élèverai à Dieu les plus ardentes prières pour elle; mais, en attendant, je la prie de me continuer encore, après ma mort, d'être ma bienfaitrice, en m'aidant par ses suffrages à sortir bientôt des peines du purgatoire, que je n'ai sans doute que trop méritées.

J'implore ce secours de suffrages de toutes les personnes qui ont eu pour moi de l'amitié et de la bienveillance, entre autres le marquis Colbert de Maulevrier, frère de ma bienfaitrice, qui m'a tant édifié par sa piété; qu'il me soit encore permis de nommer la marquise Colbert de Maulevrier, la vicomtesse de Vibraye, son époux, mademoiselle Alix de Vibraye, et d'implorer leurs prières.

Je demande le même secours de prières aux personnes que je ne nomme pas, mais qui sont liées à ma bienfaitrice par amitié ou parenté, et je les remercie toutes d'avoir été si indulgentes pour moi et de m'avoir honoré de leur estime.

Je laisse avant tout le peu que je possède en biens, argent ou cédules, etc., à mon unique héritière, c'est-à-dire à ma très-chère sœur, afin qu'elle ait de quoi vivre. Je sais qu'il n'est pas nécessaire que je lui parle de notre très-cher frère. Si les Jésuites étaient persécutés et qu'il eût besoin de secours, Joséphine le regardera toujours comme participant du peu que nous avons, et fera pour lui tout ce qu'elle pourra.

Il est si inutile que je recommande à notre excellente sœur notre frère que nous aimons tant et qui nous a toujours aimés, et qui mérite toute notre estime et une pleine confiance, que je lui demande pardon d'en avoir parlé.

La petitesse de notre fortune ne me permet pas de faire des legs de bienfaisance; mais je me confie en toi, ma bonne sœur, persuadé que tu seras toujours compatissante envers les pauvres, et que, donnant l'aumône, ton esprit s'unira au mien, comme si nous la donnions ensemble, afin que le bon Dieu ait pitié de notre pauvre âme. Je te prie de faire célébrer à Chieri autant de messes que nous en avons fait célébrer à notre frère Louis, à l'époque de sa mort.

(Le testateur nomme ensuite quelques personnes à qui il a légué de petites sommes ou des souvenirs.)

Signé : Silvio Pellico.

ROYER-COLLARD

On lira avec édification les détails suivants sur les dernières années de Royer-Collard, qui exerça une grande influence sur ses contemporains, et qui n'attendit pas l'heure suprême pour recevoir les sacrements, sans ostentation et sans respect humain.

C'est ainsi qu'on voit figurer dans cette galerie les hommes les plus distingués de ce siècle dans la magistrature, les sciences, les lettres et l'armée. Malgré le malheur des temps et les efforts redoublés des sectaires, l'Église catholique compte toujours parmi ses fidèles, les cœurs les plus nobles et les esprits les plus distingués.

Royer-Collard (Pierre-Paul), né en 1763 à Sompuis, près de Vitry-le-Français, était avocat au parlement de Paris quand la révolution éclata. Il fut en 1792 secrétaire de la Commune de Paris, et en 1797 député au conseil des Cinq-Cents ; mais il en fut expulsé au 18 fructidor, parce qu'il aurait voulu une révolution sans violence. Après avoir agi secrètement en faveur de la royauté, il se renferma dans une studieuse retraite. Il fut nommé en 1811 professeur d'histoire et de philosophie moderne à la Faculté des lettres de Paris, dont il devint doyen. En 1814, il fut fait, par Louis XVIII, conseiller d'Etat et directeur de la librairie, et de 1815 à 1819, il fut placé à la tête de l'Université comme président de la commission de l'instruction publique. Il siégea à la Chambre des députés depuis 1815 jusqu'aux élections de 1842. Elu par sept colléges en 1827, il fut appelé à la présidence de la Chambre, qu'il occupa jusqu'en 1830. Il signa l'adresse des 221 sans en prévoir les conséquences. Il était entré à l'Académie française en 1827, et il mourut en bon chrétien en 1845. En politique, il figura avec un esprit systématique et sentencieux, mais avec un caractère honorable, à la tête de la fraction des partisans du régime constitutionnel fondé sur la prépondérance exclusive de la bourgeoisie, dont les vues découlaient de celles de Montesquieu et de Necker, et qu'on a appelés *doctrinaires*. En philosophie, il tenta de réagir contre le sensualisme et l'influence de Condillac, en s'appuyant sur les doctrines de l'école écossaise et sur la froide théorie d'un rigorisme rationnel. Il a caractérisé le XIXe siècle, lorsqu'il a dit : « Notre siècle a perdu deux choses : il a perdu dans l'ordre intellectuel l'attention, dans l'ordre moral le respect (1). »

Tout le monde sait comment M. Royer-Collard a vécu. On ne sait pas assez comment il a fini. On connaît le métaphysicien et le publiciste, on ne connaît pas assez le chrétien qui s'endort dans la croyance de ses pères, et qui veut être enterré dans un cimetière de village, au milieu des pauvres, au pied même de la croix (2). Au moment où le

(1) Voir la note *a* à la fin du chapitre.
(2) Le *Monde* cite un mot de Royer-Collard adressé à un médecin qui énonçait des idées de matérialiste : « Prenez garde de n'être qu'un vétérinaire ! »
Le mot est juste. Dans la théorie des *positivistes*, la Faculté de médecine est une annexe à l'Ecole d'Alfort.

succès scandaleux d'un livre follement vanté donne le signal de nouvelles attaques contre les fondements de la foi, quand de toutes parts la divinité du Christ est discutée avec effronterie ou niée avec impudence, on ne saurait trop mettre en lumière les enseignements qui relèvent la conscience publique ou les exemples qui la consolent. Mgr l'évêque de Perpignan, dans son mandement pour le carême de 1862, avait déjà signalé aux fidèles de son diocèse cette fin si édifiante, mais trop peu connue, d'un homme dont le nom a fait longtemps autorité, et dont tous les mots se répètent encore commes des axiomes.

Il n'est pas sans intérêt pour les fidèles d'apprendre qu'un homme qui a pris une si grande part aux affaires et aux discussions de son temps, qui a eu le malheur de prêter quelquefois des arguments aux ennemis de l'Eglise, a voulu, plusieurs années avant sa mort, se réconcilier entièrement avec elle et se montrer un ferme croyant (1).

Nous empruntons à la deuxième édition de l'ouvrage de M. de Barante, sur la *Vie politique de M. Royer-Collard* (2),

---

(1) Puisqu'on a élevé une statue à Voltaire, il n'est pas inutile de citer ce que pensait M. Royer-Collard de ce personnage. L'Académie française ayant mis *l'éloge* de Voltaire au concours, il se proposait de protester par la note suivante, retrouvée dans ses papiers et publiée par M. de Barante dans la *Vie politique de Royer-Collard*, t. II, p. 530 :

« Il y a un côté de Voltaire qu'il semble qu'on n'ait point osé considérer en face et qui est une partie importante de lui-même, celle à laquelle il attachait sa plus solide gloire. Voltaire a été, dans la seconde partie de sa vie, l'adversaire ou plutôt l'ennemi persévérant, infatigable du christianisme; cela ne peut pas être omis dans l'appréciation de Voltaire. Si le christianisme a été une dépravation, une corruption; s'il a fait l'homme pire qu'il n'était, Voltaire, en l'attaquant, a été un bienfaiteur du genre humain; mais si c'est le contraire qui est vrai, le passage de Voltaire sur la terre chrétienne a été une grande calamité. »

(2) Voyez la note (*b*) à la fin du chapitre.

les pages consacrées aux derniers moments de son illustre ami :

« ... Pendant les dernières années de la vie de M. Royer-Collard, d'autres pensées avaient pris une plus grande place dans ses méditations et fermentaient dans son âme. Il avait toujours eu plus que du respect pour la religion où il avait été élevé au milieu des traditions et des exemples d'une famille pieuse et fervente. Il avait voulu que ses filles, suivant l'exemple et les intentions de leur respectable mère, fussent élevées dans la connaissance la plus profonde et la pratique la plus austère des devoirs religieux. La tenue de sa maison avait un aspect de scrupuleuse sévérité. Il était exact aux offices de l'Eglise ; mais il semblait que sa religion consistât seulement dans l'accomplissement des devoirs moraux, dans la rectitude de ses intentions, dans l'instinct d'une bonne conscience. Lorsqu'il avança dans la vieillesse, quand il se sentit averti par des maladies graves, il commença à se dire en lui-même qu'il devait obéir à une loi dont il n'avait jamais cessé de respecter l'autorité et accomplir les devoirs qu'elle prescrit. La mort de sa seconde fille, qui avait passé sa vie entière dans la maladie et les souffrances, et dont la piété l'avait toujours édifié et attendri, eut sur lui une profonde influence. De ce moment un travail intérieur se fit dans son âme et le rapprocha de jour en jour davantage d'une obéissance complète aux commandements les plus essentiels de la religion. Ne manquant pas de foi, il ne voulut pas manquer d'obéissance.

« M. Royer-Collard ne parlait de ce qui se passait dans son âme à aucun de ses amis ; ce n'était point pour lui un sujet de conversation, mais de médiations intérieures. Il était plus expansif dans ses communications avec le plus ancien compagnon de sa vie, M. Becquey, qui, avec un autre caractère, une autre disposition d'esprit, se sentait aussi disposé à passer les dernières années de sa vie dans le calme et la résignation qui rassurent contre les approches de la mort.

« Une lettre qu'il lui écrivait le 14 juillet 1841, quatre ans avant sa mort, témoigne de ce qui se passait alors dans sa conscience. Il faut savoir que M. Royer-Collard et M. Becquey avaient tous deux choisi pour confesseur le vénérable abbé de Barante, du clergé de Saint-Sulpice :

« Quand j'ai reçu votre lettre, je descendais mon escalier
« pour aller rue Cassette. Vous savez comment on y est
« reçu. J'y suis retourné avant-hier, et, dans ce second en-
« tretien, tout s'est accompli de part et d'autre. J'ai été
« sincère, je n'ai rien retenu, rien déguisé, rien accommodé
« à ma vanité. Je ne triomphe pas, je n'en ai pas sujet;
« mais j'en éprouve une véritable satisfaction. J'ai fait tout
« ce qui dépend de moi ; je suis rentré dans l'ordre, et je
« suis résolu à n'en plus sortir. »

« Deux mois après, le 20 septembre, M. Royer-Collard écrivait, en réponse à une lettre de M. Becquey :

« Je comprends bien, mon cher ami, que vous ne soyez
« pas content de vous, car je ne le suis pas de moi. Nous
« avons été trop loin et trop longtemps dans la mauvaise
« voie pour rentrer amoureusement dans la bonne. Toute-
« fois, je prends confiance dans la résolution que nous avons
« prise, et dans laquelle nous persisterons, de vivre dans
« l'ordre, soumis, repentants, reconnaissants, et renvoyant
« l'irréparable à la miséricorde. »

« En 1844, il fut très-malade ; l'année suivante, le mal devint plus grave. Prévoyant sa fin prochaine, il s'y prépara et voulut mourir sans trouble, sans bruit, dans la retraite. Avant de partir pour Châteauvieux, il se confessa une dernière fois. Les habitants du village et les voisins, prévenus de son arrivée, l'attendaient en foule. « Je veux mourir au milieu de vous », leur dit-il. Puis il demanda à rester seul avec le curé. « Je viens mourir ici, lui disait-il ; j'ai pris mes « précautions avant de partir, mis ma conscience en « bon ordre. J'aime mieux être dans le cimetière de Châ- « teauvieux que dans un cimetière de Paris, où je serais con- « duit avec un convoi pompeux. D'ailleurs, ce n'est pas « mon affaire de me faire enterrer ; mon affaire est de bien « mourir, et je compte sur vous pour m'y aider. » Le curé tâcha de le détourner de ses pensées de mort, lui disant qu'il ne semblait pas fatigué de son voyage. « Je sais à quoi m'en tenir, répondit-il ; je ne puis ni ne veux me faire illusion. » Il avait pour ainsi dire réglé sa mort. De toutes ses facultés, qui n'étaient point sensiblement altérées, la mieux conservée, c'était sa volonté.

« Cependant, dès le lendemain, des symptômes alarmants se manifestèrent. Le médecin reconnut que le mal était sans remède. M. et Mme Andral partirent de Paris en apprenant cette triste nouvelle ; ils arrivèrent avec leur fils le 1er septembre. Le curé leur dit que M. Royer-Collard savait sa fin prochaine, qu'il l'acceptait avec résignation, et qu'il voulait voir seul M. Andral pour lui demander s'il prévoyait le moment.

« M. Andral monta dans la chambre du malade. « Mon- « sieur, lui dit M. Royer-Collard, je vais mourir, et je « tâche de m'y préparer. Je veux être administré et rece- « voir le saint Viatique, pendant que Dieu me laisse encore « la liberté de ma pensée et la complète disposition de moi- « même. Les traditions de ma famille m'ont appris que l'es- « prit de la religion est de ne pas attendre la dernière « heure, mais de s'y préparer aussitôt que le danger se « montre, en recevant l'Extrême-Onction. Je désire rece- « voir aussitôt après le saint Viatique. Suis-je en danger de

« mort, quoique le moment ne paraisse pas devoir encore
« être très-prochain ? » M. Andral gardait le silence. Après
un instant, M. Royer-Collard ajouta : « Monsieur, c'est une
« réponse sérieuse que je vous demande. Je suis préparé à
» tout. Que la volonté de Dieu s'accomplisse. »

« A cette interpellation faite d'un ton d'autorité imposant mais calme, M. Andral vit bien qu'il ne pouvait se taire. « Monsieur, si aucun accident ne survient, nous pou-
« vons espérer que Dieu vous réserve des jours dont lui
« seul connaît le nombre ; mais lui seul sait les suites que
« pourrait avoir un accident.—C'est bien»,reprit M. Royer-Collard, et il ajouta avec le même calme : « Est-il possible
« qu'en employant la journée de demain à me préparer,
« j'aurai autant de force après-demain, à cinq heures du
« matin ? » M. Andral répondit que si les vomissements s'éloignaient, il y avait lieu d'espérer que les forces se relèveraient. M. Royer-Collard ajouta : « Ne dites pas le moment
« à ma fille que j'ai laissée si affaiblie. »

«...Le surlendemain, à cinq heures du matin, M. Royer-Collard reçut les sacrements ; il n'avait pas voulu que Mme Royer-Collard et Mme Andral fussent présentes, il craignait leur émotion; son petit-fils, Paul Andral, assistait seul à cette triste cérémonie. Il accomplit ce dernier devoir avec un grand sentiment de piété, répondant lui-même à toutes les prières, ainsi que son petit-fils, à qui il donna sa bénédiction. « Soyez chrétien, lui dit-il ; ce n'est pas assez,
« soyez catholique. Il n'y a de solide dans ce monde que les
« idées religieuses ; ne les abandonnez jamais, ou, si vous
« en sortez, rentrez-y. »

« Il demanda au curé de réciter les prières des agonisants : « Il ne faut pas, dit-il, trop attendre pour méditer ces
« belles prières. Je veux les repasser sans cesse en moi-
« même et m'en pénétrer.

« Cependant les forces déclinaient avec une rapidité désespérante. Le malade gardait toujours la pleine possession de lui-même. Il recommanda les charités qu'il voulait faire ; il répéta sa volonté d'être enterré dans le cimetière, loin des pompes funèbres et des discours prononcés sur sa tombe. Ses souffrances étaient affreuses ; il les supportait avec une patience admirable, sans laisser échapper une plainte. Et comme le curé demandait à Dieu le soulagement de ses douleurs, il lui dit : « Monsieur le curé, priez Dieu « de m'accorder la force de supporter mes souffrances avec « patience. » Il souhaita qu'on répétât les prières des agonisants, et il faisait arrêter lorsque quelques paroles faisaient impression sur lui. La chambre était remplie de tous les gens de la maison agenouillés, qui répondaient aux prières, mais avec un calme respectueux que ne troublaient pas les larmes et les sanglots étouffés. Le curé lui demanda de donner une bénédiction. « Ce n'est pas à moi de donner une « bénédiction ; c'est moi qui demande la bénédiction de « Dieu. » Un crucifix, qui avait appartenu à sa mère, qu'il avait toujours gardé, qui avait reçu le dernier soupir de sa fille, lui fut présenté par le curé, qui le posa sur ses lèvres ; peu de moments après, la respiration s'éteignit paisiblement : les douleurs et la vie avaient cessé. »

NOTE (a).

Nous ne nous chargeons pas de justifier toutes les idées politiques de Royer-Collard ; elles se ressentent de l'époque et du milieu dans lequel il a vécu. Malgré cela, ses discours sont remplis de belles sentences, dignes de ce génie grave et élevé, en voici plusieurs :

— « Les crimes de la Révolution n'étaient pas nécessaires. Ils ont été l'obstacle, non le moyen. »

— « Le beau se sent, et ne se définit pas. Il est partout, en nous et hors de nous ; dans les perfections de notre nature et dans les merveilles du monde sensible ; dans l'énergie indépendante de la pensée solitaire et dans l'ordre public des sociétés ; dans la vertu et dans les passions ; dans la joie et dans les pleurs, dans la vie et dans la mort. »

— « Des bibliothèques, les livres ont passé dans les esprits. C'est de là qu'il faut les chasser. »

— « Les sociétés humaines naissent, vivent et meurent sur la terre. Mais elles ne contiennent pas l'homme tout entier. Il lui reste la plus noble partie de lui-même, ces hautes facultés par lesquelles il s'élève à Dieu, à une vie future, à des biens inconnus dans un monde invisible. Ce sont les croyances religieuses, grandeur de l'homme, charme de la faiblesse et du malheur, recours inviolable contre les tyrannies d'ici-bas. »

Comme son éloquence s'agrandit avec son sujet !

« La religoin est en elle-même et par elle-même. Elle est la vérité sur laquelle les lois ne décident point. La religion n'a d'humain que ses ministres ; faibles hommes comme nous, soumis aux mêmes besoins, sujets aux mêmes passions, organes mortels et corruptibles de la vérité incorruptible et immortelle. »

— « Nous avons traversé des temps criminels ; nous n'avions pas cherché la règle de nos actions dans la loi, mais dans nos consciences. Nous avons obéi à Dieu plutôt qu'aux hommes. »

— « Le gouvernement, au lieu d'exciter l'énergie commune, relègue tristement chacun au fond de sa faiblesse individuelle. Nos pères n'ont pas connu cette profonde humiliation. Ils n'ont pas vu la corruption placée dans le droit public et donnée en spectacle à la jeunesse étonnée, comme la leçon de l'âge mûr. »

NOTE (b).

Déjà, en 1856, M. le baron de Barante ne craignait pas de faire entendre, en pleine Académie française, un langage évidemment chrétien. On peut s'en convaincre par le passage suivant, que nous détachons de son *Discours sur le prix de vertu*, prononcé dans la séance du 28 août :

Le secours accordé au malheur et à la misère ne suffit pas pour que le bienfaiteur soit charitable. « Quand je distribuerais tout mon bien aux pauvres, cela ne me servira à rien devant Dieu, si je n'ai point la charité. » Ainsi parle l'Apôtre. Il faut que l'aumône soit inspirée, non point par la compassion, non point par un sentiment de convenance ou de justice, mais par sympathie, par affection, par obéissance à la loi divine. « Aimez votre prochain comme vous-même. » C'est le second commandement égal au premier : « Vous aimerez Dieu de toute votre âme. »

Depuis l'Evangile, aimer et secourir son prochain est devenu un acte de religieuse adoration ; le divin Rédempteur s'étant identifié avec la nature humaine, ayant accepté ses souffrances et ses misères, on a pu écrire sur la porte d'un hôpital : « *Christo in pauperibus*, au Christ dans les pauvres. »

Qui se conforme le mieux au précepte évangélique, si ce n'est l'indigent, quand il retranche sur ses ressources nécessaires pour nourrir son frère en pauvreté ; quand il consacre une part de son travail à le secourir ; quand il emploie une part de son temps à le soigner ?

M. de Barante, comme son illustre ami, Royer-Collard, a couronné sa vie laborieuse par une fin bien chrétienne.

Voici les dernières lignes d'un article de M. A. Boullée sur la vie et les ouvrages de M. de Barante :

« Cette existence si digne et si utile approchait de son terme. Des deuils intimes de famille, que n'avaient pu guérir les plus florissantes compensations, des souffrances continues vinrent altérer sérieusement une santé que les glaces de l'âge défendaient mal contre de telles atteintes. L'hiver de 1865 et celui de 1866 ne ramenèrent point à Paris M. de Barante, si scrupuleux dans l'accomplissement de ses devoirs académiques. Ses nombreux amis en tirèrent un fâcheux augure, qui ne devait que trop tôt se réaliser. Le mal s'aggrava rapidement en effet pendant l'hiver de 1866. Le vénérable malade reçut avec ferveur les derniers sacrements, et, dans la soirée du 21 novembre, il expira au milieu des prières de sa famille et dans les bras de la sainte compagne qui avait embelli ses jours prospères et répandu les plus douces consolations sur ses années d'adversité.

(*Le Correspondant*, janvier 1867.)

HENRI LACORDAIRE

§ Ier. — *Les premiers souvenirs de son enfance.*

Le P. Lacordaire a raconté lui-même, dans ses *Mémoires* les premiers souvenirs de son enfance. On a lu déjà ces pages admirables dans les *Lettres à des jeunes gens,* publiées par M. l'abbé Perreyve ; mais c'est leur place ici, et l'on nous pardonnera sans peine de les reproduire :

« Mes souvenirs personnels commencent à se débrouiller vers l'âge de sept ans.

« Deux actes ont gravé cette époque dans ma mémoire. Ma mère m'introduisit alors dans une petite école pour y commencer mes études classiques, et elle me conduisit auprès du curé de sa paroisse pour y faire mes premiers aveux. Je traversai le sanctuaire et je trouvai seul, dans une vaste et belle sacristie, un vieillard vénérable, doux et bienveillant. C'était la première fois que je m'approchais du prêtre, je ne l'avais vu jusque-là qu'à l'autel, à travers les pompes et l'encens. M. l'abbé Deschamps, c'était son nom, s'assit sur un banc, et me fit mettre à genoux près de lui. J'ignore ce que je lui dis et ce qu'il me dit lui-même ; mais le souvenir de cette première entrevue entre mon âme et le représentant de Dieu me laissa une impression pure et profonde. Je ne suis jamais rentré dans la sacristie de Saint-Michel de Dijon, je n'en ai jamais respiré l'air, sans que ma première confession ne me soit apparue sous la forme de ce beau vieillard et de l'ingénuité de mon enfance. L'église tout entière de Saint-Michel a, du reste, participé à ce culte pieux, et je ne l'ai jamais revue sans une certaine émotion, qu'aucune autre église n'a pu m'inspirer depuis. Ma mère, Saint-Michel et ma religion naissante font dans mon âme une sorte d'édifice, le premier, le plus touchant et le plus durable de tous.

« A dix ans, ma mère obtint pour moi une demi-bourse au lycée de Dijon. J'y entrai trois mois avant la fin de l'année scolaire. Là, pour la première fois, la main de la douleur vint me saisir, et, en se révélant à moi, me tourner vers Dieu par un mouvement plus affectueux, plus grave et plus décisif. Mes camarades, dès le premier jour, me prirent comme une sorte de jouet ou de victime. Je ne pouvais faire un pas sans que leur brutalité ne trouvât le secret de m'atteindre. Pendant plusieurs semaines je fus même privé par violence de toute autre nourriture que ma soupe et mon pain. Pour échapper à ces mauvais traitements, je gagnais pendant les récréations, quand cela m'était possible, la salle d'étude, et je m'y dérobais sous un banc, à la recherche de mes maîtres ou de mes condisciples. Là seul, sans protection, abandonné de tous, je répandais devant Dieu des larmes religieuses, lui offrant mes souffrances précoces comme un sacrifice, en m'élevant vers la croix de son Fils par une union très-tendre (1). »

---

(1) Le *Journal de Paris*, rédigé par des universitaires, faisait dernièrement ce tableau de la vie de lycée :
« Nous avons connu, dit-il, le séjour de ces lycées froids,

Nous suspendons ici la narration pour recueillir avec piété ces premières *larmes religieuses*, cette première révélation de Dieu à cet enfant par la douleur, cette première vision de son salut dans la croix de Jésus-Christ. Cette petite victime, cachée sous un banc dans le collége dont elle sera l'honneur, et se réfugiant aux pieds de la grande Victime, c'est toute la vie du Père Lacordaire. Dieu ne l'élèvera qu'après l'avoir abaissé. Il connaîtra la gloire, mais au prix des plus dures humiliations, des plus amères déceptions ; et dans le succès comme dans les revers, son refuge, son remède, sa vie,

malsains et tristes, placés dans le centre des villes.... Oh ! je me souviendrai toujours des longs corridors sombres que l'on parcourait en emboîtant le pas ! Jamais prison ne m'a paru plus triste que celle où s'écoula une partie de mon enfance, ployée sous un régime de terreur.

« L'enfant qui, ailleurs, apprend à aimer la liberté, comme l'a dit excellemment M. Haentjens, contracte au collége, à la fois, la crainte et la haine, également exagérées toutes deux, de l'autorité. Un caractère passionné et délicat met dix ans à se relever de l'aplatissement et de la sournoiserie que lui impose facilement la tyrannie de l'internat ; pour moi, au souvenir de ce que j'y ai souffert, mon sang bouillonne, et je me souviens que j'ai prononcé jadis un serment d'Annibal que je tiendrai.

« L'intelligence surmenée par trop de travail, par un travail le même pour tous, léger il est vrai pour les natures d'élite, mais écrasant pour les autres et vite abandonné, le caractère avili, je maintiens le mot, poussé tantôt aux révoltes, tantôt aux tristesses, le plus souvent à une résignation rancunière et basse, ne sont pas les seuls résultats du régime de l'internat. . . . . les mœurs s'y corrompent, et il ne saurait en être autrement avec la promiscuité de vie qu'on impose à de certains fanfarons de vice de quinze ans et à d'irresponsables enfants de de dix à douze. Mais passons. En admettant que, par grand miracle, un interne échappe à la corruption précoce, surtout dans les lycées de province, échappera-t-il aux inconvénients de cette vie sans air, sans exercices, sans émotion, sans la nature ? »

sa passion, ce sera la croix, la croix de Celui qui était venu le chercher petit écolier sous son banc, dit le Père Chocarne.

« Elevé par une mère chrétienne, courageuse et forte, la religion avait passé de son sein dans le mien comme un lait vierge et sans amertume. La souffrance transformait cette liqueur précieuse en un sang déjà mâle qui me la rendait propre, et faisait d'un enfant une sorte de martyr. Mon supplice cessa aux vacances et à la rentrée scolaire, soit qu'on fût las de me poursuivre, soit que peut-être j'eusse mérité ce pardon par une moindre innocence et une moindre candeur.

« En même temps arrivait au lycée un jeune homme de vingt-quatre à vingt-cinq ans, qui sortait de l'Ecole normale, d'où il avait été appelé pour diriger une classe élémentaire. Bien que je ne fusse pas de ses élèves, il me rencontra et me prit en affection. Il habitait deux chambres isolées dans un coin de l'établissement, on me permit d'aller y travailler sous sa garde pendant une partie des études. Là, durant trois années, il me prodigua gratuitement les soins littéraires les plus assidus. Quoique je ne fusse qu'un écolier de sixième, il me faisait lire beaucoup et apprendre par cœur, d'un bout à l'autre, des tragédies de Racine et de Voltaire, qu'il avait la patience de me faire réciter. Ami des lettres, il cherchait à m'en inspirer le goût; homme de droiture et d'honneur, il travaillait à me rendre doux, chaste, sincère et généreux, et à dompter l'effervescence d'une nature peu docile. La religion lui était étrangère : il ne m'en parlait jamais, et je gardais le même silence à son égard. Si ce don précieux ne lui eût pas fait défaut, il eût été pour moi le conservateur de mon âme, comme il fut le bon génie de mon intelligence; mais Dieu, qui me l'avait envoyé comme un second père et un véritable maître, voulait, par une permission de sa providence, que je descendisse dans les abîmes de l'incrédulité, pour mieux connaître un jour le pôle éclatant de la lumière révélée : M. Delahaye, mon vénérable maître, me laissa donc suivre la pente qui emportait mes condisciples loin de toute foi religieuse, mais il me retint sur les foyers élevés de la littérature et de l'honneur, où lui-même avait assis sa vie. Les événements de 1815 me le ravirent prématurément. Il entra dans la magistrature. J'ai toujours associé son souvenir à tout ce qui m'est arrivé d'heureux. »

§ II. — *Dernière joie religieuse.*

« J'avais fait ma première communion dès l'année 1814, à l'âge de douze ans ; ce fut ma dernière joie religieuse et le dernier coup de soleil de l'âme de ma mère sur la mienne. Bientôt les ombres s'épaissirent autour de moi ; une nuit froide m'entoura de toute part, et je ne reçus plus de Dieu dans ma conscience aucun signe de vie (1).

Élève médiocre, aucun succès ne signala le cours de mes études ; mon intelligence s'était baissée en même temps que mes mœurs, et je marchais dans cette voie de dégradation qui est le châtiment de l'incroyance et le grand revers de la

---

(1) Quelle mère ne frémirait en lisant cette parole ? La première communion, qui doit être le prélude de toute une vie nouvelle d'innocence et de bonheur chrétien, fut SA DERNIÈRE JOIE RELIGIEUSE ! Et au lieu des douces splendeurs de l'âme qui brillent alors sur le front de l'enfant pour connaître toujours, c'est tout à coup la *nuit* glacée, déjà presque semblable à celle que l'infortuné Jouffroy a décrite d'une manière si saisissante, en parlant de lui-même et de la philosophie dont il fut la victime !

(*Univers* du 4 septembre 1868.)

raison. Mais tout à coup, en rhétorique, les germes littéraires que M. Delahaye avait déposés dans mon esprit se prirent à éclore, et des couronnes sans nombre vinrent, à la fin de l'année, éveiller mon orgueil, bien plus que récompenser mon travail. Un cours de philosophie pauvre, sans étendue et sans profondeur, termina le cours des mes études classiques.

« En entrant à l'école de droit de Dijon, je retrouvai la petite maison de ma mère et le charme infini de la vie domestique, tendre et modeste. Il n'y avait dans cette maison rien de superflu, mais une simplicité sévère, une économie arrêtée à point, le parfum d'un âge qui n'était plus le nôtre, et quelque chose de sacré qui tenait aux vertus d'une veuve, mère de quatre enfants, les voyant autour d'elle adolescents déjà, et pouvant espérer qu'elle laisserait derrière elle une génération d'honnêtes gens, et peut-être d'hommes distingués. Seulement un nuage de tristesse traversait le cœur de cette femme bénie, lorsqu'elle songeait qu'elle n'avait plus autour d'elle un seul chrétien, et qu'aucun de ses enfants ne pouvait l'accompagner aux sacrés mystères de la religion (1).

« Heureusement, parmi les deux cents étudiants qui fréquentaient l'école de droit, il s'en rencontrait une dizaine dont l'intelligence pénétrait plus avant que le Code civil,

---

(1) Voilà comment le lycée rendit le futur orateur à la famille, à sa mère qui le lui avait confié ; voilà comment, d'après le discours de M. le Sénateur Bonjean, prononcé à la distribution de prix au lycée Charlemagne en 1868, l'*Eglise catholique* DOIT à *l'enseignement universitaire* un des hommes qui « ont jeté le plus d'éclat sur sa chaire. »

Si M. Bonjean ignore cette histoire, pourquoi parle-t-il de ce qu'il ne sait point ? Et si elle ne lui est pas inconnue, quel sera le jugement assez sévère pour caractériser sa parole ?

(*Univers*, loc. cit.)

qui voulaient être autre chose que des avocats de murs mitoyens, et pour qui la patrie, l'éloquence, la gloire, les vertus civiques étaient un mobile plus actif que les chances d'une fortune vulgaire. Ils se connurent bien vite par cette sympathie mystérieuse qui, si elle réunit le vice au vice, et la médiocrité à la médiocrité, appelle aussi au même foyer les âmes venues de plus haut et tendant à un but meilleur. Presque tous ces jeunes gens devaient au christianisme leur supériorité naturelle ; ils voulurent bien, quoique je n'eusse pas leur foi, me connaître comme l'un d'entre eux, et bientôt des réunions intimes ou de longues promenades nous mirent en présence des plus hauts problèmes de la philosophie, de la politique et de la religion. Je négligeai naturellement l'étude du droit positif, entraîné que j'étais par ce mouvement d'intelligence d'un ordre supérieur, et je fus un médiocre étudiant en droit comme j'avais été un médiocre élève du collège. »

Le Père Lacordaire a raconté comment il en était arrivé à ne plus croire, et le témoignage de ses amis s'accorde en ce point avec le sien. Il s'est assez souvent confessé de ses erreurs en public ; il a dit assez haut, dans la chaire, combien il est impossible de rester pur longtemps sans le secours surnaturel de la grâce, pour qu'il soit besoin d'insister sur la part coupable que l'indépendance de l'esprit et l'effervescence des passions prennent toujours dans l'apostasie d'un cœur de quinze ans. Mais s'il a dit adieu à la foi de sa mère, c'est qu'il n'y avait au lycée personne pour la soutenir : *Rien*, dit-il, *n'avait soutenu notre foi*. Il s'en est allé, il ne s'est pas enfui. Il a bu, comme tous ceux de sa génération, aux sources empoisonnées du siècle précédent, il ne s'y est point enivré. Son esprit incrédule s'est complu dans les objections, son âme n'a jamais connu la haine. Il y avait au dedans de lui-même trop d'affinité avec l'Evangile, il y avait dans cette intelligence trop d'amour sincère de la vérité, trop de candeur dans son âme, pour que le catholicisme ne lui apparût pas déjà comme le seul phare de sa vie, au milieu de cette *nuit froide qui l'entourait de toutes parts.*

« J'aime l'Évangile, disait-il alors, parce que la morale en est ineffable ; je respecte ses ministres, parce que l'influence qu'ils exercent est salutaire à la société ; mais la foi ne m'a pas été donnée en partage.

« Je sortis du collège à l'âge de dix-sept ans, avec une religion détruite et des mœurs menacées ; mais honnête, ouvert, impétueux, sensible à l'honneur, ami des belles-lettres et des belles choses, ayant devant moi, comme le flambeau de ma vie, l'idéal humain de la gloire (1). Ce résultat s'explique facilement. Rien n'avait soutenu notre foi dans une éducation où la parole divine ne rendait parmi nous qu'un son obscur, sans suite et sans éloquence, tandis que nous vivions tous les jours avec les chefs-d'œuvre et les exemples d'héroïsme de l'antiquité.

« Le vieux monde, présenté à nos yeux en ses côtés sublimes, nous avait enflammé de ses vertus ; le monde nouveau, créé par l'Évangile, nous était demeuré comme étranger. Ses grands hommes, ses Saints, sa civilisation, sa supériorité morale et civile, le progrès enfin de l'humanité

---

(1) Lacordaire avait reçu de Dieu une nature trop distinguée pour se laisser aller à ces désordres qui ravalent l'homme au-dessous des êtres privés de raison. Il écrivait, au mois d'avril 1860, à un ancien élève de Sorèze, les lignes suivantes :

« Je n'aime point à vous voir avec des camarades qui parlent de choses peu réservées, et qu'au fond vous n'approuvez pas. Je n'ai jamais vécu, même tout jeune et n'étant pas chrétien, dans des sociétés semblables : elles m'eussent inspiré du mépris. »

sous le signe de la croix, nous avaient échappé totalement. L'histoire même de la patrie, à peine entrevue, nous avait laissés insensibles, et nous étions Français par la naissance sans l'être par notre âme. »

On a beaucoup exagéré et inventé, dit M. Lorain, quand on a fait de Henri Lacordaire une espèce de tribun impie et d'athée démocrate. Que le déisme de l'étudiant se teignît encore un peu de raillerie voltairienne, ou plutôt des couleurs de Rousseau, qui répondaient beaucoup mieux à la consciencieuse gravité de son esprit, on ne saurait guère le nier, car, c'est un triste aveu qu'il faut bien faire, c'est par là qu'a passé la France. Mais l'écolier de Dijon n'est jamais allé au delà.

§ III. — *Son séjour à Paris.*

Le Père Lacordaire continue ainsi, dans ses *Mémoires*, le récit de ses premières années et de son arrivée à Paris.

« Le droit fini, ma mère, malgré son état très-gêné de fortune, songea à me faire faire mon stage au barreau de Paris. Elle y était poussée par ses espérances maternelles sur moi ; mais Dieu avait d'autres desseins, et elle m'envoyait, sans le savoir, aux portes de l'éternité.

« Paris ne m'éblouit point. Accoutumé à une vie laborieuse, exacte et honnête, j'y vécus comme je venais de vivre à Dijon ; avec cette douloureuse différence que je n'avais plus autour de moi ni condisciples, ni amis, mais une solitude vaste et profonde, où personne ne se souciait de moi, et où mon âme se replia sur elle-même sans y trouver Dieu ni aucun dogme, mais l'orgueil vivant d'une gloire espérée.

« Adressé par M. Riambourg, l'un des présidents de la

cour royale de Dijon, à M. Guillemin, avocat au conseil, je travaillai dans son cabinet avec une patiente ferveur, suivant un peu le barreau, attaché à une société de jeunes gens qu'on appelait des *Bonnes Etudes*, société à la fois royaliste et catholique, et où je me trouvais, sous ce double rapport, comme un étranger. Incroyant dès le collége, j'étais devenu libéral sur les bancs de l'école de droit, quoique ma mère fût dévouée aux Bourbons, et qu'elle m'eût donné au baptême le nom de Henri en souvenir de Henri IV, la plus chère idole de sa foi politique. Mais tout le reste de ma famille était libéral ; je l'étais moi-même par instinct, et à peine eus-je entendu à mon oreille le retentissement des affaires publiques, je fus de ma génération par l'amour de la liberté, comme je l'étais par l'ignorance de Dieu et de l'Evangile. C'était M. Guillemin, mon patron, qui m'avait poussé aux *Bonnes Etudes*, espérant que j'y réformerais des pensées qui n'étaient pas les siennes. Mais il se trompait. Aucune lumière ne me vint de ce côté, aucune amitié non plus. Je vivais solitaire et pauvre, abandonné au travail secret de mes vingt ans, sans jouissances extérieures, sans relations agréables, sans attrait pour le monde, sans enivrement au théâtre, sans passion du dehors dont j'eusse conscience, si ce n'est un vague et faible tourment de la renommée. Quelques succès de cour d'assises m'avaient seuls un peu ému, mais sans m'attacher. » (*Mém.*, p. 389.)

§ IV. — *Sa conversion.*

Si l'on veut connaître l'homme dans le Père Lacordaire, c'est ici, dans sa petite chambre d'avocat stagiaire à Paris, qu'il faut le regarder et l'entendre. Jamais peut-être il n'a jeté de cris plus vrais, plus éloquents, qui ouvrent sur le fond de cette nature singulière un jour plus naturel et plus vif. Ce n'est point ici une chaire, ni une tribune, ni un livre; ce n'est même pas une correspondance; il écrit à ses amis, à cet âge si volontiers expansif; mais ses amis ne le comprennent pas, ne savent que lui répondre. C'est une âme aux prises avec elle-même et avec Dieu, une âme qui se déchire et se met à nu dans la lutte, une âme qui se débat, *sans le savoir, aux portes de l'éternité.* C'est l'heure de la vocation : heure solennelle et grave où l'homme *placé entre les mains de son conseil,* s'entend appeler d'en haut et sommé de choisir sa route et sa vie; heure plus grave et plus solennelle encore pour l'homme que Dieu prédestine à de grands desseins. Il s'entend appeler; mais d'où vient la voix ? — Du ciel ? — Hélas! il ne croit plus au Dieu de sa mère, le seul à qui l'on ose parler, et qui daigne répondre. Des voix de la terre l'appellent aussi et veulent le retenir. L'amitié est un de ses rêves. Il cherche des amis, il en trouve, ils sont parfaits. Il leur écrit des lettres où son âme tendre et naïve s'ouvre avec transport aux plus enivrantes perspectives, et se donne sans calcul pour l'éternité. Puis le lendemain, la lumière se fait et le charme s'évanouit. Il n'a pas la foi religieuse de ceux qu'il voudrait aimer; ils n'ont pas ses espérances politiques; il s'aperçoit, désenchanté, que sans l'unité de croyances l'amitié véritable est impossible, et il retombe avec douleur dans son triste isolement. La gloire l'appelle aussi, mais sa froide raison l'arrête, en lui montrant, sous ce fantôme drapé dans sa pourpre, le vide et la mort. La solitude lui plaît; mais, sans Dieu et sans amis, elle lui est un désert aride. Il aime les livres, mais il ne peut en jouir; tout l'ennuie, tout le fatigue; il comprend qu'*il est des besoins pour qui cette terre est stérile.* Le monde est trop petit. Il lui faudrait l'infini; il y aspire;

mais le ciel est fermé, et, de ce côté, rien encore, aucun signe, aucune certitude, aucun repos.

Fatiguée de sa course dans le vide, cette âme est là, abattue, épuisée, haletante. Elle avoue son impuissance, elle cherche la lumière de bonne foi, et prie Dieu d'avoir pitié d'elle. C'est là que Dieu l'attendait. Le nuage alors se déchire. La vérité se découvre, et, en se montrant, attire à elle le disciple égaré et meurtri. C'était la seconde révélation de Dieu par la souffrance à son enfant bien-aimé (1).

Laissons-le parler :

« C'est dans cet état d'isolement et de mélancolie intérieure que Dieu vint me chercher. Aucun livre, aucun homme ne fut son instrument près de moi. Le même M. Riambourg qui m'avait mis en rapport avec M. Guillemin m'avait aussi présenté à M. l'abbé Gerbet, l'un des jeunes amis du plus illustre ecclésiastique de ce temps-là. Mais en vain. C'était en vain aussi que j'avais été conduit un jour dans une chambre obscure des bureaux de la grande aumônerie, en présence de M. l'abbé de la Mennais. Sa vue et son entretien n'avaient produit sur moi qu'une impression de curiosité. Aucune prédication chrétienne n'avait non plus captivé mon attention ; M. Frayssinous n'était plus que ministre des affaires ecclésiastiques, et nulle voix célèbre n'avait remplacé la sienne dans les chaires de la capitale. Après dix-huit mois j'étais seul comme le premier jour, étranger dès lors à tout parti, sans foi qui me portât, sans influence qui éclairât mon esprit, sans amitié qui me soutint, sans foyer domestique qui me donna le matin la perspective des joies du soir. Je devais souffrir sans doute d'un isolement si dur et si complet, mais il entrait dans les voies de Dieu sur moi ; je traversai péniblement ce désert de ma

---

(1) Voir la note (a) à la fin du chapitre.

25.

jeunesse, ne sachant pas qu'il aurait son Sinaï, ses éclairs et sa goutte d'eau.

Trois mois avant son adieu au monde, il écrit encore : « Ils me prédisent tous un bel avenir, et cependant je suis quelquefois fatigué de la vie. Je ne peux plus jouir de rien : la société a peu de charmes pour moi ; les spectacles m'ennuient ; je deviens négatif dans l'ordre matériel. Je n'ai plus que des jouissances d'amour-propre ; je vis de cela, et encore je commence à m'en dégoûter. J'éprouve chaque jour que tout est vain. Je ne veux pas laisser mon cœur dans ce tas de boue. Puis il ajoutait en finissant : *Oui, je crois!*... D'où vient que nos amis ne me comprennent pas ? D'où vient qu'ils doutent et se moquent de ma conversion religieuse ? Serai-je donc le seul de bonne foi, puisque personne ne me comprend ? »

Ses amis, en effet, étaient loin de soupçonner le chemin qu'avait fait son esprit en quelques mois. Ce n'est pas qu'il y eût désaccord apparent entre sa vie et ses nouvelles croyances. Ses mœurs étaient redevenues irréprochables et d'une intégrité telle qu'elle étonnait ses amis, même chrétiens. Gai de caractère, plein d'esprit et d'entrain dans les conversations, il n'aimait pas les libres propos, et lorsqu'on en prononçait devant lui, il témoignait son déplaisir par son silence. Un de ceux qui l'ont mieux connu à cette époque nous avouait qu'il avait regardé sa conversion et son entrée à Saint-Sulpice comme la récompense de la pureté de ses mœurs. Il ajoute que la droiture de son esprit et la candeur de son âme étaient pour lui si hors de doute, que, lorsqu'il le vit engagé plus tard dans la voie périlleuse de l'*Avenir*, il n'avait pas hésité à prédire que sa foi et son honneur en sortiraient sains et saufs, et que Dieu ne pouvait pas l'abandonner.

Mais si ses amis avaient remarqué ce nuage de tristesse

sur son front, ils n'en avaient pas compris la cause ou n'y avaient pas cru. On le voyait plus rarement ; il était grave, préoccupé, soucieux. Parfois, l'œil d'un ami le surprenait dans une église, à genoux, caché derrière un pilier, immobile, absorbé dans une profonde méditation. Un jour, un de ses collègues, celui-là même auquel il avait offert son amitié dans une lettre qu'on n'a pas oubliée, vint le voir dans sa petite chambre de la rue Monthabor. Il était seul, assis à son bureau, la tête entre ses mains ; sur la table, pas un livre, pas une feuille de papier. Henri, lui dit-il, vous êtes triste ; vous connaissez mon dévouement ; je ne vous demande pas votre secret ; mon amitié ne veut aller qu'au devant de vos désirs. — Je vous remercie, lui répondit Henri Lacordaire, mais permettez-moi de ne vous rien dire encore. Le projet que je médite n'est pas parfaitement arrêté dans mon esprit. S'il aboutit, je vous promets que vous serez des premiers à le savoir. Peu de temps après, le jeune avocat reçut la visite de Henri. Eh bien ! lui dit-il, mon parti est pris ; j'entre au séminaire. A ce mot étrange, la première pensée de l'interlocuteur fut de se demander si, dans la tête ardente de son ami, l'imagination n'avait pas dérangé la raison. Henri se mit alors à lui raconter par quelle secrète voie la vérité avait retrouvé le chemin de son esprit et de son cœur.

§ V. — *Son entrée au séminaire.*

Il était converti. Il avait besoin de dire ses impressions, sa joie, sa reconnaissance pour Dieu à ceux de ses amis qui pouvaient le comprendre. La veille de son entrée au séminaire, le 11 mai 1824, il écrivait : « Il faut bien peu de paroles pour dire ce que j'ai à dire, et cependant mon cœur a besoin d'être long. J'abandonne le barreau ; nous ne nous y rencontrerons jamais. Nos rêves de cinq ans ne s'accompliront pas. J'entre demain matin au séminaire de Saint-Sulpice... Hier les chimères du monde remplissaient encore mon âme, quoique la religion y fût déjà présente : la renommée était encore mon avenir. Aujourd'hui je place mes espérances plus haut, et je ne demande ici-bas que l'obscurité et la paix. Je suis bien changé, et je t'assure que je ne sais pas comment cela s'est fait. Quand j'examine le travail de ma pensée depuis cinq ans, le point d'où je suis parti, les degrés que mon intelligence a parcourus, le résultat définitif de cette marche lente et hérissée d'obstacles, je suis étonné moi-même, et j'éprouve un mouvement d'adoration vers Dieu. Mon ami, cela n'est bien sensible que pour celui qui a passé de l'erreur à la vérité, qui a la conscience de toutes les idées antérieures, qui en saisit la filiation, les alliances bizarres, l'enchaînement graduel, et qui les compare aux différentes époques de sa conviction. Un moment sublime, c'est celui où le dernier trait de lumière pénètre dans l'âme et rattache à un centre commun les vérités qui y sont éparses. Il y a toujours une telle distance entre le moment qui suit et le moment qui précède celui-là, entre ce qu'on était auparavant et ce qu'on est après, qu'on a inventé le mot de *grâce* pour exprimer ce coup magique, cet éclair d'en haut. Il me semble voir un homme qui s'avance au hasard, le bandeau sur les yeux : on le desserre peu à peu, il entrevoit le jour, et au moment où le mouchoir tombe, il se trouve en face du soleil. »

Cette touche de la grâce fut si vive en lui, qu'il n'en perdit jamais le souvenir. Sur son lit de mort, il décrivait avec la même émotion ce *moment sublime*. « Il m'est impossible de dire à quel jour, à quelle heure et comment ma foi, perdue depuis dix années, réapparut dans mon cœur comme un flambeau qui n'était pas éteint. La théologie nous enseigne qu'il y a une autre lumière que celle de la raison, une autre impulsion que celle de la nature, et que cette lumière et cette impulsion, émanées de Dieu, agissent sans qu'on sache d'où elles viennent ni où elles vont. *L'Esprit de Dieu*, dit l'apôtre saint Jean, *souffle où il veut, et vous ne savez d'où il vient ni où il va*. Incroyant la veille, chrétien le lendemain, certain d'une certitude invincible, ce n'était point l'abnégation de ma raison enchaînée tout à coup sous une servitude incompréhensible : c'était, au contraire, la dilatation de ses clartés, une vue de toutes choses sous un horizon plus étendu et une plus pénétrante lumière. Ce n'était pas non plus l'abaissement subit du caractère sous une règle étroite et glacée, mais le développement de son énergie par une action qui venait de plus haut que la nature. Ce n'était pas enfin l'abnégation des joies du cœur, mais leur plénitude et leur exaltation. Tout l'homme était demeuré : il n'y avait plus en lui que le Dieu qui l'a fait.

« Qui n'a pas connu un tel moment n'a pas connu la vie de l'homme : une ombre en a passé dans ses veines avec le sang de ses pères ; mais le flot véritable n'en a pas grossi et fait palpiter le cours. C'est l'accomplissement sensible de cette parole de Jésus-Christ dans l'Evangile de saint Jean : *Si quelqu'un m'aime, il conservera ma parole, et mon Père l'aimera, et nous viendrons à lui, et nous demeurerons en lui*. Les deux grands biens de notre nature, la vérité et la béatitude, font irruption ensemble au centre de notre être, s'y engendrant l'un l'autre, s'y soutenant l'un par l'autre, lui formant comme un arc-en-ciel mystérieux qui teint de ses couleurs toutes nos pensées, tous nos sentiments, toutes nos vertus, tous nos actes enfin, jusqu'à celui de notre mort, qui s'empreint au loin des rayons de l'éternité. Tout chrétien connaît plus ou moins cet état ; mais il n'est jamais plus vif et plus saisissant qu'en un jour de conversion, et c'est pourquoi on pourrait dire de l'incroyance, lorsqu'elle est vaincue, ce qui a été dit du péché originel : *Felix culpa, heureuse faute !* »

Que s'était-il donc passé ? Comment cet esprit, incroyant la veille, était-il arrivé le lendemain à une certitude invincible ? Sur quel pont avait-il franchi cet abîme, et comment s'était-il trouvé du premier bond sur le seuil du sanctuaire ? L'ambition, par la voix de quelque ami du cercle dans lequel il vivait, lui avait-elle montré dans l'Eglise des honneurs d'un plus facile accès ? Sa famille le crut un instant. Surprise et froissée d'une détermination dont elle n'avait pas été prévenue, elle ne voulut voir là qu'un calcul d'amour-propre. Henri Lacordaire avait prévenu sa mère et obtenu, non sans peine, son consentement ; mais il n'avait rien dit de sa résolution aux autres membres de sa famille. « J'étais sûr d'être blâmé, leur dit-il plus tard ; il m'était moins pénible de ne pas demander un avis que de passer outre. » Grâce à Dieu, la mémoire du prêtre et du religieux est au-dessus de ce reproche d'ambition, et, à peine sorti du séminaire, l'occasion s'offrira d'elle-même de montrer ce que pesait dans son estime cette considération des honneurs.

Comment donc était-il arrivé à croire ? La conversion, phénomène de vision pour l'esprit et de persuasion pour la volonté, ne se produit pas d'ordinaire sous forme d'*illumination soudaine*, comme un éclair dans la nuit, mais bien sous forme de lumière progressive, comme celle du soleil qui précède l'aurore. Le premier travail de la vérité dans l'âme est de dissiper les nuages, de chasser les ténèbres et de se préparer une demeure digne d'elle. On a vu l'esprit du jeune avocat inquiet et agité, cherchant pour sa vie la pierre angulaire et ne la trouvant pas ; la demandant à l'amitié, à la gloire, à une existence obscure, aux rêves impossibles, et ne recevant partout pour toute réponse que la tristesse, l'ennui, *cet inexorable ennui* qui fait le fond de la vie, comme parle Bossuet. Croyant en Dieu, en sa nature invisible, mais « repoussé, comme Augustin, au fond des ténèbres de son âme par quelque chose qui ne lui permettait pas de contempler l'infini et d'en jouir, » il faisait à ce Dieu caché et inconnu la plus belle prière de l'homme qui ne voit pas : il cherchait. Il cherchait de bonne foi, avec un vrai désir d'être éclairé, et non dans la secrète pensée de disputer avec la lumière et de traiter avec elle d'égal à égal. « Mon ami, j'ai toujours cherché la vérité avec bonne foi, et en laissant à part tout orgueil, ce qui est le seul moyen de la découvrir. » (Lorain, *Correspondant*.) Il la demandait non-seulement avec un esprit droit, mais avec un cœur pur. Il n'était pas de ceux dont le Prophète a dit : « *Noluit intelligere, ut bene ageret*. Ils ne veulent pas voir le vrai, de peur d'avoir à faire le bien. » Son âme religieuse était merveilleusement préparée, prédestinée à la foi. Ils l'ont donc bien mal connu et jugé ceux qui n'ont vu dans sa conversion que le fruit inopiné d'une démarche irréfléchie, sans racine dans le présent, sans sécurité pour l'avenir. Fils d'un siècle enflé d'orgueil et altéré de plaisirs, il reçut le don et connut le mérite d'un cœur simple et droit dans une âme honnête et candide. La vérité n'eut point à le foudroyer comme Paul, ni à l'arracher, comme Augustin, à la servitude des sens. Voyageur un instant égaré chez des *étrangers*, dès qu'il entendit la voix de son Père qui l'appelait, il revint à son Père.

Ce n'était pas là de ces demi-conversions, des ces vaincus mal domptés, qui se rendent, mais ne se donnent pas, qui entrent au camp du vainqueur avec armes et bagages, et s'efforcent jusqu'au bout de concilier les contraires. Tout dans sa vie l'attirait à l'Eglise catholique : sa raison, qui lui en prouvait la divinité; son cœur, qui lui disait de chercher là Celui qui a créé de l'amitié un type inconnu au monde païen; son âme, qui lui en faisait aimer la morale sublime. Sa conversion fut donc complète, absolue, irrévocable. La vérité une fois connue, il se hâte de mettre un abîme entre le monde et lui ; ce n'est pas assez pour lui d'être le disciple de l'Eglise, il veut en être l'apôtre.

Disons mieux : Dieu le fit prêtre pour qu'il eût à ramener, par le chemin qu'il avait suivi le premier, un plus grand nombre d'esprits errants et blessés comme le sien.

Avant d'entrer au séminaire, Henri voulut prévenir sa mère et avoir son consentement. Il prévoyait combien cette nouvelle allait contrister son cœur tout en réjouissant sa foi. « Me savoir chrétien, dit-il lui-même, devait être pour elle une ineffable consolation ; me savoir au séminaire devait l'accabler d'une douleur d'autant plus cruelle que j'étais l'objet de sa prédilection, et qu'elle avait toujours compté sur moi pour la douceur de ses vieux jours. Elle m'écrivit six lettres, où respirait le combat entre sa tristesse et sa joie. Me voyant inébranlable, elle consentit enfin à ce que je quittasse le monde. »

Présenté à l'archevêque de Paris par M. Borderies, vicaire général, le jeune converti fut reçu par Mgr de Quélen avec bonté et avec grâce. « Soyez le bienvenu, lui dit le prélat en lui tendant la main ; vous défendiez au barreau des causes d'un intérêt périssable, vous allez en défendre une dont la justice est éternelle. Vous la verrez bien diversement jugée parmi les hommes : mais il y a là-haut un tribunal de cassation où nous la gagnerons définitivement. »

Il entra donc à Saint-Sulpice et fut conduit à la maison succursale d'Issy, appelée aussi *la Solitude*, le 12 mai 1824, jour anniversaire de sa naissance et de son baptême. Il avait vingt-trois ans. Il était dans sa voie, il était heureux.

Ce qui le frappa d'abord, en entrant dans cette pieuse retraite, ce qu'il aimait à rappeler plus tard comme un de ses plus doux souvenirs, c'était le calme, la paix, la sérénité, ce je ne sais quoi de divin qui se reflète sur tous les visages, expression vivante d'un bonheur qui n'est pas de ce monde. Jeté subitement de l'agitation de la grande ville au calme d'une sorte de cloître, il se sentit ému, saisi, pénétré par ce religieux silence ; un silence qui règne partout, dans les cours, dans les jardins, dans les corridors, mais qui n'a rien de triste. Lorsqu'au son de la cloche, les jeunes solitaires sortaient de leurs cellules, c'était encore sur tous ces fronts de vingt ans la joie de l'âme, une joie paisible, silencieuse et contenue. Rien n'allait mieux à la situation d'esprit du nouveau converti. Il quittait le monde, non sans luttes, mais sans regrets. Il n'y avait rien trouvé de ce qu'il en avait espéré (1). Il était désabusé de tout. Il

(1) Le P. Chocarne, en faisant ce tableau du séminaire, s'est inspiré, comme on va le voir, d'un chapitre d'un des premiers ouvrages de M. Sainte-Beuve, qui n'était pas alors (1834) le pontife du *diocèse des libres-penseurs*. On a même, dans le temps, attribué à Lacordaire le passage que nous allons citer, et qu'il aurait écrit à la demande de M. Sainte-Beuve, *son ami* :

« En entrant au séminaire, surtout à la campagne, on éprouve une grande paix. Il semble que le monde est détruit, que c'en est fait depuis longtemps des guerres et des victoires, et que les cieux, à peine voilés, sans canicule et sans tonnerre, enserrent une terre nouvelle. Le silence règne dans les cours, dans les jardins, dans les corridors peuplés de cellules, et, au son de la cloche, on voit les habitants sortir en foule, comme d'une ruche mystérieuse. La sérénité des visages égale la blancheur et la netteté de la maison. Ce qu'éprouve l'âme est une sorte d'aimable enivrement de frugalité et d'innocence. Ces exercices variés et réguliers ont

avait traversé le rude hiver de sa jeunesse dans la fièvre du doute et le désenchantement de tout ce qu'il avait rêvé. Mais enfin l'hiver était passé ; le soleil, un soleil nouveau s'était levé sur son intelligence, sur son cœur, sur sa vie. Il respirait. Le sentiment profond et chrétien des beautés de la nature lui faisait goûter avec charme l'harmonie du rajeunissement de son âme avec le réveil de la vie des champs sous un ciel de mai. La bienveillance des maîtres, les cordiales prévenances de ses nouveaux amis, la douce quiétude de tout ce qui l'entourait, faisaient à son âme comme une atmosphère plus éthérée, où elle montait à Dieu pour unir sa joie à celle du Père de famille sur l'enfant qui était perdu et qu'il venait de retrouver.

Pour ne pas sortir de notre cadre, nous ne suivrons pas Lacordaire dans les diverses phases de sa carrière :

Un de ses disciples, le Père Chocarne, nous a initié aux secrets de la vie religieuse du célèbre dominicain. M. Foisset, l'ami et le compatriote du Père Lacordaire, a publié sa Vie extérieure, s'il est permis d'employer ce mot. Il nous semble bien difficile, du vivant de tant de personnes intéressées, de pouvoir traiter, d'une manière complète, cette histoire.

Le Père Chocarne *a choisi la meilleure part*; il y a, dans son livre, des chapitres bien édifiants. Nous lui avons emprunté la plupart des détails que nous avons cités sur la conversion de l'illustre orateur.

Le Père Lacordaire, en terminant ses conférences à Notre-Dame de Paris, rappelait avec une vive éloquence les principales circonstances de sa vie. Nos lecteurs reliront avec

d'ailleurs pour effet de rompre toute violence des pensées et d'égaliser nos âmes. Les fleuves détournés avec art, entrecoupés à propos, deviennent presque un canal paisible. »

plaisir cette belle péroraison qui fut comme le chant du cygne dominicain :

« C'est ici, quand mon âme se fut réouverte à la lumière de Dieu, que le pardon descendit sur mes fautes ; et j'entrevois l'autel où, sur mes lèvres fortifiées par l'âge et purifiées par le repentir, je reçus pour la seconde fois le Dieu qui m'avait visité à l'aurore naissante de mon adolescence. C'est ici que, couché sur le pavé du temple, je m'élevais par degrés jusqu'à l'onction du sacerdoce, et qu'après de longs détours où je cherchais le secret de ma prédestination, il me fut révélé dans cette chaire que, depuis dix-sept ans, vous avez entourée de silence et d'honneur. C'est ici qu'au retour d'un exil volontaire je rapportai l'habit religieux qu'un demi-siècle de proscription avait chassé de Paris, et que le présentant à une assemblée formidable par le nombre et la diversité des personnes, il obtint le triomphe d'un unanime respect. C'est ici qu'au lendemain d'une révolution, lorsque nos places étaient encore couvertes des débris du trône et des images de la guerre, vous vîntes écouter de ma bouche la parole qui survit à toutes les ruines, et qui, ce jour-là, soutenue d'une émotion dont nul ne se défendait, fut saluée de vos applaudissements. C'est ici, sous les dalles voisines de l'autel, que reposent mes deux premiers archevêques, celui qui m'appela tout jeune à l'honneur de vous enseigner, et celui qui m'y rappela après qu'une défiance de mes forces m'eut éloigné de vous. C'est ici, sur ce même siège archiépiscopal, que j'ai retrouvé dans un troisième pontife le même cœur et la même protection. Enfin, c'est ici qu'ont pris naissance toutes les affections qui ont consolé ma vie, et qu'homme solitaire, inconnu des grands, éloigné des partis, étranger aux lieux où se presse la foule et se nouent les relations, j'ai rencontré les âmes qui m'ont aimé.

« O murs de Notre-Dame, voûtes sacrées qui avez reporté ma parole à tant d'intelligences privées de Dieu, autels qui m'avez béni, je ne me sépare point de vous; je ne fais que dire ce que vous avez été pour un homme, et m'épancher en moi-même au souvenir de vos bienfaits, comme les enfants d'Israël, présents ou en exil, célébraient la mémoire de Sion. Et vous, Messieurs, génération déjà nombreuse, en qui j'ai semé peut-être des vérités et des vertus, je vous demeure uni pour l'avenir comme je le fus dans le passé : mais, si un jour mes forces trahissaient mon élan, si vous veniez à dédaigner les restes d'une voix qui vous fut chère, sachez que vous ne serez jamais ingrats, car rien ne peut empêcher désormais que vous n'ayez été la gloire de ma vie et que vous ne soyez ma couronne dans l'éternité. »

Sur son lit de mort, quelques heures avant l'agonie, le Père Lacordaire a dicté à un de ses disciples cette belle page :

« ... Un autre genre de joie, d'ailleurs, s'adressait à mon âme et l'élevait dans des régions plus pures que celles de la renommée. Jusque-là, ma vie s'était passée dans l'étude et la polémique; elle était entrée par les conférences, dans les mystères de l'apostolat. Le commerce avec les âmes se révélait à moi, commerce qui est la véritable félicité du prêtre quand il est digne de sa mission, et qui lui ôte tout regret d'avoir quitté pour Jésus-Christ les liens, les amitiés et les espérances du monde. C'est à Notre-Dame, au pied de ma chaire que j'ai vu naître ces affections et ces reconnaissances dont aucune qualité naturelle ne peut être la source et qui attachent l'homme à l'apôtre par des liens dont la douceur est aussi divine que la force. Je n'ai pas connu toutes ces âmes rattachées à la mienne par le souvenir de la lumière retrouvée ou agrandie, tous les jours encore il m'en revient des témoignages dont la vivacité m'étonne, et je suis semblable au voyageur du désert à qui une amitié inconnue envoie dans un vase obscur la goutte d'eau qui doit le rafraîchir. Quand une fois on a été initié à ces jouissances qui sont comme un arome anticipé de l'autre vie, tout le reste s'évanouit et l'orgueil ne monte plus à l'esprit que comme un souffle impur dont le goût amer ne peut le tromper. »

NOTE (a).

Quelques écrivains ont dit que la conversion de Lacordaire avait été soudaine et sans transition. M. Guillemin, qui l'a beaucoup connu, soutient le contraire. On verra dans les pages suivantes qu'il donne de bonnes preuves à ce sujet ; nous le laissons parler lui-même :

« Je n'ai jamais eu la témérité de me croire aucun ascendant sur l'esprit de Lacordaire, au moment de ses doutes et de ses combats intérieurs, si heureusement terminés par son retour à Dieu ; et tout ce que j'ai publié sur cette merveilleuse conversion en offre la preuve manifeste. Mais j'ai donné des détails tellement précis, et avec les paroles mêmes sorties de sa bouche et de la mienne, détails et paroles contresignés en quelque sorte par lui, comme on le verra bientôt, que je ne puis passer sous silence la version de la biographie posthume.

« Ne nous attachons, quant à présent, qu'aux paroles ; les autres circonstances de fait se retrouveront plus tard.

« Dans les premiers jours du mois de mai 1824, mon jeune ami m'avait dit à moi-même : « Il faut que je vous l'avoue, « *il y a six mois que je lutte;* je crois maintenant, et je crois « avec une telle conviction, qu'il n'y a pas de milieu pour « moi, il faut que je sois prêtre (1). »

« M. de Montalembert donne, au contraire, comme venant du frère-prêcheur les affirmations suivantes : « Il l'a sans cesse répété : « aucun homme, aucun livre ne fut l'instru« ment de sa conversion. UN COUP SUBIT ET SECRET DE LA « GRACE *lui ouvrit les yeux sur le néant de l'irréligion.* EN UN « SEUL JOUR *il devint chrétien ; et le lendemain, de chrétien* « *il voulut être prêtre* (p. 16). »

« Et pourtant je suis sûr des paroles que j'ai reproduites,

---

(1) *Le Souvenir du Ciel*, p. 247. *Doléance amicale*, précédée d'une notice.

et je vais y ajouter des renseignements qui confirment encore ma relation.

« Quelques mois auparavant, un jour que nous avions déjà passé ensemble la première partie de la soirée, il voulut me suivre à Saint-Roch, où l'on célébrait la clôture d'une mission solennelle. Les autels étaient magnifiquement parés, les images de la Vierge et des saints resplendissaient dans l'illumination de mille flambeaux; les bannières, les guirlandes et les fleurs y mêlaient leur éclat et leurs parfums. Nous étions placés tous deux dans l'une des tribunes construites pour la cérémonie, et d'où nous pouvions tout voir et tout entendre. Je fus heureux de l'attention recueillie avec laquelle il suivait les pieux exercices, écoutait les cantiques et les prières, et paraissait plongé dans un religieux silence; je le croyais atteint victorieusement par la grâce. Mais ce n'était qu'une nouvelle préparation; il m'ôta d'un seul mot, en sortant, l'illusion dont mon cœur s'était nourri durant une heure ou deux. Il me dit qu'il n'aimait pas cette pompe, et surtout ce luxe de décoration. Du reste, il s'abstint de toute réflexion sur la parole de Dieu et sur les chants qu'il avait entendus. Et moi, toujours fidèle à la réserve que je gardais avec lui (1), je me bornai à exprimer, pour ma part, le bonheur d'avoir assisté à cette belle fête.

« Mais si Lacordaire ne se laissait pas encore toucher par les splendeurs du culte divin, il n'en était pas moins travaillé déjà par les grandes pensées d'une *âme naturellement chrétienne.*

« Peu de temps après cette station de Saint-Roch, il écrivait, le 10 novembre 1823, à un ami plein de foi (2) : « J'ai
« l'âme extrêmement religieuse et l'esprit très-incrédule; et,
« comme il est de la nature de l'âme de soumettre l'esprit,
« *il est probable qu'un jour je serai chrétien.* »

« Le seul rapprochement des dates (10 novembre 1823 et premiers jours de mai 1824) éclaire la vérité de cet aveu : *il y a six mois que je lutte,* etc.

« Au commencement de la même année 1824, il écrivait encore à un autre ami : « Croiras-tu que je deviens chrétien

---

(1) *Le Souvenir du Ciel,* p. 249.
(2) Me A. F....., alors jeune avocat.

« tous les jours ? C'est une chose singulière que le *changement*
« *progressif* qui s'est fait dans mes opinions ! *J'en suis à*
« *croire* ; et je n'ai jamais été plus philosophe. Un peu de
« philosophie éloigne de la religion, beaucoup de philoso-
« phie y ramène : grande vérité ! (1) »

« Au mois de février, pareille confidence sur ses tristesses,
ses ennuis, ses combats avec lui-même : « ..... Je ne peux
« plus jouir de rien : la société a peu de charmes pour moi ;
« les spectacles m'ennuient. Je deviens négatif dans l'ordre
« matériel. Je n'ai plus que des jouissances d'amour-propre.
« *Je vis de cela, et encore je commence à m'en dégoûter.*
« J'éprouve chaque jour que tout est vain. Je ne veux pas
« laisser mon cœur dans ce tas de boue..... Oui, je crois !...
« D'où vient que mes amis ne me comprennent pas ? D'où
« vient qu'ils doutent et se moquent de ma conversion reli-
« gieuse ? Serais-je donc le seul de bonne foi, puisque per-
« sonne ne me comprend ? »

« Le 15 mars suivant, nouvelle lettre et nouvelle preuve
des progrès de sa foi, bien qu'elle ne fût pas encore une
foi pratique : « ..... Il m'a pris ces jours derniers une idée
« bien extraordinaire. Je veux être attaché vif à une croix
« de bois, si je n'ai pas pensé sérieusement à me faire *curé*
« *de village*. Illusions du moment ! fantômes prompts à s'é-
« vanouir ! besoin de se remuer sous l'Etna de la vie !..... Je
« suis arrivé aux croyances catholiques par mes croyances
« sociales ; et aujourd'hui rien ne me paraît mieux démontré
« que cette conséquence : La société est nécessaire ; donc la
« religion chrétienne est divine ; car elle est le moyen d'a-
« mener la société à sa perfection, en prenant l'homme avec
« toutes ses faiblesses et l'ordre social avec toutes ses con-
« ditions. Mon ami, j'ai toujours cherché la vérité avec bonne
« foi et en laissant à part tout orgueil, ce qui est le seul
« moyen de la découvrir. Si mes opinions ont dû quelque
« chose au cercle de l'amitié, dans lequel j'ai vécu, cepen-
« dant il est vrai de dire que je n'ai jamais cédé qu'à mes
« propres réflexions et par des vues que mon esprit avait
« combinées. Beaucoup de personnes doutent encore de ma

---

(1) *Biographie du P. Lacordaire*, par M. Lorain, *Correspondant.*
Tom. XVII (1847).

« véracité, soit parce que la candeur est une chose rare par-
« mi les hommes, soit parce qu'il est des âmes incapables
« de distinguer les accents de la conviction d'avec les gri-
« maces de l'hypocrisie. Pour toi, mon ami, tu me connais
« et tu me rends justice, voilà bien des raisons pour t'ai-
« mer (1). »

« A ces documents il faut joindre la déclaration consignée par le P. Lacordaire dans l'un de ses écrits publics (2) :
« J'avais vieilli neuf ans dans l'incrédulité, lorsque j'enten-
« dis la voix de Dieu qui me rappelait à lui. Si je recherche
« au fond de ma mémoire les causes logiques de ma con-
« version, je n'en découvre pas d'autres que l'évidence his-
« torique et sociale du christianisme, évidence qui m'appa-
« rut dès que l'âge me permit d'éclaircir les doutes que
« j'avais respirés avec l'air dans l'Université. J'indique la
« source de mes doutes (quoique j'aie résolu de ne laisser
« tomber de ma plume aucune parole blessante) parce que,
« privé de bonne heure d'un père chrétien et élevé par une
« mère chrétienne, je dois à la mémoire de l'un et de l'autre
« de déclarer toujours que je reçus d'eux la religion avec la
« vie, et que je la perdis chez les étrangers imposés à eux et
« à moi ! Lors donc que j'eus atteint l'âge où la raison com-
« mence à prendre de la force, la lecture et la discussion
« des faits chrétiens me persuadèrent facilement de leur vé-
« rité ; et, depuis, leur évidence est devenue si vive dans
« mon esprit qu'elle m'ôterait le mérite de la foi, si la foi
« n'était pas un mystère de la volonté où l'esprit ne joue
« qu'un rôle inférieur. »

« Ainsi s'explique complétement le *mystère* de cette lutte de six mois, où la volonté de Lacordaire se trouva enfin d'accord avec son intelligence ; il nous en révèle lui-même les phases et le dénoûment. C'est d'abord *le changement progressif de ses opinions :* voilà pour l'esprit ; c'est ensuite son mépris des jouissances de *l'amour-propre dont il vivait encore, et dont il commençait à se dégoûter :* voilà pour le cœur.

« Ce n'est donc point un éclair, *un coup subit* de la grâce,

(1) *Correspondant.* Tom. XVII (1847).
(2) *Considérations sur le système philosophique de M. de Lamennais.* Chap. x.

qui lui ouvrit les yeux ; ce n'est donc point *en un seul jour* qu'il devint chrétien ; ce n'est donc point non plus du jour au *lendemain que de chrétien il voulut être prêtre*.

« La vérité chez lui avait eu successivement ses étincelles, ses lueurs, sa pleine lumière.

« Successivement aussi, il avait eu ses doutes, ses hésitations, ses combats et sa double victoire, victoire de l'intelligence et victoire de la volonté, non pas en un seul jour, mais à plusieurs reprises, comme il l'avoue dans sa correspondance.

« A la première de ces deux victoires doit s'appliquer ce qu'il disait, la veille de son entrée au séminaire, de l'action de la *grâce*, en l'admirant sinon plus, au moins autant sur l'esprit que sur le cœur ; et il n'était pas alors théologien :

« On sait quel heureux instinct portait le jeune philosophe vers les cœurs dignes de sa confiance, quelles saintes amitiés il avait cultivées dans sa Bourgogne, et combien les hommes de foi, plus que tous autres, excitaient sa vive sympathie. Le même sentiment dirigea ses choix dans la capitale, et avec le premier biographe qu'il ait eu de son vivant, on peut dire que *dans la société de tels hommes, la pensée religieuse d'Henri Lacordaire fit du chemin.*

« Le progrès de ses convictions y devient presque visible. Ah ! oui, sans doute, un dernier souffle de la grâce est venu enflammer tout à coup, et jusqu'à l'ardeur du sacrifice, cette âme si bien provoquée. Mais l'immolation subite n'infirme en rien les paroles consignées dans un fidèle récit. Je m'y réfère pour l'explication des motifs qui, dès l'année 1841, m'ont mis la plume à la main au sujet de Lacordaire ; ils se retrouvent encore dans les nouvelles pages que je lui consacre (1).

---

(1) *Le P. Lacordaire*, par M. Guillemin.

M. LOUIS VEUILLOT

Dans son ouvrage *Rome et Lorette* (1), M. Louis Veuillot a écrit son histoire et le récit de sa conversion avec une éloquence émue qui rappelle les meilleurs livres en ce genre (2).

Ouvrier de la dixième heure, comme il se nomme, il s'est proposé, avant tout, de faire du bien à ses frères, en leur racontant les miséricordes de Dieu sur son âme.

« La vie du chrétien, dit-il, doit n'être qu'un effort de
« conversion sur lui-même et sur les autres ; en se conver-
« tissant, il prêche ; en prêchant, il se convertit. C'est la

---

(1) Un vol. in-8°, à la librairie Mame, à Tours.
(2) Voici comment M. L. Veuillot parle de ses *Confessions*.
« Puisse ce travail n'être pas trop au-dessous du dessein ! J'ai tout ensemble à louer Dieu, à encourager mes frères par le spectacle de ses bontés envers un pauvre et ignorant pécheur, montrer comment il a fait d'une âme déroutée, incertaine, aux trois quarts perdue, une âme éclairée, souvent heureuse, sûre de son but, instruite de sa destinée. J'ai à dire par quelles voies adorables il a mis dans cette âme, en proie à beaucoup de troubles et de haines, parce qu'elle renfermait beaucoup d'erreurs, des intentions plus droites, un ferme et vrai sentiment de la dignité humaine, des affections épurées, des volontés meilleures, et autant d'espérances inébranlables qu'elle ressentait naguère de misérables convoitises et d'envieux désespoirs. »

« pensée que nous avons tous, et que j'exprime. Puissé-je
« en profiter dans la pratique, et ceux qui me liront m'ac-
« corder à cette fin le secours de leurs prières ! »

C'est dans ce livre que nous avons puisé nos renseignements sur la première partie de la vie et sur la conversion de ce grand défenseur de l'Église à notre époque.

Nous le laisserons souvent parler lui-même, quelquefois nous nous contenterons de l'analyser. Nous ferons aussi des emprunts à ses autres écrits, afin d'éclairer et de compléter certains passages.

§ I. — *Touchants détails sur les parents de M. L. Veuillot.*

M. L. Veuillot ne craint pas, malgré les sarcasmes des libres-penseurs, de raconter son humble origine et la position précaire de ses parents. Nous plaignons ceux qui n'ont pas assez de cœur pour sentir tout ce qu'il y a de touchant dans ces lignes :

« Il y avait autrefois, non pas un roi et une reine, mais un ouvrier tonnelier, qui ne possédait au monde que ses outils, et qui, les portant sur son dos, l'hiver à travers la boue, l'été sous l'ardeur du soleil, s'en allait à pied de ville en ville, de campagne en campagne, fabriquant et réparant tonneaux, brocs et cuviers ; s'arrêtant partout où il y avait de l'ouvrage, repartant aussitôt qu'il n'y en avait plus ; heureux s'il emportait de quoi vivre jusqu'au terme de sa course nouvelle, mais sûr de laisser derrière lui bonne renommée, et de trouver, lorsqu'il reviendrait, bon accueil. Il se nommait François. Il était né dans la Bourgogne ; il ne savait pas lire ; il ne connaissait que son métier, — qu'il avait appris par des efforts prodigieux d'intelligence et de courage; étant le septième ou le huitième orphelin d'un cultivateur, obligé depuis sa tendre enfance de gagner sa vie au jour le jour, plus souvent appelé à donner aux siens qu'à en recevoir, n'ayant eu pour l'instruire que sa persévérante adversité. D'ailleurs garçon de force et de mine, pacifique d'esprit, ferme de cœur; en querelle seulement avec la mauvaise fortune, à laquelle il tenait tête sans sourciller; plus prompt à user de ses robustes mains pour le travail que pour le combat, sachant toujours faire à l'aumône, sur le prix de ses sueurs, la part qu'il ne songeait point à faire au plaisir : son plaisir était la paix de son âme innocente et la joie de ses vingt-cinq ans, qui jetaient un brave défi à toutes les rigueurs du travail et de la pauvreté. Un jour, traversant une bourgade du Gâtinais, il vit, à la fenêtre encadrée de chèvrefeuille d'une humble maison, une belle et robuste jeune fille qui travaillait en chantant, il ralentit sa marche, tourna la tête, et ne poussa pas sa route plus loin. La fille était vertueuse autant qu'agréable; elle aimait le travail; l'honneur brillait sur son front parmi les fleurs de la santé et de la jeunesse, un sens droit et ferme réglait ses discours; les fortunes étaient égales; les cœurs allaient de pair; le mariage se fit. Riche désormais d'une bonne et fidèle compagne, le pauvre ouvrier nomade fixa sa tente aux lieux où la Providence avait permis qu'il trouvât ce trésor, persuadé que là aussi se trouverait le pain, jadis errant, de chaque jour. Un enfant naquit. Des ambitions jusqu'alors inconnues entrèrent avec lui dans la pauvre demeure; mais le plus arrêté de tous les grands projets formés autour de son berceau fut de lui apprendre à lire, — afin, sans doute, que quand l'âge serait venu, pour lui aussi, d'aller chercher son pain par le monde, le père et la mère, informés des vicissitudes de sa destinée, ne le perdissent pas tout à fait.

« Si je suis le premier de mon nom et du nom de ma mère qui ait su lire, ou tout au moins qui ait su un peu d'orthographe, c'est probablement, après Dieu, à ce craintif instinct de l'amour paternel et de la pauvreté que je le dois.

« Mon père et ma mère se conduisaient d'après les règles d'une probité rigide; ils élevaient à la sueur de leurs fronts quatre enfants, car après les deux garçons étaient venues deux filles; ils travaillaient sans cesse; pas de fête, pas de repos, pas de nuit, en quelque façon, pour eux; ils ne cessaient de travailler que quand l'excès des fatigues et des privations amenait une maladie; ils nourrissaient de leur sang et de leurs jours cette nombreuse famille qui avait toujours faim; ils venaient, avec une générosité sublime, au secours de leurs parents, encore plus misérables qu'eux. Hélas! ils remplissaient de la religion tous les devoirs, moins ceux qui consolent et qui font espérer. En nous épargnant tout ce qu'ils pouvaient nous sauver de leurs souffrances, ils ne savaient que nous dire : « Habituez-vous à la peine, vous en aurez! » Et pas un mot de Dieu. Je le dis à la honte de mon temps, non à la leur : ils ne connaissaient pas Dieu. Enfants tous deux à l'époque où l'on massacrait les prêtres, ils n'en n'avaient point trouvé dans leurs villages pour les élever, et tout ce qu'en vieillissant ils avaient entendu dire aux plus habiles qu'eux, de l'Eglise et des ministres de la religion, leur en inspirait l'horreur. Seulement, ma mère, par un reste des traditions de sa mère, voulait que j'allasse le dimanche à la messe, où elle venait aux grandes fêtes, et m'avait appris quelques bribes de l'*Ave Maria*, que je récitais le soir au pied de mon lit.

§ II. — *Souvenirs d'enfance et première communion.*

« Partageant le sort des enfants du pauvre dans ce qu'il a de plus mauvais, je n'eus point le bonheur d'aller à l'école des Frères. Ma mère nourrissait contre ces bons religieux les préventions que l'on répand dans le peuple, aveuglé et trahi jusqu'à ne plus comprendre la charité. D'ailleurs, le conseil municipal du lieu que nous habitions avait, dans l'idiotisme de sa tyrannie subalterne, pris des mesures pour que les Frères n'y vinssent pas faire concurrence à l'école mutuelle, qu'il protégeait. Je fus donc jeté dans cette infâme école mutuelle; il fallait tous les mois deux journées de travail de mon pauvre père (je n'y pense que la sueur au front, mon père en est mort à la peine!) il fallait deux journées de ce travail pour payer les leçons de corruption que je recevais de mes camarades, et d'un maître qui était ivre les trois quarts du temps.

« Cet élu du conseil municipal, n'ayant pas assez, pour sa soif, de sa classe et de son monopole, tenait encore abonnement de lecture, et nous faisait porter aux dames et aux puissants de l'endroit les romans de Paul de Kock, de Lamothe-Langon, de tous les auteurs enfin qui pouvaient plaire à des conseillers municipaux de la banlieue, en 1824, après qu'il avait fait l'éloge de ces *productions charmantes*, (c'était son mot) par des circulaires par nous écrites sous sa dictée. On pense si nous nous privions de lire ces beaux ouvrages en les colportant ainsi. Je n'y manquais pas pour ma part, et il est telle de ces lectures maudites dont mon âme portera toujours les odieuses plaies. Cependant l'école était *religieuse* : nous avions régulièrement congé aux moindres fêtes, jours où non moins régulièrement notre vénérable instituteur se couchait mort-ivre; et l'on nous faisait le catéchisme! Ce fut, souvenir abominable, à la suite de cet enseignement que je fis ma première communion. Que le crime en retombe sur d'autres têtes! je n'ai pas à le porter tout entier. Ils sont heureux ceux qui marchent dans la vie sous la protection des souvenirs et des grâces de ce beau jour! On m'enleva ce bonheur. Poussé à la table sainte par des mains ignorantes ou tout à fait impies, je m'en approchai sans savoir à quel redoutable et saint banquet je prenais part; j'en revins avec mes souillures, je n'y retournai plus. Pardonnez-moi, mon Dieu, et pardonnez-leur! Je ne confesse que pour la gloire de vos miséricordes un crime dont vous avez daigné m'absoudre, et, tandis que je tremble devant l'immensité des faveurs que j'ai reçues avec si peu de mérite, vos enfants les plus chers s'étonneront avec moi du miracle de cette clémence, qui, malgré tant d'oublis, m'a voulu rappeler plus tard à la participation de vos saints mystères profanés. — Prions.

§ III. — *Choix d'un état ; crises de la jeunesse.*

« Ma première communion faite, j'eus à gagner ma vie. A la maison, l'appétit allait croissant, en même temps que décroissaient, usées par un rude travail, les forces de mon père. Ma plus jeune sœur marchait seule : son premier pas, rendant ma surveillance moins nécessaire, avait, par le fait, supprimé le seul emploi qu'il me fût possible de remplir au profit de la communauté. Je n'étais plus qu'un consommateur inutile : il fallait songer à me donner un état.

« Le soir, au coin de l'âtre où fumait un avare tison, l'on tenait conseil; et, comme le petit Poucet, j'écoutais en feignant de dormir. « Que ferons-nous de lui? disait mon père. — Eh! mon Dieu, reprenait sa femme, un malheureux! et elle essuyait une larme. — Il serait bon horloger, continuait le digne homme. — L'apprentissage, reprenait-elle, coûte cher. — Ébéniste? — C'est trop long. — Maçon? — C'est trop pénible! — Cordonnier? c'est trop sale! »

« Puis les rôles changeaient. — Ma mère faisait les propositions, mon père objectait. « Plaçons-le chez notre tailleur, disait ma mère; c'est un ami, il en aura soin, et ne nous prendra pas grand'chose. Bah! s'écriait mon père; tailleur! un métier de femme et d'estropié! — Eh bien! mettons-le chez un épicier. — Un état de bête! D'ailleurs il ne pourra jamais acheter un fonds.

« Au milieu de ces incertitudes, une maladie de mon père vint tout précipiter. Il fallait absolument vivre. Des amis qui le savaient me cherchèrent une place, il ne s'agissait déjà plus d'apprendre un métier. Vingt francs par mois me furent offerts dans une étude; on m'y plaça. Informée de ce que j'aurais à faire, ma mère y vit un commencement pour devenir jurisconsulte : c'était un bien petit commencement. Mais la main du Seigneur dirigeait cela.

« J'allai demeurer hors de la maison paternelle. J'avais treize ans.

« Abandonné dans le monde, sans guide, sans conseils, sans amis, pour ainsi dire sans maître, à treize ans, sans Dieu! O destinée amère! Je rencontrai de bons cœurs; on ne manqua pour moi ni de générosité ni d'indulgence, mais personne ne s'occupa de mon âme, personne ne me fit boire à la source sacrée du devoir. Les rues de Paris faisaient l'éducation de mon intelligence, les propos de quelques jeunes gens au milieu desquels j'avais à vivre, celle de mon cœur. Hors un, qui vint trop tard et s'en alla trop tôt, ils n'imaginaient point qu'il y eut quelque retenue à s'imposer devant l'enfance... Au moins, dans la pauvre maison de mon père, on disait parfois : « Que Dieu ait pitié de nous! » Mais maintenant je n'entendais plus que des impiétés railleuses ; là *le Constitutionnel* et *le Courrier Français* étaient encore prophètes; là personne, si ce n'est moi peut-être, ne manquait de pain, et quand dans ma misère, dans mon isolement, dans ma servitude, j'avais tant besoin de savoir une prière, c'était le blasphème qu'on m'apprenait, le blasphème que je voyais partout, que j'entendais dans tous les discours, que je lisais dans tous les livres, que j'admirais dans tous les spectacles où s'arrêtaient mes yeux. Ni en bas ni en haut de l'échelle, autour de moi, ni au-dessus de moi, je ne voyais rien qui m'enseignât à prier.

« J'avais dix-sept ans quand je vis les médiocres enfants de la bourgeoisie qui m'entouraient s'applaudir d'avoir démoli l'autel et le trône; j'avais dix-huit ans quand je vis la bête féroce abattre les croix : déjà mes anciens compagnons se félicitaient moins, mais j'applaudissais à mon tour. Eux ni moi ne pensions à voir dans la croix le signe du salut, le signe de la liberté, les deux bras divins étendus pour protéger le monde; mais comme le pouvoir d'alors, ils contemplaient avec une inquiétude lâche cette affreuse audace. Tout ce qui tombait excitait ma joie : je me voyais condamné à n'habiter partout que la poudre des grands chemins, et déjà je disais des choses qui allaient les épouvanter. J'avais raison dans ma joie sauvage : la place que je cherchais m'était préparée. »

M. Louis Veuillot raconte ensuite ses premières armes dans la mauvaise presse, et le travail qui se faisait dans son esprit (1) :

(1) Les libres-penseurs ont reproché souvent à M. L. Veuillot les fautes de sa jeunesse, qu'il a si généreusement confessées et expiées. Toutefois il s'est rencontré un écrivain très-léger, de la petite presse, qui lui a rendu justice. Voici

« J'étais dévoué : la jeunesse a besoin de se dévouer. Quant aux nécessités véritables de la société, quant aux bases de l'ordre, aux droits et aux devoirs inhérents par le fait au titre de citoyen, ni moi, ni la presque totalité de mes lecteurs, ni mes adversaires, — c'est une justice que j'ai à nous rendre, — n'en savions un mot. Nous étions, dans un petit chef-lieu de Gascogne, trois journalistes en dispute réglée pour peu de choses. Si je crois aujourd'hui que ma thèse était la meilleure, je le crois par des raisons qu'alors je ne soupçonnais pas, et je ne crois point du tout que je l'ai bien défendue. De ces querelles mesquines, de ce dévouement fourvoyé, de ces passions ignorantes, j'essayais de remplir une âme où chaque jour mouraient les fragiles fleurs du printemps; mais plus j'allais, plus il s'y trouvait

comment Charles Monselet, dans sa *Lorgnette littéraire*, parle du rédacteur en chef de l'*Univers* :

« Pourquoi me défendrais-je d'une vraie sympathie littéraire pour l'auteur de l'*Honnête Femme*, du *Vengeur* et des *Libres-Penseurs*, c'est-à-dire pour le romancier et le portraitiste ? Il a une force, un style et un caractère. Les hommes ainsi doués s'imposent et prennent leur place quand on ne la leur fait pas. M. Louis Veuillot a pris la sienne, malgré tout le monde, même malgré son parti; il n'a eu pour lui que le Pape et la grammaire.

« Ceux qui font le tour de ses articles, pour essayer de s'introduire dans sa conscience, ont tort; *ceux qui évoquent un passé sémillant pour détruire un sentiment religieux font œuvre stupide et mauvaise*. Les faiseurs de petits journaux égrillards et les faiseurs de grands journaux voltairiens s'étonnent et s'irritent de ce que M. Veuillot, ayant commencé comme eux, ne continue pas comme eux. Ils croient avoir tout dit lorsqu'ils l'ont appelé bedeau et sacristain. Mais M. Veuillot les entend à peine. Il a le pas lourd et cadencé d'un éléphant qui porte une tour armée. Les herbes plient et les branches cassent sous ses pieds. Il ne regarde pas, il ne sait pas; il va sa ligne droite. Cet homme et cet éléphant ont raison tous les deux. »

des places vides, et dans ces landes désolées germaient bien des remords.

« Souvent ému sur ce point, seul avec moi-même, je cherchais à pénétrer les mystères de l'homme intérieur. J'y trouvais de l'ennui; l'ennui me semblait légitimer le goût du plaisir. Mais le goût du plaisir blessait la conscience, jetait mille troubles dans l'âme, enfantait d'odieuses douleurs. Pourquoi cela? Qu'est-ce que la conscience? Je ne comprenais pas.

« Je me disais : Vivons en stoïques : ce sont les mécomptes qui font la tristesse... — Tous les jeunes gens, dans l'agonie de leur candeur, ont formé de ces résolutions : ils savent ce qu'elles durent. L'ennui était toujours là; je me retournais toujours vers les plaisirs.

« Je me disais : suivons le torrent, puisque l'homme est ainsi fait, puisqu'il vire et roule à tout vent qui passe, étouffons dans les chants, dans les ivresses, tous ces importuns murmures : c'est la lutte qui fait le trouble et l'ennui... — Mais la conscience criait toujours.

« O rêves de ma faiblesse et de mes ténèbres! dans quels délires vous m'avez jeté! quelles angoisses ne vous dois-je pas! et cependant que Dieu soit béni! Quand j'étais l'enfant nu, seul et affamé, la Providence veillait à me vêtir, me donnait du pain, et m'imposant le travail pourvoyait encore aux nécessités à venir de ma vie. Maintenant que mon esprit, comme un terrain ensemencé durant l'hiver, me donnait l'abondance de sa moisson, cette même Providence, soigneuse de mon âme parmi les facilités de la vie matérielle, me tourmentait de la soif et de la faim des solides vérités.

« Que n'allais-je tout de suite à Dieu! Faut-il le dire? Je pensais n'avoir rien à faire de ce côté; je me croyais de la religion. J'avais en effet la religion de la lyre, cette piété des rimeurs de notre temps, qui consiste à remplacer Jupiter par Jéhovah, l'amour par un ange, et à faire intervenir, par une profanation détestable, le nom virginal de la Reine du Ciel dans les élégies que l'on adresse aux Philis et aux Chloés. Sans nier l'existence de Dieu, je ne connaissais rien, absolument rien de la loi chrétienne. Je lisais dans les écrits des penseurs de nos jours les plus profonds, les plus écoutés, les plus applaudis, que le christianisme avait été beau, utile; mais qu'il était mort, et je croyais très-volontiers qu'en effet le christianisme était mort.

« Rien autour de moi ne me disait qu'il vécût. Dans la ville que j'habitais il y avait sans doute d'honnêtes gens; il n'y avait pas un homme à ma connaissance (pas un!), ni fonctionnaire, ni professeur, ni magistrat, ni vieux, ni jeune, qui remplît ses devoirs religieux; pas une mère de famille qui eût une fois parlé en ma présence, à ses enfants, de Dieu, de l'Eglise, ou de quoi que ce soit qui eût le moins du monde rapport à la religion.

« J'en étais là quand je reçus une lettre de mon ami Gustave. Il m'annonçait qu'il était chrétien, ajoutant, pour se faire mieux comprendre, qu'il avait un confesseur et qu'il communiait. Ma pensée fut que quelque malheur effroyable venait sans doute de le frapper. J'allai lire sa lettre à l'homme le plus éclairé que je connusse autour de moi. « Qu'en pensez-vous? lui demandais-je. — Notre ami, me répondit-il, est fou. »

« Or Gustave ne s'était point laissé entraîner à un de ces hymnes de reconnaissance qui jaillissent du cœur des nouveaux chrétiens comme l'eau jaillit du rocher touché par Moïse. Mieux inspiré sur ce qu'il fallait me dire, il m'avait tracé avec calme un exposé clair et rapide des consolations que la religion apporte et des devoirs qu'elle prescrit. Il est fou ! voilà le premier jugement que j'entendis porter sur l'Evangile et sur les cœurs qu'il soumet.

« Inquiet, je fis cent lieues; je vins voir Gustave : je ne le trouvai ni malade ni fou, mais joyeux quoique dans une situation de fortune assez pénible; plein d'espoir, surabondant de confiance, m'aimant d'une tendresse plus vive que jamais, enfin un chrétien. Il me fit le récit de ses combats : c'étaient les miens; il me pressa de l'imiter dans le dernier effort qui lui avait donné la victoire. Hélas! le prix même du triomphe me fit peur. Fuyant la lumière après l'avoir entrevue, je revins plus troublé que je ne l'étais en partant. Ce que j'avais compris, sans dissiper mes doutes, y mêlait des terreurs. Aux clartés incertaines du crépuscule, nous croyons voir sur le chemin de menaçants fantômes, là où le plein éclat du soleil ne nous montrerait que des objets utiles et charmants.

« Chose étrange! ces terreurs durèrent peu, les doutes mêmes cessèrent, et pourtant le plein jour n'était pas venu : c'est que j'avais méprisé la grâce. Dieu me laissa dormir un temps dans la fange de mes iniquités. Vous qui dormez dans le même lit, du même sommeil, ne vous hâtez point de me trouver heureux; luttez contre ce sommeil funeste, sortez-en! J'en ai porté, j'en porte encore la peine. Ce sont des plaies que je ne montre qu'à Dieu. Si je pouvais avoir des ennemis, je n'en aurais pas à qui ma haine voulût souhaiter l'horreur d'un semblable repos.

« Gustave, cependant, priait pour moi; il songeait aussi à mon avenir temporel, que j'avais toujours abandonné à tous les vents de la terre, et par ses soins je vins à Paris. »

§ IV. — *Le travail de la grâce.*

M. Veuillot entre ensuite dans quelques détails sur son séjour dans la capitale de la France, sur les dangers qu'il y courut, sur ses ennuis et sur les grâces que Dieu lui ménagea.

« J'allai où m'entraînaient d'inquiets désirs et mes vieux ennuis qui renaissaient plus pressants. Mais j'avais beau porter partout mes lèvres, je ne buvais qu'à des coupes troublées. J'étais plein de jugements sévères contre tout homme et tout nom qui passait sous mes regards ; puis, quand j'avais donné cours à mon mépris, je baissais la tête, j'écoutais mon cœur, mon cœur plaidait pour tout ce que je venais de condamner. Je me disais avec accablement : Je ne vaux pas mieux. Hélas! trop souvent j'ai à le dire encore. Pourtant, vous le savez, mon Dieu, ce n'est plus du même accent que je le dis.

« A cette époque, Dieu encore m'envoya le secours de deux bons livres. Des personnes aussi éloignées de la foi qu'on peut l'être, sans que je leur eusse rien dit de mes préoccupations, dont elles auraient ri, me mirent dans les mains ces ouvrages, qu'un prêtre et qu'un confesseur n'auraient pas choisis plus à propos. C'était l'introduction à l'*Histoire de sainte Elisabeth*, de M. de Montalembert, et le beau travail sur l'*Action du clergé dans les sociétés modernes*, de M. Rubichon. Quelques articles de M. Carné me passèrent aussi sous les yeux. Je veux remercier ici ces pieux et savants auteurs du bien qu'ils m'ont fait. M. de Montalembert, au point de vue de l'histoire, M. Rubichon, au point de vue de l'organisation sociale, M. Carné, sur les problèmes du temps actuel, éclairèrent puissamment mon esprit, et le forcèrent au moins d'admirer la haute intelligence et la haute vertu de l'Eglise, à défaut de sa divinité, que je niais toujours. Oui, je vous voyais sage, prévoyante, courageuse, toujours forte et toujours charitable, et je vous admirais, ô Mère ! mais sans vous aimer, c'est-à-dire sans vous comprendre ; et n'est-ce pas vous outrager que de vous honorer ainsi ?

« Savoir, intelligence, raison : choses vaines, sans l'obéissance et l'amour ! Pour y voir plus clair, je ne m'en conduisais pas mieux. Je repoussais l'enseignement de cette Eglise qui m'apparaissait surnaturelle en ses œuvres, et, parce que je le repoussais, la magnificence de tant de force, la merveille de tant de choses accomplies, de tant d'ennemis vaincus, ne m'apprenaient à remplir aucun devoir, et ne m'aidaient à vaincre aucune passion.

« Et j'étais toujours dans le combat ; j'avais toujours sur le cœur l'arrière-goût d'un plaisir empoisonné. Mécontent et sombre au fond de toutes les ivresses, rongé de soucis dans le sein de l'abondance, tantôt je voulais à tout prix agrandir ma fortune, tantôt je regrettais amèrement ma misère passée. J'étais honteux des brèches faites à ma conscience, j'étais las des débris d'honnêteté qui restaient.

« Seul avec moi-même, je ne pouvais réunir, ni en politique ni en morale, deux idées qui ne fussent en désaccord, et entre lesquelles je ne me sentisse indifférent. Je perdais le sens du juste et de l'honnête, je perdais jusqu'à la volonté du combat, jusqu'au désir de la force.

« Et je ne me donnais pas deux mois pour n'être plus qu'un de ces condottieri de la plume, qui vont d'un camp dans l'autre pour vendre moins encore leur bravoure que leur inactivité.

« Illusion de ma jeunesse, généreux désirs et généreuse fierté de mon âme, orgueil de l'honneur, orgueil du devoir, dévouement, amitié, amour, tout était souillé, tout expirait, tout allait être anéanti.

« J'avais jeté vers le ciel ma dernière plainte, et je consentais à tout. Ma situation n'était plus la fatigue, c'était le râle; l'état où j'allais tomber n'était plus le sommeil, mais la mort.

« Certes, Dieu m'a sauvé et m'a bien sauvé ! Il m'a pris au fond de l'abîme et m'a emporté entre ses bras. Je ne pouvais plus me sauver moi-même.

« Je ne sais quelle pensée me mena chez Gustave. Je le vis entouré de cartes, de paquets, d'objets de toutes sortes, se préparant à partir pour un long voyage.

« — Viens avec moi, dit-il ; sors de Paris, sors de la France ; emploie une année à courir le monde ; peut-être tu t'en trouveras bien. » Jamais pareil projet ne m'était venu ; je n'avais pas les moyens de faire ce voyage ; par mille raisons c'était une folie.

« Huit jours après, cependant, j'avais quitté Paris, et, le cœur déjà plus léger, je courais sur la route de Marseille. Je croyais aller à Constantinople : j'allais plus loin. J'allais à Rome, j'allais au baptême ! »

§ V. — *Son voyage à Rome.*

M. Veuillot, qui devait plus tard respirer le parfum de Rome, raconte avec beaucoup de charme son premier pèlerinage en la Ville sainte.

« Lorsque, enfermé dans l'étroite case de ma cabine, comme dans un cercueil, j'entendais les flots, qui secouaient le navire, battre avec violence la mince cloison qui me séparait d'eux, je sentais combien j'étais peu de chose au point de vue de ma pauvre personne, et parfois j'avais l'instinct des grandes vérités qui nous relèvent tant. Gustave chantait une prière que de pures et pieuses âmes avaient dite pour nous le jour du départ : *Ave, maris Stella.* — Quelle était donc cette étoile de la mer, dont les rayons protégeaient au milieu des flots le faible et tremblant voyageur? Je l'ignorais encore; mais j'avais beau être incroyant, j'avais aussi besoin d'être aimé, et je me sentais plus calme sous cette protection mystérieuse. Non, nous ne devons jamais douter de l'amour de Marie! Donnons-lui pour enfants tous ceux qui ne la veulent pas pour mère : elle leur fera sentir sa tendresse, et, dans l'orage et la tempête, en dépit d'eux-mêmes, par instinct, ils suivront cette étoile qui mène à Dieu....

« Tout à coup, du sommet d'une petite hauteur, quelque chose se montre au fond perdu de l'horizon : « C'est Saint-Pierre! » s'écria Gustave avec une expression de religieuse tendresse. « C'est Rome! » dis-je en même temps avec une joie de collégien.

« Deux heures après nous entrâmes dans Rome par la porte Cavaligiera. Comme nous longions les colonnades de la place Saint-Pierre : « Quel beau jour! me dit Gustave en me serrant la main. — En vérité, » répondis-je.

« Mais je ne savais pas encore combien ce jour était heureux pour moi. C'était le 15 mars 1838. Le public à qui je m'adresse ne me blâmera pas de consacrer ici une date qui n'a d'intérêt que pour le narrateur.

« Catholique ou protestant, croyant ou incrédule, que l'on fasse profession de bel esprit, que l'on suive naïvement les impressions d'un bon et simple cœur, sous quelque ciel que l'on soit né, de quelque pensée que l'on soit imbu, je n'imagine pas un sang si froid, une situation de l'âme telle, que l'on puisse entrer sans beaucoup d'émotion dans Saint-Pierre de Rome. Dans cette église même, on appelle Confession de Saint-Pierre le lieu où les reliques du Prince des Apôtres reposent avec celles de saint Paul. C'est un caveau placé sous le baldaquin de bronze qui forme un dais gigantesque au-dessus du grand autel. Autour de l'escalier de marbre qui conduit à ce caveau, règne une balustrade magnifique ; cent cinquante lampes d'argent y brûlent toujours. C'est devant cette balustrade que viennent avec plus de prédilection et de tendresse s'agenouiller et prier tous les chrétiens que leur bon ange conduit à Rome. Que de fronts s'y sont appuyés ! Que de larmes y ont coulé depuis celles qu'y versa Constantin ! Que de lèvres pieuses en ont poli le métal ! J'y devais aussi pleurer un jour, et ce jour était proche ; mais je rapporte ici les émotions du curieux et du sceptique. Celles du chrétien, dont le cœur purifié par la pénitence n'a plus que des regrets, de la foi, de l'amour, ne se disent point sur la terre et n'ont de langage qu'au ciel.

« Une émotion étrange encore, qui fut vive du premier coup (et qui depuis ne s'est point affaiblie, loin de là !) est celle que me firent éprouver ces nombreux confessionnaux distribués dans Saint-Pierre, et qui portent pour enseignes toutes les langues de l'Europe. C'est une chose inspirée par le Saint-Esprit, comme ces cérémonies si imposantes, si belles, comme ces hymnes ravissantes qu'on chante aux offices, comme ces rites sublimes qui marquent tout le culte catholique d'un signe éclatant et divin.

« Ainsi, mon Dieu, vous voulez bien qu'on vous apporte ici des souillures ramassées dans tous les coins du monde ! qu'on les y laisse ! et qu'après tant de courses incertaines, on puisse dater de Saint-Pierre de Rome et de la demeure du suprême Vicaire de Jésus-Christ le point de départ d'une vie toute nouvelle, où l'on sera soutenu par votre amour, et qui aura votre sein paternel pour terme et dernier but.

« Mes amis avaient obtenu la faveur d'entendre la messe dans la petite chapelle si spécialement sanctifiée par ce tombeau des Apôtres, le plus auguste du monde après le tombeau sacré de Jérusalem. J'y descendis avec eux. Nous y rencontrâmes un respectable vieillard, M. le comte de ***, qui puisait dans les sentiments d'une haute piété un courage que les lentes douleurs de l'âge et de la maladie s'efforçaient en vain de lui ravir. C'était, depuis dix ans, peut-être, la première fois que j'assistais au saint Sacrifice; c'était la première fois de ma vie que j'y faisais attention. Je me tenais derrière les autres, debout, dans le plus sombre recoin de la chapelle, et je suivais avec une curiosité émue cette messe dont le silence solennel avait pour mon cœur je ne sais quoi de menaçant.

Le comte Adolphe et sa femme y communièrent. Lorsqu'ils quittèrent la sainte table pour revenir à leur place, je vis sur leurs traits, faiblement éclairés par les cierges de l'autel, tant de recueillement, tant de sérénité, la peinture enfin d'une paix si profonde, que j'en fus pour ainsi dire aigri. Je jetai les yeux sur Gustave : il était prosterné dans la prière. Je me trouvai malheureux; je trouvai Dieu injuste envers moi de m'exclure seul de cette paix et de cette joie, la même pour le vieillard mourant, pour les jeunes époux, pour le père loin de ses enfants, et souveraine dans tous ces cœurs. Il me semblait que les autres étaient en ce lieu dans la maison de leur père, que j'y paraissais, moi, comme un étranger dont on ne s'occupe pas. Certes, j'étais bien injuste; car, indépendamment de Dieu, qui ne cesse jamais de s'occuper de nous, mes amis encore m'avaient présent dans leur pensée; ils m'offraient à Dieu, j'en suis sûr; ils lui disaient : Père, ne voulez-vous point aussi ramener cet enfant, qui ne vous connaît même plus depuis le temps qu'il vous a quitté ? — Mais je ne savais pas tout ce que l'amour de Dieu met de charité en nos cœurs, et combien nous nous unissons dans la prière à tous ceux qui ne prient pas, pour essayer de les entraîner avec nous.....

« Soyez béni, mon Dieu, d'avoir eu si tendrement pitié de moi ! d'avoir mis dans mon âme un sentiment de justice que je ne pouvais vaincre, un sentiment d'honneur que je ne pouvais étouffer et qui murmurait toujours ! de m'avoir soumis aux continuelles persécutions de la conscience, à l'implacable dégoût de mes plus violents désirs, à l'insupportable remords de mes mauvaises actions ! et, quand vous avez vu que toutes ces choses ne suffisaient pas, de m'avoir enlevé soudainement du théâtre de mes misères, comme on emporte un enfant malade pour lui faire respirer sous d'autres cieux un air meilleur. Soyez béni de m'avoir présenté goutte à goutte, par des mains amies, et dans Rome, ce vase enduit du miel des miracles, le breuvage salutaire qui m'a guéri ; la doctrine, maintenant adorée, où je veux vivre toujours, et pour laquelle j'espère que je saurai mourir comme vos martyrs bienheureux. *Amen.*

§ VI. — *Derniers combats.*

« Nous étions aux approches de Pâques. Afin de solenniser comme il convient à des enfants de Dieu et de l'Eglise catholique cette fête si glorieuse, mes amis s'efforçaient de redoubler de piété, et redoublaient en effet de vigilance pour eux et de prières pour moi. Un motif religieux dirigeait toutes leurs visites dans Rome, où je les accompagnais toujours ; la foi et l'amour de Dieu inspiraient leurs conversations ; ils restaient plus longtemps prosternés devant les autels, et moi j'étais plus troublé et plus pressé que jamais, et plus que jamais irrésolu. J'attendais des lettres qui n'arrivaient pas ; je pensais que des catastrophes avaient éclaté depuis mon départ, et que par là peut-être Dieu commençait à me punir ; ou simplement, que oublié de ceux dont je me croyais aimé, j'allais faire encore une fois l'épreuve, si souvent faite, du mensonge de toutes les affections.

« J'enviais le bonheur de mes amis chrétiens qui s'aimaient entre eux d'une amitié sainte et durable, qui aimaient toujours Dieu par-dessus toutes choses, et qui vivaient continuellement dans la certitude de son amour.

« Un jour de dimanche, l'un d'eux proposa de sanctifier la soirée par une lecture pieuse : tout le monde en fut d'accord, et moi-même j'y consentis volontiers. Adolphe avait apporté de Paris quelques volumes contenant le *Carême* de Bourdaloue. Il lut le titre de plusieurs sermons; l'un aimait mieux celui-ci, l'autre celui-là. On convint de s'arrêter au choix indiqué par l'époque où nous étions, nous entrions dans la semaine sainte.

« Quoique je ne sois rien moins qu'habile dans l'art excellent de la lecture à haute voix, moitié vanité, moitié par désir de plaire à mes amis, je m'étais offert comme lecteur. Adolphe me présenta donc le livre, ouvert au sermon pour le lundi de la semaine sainte : *Sur le retardement de la pénitence*.... Je ne fis pas d'abord attention à ce titre, — qui surprit mes compagnons, ainsi qu'ils me l'avouèrent plus tard, et qui les rendit attentifs comme à un avis solennel que le Seigneur allait me donner en leur présence.... Mais je me trouvais aux prises avec un rude adversaire sur le dernier terrain où je m'étais réfugié. Chaque mot que je lisais frappait d'aplomb sur mon esprit, broyait mes prétextes, déjouait mes ruses, me convainquait de ma déraison, proclamait ma folie. Ou plutôt je ne lisais pas : j'écoutais, avec une sorte d'effroi et de stupeur, une voix qui ne me semblait plus être la mienne, et qui, me révélant en présence de mes amis, toutes mes pensées misérables, me couvrait de honte et de confusion. Je tremblais, je balbutiais, je me sentais rougir; mon front s'humectait de sueur. Tantôt je voulais jeter le livre et me retirer; tantôt je voulais m'interrompre pour m'écrier que j'étais vaincu, et que je prenais l'engagement de ne plus résister à des raisons dont la force me laissait sans excuses; tantôt je sentais les larmes me gagner; et je continuais, à travers l'orage de ces sentiments divers, ce sermon, cet avertissement à la fois paternel et terrible, où les menaces de la mort éclataient à côté des plus douces assurances de salut si je voulais me sauver, et qui me faisait si bien sentir qu'en effet, dans la position où Dieu m'avait mis, j'avais moi-même en mes propres mains, et le don de ma grâce et la sentence de ma condamnation.

« Tout ce qui m'avait été dit, tout ce que je me disais moi-même, et tout ce que je craignais de m'avouer, Bourdaloue me le répétait à voix haute, avec l'autorité souveraine de l'Ecriture Sainte, des Pères, de son propre génie, avec des paroles qui pénétraient comme des glaives ardents jusqu'au fond de ma conscience...

« Mes amis eurent pitié de moi; prétextant la fatigue d'une si longue lecture, ils m'interrompirent à la fin de la seconde partie; et de fait, véritablement, je n'en pouvais plus; mais bien avant dans la nuit, la voix de Bourdaloue retentit à mon oreille, et le lendemain encore je l'entendais comme un tonnerre menaçant.

« Ce jour-là, si je ne me trompe, qui était le lundi de la semaine sainte ou le mardi, nous allâmes entendre la messe à Saint-Pierre. Je n'entrais jamais sans émotion dans ce temple sublime, et comme un vrai catholique à Rome, j'y faisais de bon cœur acte de dévotion. Je ne manquais pas de baiser les pieds de cette statue du Prince des Apôtres, dont le bronze en cette partie s'est usé et a pris une autre couleur au contact des lèvres fidèles qui viennent s'y poser.

Quels cœurs malheureux ont donc les premiers conçu un triste plaisir à contester le sentiment, si naturel, qui nous porte à honorer les reliques des saints et à les invoquer devant leurs images? J'étais, certes, libre de préjugés ; je n'étais pas chrétien encore, je refusais encore à Dieu ce qu'il me demandait essentiellement, et déjà pourtant j'aimais les saints. Mon cœur et ma raison me montraient en eux des médiateurs qu'il m'était doux et consolant d'appeler à mon secours...

« Un jour, et je crois bien que c'était encore ce même mardi de la semaine sainte, Adolphe tournait autour de moi, cherchant comme toujours ou à me distraire ou à m'éclairer. J'étais assis, je lisais, je ne sais quel livre, toujours n'était-ce pas le sermon de Bourdaloue : je lui gardais rancune. Je levais les yeux sur Adolphe, il était aisé de deviner sa pensée, et, obéissant moi-même à je ne sais quel bon mouvement que m'envoyait Dieu : « Cela vous ferait donc bien plaisir, Adolphe, si je me convertissais? » Il ne me répondit pas ; mais je vis dans ses yeux une larme !

« Et vous, Elisabeth, soyez bénie également pour le regard charmé que vous échangeâtes avec Adolphe en m'entendant parler ainsi.

« Oui, soyez bénis tous, mes chers tuteurs, pour l'aide que vous m'avez donnée en ce difficile combat. Je sais combien vous avez prié pour moi, car depuis j'ai prié pour d'autres, et avec quelle ardeur, avec quelle plénitude de tendresse et de foi le chrétien ne supplie-t-il pas Dieu de prendre et de toucher ces cœurs rebelles, qu'il lui présente sans se décourager jamais ! Soyez bénis de m'avoir tant aimé, maintenant que je sais comment les chrétiens s'aiment...

§ VII. — *Le Gésù* (1).

« C'est le nom que porte, à Rome, la maison-mère de la Société de Jésus. Là réside le général de l'ordre, et l'on y voit encore transformée en chapelle, l'humble cellule que saint Ignace habita. Mes amis avaient donné leur confiance à un religieux de cette illustre Compagnie, vieillard chargé d'années et d'œuvres, dont la vertu et le savoir représentent dignement dans la hiérarchie de l'ordre, toutes les qualités qui honorent ses membres français. Ils allaient souvent le voir, et quelquefois je les y avais accompagnés avec plaisir.

« Un soir, Adolphe allant au *Gesù*, je l'y accompagnai. Nous entrâmes chez le Père. J'avais la tête meublée de raisonnements sur le péché originel, sur les mystères, que je voulais qui me fussent bien clairement expliqués. J'avais trouvé dans ma position, dans mes relations, dans l'intérêt de mon avenir et dans l'intérêt de mes sœurs, mille raisons péremptoires de ne pas changer de vie ; un pareil changement semblait trop exiger l'abandon de cette profession d'écrivain, de laquelle seule je croyais pouvoir tirer mon existence, et que je ne sentais pas compatible avec la foi chrétienne de la façon dont je l'avais exercée. Après les premiers compliments, je priai, non sans un peu d'inquiétude, Adolphe de nous laisser seuls ; il s'empressa de céder à mon désir, et j'accompagnai, malgré moi, ce cher et honnête ami, tandis qu'il s'éloignait, d'un étrange regard, comme si c'eût été le monde et mon passé qui se fussent

(1) On sait que la principale maison des Pères Jésuites, à Rome, porte le nom de *Gesù*.

éloignés dans sa personne, pour m'abandonner à l'entrée d'une nouvelle vie. Le Père, ayant fermé sur lui la porte, revint seul vers moi, et, me regardant avec un sourire dont la vénérable bonté rayonne encore dans mon cœur : « Eh bien ! me dit-il, mon enfant ? — Mon Père ! lui dis-je, mon Père ! » Le cœur me manqua, mes yeux s'obscurcirent ; et, laissant mon front tomber sur mes mains : « Ah ! mon Père ! m'écriai-je en fondant en larmes, je suis bien malheureux ! »

« Le bon vieillard s'approcha, calma mon agitation par de douces paroles, me dit que l'enfant qui rentrait à la maison paternelle ne devait pleurer que de joie ; et quand je fus en état de lui répondre, nous causâmes un peu. Si je lui fis, comme je me l'étais promis, des objections, elles furent courtes et je ne me les rappelle pas ; je n'en avais plus à faire. Tout ce que je me rappelle de cet instant, c'est le sourire du saint religieux, mes larmes et mon bonheur. Je ne me confessai point pourtant ce jour-là. Le Père voulant que je pusse me préparer à un acte si sérieux, remit à m'entendre au surlendemain, et je le quittai, ayant promis de revenir, mais moins engagé par ma parole que par mon cœur....

« J'employai le jeudi et le vendredi saint à mon examen de conscience, suivant la méthode de saint Ignace, que le Père m'avait indiquée, c'est-à-dire m'aidant des lieux que j'avais habités, des emplois que j'avais remplis, des personnes que j'avais connues. Quoique je n'aie pas tenu grande place dans le monde, je pourrais ici garnir bien des pages des noms de ceux à qui j'ai pardon à demander....

« Le moment arriva... Je regardai le Père : mes yeux devaient exprimer l'incertitude où je me trouvais encore dans ce moment suprême. « Mettez-vous à genoux, me dit-il, avec la calme dignité d'un juge. »

« Je me mis à genoux et je me confessai. Oh! combien les prêtres doivent admirer la miséricorde du Seigneur! Mais aussi, comment, au spectacle continuel de son indulgence, ne seraient-ils pas doux et indulgents?

« Je me levai, le cœur bercé d'une joie sérieuse et paisible; non pas délivré encore, mais allégé; non pas absous, mais béni.

« C'est un doux moment, dans la vie du chrétien, que celui où, n'étant pas tout à fait encore rentré dans la grâce de Dieu, il est assuré d'y rentrer bientôt, et s'y prépare avec une joie qui n'est pas sans mélange de crainte et de saisissement, cherchant à bien effacer jusqu'aux moindres traces de ses souillures, parfois inquiet de savoir s'il y réussira, mais plus ordinairement rempli d'une confiance surnaturelle dans la voie qui lui promet de lui rendre toute sa pureté. Déjà il parcourt l'Eden des promesses divines : s'il n'est qu'un étranger admis par la grâce dans ce beau jardin, demain une grâce nouvelle, et qui lui est formellement assurée, l'en fera possesseur; il sera l'enfant du maître; tout fleurira, germera, chantera pour lui. Ces amis qu'il y rencontre, seront ses frères; il ira, pénétré d'amour et de reconnaissance et couvert de la pourpre divine, s'asseoir avec eux au banquet paternel. Que cette attente m'était chère, et de quelles beautés nouvelles Rome et toutes choses ravissaient mes yeux! Dans ces églises où nous allions prier, je n'étais plus un vivant blasphème; j'avais dépouillé l'insolence stupide de mon orgueil, et mille objets, muets et morts jusque-là commençaient à m'y parler tendrement. Un sens inconnu s'éveillait en moi, qui me faisait respirer au milieu des temples je ne sais quels parfums épanchés par des fleurs invisibles, et qui donnait à leur silence des voix confuses encore, mais si douces pourtant, que jamais musique de midi sous les feuillages, ni savants accords de la lyre, ni accents inspirés de la poésie et de l'éloquence, ne m'avaient plus enchanté. Les saintes images paraissaient me suivre d'un regard fraternel ; quelquefois je contemplais la croix comme si je ne l'avais pas vue encore de toute ma vie ; et véritablement, comme je la voyais alors, je ne l'avais point encore vue. Elle faisait battre mon cœur, elle étincelait de prodiges, elle s'élevait, elle s'agrandissait, elle se perdait dans le ciel et sous mes larmes.

« Je comprenais mieux mes amis, et par cela même je les aimais mieux ; je n'étais plus tenté de leur contester des vertus que je sentais possibles à la faiblesse humaine, ayant commencé d'apprendre sous quelle sauvegarde ces vertus étaient placées. Mon indignité ne m'était plus à charge, parce que j'avais l'espoir et la sainte impatience de m'en délivrer. Un moine qui passait dans la rue, par son seul aspect, illuminait mon esprit d'une soudaine intelligence ; et mille choses que je n'avais pu concevoir m'étaient aussitôt clairement expliquées. Devant les tableaux pieux, je me plaisais à cet aimable sourire dont les saints et les anges qu'on y a représentés caressent le spectateur ; je leur disais en mon âme : Demain je reviendrai, et c'est à un frère que votre sourire s'adressera. J'étais noblement orgueilleux de toutes les gloires de la religion et de l'Église ; dans l'auréole des saints, dans les cicatrices des martyrs, dans le bois et dans les clous de la croix, je retrouvais des titres de famille ; et je sentais que mon âme ne volerait jamais assez haut pour embrasser les splendeurs que Dieu m'allait prodiguer.

§ VIII. — *L'absolution et le festin eucharistique.*

« Enfin il me fut donné d'achever le lent et pénible, mais sincère aveu devant lequel j'avais reculé si longtemps. Je l'avais commencé avec des déchirements terribles, je le terminai dans le calme vivifiant de l'espérance et du repentir. A genoux aux pieds du saint religieux qui m'exhortait sur ma vie passée, et sur la vie nouvelle qu'il fallait mener désormais, je n'éprouvais plus ni regrets pour les choses abandonnées, ni craintes pour l'avenir. J'écoutais d'une oreille pieusement attentive les leçons de la sagesse divine; elles portaient dans mon cœur une lumière complète; je sentais pleinement possibles toutes les œuvres qu'elles me recommandaient; je n'y voyais plus rien d'assujettissant, elles ne me proposaient plus rien d'obscur; et jusqu'à cet adorable et facile pardon de tant d'erreurs, tout m'était expliqué par la bonté suprême, qui n'y mettait d'autre condition que de mieux faire à l'avenir, après m'avoir donné dans ce but toutes les grâces dont j'aurais besoin. Je nourrissais une sainte confiance que je ne serais plus nuisible à mes frères, et que Dieu pousserait envers moi la miséricorde jusqu'à me délivrer, dans leurs âmes, du mal que j'y avais jadis occasionné : faisant de mon retour un avis salutaire, dont ceux qui m'avaient connu seraient maîtres de profiter, et que tous peut-être ne dédaigneraient pas.

« Abandonnant ce passé qui n'était plus en mon pouvoir, et sacrifiant de bon cœur les mauvais désirs pour effacer les coupables actions, je sentis non plus le vague vouloir, mais la résolution vraie de marcher franchement dans la voie qui m'était tracée, et où je ne craignais plus de me perdre, parce qu'au lieu d'y suivre mon impuissante sagesse, j'y suivais la sagesse de Dieu, sous l'œil et sous la main de la sainte Église catholique romaine, établie par le Père des fidèles pour diriger vers lui tous ses enfants.

« J'étais dans le port, et je regardai d'un œil tranquill cette mer infinie des anciennes tentations, où il ne m semblait pas que de nouvelles tempêtes dussent jamais m'éprouver.

« Je savais ce que c'est que le mal : c'est ce que Dieu défend. Vingt-quatre années j'avais vécu sans le savoir et sans pouvoir l'apprendre : je le savais maintenant pour ne plus l'oublier, et toutes mes déceptions, et toutes mes misères, n'étaient plus un mystère où se perdît ma raison.

« Je bravais la possibilité de toutes les infortunes, sans daigner même honorer d'un regard celles qui pouvaient me menacer. Dieu intervenait visiblement dans ma vie : j'avais la foi. Je l'avais trouvée, avec toutes les consolations, avec toutes les évidences, avec toutes les certitudes, là où l'on m'avait dit que je la trouverais. « Vienne donc l'orage et le malheur ! je vaincrai par ce signe », me disais-je en contemplant le crucifix.

« Et lorsque, levant la main sur ma tête, le ministre du Seigneur prononça d'une voix douce et grave les paroles sacramentelles de la miséricorde et du pardon, je me courbai plus bas en frémissant d'allégresse, j'adorai le secret inexprimable de la clémence divine, et je compris que Dieu pouvait me pardonner, parce que je sentis le pardon.

« Le lendemain, Gustave, Adolphe et Elisabeth me conduisirent au banquet céleste de la réconciliation. C'était durant l'octave de Pâques, à la sainte basilique de Sainte-Marie-Majeure. Jésus, mon Sauveur, ayez pitié de moi, si indigne de tant de grâces, et de tous ceux pour qui je vous ai prié ce jour-là !...

« Sainte-Marie-Majeure, la chère basilique où je fis cette communion qu'il m'est doux d'appeler ma première communion, est un temple, vaste et magnifique, dont la touchante histoire, lorsque je la connus, me parut avoir je ne sais quelle douce et mystérieuse analogie avec l'acte solennel que Dieu m'avait permis d'y accomplir. »

Après avoir raconté la légende de *Notre-Dame des Neiges*, M. Veuillot ajoute :

« N'est-ce pas sur les collines de Rome et dans l'aride été de ma jeunesse, quand le feu de toutes mes passions brûlait et désolait mon cœur, qu'un voile de pureté, tombant tout à coup sur ce cœur misérable, y a marqué les fondements d'un nouvel édifice, a permis à la foi d'y construire un temple où j'adore Dieu, où j'honore et vénère tendrement Marie ?... Mère des chrétiens, mon secours, mon refuge et mon espérance ! je vous ai imploré souvent dans mes chutes et dans mes angoisses, et vous ne l'avez pas oublié ; car, malgré tout, j'ai senti s'accroître envers vous ma confiance et mon amour ! Hélas ! pourquoi mon cœur n'est-il pas assez pur, assez dévoué, assez généreux et grand en tendresse pour que vous y soyez toujours et sainte Marie des Neiges et sainte Marie-Majeure ?

« Sainte Vierge, je n'ai point la richesse et la piété des illustres souverains qui ont embelli votre sanctuaire : je ne suis qu'un ouvrier indigent, et plus indigente encore est mon âme, où le péché moissonne et ravage souvent jusqu'à l'espoir de la moisson : cependant je suis vôtre, et vous m'avez donné mille preuves de votre maternel amour. C'est pourquoi j'ose vous offrir l'humble tribut de mes veilles. Voici un travail sur lequel j'ai pâli souvent depuis le soir jusqu'aux approches de l'aurore, acceptez-le, souffrez que je le dépose sur le seuil de cette basilique où votre divin Fils s'est donné à moi en gage de miséricorde et de réconciliation. Pour misérable que soit la fleur, elle a poussé par votre grâce sur un terrain ingrat et maudit jadis, où ne croissaient que la ronce et l'ortie. Bénissez l'œuvre, bénissez surtout l'artisan, et, si j'ose vous demander une faveur, que mes lèvres puissent se poser encore une fois sur ces marbres usés par les pieds des fidèles, devant votre image révérée. »

Le démon, qui comprenait tout le bien que pouvait faire ce vigoureux esprit, lui livra de rudes assauts.

« Encore échauffé de ma victoire, je vis tout à coup reparaître l'ennemi; et ce fut avec une angoisse profonde qu'à ses premières atteintes je me sentis, comme autrefois, faible, lâche, chancelant. Cet ennemi, c'était le passé, que j'avais cru mort et disparu pour toujours. Il se montrait à mes yeux sur l'autre bord de l'abîme vers lequel je me retournais sans cesse. Il n'était plus souillé, honteux, misérable comme au jour de ma fuite et de mon renoncement, mais revêtu de jeunesse et de gloire, tendre, plaintif, touchant, et me faisant mille offres de retour. Les choses que j'avais cru pouvoir impunément rejeter me disaient : Nous sommes encore là ; nous t'aimons encore. Qu'y a-t-il entre nous et ton cœur? Une parole! Qu'elle soit oubliée, et reviens ; tu ne nous a point connues. Nous avons aussi notre sagesse, nous avons aussi notre durée ; tu vois que nous ne tombons pas comme la feuille de l'églantier, au premier vent qui s'élève : tu sais que tous nos dons ne sont pas en promesses : que cherches-tu qui ne soit parmi nous ?

« Mais en même temps la voix tonnante des menaces divines se faisait entendre, car les séductions ne conservaient plus ce pouvoir, qu'elles avaient naguère, de me faire perdre en un instant tout le terrain que j'avais péniblement gagné ; elles ne m'entraînaient plus du cercle lumineux de la foi dans les épaisses ténèbres du doute. Partout elles me poursuivaient ; je les entendais toujours ; mais partout aussi je voyais et j'entendais Dieu. Hélas ! c'était Dieu courroucé, punissant, terrible... Je le craignais de toute ma raison ; j'aimais le monde de tout mon misérable cœur.

« Je ne trouvais d'allégement qu'au tribunal de la Pénitence. Dieu m'avait prévenu d'une grande grâce, sensible entre toutes celles dont il m'entourait, et que je ne pouvais apprécier que plus tard : j'avais une confiance d'enfant dans la parole du confesseur. Et comment aurais-je pu faire pour douter, lorsque je n'entendais pas un mot qui ne fût rayonnant d'évidence, qui ne démontrât clairement ma folie, mon injustice, et qui ne m'indiquât des moyens de repos et de sécurité que je reconnaissais infaillibles aussi souvent que je voulais les employer !

« Enfin, après un mois environ de cette lutte intérieure, je parvins à me rassurer. Les images du passé reparurent moins fréquemment, je m'habituai à les considérer d'un œil plus ferme. On m'avait dit d'implorer, par l'intercession de la sainte Vierge, le don de persévérance : je l'avais fait ; nous avions même résolu, Gustave et moi, d'accomplir dans ce but le pèlerinage de Lorette, et peu à peu je finis par ne plus craindre de retomber entièrement et pour jamais. L'Eglise enseigne à ses enfants de douces et faciles prières, qu'ils prennent l'habitude de prononcer dans toutes les occasions : j'appris ces prières, et les fantômes ne tinrent pas devant leur miraculeux pouvoir. La paix vint, et sur cet arbre de la foi, que l'orage avait fortifié dans mon cœur, l'espérance et l'amour, comme des oiseaux divins, commencèrent à chanter.

« Voilà comment je suis devenu chrétien. Dieu m'y a aidé plus que je ne puis dire, mais il n'est pas nécessaire de tout exposer. Ce serait d'ailleurs l'impossible, — et qui voudra bien examiner son cœur et sa vie n'y trouvera pas la trace de moins de prodiges que la bonté céleste n'en a fait pour moi. Dieu a tenu ses promesses, et plus que ses promesses ; car l'homme n'est pas fidèle à ses engagements, et le pardon va plus loin qu'il n'est permis de l'espérer. Si nous n'avons pas ici-bas des satisfactions plus durables, c'est que nous y aimons trop ce qui n'a point de durée ; si nous nous meurtrissons, c'est que nous allons toujours sur les chemins où la chute est facile. Mais ne perdons pas pour cela confiance : le combat c'est le mérite ; et la chute même est une victoire, lorsque, repentant et soumis, l'homme en profite pour mieux reconnaître sa faiblesse, pour mieux aimer qu'auparavant Celui en qui seul réside toute force, toute sagesse et tout amour. »

Ceux qui connaissent M. L. Veuillot savent avec quel courage et quel désintéressement il a persévéré dans la bonne voie. Jamais le moindre respect humain n'a eu prise sur cet esprit si fortement trempé.

« Tout ménagement me répugne, dit-il, et je ne sais point dire à demi ce que je sens tout à fait. Je crois tout dans la religion ; il m'est aisé de tout croire, et ce que je m'explique, et plus encore peut-être ce que je ne comprends pas. A l'égard des choses surnaturelles, j'use toujours, pour accepter, de la liberté que l'Eglise me donne, jamais pour rejeter ; c'est seulement sur les nouveautés de doctrine que je me sens prudent jusqu'au scrupule, et soupçonneux jusqu'à la prévention. Cela est ainsi dans ma conscience, et sur ce point je ne puis me sentir la moindre envie d'y rien réformer : persuadé qu'en cela Dieu me traite encore selon ma faiblesse, et me prémunit en vue de mes nécessités. Que le plus séduisant des docteurs soit mis en suspicion par son évêque, — à l'instant je relègue sa doctrine au lazaret, m'eût-elle plu de toutes les manières, et je l'y laisse jusqu'à ce que Rome ait prononcé ; et si Rome l'y laisse aussi, certes je n'irai point l'y reprendre. Mais qu'une bonne femme, naïvement, vienne me raconter un miracle nouveau de la Médaille miraculeuse, — je ne ferai nulle difficulté d'en croire sa reconnaissance et sa piété, de même que, sans aucune difficulté, sans vergogne aucune, à n'importe quel philosophe ou savant, fût-il de toutes les académies du monde et de Paris, qui voudrait croire et qui me ferait l'honneur de me consulter, je conseillerais de porter cette chère médaille, que nous portons tous, sans nous en cacher, je pense, et de répéter encore avec nous : « O Marie, conçue sans péché, priez pour nous, qui avons recours à vous ! »

§ IX. — *Admirable dévouement de M. L. Veuillot à l'Église.*

Depuis sa conversion, M. Louis Veuillot a consacré son talent, son temps, son courage et toute son énergie à la défense de la sainte Église. Personne ne l'ignore, il n'a reculé devant aucun adversaire quand il s'est agi de défendre sa Mère. Les libres-penseurs de nos jours, qui sont la queue de Voltaire, n'ont encore rencontré aucun écrivain qui les ait flagellés si vigoureusement.

M. Louis Veuillot a pu proclamer hautement, dans ses ouvrages, son dévouement sans bornes à l'Église, sans crainte d'être démenti. Voici quelques beaux passages empruntés aux *Mélanges* du célèbre publiciste :

« L'Église m'a donné la lumière et la paix. Je lui dois ma raison et mon cœur; c'est par elle que je sais, que j'admire, que j'aime, que je vis. Lorsqu'on l'attaque, j'ai les mouvements d'un fils qui voit frapper sa mère. J'essaie d'arrêter la main parricide, j'essaie de la meurtrir, je conserve de son crime un ressentiment profond. C'est le plus insensé des crimes, le plus ingrat, le plus cruel.

« Certes, je n'ai le malheur de haïr aucun homme. Mais l'œuvre à laquelle beaucoup d'hommes se condamnent et dont je vois tous les jours les effets irréparables, je la hais.

Je la hais d'une passion que rien n'épuise, que rien n'endort, qui, malgré moi, quoi que je fasse, éclate en âpres gémissements.

« L'Eglise est ma mère et ma Reine. C'est à elle que je dois tout, lui devant la connaissance de la vérité; c'est par elle que j'aime, c'est par elle que je crois ; d'elle seule j'espère tout ce que je puis espérer : homme, la miséricorde divine; citoyen, le salut de la patrie.

« Jamais on ne verra dans nos paroles, dans nos actions, dans nos désirs, dans nos rêves, la trace d'un amour égal à celui dont nous brûlons pour la maison de Dieu, pour la sainte Eglise catholique. Pour nous, il n'y a ni branche aînée, ni branche cadette, ni opposition, ni ministère, ni quoi que ce soit qui prenne le pas sur l'intérêt de la religion catholique. C'est dans la splendeur et dans la prospérité de cette religion, c'est dans son libre développement que nous voyons, comme hommes, la plénitude de notre liberté ; comme citoyens, l'honneur et le salut de la France ! »

JUAN DONOSO CORTÈS

§ Ier. — *Ses premières années.*

Donoso Cortès est, avec Balmès, un des hommes les plus distingués de l'Espagne contemporaine.

Le comte de Montalembert et Louis Veuillot ont immortalisé la mémoire de ce célèbre diplomate dans des pages pleines d'une éloquence émue, que nous reproduisons en les abrégeant.

Donoso Cortès comptait parmi ses ancêtres le conquérant du Mexique. Son père, le licencié Pedro Donoso Cortès, et sa mère, dona Maria-Elena-Fernandez Canedo, habitaient Dombenito en Estramadure, leur ville natale. En 1809, fuyant devant l'invasion française, ils furent obligés de s'arrêter dans leur terre de Valdegamas, à cause de la grossesse avancée de la jeune femme. Bientôt prise des douleurs de l'enfantement, on la conduisit en hâte au plus prochain village, appelé le Valle de la Serena, et là, le 9 mai, elle donna le jour à un fils qui devait, dans sa trop courte existence, rajeunir la gloire de sa famille.

Il existe au Valle une célèbre image de la sainte Vierge, vénérée sous le nom de Notre-Dame du Salut. Le nouveau-né lui fut offert, et il reçut au baptême les noms de Juan-Francisco-Manuel-Maria de la Salud. On pourrait ajouter, dit M. Tejado, que le pieux instinct maternel le voulut mettre sous la protection de celle qui est le Siège de la Sagesse, comme s'il devinait le rude combat que cet enfant devait soutenir, au nom de la foi et avec le concours de la science humaine, contre les idées qui pénétraient en Espagne quand il entrait dans la vie. Donoso Cortès se souvenait avec bonheur de cette circonstance ; une tendre et toute filiale confiance envers la sainte Vierge était le caractère particulièrement touchant de sa piété.

Ses études furent rapides et brillantes. A seize ans il les avait terminées avec éclat. Son assiduité infatigable à l'étude de l'histoire, de la philosophie et de la littérature, témoignait dès lors de sa vocation pour la carrière qu'il a parcourue.

Pendant qu'il suivait les cours de l'université de Séville, son père, satisfaisant le désir qu'il manifestait d'étudier en même temps la littérature, lui procura le moyen de passer ses vacances auprès de don José Quintana, l'un des plus célèbres écrivains espagnols de cette époque. M. Quintana, homme obligeant et distingué, lui traça un vaste plan de lectures. A sa grande surprise, l'ardent jeune homme, sans négliger ses études obligées, poussa plus loin encore, et l'année suivante il savait parfaitement ce qu'on avait cru qu'il pourrait à peine effleurer. M. Quintana écrivit à don Pedro que son fils deviendrait un homme éminent, quelque carrière qu'il lui plût d'embrasser. Le pronostic se trouva juste, mais non pas, peut-être, comme M. Quintana l'entendait. Imbu des idées philosophiques et littéraires de la France du XVIIIe siècle, c'est dans cette voie qu'il avait poussé son élève. Le futur émule de Joseph de Maistre et de Bonald s'était nourri de Voltaire et de Rousseau et de bien d'autres. Voilà l'école où M. Quintana, très-innocemment, s'attendait à le voir briller. Ces sophistes embarrassèrent son esprit, mais, grâce à Dieu, sans le fausser irrémédiablement, et surtout sans le corrompre. Du reste, l'application du disciple était merveilleuse : « Jour et nuit, dit son père, il étudiait. »

Donoso Cortès termina ses cours de jurisprudence, à dix-neuf ans, c'est-à-dire avant l'âge requis pour être avocat. La réputation, qu'il appelait de tous côtés, en lui demandant de devenir au plus vite la gloire, accourait au devant de lui. Le conseil royal de l'audience de Cacérès, ayant rétabli le collége de cette ville, supprimé depuis 1822, nomma le jeune licencié pour remplir la chaire de littérature créée par les nouveaux statuts, et le chargea de prononcer le discours d'inauguration. Il le fit avec un applaudissement général des auditeurs, également émerveillés de ses pensées, de son langage, de sa gravité et de sa jeunesse. Cet ouvrage porte à la fois la teinte du rationalisme qu'il devait à son éducation, et la trace consolante du fond chrétien de son esprit et de son âme. Il exalte l'austérité de l'Évangile; il célèbre éloquemment Pierre l'Ermite et les croisades, qui furent l'esprit vivifiant des temps où parut la boussole, où s'établit le droit civil et politique, où naquirent les sciences et les arts; il nomme Rousseau, qu'il appelle le plus redoutable comme le plus séduisant et le plus éloquent des sophistes; il traite avec dédain la secte de l'Encyclopédie. Enfin, un sentiment de droiture que l'on ne saurait trop admirer à cet âge et dans ce temps, lui enseigne que ce « brillant XVIIIe siècle », auquel il ne sait pas encore refuser tout hommage, divinisa pourtant toutes les erreurs et tous les crimes. Le caractère général du discours est le germe d'un éclectisme qui fut propre à l'auteur jusqu'au moment où il se plia sous la vérité. Il s'occupe moins de choisir entre les principes que la seule raison lui fournit, qu'il n'aspire à fondre ensemble sa raison philosophique, engagée dans le faux, et son instinct chrétien, qui sans cesse repousse ou rompt l'alliance. Les luttes auxquelles cette aspiration le condamne, tantôt sourdes et cachées, tantôt manifestes, remplissent sa vie intellectuelle. La dernière période de son existence est le terme définitif du combat, la victoire du chrétien sur le philosophe enfin mis en possession de la véritable philosophie.

Son professorat à Cacérès n'eut guère, d'ailleurs, que ce premier beau jour. Le cours de littérature, ne comptant point parmi les cours académiques et n'étant que de pur agrément, fut bientôt déserté.

§ II. — *Mort de la femme et de la fille de Donoso Cortès.*

A cette époque, au commencement de 1830, eut lieu un événement dont les suites jetèrent sur la vie de Donoso Cortès une ombre invincible de chagrin et de regret, et, s'il fallait le croire, de repentir. Il se maria à dona Teresa Carasco, sœur du personnage politique qui fut depuis le comte de Santa Olaya. Dieu ne lui laissa pas longtemps le bonheur que lui promettait sa belle et vertueuse compagne. Une petite fille, seul fruit de son union, lui fut d'abord enlevée; bientôt, en 1835, la mère suivit l'enfant. Il se taisait sur cette épreuve, même avec ses plus intimes amis. Mais, dans des lettres écrites vers les derniers temps de sa vie, et qui n'ont point été conservées, s'ouvrant avec plus d'abandon, ou, pour mieux dire, s'humiliant devant un homme qui venait de lui adresser de justes louanges; il se reprochait de n'avoir pas payé d'assez d'amour la profonde affection dont il avait été l'objet. Cette peine, qui n'est connue que des âmes très-délicates, lui arrachait des paroles pleines de douleur et de tendresse, et elle était plus âcre au bout de vingt ans que le premier jour. Un an avant sa mort, un de ses amis de Paris l'ayant prié d'être parrain d'une petite fille, il donna à cet enfant le nom de Teresa. Et comme elle mourut encore au berceau, et fut, elle aussi, suivie de sa mère, jeune femme dont il honorait infiniment la candeur et l'humilité, son cœur, remué par des souvenirs ignorés de celui qu'il consolait, trouva des accents si compatissants et si sévères, qu'ils étonnèrent cet homme, accoutumé pourtant à toute l'éloquence de sa foi et de son amitié.

Mais, lorsqu'il perdit sa femme, il avait vingt-cinq ans. Livré aux vanités de l'ambition et de la gloire, et se fiant dans la beauté de son esprit, il songeait surtout à briller et à s'avancer dans le monde. « J'ai eu le fanatisme littéraire, « a-t-il dit, le fanatisme de l'expression, le fanatisme de la « beauté dans les formes. »

§ III. — *Sa conversion.*

C'est à Berlin, dit M. de Montalembert, que vint surprendre Donoso Cortès la révolution de Février, la catastrophe européenne de 1848. Auparavant son âme avait subi une révolution aussi radicale que bienfaisante. Au milieu des labeurs et des succès de la jeunesse, il était resté étranger à toute pensée sérieusement chrétienne. Il n'avait jamais renié la foi de son enfance. Son langage était toujours respectueux; ses mœurs étaient restées pures; son âme avait même été conviée de bonne heure à goûter le calice salutaire de la douleur. Mais ni la majesté ni la miséricorde de Dieu, ni la triomphante vérité de l'Eglise ne s'étaient encore révélées à lui. L'heure du réveil sonna pour cette âme prédestinée un peu avant qu'elle ne semblât sonner le deuil de toutes les monarchies du continent.

Notre Juan avait un frère nommé Pedro, plus jeune que lui d'une année, compagnon fidèle de ses études et tendrement aimé depuis l'enfance. La communauté de leurs premières études n'avait pas enfanté l'uniformité de leurs opinions. Néanmoins ces dissentiments n'altéraient en rien l'union des deux frères. « Je l'aimais, disait Donoso, autant « et peut-être plus qu'il n'est permis d'aimer une créature « humaine. » En 1847, Pedro tomba mortellement malade ; Juan, alors absent de Madrid, vola auprès de son frère. Les souffrances et le danger du malade amenèrent naturellement l'entretien sur ce terrain où la vérité suprême attend tôt ou tard les esprits faits pour elle. Au milieu de ses anxiétés, Juan raconta à son frère sa rencontre à Paris avec un compatriote dont la vertu, la charité, la simplicité l'avaient singulièrement frappé, et lui donnaient à penser qu'il y avait dans la profession d'honnête homme un degré dont il restait encore éloigné, tout fier qu'il se croyait de son honneur et de sa vertu. Il s'était senti subjugué par cette vertu différente de toutes les vertus de sa connaissance. Il en avait parlé à l'Espagnol, et celui-ci lui avait tout simplement répondu : « En effet, vous êtes un honnête homme et « moi aussi ; et il y a quelque chose dans mon honnêteté « de supérieur à la vôtre. — A quoi cela peut-il tenir ? — « A ce que je suis resté chrétien, tandis que vous ne l'êtes « plus. » En entendant ceci, le moribond se tourna vers le narrateur et lui dit : « Oui, mon frère, il t'a donné la vraie « raison. » Et là-dessus, avec la double autorité de l'amour et de la mort, il se mit à lui expliquer le sens de cette parole. La grâce parla en même temps à ce grand cœur trop longtemps dépaysé. Pedro mourut le lendemain, en léguant à son frère la vérité, la foi et son confesseur.

L'ambassadeur d'Espagne racontait lui-même ces détails avec une naïve et noble franchise dans un salon de Paris. Quelqu'un lui dit : « En vérité, Dieu vous a fait là une « grande grâce, en vous éclairant ainsi subitement au mi- « lieu de votre carrière, et quand vous ne pensiez plus à le « chercher. Il faut qu'il y ait eu dans votre vie quelque cir- « constance particulière qui vous ait mérité une telle faveur. « — Je ne m'en rappelle aucune », répondit M. Donoso Cortès ; mais, après avoir réfléchi un instant, il ajouta : « Peut-être un sentiment a pu y être agréable à Dieu. Je « n'ai jamais regardé le pauvre assis à ma porte sans pen- « ser que je voyais en lui un frère (1). »

Ainsi converti à 38 ans, il entre à la fois en pleine possession de la vertu et de la vérité, sans avoir été condamné aux longues luttes, aux fatigantes incertitudes, aux mortelles hésitations par où ont dû passer tant d'autres chrétiens de la dernière heure, et où tant d'âmes ont usé l'énergie nécessaire au salut. A peine a-t-il mis le pied dans le domaine du catholicisme, qu'il s'y précipite en conquérant. Rien n'échappe à son ardeur, à sa soif de connaître la vérité, d'en jouir, de combattre pour elle. A peine assis sur les bases élémentaires du catéchisme, il se plonge dans la théologie mystique, dans les grands écrivains ascétiques que sa patrie a donnés à l'Eglise, surtout dans sainte Thérèse et Louis de Grenade. Il sort de ces profondeurs lumineuses comme pour reprendre haleine, promène un regard ferme et rapide sur l'Europe bouleversée, et prête l'oreille à ces terribles coups que Dieu frappait alors sur les cons-

(1) Voyez la note (*a*) à la fin du chapitre.

titutions de l'Europe; ils achèvent son éducation et commencent celle de ses contemporains.

Alors il se recueille et s'examine; il se sent prêt à de nouveaux combats, abandonne pour un temps son poste diplomatique, va reprendre sa place aux Cortès, et le 4 janvier 1849, il prononce le célèbre discours sur la dictature et la révolution, qui fit franchir les Pyrénées à son nom et le plaça du premier coup au rang des grands orateurs de l'Europe.

Deux lettres rendues publiques dans le courant de cette même année 1849, et une seconde et dernière harangue prononcée au commencement de 1850, sur la situation générale de l'Europe, lui servirent à développer, avec une hardiesse croissante et une éloquence magique, ses convictions religieuses appliquées à la politique. Elles consolidèrent l'édifice de sa réputation européenne et l'influence considérable qu'il exerça dès lors sur les catholiques du monde entier.

§ IV. — *Ses vertus chrétiennes.*

Donoso Cortès n'aimait pas les contestations publiques ; il en attendait peu de fruit, il les évitait autant que possible, mais il était trop le serviteur de la vérité pour mépriser les objections et les contradictions qui se produisaient avec convenance : lors de la critique de son *Essai*, ne voulant pas garder le silence à cause du caractère de son adversaire, ne voulant point le combattre pour n'être point tenté de qualifier ses procédés en repoussant ses objections, il proclama publiquement son entière soumission aux enseignements de l'Église, et il envoya son livre à Rome, condamnant d'avance, sans réserves ni restrictions d'aucune sorte et sans exiger aucune forme d'explication, tout ce que Rome y condamnerait.

« Je suis purement catholique, je crois et professe ce que
« professe et croit l'Église catholique, apostolique, romaine.
« Pour savoir ce que je dois croire et ce que je dois penser,
« je ne regarde pas les philosophes, je regarde les docteurs
« de l'Église ; je ne questionne pas les sages, ils ne pour-
« raient me répondre ; j'interroge plutôt les femmes pieuses
« et les enfants, deux vases de bénédiction, parce que l'un
« est purifié par les larmes, et que l'autre est embaumé des
« parfums de l'innocence. »

Ce fut le dernier acte public de sa noble vie. Dans cet acte on l'a vu tout entier, aussi humble par la foi qu'il était grand par le génie, aussi docile aux moindres enseignements de l'Église qu'il était rebelle aux dogmes les plus suivis de l'orgueil humain. Nous osons le dire, et ceux qui l'ont connu n'en douteront pas : lorsque, en présence de la mort, il a repassé en esprit ses œuvres, il s'est applaudi de cette soumission plus que de tous ses triomphes ; il s'est plus réjoui d'avoir été l'humble enfant de l'Église que d'avoir été son défenseur admiré ; il a béni Dieu non pas tant de lui avoir donné de vivre pour sa cause, que de permettre qu'il mourût accusé et obéissant.

Le monde lui avait prodigué ses dons : il occupait comme ministre plénipotentiaire à Paris le premier poste de la diplomatie espagnole ; il était sénateur, grand'croix de l'Ordre de Charle III, gentilhomme de la chambre de la Reine, membre de l'Académie royale d'histoire. Il avait atteint bien jeune encore la plupart des dignités les plus recherchées de son pays.

Mais Dieu avait été plus prodigue encore envers cette créature chérie. Outre le bienfait inestimable de la foi perdue et retrouvée, il lui avait conféré le don d'aimer et de se faire aimer. Ce sage, ce pénitent, ce fervent chrétien portait en lui le bonheur et le répandait au dehors à grands flots. Ceux qui ne pourront plus que le lire le connaîtront dans son éclat, mais ne se douteront pas de son charme. Car, il faut qu'on nous le laisse dire, c'était un homme *charmant*; cette expression, si banale et en apparence si frivole, est encore la seule qui lui convienne dans notre pauvre langue. Jamais personne n'a rendu la religion plus aimable et n'a donné plus d'attrait à la vertu chrétienne. La paix et la félicité qu'il avait goûtées au moment de sa conversion à Dieu semblaient s'être gravées en traits ineffaçables dans son cœur, et se faisaient jour jusque dans son langage et dans son regard. Il avait le tendre et généreux élan d'une âme expansive, rajeunie d'avance par l'éternel bonheur de l'innocence.

Il était resté jeune de cœur plus encore que d'années. Ce prophète, qui voyait tout en noir dans les révolutions de l'avenir, était d'un enjouement inépuisable et contagieux, toujours gai, toujours doux; toujours enclin au bienveillant sourire. Il jouissait de tout, des saillies d'un petit enfant comme des merveilles du génie et de la nature. Il savait admirer avec une intelligente jouissance qui débordait sur tout ce qui l'entourait. Il savait aussi pardonner à la fragilité humaine, et versait chaque jour je ne sais quel baume suave et salutaire sur les infirmités de son prochain.

C'est ce qui rendait son commerce si facile et si sûr, ce qui donnait à son être quelque chose de pénétrant et d'irrésistible. En un mot, c'était au suprême degré ce que les Italiens appellent un homme *sympathique*. Dieu lui avait départi deux dons qui sont le sceau des âmes élues pendant leur passage sur la terre : l'autorité et la sérénité. Il les retrempait sans cesse dans l'humble et généreuse ardeur de sa foi... On ne saurait se peindre, à moins de l'avoir connu, la candeur, la délicatesse exquise de son cœur.

Il n'y avait point d'affaire qu'il ne laissât pour courir auprès d'un ami malheureux, et point de sacrifice qu'il ne fût prêt à s'imposer pour aider non-seulement l'infortune de ceux qui lui étaient chers, mais l'infortune du premier venu. Il allait toutes les semaines et souvent plusieurs fois, visiter les indigents. Il y avait entre la sœur Rosalie et lui un pacte de services mutuels, pour les bonnes œuvres. Elle était son introductrice chez les pauvres du quartier Mouffetard; il était l'un de ses ministres et de ses ambassadeurs auprès des riches et des puissants de ce monde. Les Petites-Sœurs des Pauvres n'avaient point de patron plus dévoué et plus généreux.

J'ai su, dit M. Louis Veuillot, avec quelle facilité et quelle abondance s'ouvraient ses bienfaisantes mains. Un jour que je lui demandais secours pour une famille réduite à la dernière nécessité : « Tenez, me dit-il, en me remettant une forte aumône, achetez-leur du pain, achetez-leur du linge; je vous donnerai encore quelque chose le mois prochain; maintenant je suis épuisé. » En parlant ainsi, il s'habillait. Je lui fis remarquer que sa chemise était déchirée; il m'avoua qu'il n'en avait guère de meilleure. Il faisait une pension annuelle à un autre pauvre que je connaissais, et il m'envoyait fidèlement, dans les premiers jours du mois, la somme qu'il m'avait promise. Il se souvint de l'envoyer la veille de sa mort.

Ce devoir de l'aumône qu'il accomplissait avec une générosité antique, qui lui faisait distribuer à Madrid, où rien ne l'astreignait à une représentation officielle, les *cinq sixièmes* de son revenu; qui, dans Paris, le conduisait chaque semaine de l'hôtel de son ambassade chez les Petites-Sœurs des Pauvres, et dans les misérables greniers des faubourgs;

ce devoir préoccupait son âme jusqu'au dernier instant.

Parmi tant de vertus, l'humilité avait, s'il se peut, jeté dans son cœur des racines plus profondes. Parvenu à la maturité de son talent lorsqu'il se convertit, il entra presque du même pas dans la voie de la pénitence chrétienne et dans celle des grands honneurs politiques. Il fut ministre d'autant plus fidèle qu'il était chrétien plus fervent. Il dédaignait les pompes de son rang et n'en conservait que plus strictement la dignité. Il avait, comme ambassadeur, toute la fierté de son pays; mais le caractère d'ambassadeur ne l'empêchait point de tenir un enfant (1) sur les fonts de baptême avec une fille du petit peuple, devenue Sœur des Pauvres, ni d'aller s'agenouiller au milieu de ses pauvres dans l'indigente chapelle de la rue Saint-Jacques, ni de visiter les galetas de la rue Mouffetard. Aucun de ses succès, et, ce qui est mieux, aucune de ses vertus ne lui faisait oublier qu'il était pour son propre compte tributaire de la misère humaine; aucune considération de fortune n'aurait pu lui faire perdre un moment de vue ses devoirs envers Dieu et envers lui-même. Il se tenait toujours prêt à quitter sa position brillante pour aller vivre à l'écart, dans son Estramadure, et même, s'il avait à combattre une tentation plus forte que les autres, c'était celle-là. Il aspirait au silence et à l'oubli. Il fallait lui dire qu'il n'avait pas le droit de se retirer et qu'il devait attendre que Dieu lui fermât la bouche. Hélas! nous espérions qu'il attendrait plus longtemps!... Nous avons, dit M. L. Veuillot, une lettre de lui, datée de ce lieu de retraite vers lequel il jetait si souvent les yeux. On y entend son cœur.

(1) Thérèse Veuillot, morte en 1852.

Dombenito, le 3 mars 1850.

« Très-cher ami, je viens de recevoir votre lettre du 20 février et l'*Univers* du même jour, dans lequel je lis mon discours et l'article que vous avez eu la bonté d'écrire. J'accepte, mon cher ami, vos louanges à titre d'encouragement et comme un témoignage de votre amitié. La justice aurait beaucoup à redire si elle entrait en jugement avec vous ; mais nous sommes ainsi faits : jamais une vertu ne se montre en nous qu'aux dépens d'une autre vertu. Vous êtes aujourd'hui l'homme bienveillant et charitable, vous serez demain l'homme juste. Après, vous serez l'un et l'autre dans le sein de Dieu.

« Vous ignorez certainement quel est le lieu d'où vous viendra cette lettre, c'est un coin du monde ignoré des hommes, dans le fond de l'Estramadure. Je suis venu ici pour rétablir ma santé et pour retremper mes forces dans le sein de ma famille. Je n'ai pas le courage d'écrire. Je suis tout à la nature et à mes parents. Je laisse passer et repasser devant moi, comme autant d'ombres chères, les jours de mon enfance, et je me fais petit pour être heureux, convaincu de cette vérité, que celui seul qui se fait petit goûtera de véritables jouissances en ce monde. Oh ! que l'ignorance des enfants et des petits est chose mystérieuse et charmante ! Les petits ignorent la botanique : tant mieux pour eux, parce que la nature leur appartient avec toute sa magnificence. Ils n'analysent pas les mystérieux rapports de la famille : tant mieux pour eux, parce que la famille a pour eux et pour eux seuls des trésors de tendresse et d'amour. Ils n'analysent pas Dieu : tant mieux pour eux mille fois, car Dieu se donne à celui qui le regarde toujours, rien que pour le regarder.

« J'ai avec moi *Fray Luis de Grenada*, qui est le premier mystique du monde, et dont je vous ferais cadeau si vous aviez le bonheur de comprendre sa langue, qui n'est pas la langue espagnole de nos jours, mais une autre langue dont on n'a déjà plus d'idée, toute pleine de magnificence et d'ampleur.

« Je lis aussi la *Vie de saint Vincent de Paul*. Quelle vie, si remplie et si pleine! Comme Dieu est grand et merveilleux dans ses Saints! J'admire d'autant plus cet homme apostolique que je suis l'homme le plus incapable de regarder en face ce modèle. A propos de quoi je vous dois déclarer, mon ami, que je suis l'être le plus inutile du monde. Je n'ai jamais rien fait, je ne fais rien et je ne ferai rien de ma vie. Je suis le type accompli des hommes fainéants. Je lis toujours, je me propose d'agir, et je n'agis jamais. Quelquefois je me représente mon Seigneur et mon Dieu me demandant : Qu'est-ce que tu fais? Et je sens un frisson parcourir tous mes membres. Il m'arrive alors de penser que peut-être suis-je né pour la vie contemplative : mais ce sont des illusions périlleuses de mon imagination. La vérité, la voici : je suis un fainéant. »

§ V. — *Ses progrès dans la perfection.*

La piété de Donoso Cortès n'avait fait que grandir et se fortifier jusqu'au dernier jour de sa vie. Il raisonnait sa foi comme un homme de génie, il la pratiquait comme un enfant, sans emphase, sans respect humain, sans l'ombre d'une hésitation devant les commandements de Dieu et de l'Eglise, sans l'ombre d'un doute envers leurs promesses. Il égalait, sous ce rapport, le plus humble et le plus fervent paysan de l'Espagne. Ayant su que l'on gardait un vêtement de Notre-

Seigneur dans l'église d'Argenteuil, il voulut s'y rendre en pèlerinage, pour obtenir de la compassion de Jésus la guérison de l'un de ses frères malade. C'était vers la fin de l'automne, en 1851 ; la pluie tombait à torrents. Il n'en fit pas moins toute la route à pied. J'avais le bonheur d'être son compagnon. Lui ayant dit que je n'aurais pas cru qu'un Espagnol pût consentir à se laisser mouiller si longtemps, il répondit avec son charmant sourire qu'il faudrait bien une autre pluie pour laver ses péchés.

Le pèlerinage accompli, nous allâmes visiter notre ami commun, M. Rio, l'auteur du beau livre sur l'*Art chrétien*, qui demeurait alors à Argenteuil. Il se trouvait là quelques personnes d'un esprit distingué. La conversation tomba sur l'éloquence. Donoso prit la parole et parla comme un ange sur la vanité des orateurs. C'est là qu'il fit remarquer que Moïse était bègue, et le faible Aaron éloquent. Voyez, dit-il, où Dieu met les orateurs, et le rôle qu'il leur assigne ! Ce n'était pas par jeu d'esprit qu'il disait ces choses. Il ne méprisait point le talent, mais il en faisait peu de compte, et il redoutait les vanités où il engage le cœur. Celui-là seul sait, disait-il, qui croit, et celui-là seul est grand qui s'humilie.

Cette foi parfaite parut de la manière la plus touchante et la plus édifiante durant sa douloureuse maladie, une maladie de cœur, soudaine et terrible, qui l'atteignit au milieu de sa force et l'enleva en peu de jours.

« La franche et entière humilité dont il était pénétré se révélait à chaque instant et se mêlait dans tout son être à la plus généreuse patience. Un jour, le pieux et savant médecin qui luttait contre le mal, graduellement vainqueur, disait à la Sœur : « Vous soignez là un malade comme vous « n'en avez pas souvent; c'est un vrai saint ! » Donoso l'entendit; il se dressa sur son séant, tout indigné, et avec une véhémence inouïe : « Monsieur Cruveilher, dit-il, avec de

« telles idées, on me laissera dans le purgatoire jusqu'à la
« fin du monde. Je vous dis que je ne suis pas un saint, mais
« le plus faible des hommes. Quand je suis avec de braves
« gens, ils me font du bien ; mais si je vivais avec des mé-
« chants, je ne sais ce que je serais. » Puis, se tournant
avec un regard enflammé et un geste inexprimable vers son
crucifix : « Vous le savez, vous, mon Dieu, que je ne suis
« pas un saint ! »

Il parlait, il priait, il souffrait en parfait chrétien. La
Sœur de Bon-Secours qui veillait près de lui admirait ce
courage qu'elle n'avait pas besoin de soutenir et qui lui
offrait plutôt un exemple. Elle disait : « Ses paroles sont des
flèches dans le cœur. » Il se confessa et communia plusieurs
fois. Son confesseur était M. Azoure, curé de Saint-Philippe
du Roule, qui chanta la messe des funérailles, et qui ne put
retenir ses larmes et manqua de voix entre l'autel du Dieu
juste et le cercueil de son ami. Le digne prêtre savait comme
nous ce que perdaient l'Eglise et la société ; mieux que nous
ce que perdaient les pauvres. Sous le poids de ce double
deuil son cœur chancela, non pas son espérance.

§ VI. — *Sainte mort de Donoso Cortès.*

De toutes les consolations que peut laisser la mort d'un
homme, aucune n'a manqué aux amis de Donoso Cortès,
aucune, sauf celle de recevoir son dernier soupir. Il a su
qu'il mourrait, il a accepté la mort, il est mort en priant,
recommandant lui-même son âme à son bon ange, à son
saint patron, au Dieu clément qu'il avait aimé et servi en se
proposant toujours de le servir davantage. Ne prévoyant pas
qu'il dût sortir sitôt de la vie, il projetait de sortir du
monde ; non plus pour aller méditer dans quelque solitude,

mais pour s'engager dans un ordre religieux. Déjà il avait pris ses dispositions, et son choix était fait. Il voulait entrer dans la Compagnie de Jésus.

La lutte douloureuse et admirable touchait à sa fin. A l'extrême et séduisante vivacité de tout son être avait succédé, non pas l'affaissement de la maladie; mais le calme du chrétien sûr de sa route et de son maître. Ce calme demeura jusqu'au bout le trait distinctif de sa figure et de ses paroles. Il n'était interrompu que par les effusions de sa piété. Il mêlait à ses prières en français et en latin ces touchantes exclamations de la ferveur espagnole, qui ont quelque chose de plus familier et de plus intime : *Jesus de mi alma! Dios de mi corazon!* Voici ses dernières paroles, les dernières du moins qu'on ait pu entendre : « Mon Dieu, je suis votre « créature; vous avez dit : J'attirerai tout à moi. Attirez-« moi, prenez-moi. » C'est ainsi qu'il mourut, le soir du 3 mai 1853.

On se rappelle la consternation que la nouvelle funèbre répandit dans Paris, et qui s'est propagée jusqu'aux extrémités du monde catholique. Ce ne furent pas seulement les catholiques qui se sentirent frappés. Il avait su conquérir partout des amitiés, il attirait involontairement ceux que tout semblait éloigner de lui, il captivait ceux qu'il ne cherchait même pas à convaincre. Il fut pleuré par des yeux inaccoutumés aux larmes.

Ses obsèques offrirent un spectacle édifiant et curieux, plus édifiant qu'il n'arrive d'ordinaire parmi nous, et curieux parce qu'il s'y reflétait une vive image de l'action exercée par cet étranger aimé sur tous les rangs de notre société. On y voyait les plus illustres serviteurs des deux monarchies vaincues et exilées, marchant derrière les grands du régime actuel. Deux mondes divers et contraires se réunissaient pour la première fois autour de ce cercueil, que la religion honorait aussi de son deuil, mais qu'elle illuminait de ses infaillibles espérances.

Son âme, en s'envolant, laissa sur son visage quelque reflet de sa beauté suprême. Nulle trace de douleur n'altérait ses traits paisibles. C'était la sérénité d'un athlète qui se repose après la victoire, à peine fatigué du combat. Il avait regardé la mort en face, avec force et avec douceur, comme un ennemi à vaincre, et il l'avait vaincue. Il dormait en attendant la résurrection éternelle.

Personne, ni en Espagne ni ailleurs, ne se lèvera pour infirmer le beau témoignage qu'il se rendit à lui-même en plein parlement, dans l'impérissable discours du 4 janvier 1849 : *Lorsqu'arrivera le terme de mes jours, je n'emporterai pas avec moi le remords d'avoir laissé sans défense la société barbarement attaquée, ni l'amère et insupportable douleur d'avoir jamais fait aucun mal à un seul homme.*

Donoso Cortès était mort, à quarante-quatre ans, plein de force, emportant avec lui des clartés dont le monde avait besoin. Ce fut un deuil égal pour l'Espagne, la patrie de son cœur; pour la France, qui était comme la patrie de son intelligence; pour l'Eglise, sa mère vénérée, qui voyait en lui un de ces enfants qui la consolent, grands, purs et humbles, et sur lesquels elle s'appuie.

La Providence avait amené Donoso Cortès à Paris, au foyer principal des erreurs qu'il devait combattre. Ceux qui l'ont approché et qui étaient dignes de le juger, l'ont trouvé supérieur à sa réputation. En deux ans, sans y prétendre, il était devenu l'un des chefs de la société française. Il exerçait une influence considérable, non-seulement sur les catholiques, qui ne connaissaient point entre eux d'étrangers, mais aussi dans le monde de la politique et des lettres, où il apportait tout à la fois l'autorité de son incomparable simplicité.

La société française a donc perdu beaucoup par la mort de cet étranger, si courageux et si habile à l'entretenir de pensées généreuses. Ce que l'Espagne a perdu, Dieu le sait! J'ai souvent entendu Donoso Cortès parler de la gloire, des malheurs, des périls présents et futurs de son pays. Par-dessus tout ce que Dieu lui permettait d'aimer, il aimait l'Espagne. La décadence religieuse de cette noble nation était le deuil de son âme. Quoiqu'il se trompât par modestie sur ses propres aptitudes et se promît de n'être jamais qu'un conseiller, néanmoins son mérite le désignait pour un rôle actif que son patriotisme et sa foi même ne lui auraient pas permis de refuser toujours. L'Espagne avait un homme en réserve pour ces passages de ténèbres, si fréquents dans notre siècle, où il faut aux nations l'inspiration du génie et l'inébranlable courage de la probité.

NOTE (a).

A monsieur Albéric de Blanche, marquis de Raffin.

Berlin, le 21 juillet 1849.

Monsieur et ami,

J'ai reçu avec un plaisir indicible la lettre que vous avez eu la bonté de m'écrire le 15 du mois courant. Mon plaisir a été d'autant plus grand que vous avez eu, sans le savoir, une part dans la conversion que Dieu a opérée en moi par sa grâce. Les mystères de ses voies sont si inconnus, si profonds !

J'ai toujours été croyant dans le fond de l'âme ; mais ma foi était stérile, parce qu'elle ne gouvernait pas mes pensées, n'inspirait pas mes discours, ne guidait pas mes actions. Cependant si, aux jours de mon plus grand oubli de Dieu, on m'eût dit : Tu vas abjurer le catholicisme ou souffrir d'horribles tourments, je crois que j'aurais subi les tourments plutôt que d'abjurer.

Entre cette disposition d'esprit et ma conduite, il y avait sans aucun doute une contradiction monstrueuse. Hélas ! ne sommes-nous pas presque toujours un amas monstrueux de monstrueuses contradictions ?

Deux choses m'ont sauvé : le sentiment exquis que j'ai toujours eu de la beauté morale et une tendresse de cœur qui approche de la faiblesse ; — le premier devait me faire admirer le catholicisme, la seconde devait, avec le temps, me le faire aimer.

Pendant mon séjour à Paris, j'ai vécu intimement avec M.***, et cet homme m'a subjugué par le seul spectacle de sa vie, que j'avais à toute heure devant les yeux. J'avais connu des hommes droits et bons, ou, pour mieux dire, je n'avais connu que des hommes droits et bons ; cependant, entre la droiture et la bonté de ces hommes et la droiture et la bonté de celui-ci, je trouvais une distance incommensurable, et la différence n'était pas entre divers degrés de droiture, elle était entre deux sortes de droiture de tous points différentes. En y réfléchissant, je vis clairement que cette différence venait de ce que la droiture des premiers était naturelle, et celle du second surnaturelle ou chrétienne. M.*** me fit faire connaissance avec vous et avec plusieurs autres personnes unies par les liens des mêmes croyances : ma conviction s'enracina alors plus profondément dans mon âme, et si profondément qu'elle devint invincible.

Dieu m'avait préparé pour la suite un autre instrument de conversion, plus efficace et plus puissant. — J'avais un frère que j'avais vu vivre et mourir, qui a vécu d'une vie d'ange et qui est mort comme mourraient les anges, si les anges étaient sujets de la mort. Depuis lors, j'ai juré d'aimer et d'adorer, et j'aime et j'adore..... J'allais dire ce que je ne puis dire, j'allais dire avec une tendresse infinie : le Dieu de mon frère. Voilà déjà deux ans que cet affreux malheur est arrivé. Je sais, comme l'homme peut le savoir, qu'il est au ciel, qu'il jouit de Dieu et qu'il prie pour le malheureux frère qu'il a laissé sur la terre. Et pourtant je pleure toujours, et mes larmes n'auront pas de fin si Dieu ne vient à mon secours. Je sais qu'il n'est pas permis aux chrétiens de tant aimer une créature ; je sais que les chrétiens ne doivent pas pleurer ceux qui meurent chrétiennement, parce que ceux qui meurent ainsi se transfigurent et ne meurent pas : je sais tout cela ; je sais enfin que saint Augustin eut des scrupules pour avoir pleuré sa mère ; et pourtant je pleure et pleurerai tous les jours si Dieu ne me donne pas la force dans son infinie miséricorde.

Voilà, mon ami, l'histoire intime et secrète de ma conversion. J'ai voulu vous la raconter pour soulager mon cœur, parce que, sans le savoir, vous y avez eu part. Comme vous le voyez, ni le talent, ni la raison n'y ont eu aucune influence : Avec mon faible talent et avec ma raison malade, la mort m'aurait atteint avant que la vraie foi me fût venue. Le mystère de ma conversion (car toute conversion est un mystère) est un mystère de tendresse. — Je ne l'aimais pas, et

Dieu a voulu que je l'aime ; je l'aime, et parce que je l'aime, je suis converti.

Le jour que vous prévoyez viendra, je n'en doute pas, où le champ appartiendra aux hommes de bonne volonté et de croyances pures ; mais, n'en doutez pas non plus, ce jour n'aura pas de durée : la société en définitive est blessée à mort ; elle mourra parce qu'elle n'est pas catholique et que le catholicisme seul est la vie.

Je compte retourner bientôt en Espagne et me retirer pendant quelque temps des affaires publiques pour méditer et écrire. Le tourbillon politique, où je me suis vu enveloppé malgré moi, ne m'a laissé jusqu'ici ni un jour de paix, ni un moment de repos. Il est juste qu'avant de mourir je me retire pendant quelques années pour m'entretenir seul à seul avec Dieu et avec ma conscience. Pour moi l'idéal de la vie, c'est la vie monastique. Je crois que ceux qui prient font plus pour le monde que ceux qui combattent ; et que si le monde va de mal en pis, c'est qu'il y a plus de batailles que de prières. Si nous pouvions pénétrer dans les secrets de Dieu et de l'histoire, je tiens, pour moi, que nous serions saisis d'admiration devant les prodigieux effets de la prière, même dans les choses humaines. Pour que la société soit en repos, il faut qu'il y ait un certain équilibre que Dieu seul connaît, entre les prières et les actions, entre la vie contemplative et la vie active.

Je crois, tant ma conviction sur ce point est forte, que, s'il y avait une seule heure d'un seul jour où la terre n'envoyât aucune prière au ciel, ce jour et cette heure seraient le dernier jour et la dernière heure de l'univers.

Si je vous trouve à Paris lorsque j'y passerai, ou si vous venez en Espagne lorsque j'y serai, j'aurai le plus vif plaisir à vous assurer personnellement qu'il n'est pas d'amitié qui me soit plus agréable que la vôtre.

Juan Donoso Cortès.

LE MARÉCHAL BUGEAUD

§ I. — *Ses états de service.*

Bugeaud de la Piconnerie (Thomas-Robert), né à Limoges, en 1784, s'engagea en 1804 comme vélite, fut fait caporal à Austerlitz, se signala en Espagne, et était colonel lorsqu'il se retira en 1815, après la seconde abdication de Napoléon Ier, dans sa terre d'Exideuil (Dordogne). Rendu à l'activité en 1830, il fut élu en 1831, et resta jusqu'en 1848, député de la Dordogne. Il réprima avec vigueur les insurrections qui éclatèrent dans Paris en 1832 et 1834, et fut, en 1832, le gardien de la duchesse de Berry, dans la citadelle de Blaye. Devenu général, il fut envoyé en Algérie, en 1836, battit Abd-el-Kader sur la Sikka, et conclut avec lui, en 1837, le traité impolitique de la Tafna, qui créa la puissance de l'émir. Nommé gouverneur-général de l'Algérie, à la fin de 1840, il répara cette faute par les succès de la guerre active et habile qu'il fit à Abd-el-Kader, et reçut le bâton de maréchal de France en 1843. Il remporta, en 1844, sur les Marocains, qui prêtaient leur appui à l'émir, une bataille près de l'Isly, et fut fait duc d'Isly. Une expédition dirigée, en

1847, contre la Kabylie, contribua encore à la pacification du pays, qui fut en grande partie son œuvre. Contrarié cependant dans l'exécution de ses idées, il se retira cette même année. Pendant les journées décisives de la révolution de février 1848, il fut appelé au commandement des troupes de Paris, mais il ne lui fut pas permis d'agir. En présence du péril que courut l'ordre social en 1848, il écrivit plusieurs brochures pour combattre le socialisme. Il avait été élu représentant du peuple et investi du commandement de l'armée des Alpes par le président de la République, lorsqu'il fut atteint du choléra, en 1849. Il mourut chrétiennement.

§ II. — *Esquisses de la vie de Bugeaud.*

Un éloquent écrivain, ancien secrétaire du maréchal Bugeaud, a esquissé à grands traits la vie de l'illustre guerrier. Nous en reproduisons les parties les plus saillantes :

Nous avons tous vu le brave Bugeaud : nous savons qu'il avait la taille des grands citoyens et des grands guerriers, et il a eu la gloire d'être employé à l'œuvre de Dieu.

« Il faut, disait-il, que nous fassions une France nouvelle, par l'épée et par la charrue. » J'osais lui répondre qu'il oubliait une chose, et la plus importante, la Croix; que l'épée et la charrue, sans la Croix, n'auraient pas fait l'ancienne France. Il n'avait point encore les hautes idées dont la Croix est la source et le centre. Enfant d'une époque malheureuse, élevé dans les champs et dans les camps, toujours occupé de luttes guerrières ou politiques, il avait, comme tant d'autres, moins pardonnables que lui, traversé les choses humaines sans y voir Dieu; du moins, sans voir l'Eglise de Dieu. « On nous a mal élevés, me disait-il plus tard, lorsque son ferme et juste esprit, réfléchissant sur nos derniers troubles, y reconnaissait les conséquences de l'oubli et du mépris de la vérité première ; on nous a mal élevés, et nous avons fait fausse route, et la société s'est perdue. Mais, reprenait-il, du moins n'ai-je pas à me reprocher d'avoir jamais haï ni attaqué la religion. » C'était vrai et modeste; il aurait pu ajouter : « Loin de l'attaquer, je l'ai servie. »

Dieu l'avait traité comme ceux qu'il aime. Il avait mis dans son cœur des tendresses infinies pour tout ce qui est bon et pur, dans son âme des respects pour tout ce qui est grand ; dans sa maison, à son foyer, il avait placé des vertus simples, douces, chrétiennes, pleines d'empire sur son cœur.

Ce farouche soldat, dont les journaux se plaisaient à faire de ridicules et odieux portraits, était l'époux et le père le plus tendre, l'ami le plus dévoué, le patron le plus généreux, l'un des hommes à qui j'ai vu le plus aisément oublier l'ingratitude et l'injure. Cet ambitieux n'aspirait qu'à vivre en paix au sein de sa famille, dans le patrimoine qu'il avait noblement maintenu par son travail. Eloigné, pour le service public, de cette famille si chère et de ses champs si aimés, il allait au combat portant sur sa poitrine une médaille de la Sainte Vierge, que lui avait donnée sa plus jeune fille; et tous ceux qui l'entouraient ont pu se convaincre du prix qu'il attachait à ce talisman. Quel bon sourire illuminait son mâle visage, lorsque le soir, en le quittant, je lui disais : « Maréchal, pensez au Dieu que l'on prie à Exideuil ! »

Sans se révéler encore tout à fait, ce grand Dieu se fit bientôt connaître. Lorsque la bonne situation des affaires militaires en Algérie permit au maréchal de s'appliquer davantage à celles de la colonisation, il vit bientôt que la vie des sociétés se compose d'une quantité de besoins auxquels la religion seule peut pourvoir. D'autres, avant lui, avaient repoussé brutalement la main de l'Eglise, même en présence de ces maux criants et de ces plaies terribles que nulle autre main n'a le privilége de guérir. L'Eglise s'offrit à lui comme aux autres : il la reçut d'abord, puis il l'encouragea, puis il la seconda. Jamais, sans lui, les Trappistes n'auraient pu surmonter les obstacles de leur établissement à Staoueli. Un pauvre prêtre, ne consultant que sa charité, s'était chargé de faire vivre quelques centaines d'orphelins qui vaguaient dans Alger, sans appui et sans asile. Le maréchal admira son zèle et fut bientôt son plus utile patron. Tout à coup on vient lui révéler un grand mystère, on avait fait une étrange découverte : ce prêtre était un Jésuite ! En ce moment-là, les Jésuites étaient désignés en France par la presse, par la tribune et par les corps enseignants, comme le plus grand péril pour la société ; et il y avait des gens en Algérie qui les estimaient plus à craindre que les Arabes. Le maréchal se contenta de demander au donneur d'avis s'il se chargerait des deux cents orphelins que le Jésuite nourrissait.

Ses désirs étaient accomplis, il avait pacifié l'Algérie, ou plutôt il l'avait véritablement conquise. Il y avait en même temps laissé toutes choses en bonne voie et pour la guerre et pour la paix. Il s'était acquis une de ces renommées qui font taire la haine. Il semblait n'avoir plus qu'à terminer en paix, dans la sainte douceur des affections de famille, une existence glorieuse et toujours utile, à qui de longs jours paraissaient encore promis. La révolution de Février éclate : Louis-Philippe appelle le maréchal Bugeaud, lui demande de le sauver, puis l'abandonne et le désarme, et le condamne à la plus amère douleur peut-être qu'il pût éprouver, celle de baisser les armes devant une poignée de populace qui allait choisir les maîtres du pays.

Lorsque l'abdication de Louis-Philippe termina la lutte à peine provoquée, le maréchal se retira seul, mais sans crainte, à cheval, en habit militaire. Passant près d'un groupe de gens du peuple, il s'entendit nommer avec une expression menaçante. Il revint sur ses pas et s'arrêta devant ces hommes : « Oui, leur dit-il, je suis Bugeaud, c'est moi qui ai battu les Arabes et donné l'Algérie à la France. Que me voulez-vous? » Ils baissèrent les yeux et il reprit lentement son chemin.

Le nouveau pouvoir fit comme ces hommes : il baissa les yeux devant la gloire du maréchal et n'osa le proscrire. Retiré dans ses champs, il attendit, en méprisant d'indignes outrages et d'indignes ingratitudes, que la France eût besoin de lui. Ceux qui se souviennent de ces tristes jours se souviennent aussi de la force que son nom tout seul donnait aux vaincus de Février, et de la crainte qu'il inspirait aux vainqueurs. Il ne faudrait pas d'autre exemple pour montrer ce que c'est qu'un seul homme de guerre dans toute une nation. Les esprits se tournaient vers lui pour la présidence de la République.

Sa pensée était bien loin de lui-même et toute pour la patrie. Il n'ignorait pas le grand rôle auquel pouvaient d'un moment à l'autre l'appeler et les besoins publics et la confiance générale que l'on avait en lui : sans ambition, sans faiblesse, sans ressentiment, il se tenait prêt et souhaitait de n'être pas nécessaire. Egalement au-dessus de toute passion de gloire et de toute crainte de l'opinion, trop sage et trop grand pour n'être pas content de sa fortune, il ne faisait d'autre rêve que de rétablir en France le pouvoir, c'est-à-dire la paix, et, si cette œuvre ne lui coûtait pas la vie, de jouir enfin lui-même de la tranquillité qu'il aurait donnée à tout le monde.

§ III. — *Sa mort chrétienne*

Ce fut dans ces sentiments que la mort vint le chercher, prêt à la guerre, souhaitant la paix, conseillant la paix, travaillant à la paix. Les dernières paroles qu'il prononça du haut de la tribune furent des paroles de conciliation et de paix.

Sa mort a été chrétienne. Dieu n'a pas oublié que le vaillant soldat avait travaillé à agrandir l'empire de la Croix; il n'a pas oublié surtout les œuvres de charité dont il s'était toujours montré prodigue, et il l'a prévenu de toutes les grâces qu'il accorde à ceux qu'il veut récompenser et bénir. Calme comme en un jour de bataille, le vieux guerrier a vu s'avancer d'un œil ferme le dernier ennemi dont il dût triompher. Il a reçu avec la foi et la simplicité d'un enfant les secours de la religion, et c'est après avoir suivi avec toute la liberté de son esprit les prières des mourants, qu'il a rendu à Dieu son âme purifiée par le sacrement de Pénitence. Spectacle auguste, dont ceux qui l'ont vu ne parlent pas sans pleurer; consolation suprême et la seule que puissent goûter les cœurs dévoués que ce malheur public atteint plus particulièremevt (1).

(1) On lit dans l'*Univers* :

« En 1849, quand le maréchal Bugeaud était à son lit de mort, ce fut son gendre, le général Féray, qui, le premier, songea, quoique protestant, à faire appeler un prêtre.

« Plus de vingt ans s'écoulèrent, et on put croire que Dieu ne s'était pas souvenu. Mais Dieu n'oublie que les fautes.

« Nous apprenons que le général Féray, dont nous avons annoncé hier la mort, a abjuré ses erreurs, malgré la vive opposition de sa famille, et qu'il est mort dans le sein de l'Église catholique romaine. »

Le maréchal adorait sa famille. La plus grande de ses douleurs a été de n'avoir auprès de lui ni sa femme ni ses enfants. On a pu le deviner, il n'en a point parlé. Aucun de ces noms chéris n'a passé de son cœur jusqu'à ses lèvres. Il craignait de faiblir en les prononçant. Seulement, on le voyait parfois lever les yeux et les mains au ciel, un soupir aussitôt étouffé s'échappait de sa poitrine, et une ombre de tristesse voilait ce mâle visage sur lequel ni la vie ni la mort n'ont pu faire passer un moment l'expression de l'effroi. Il se recueillit et fit face à la mort simplement, bravement, sincèrement, et tel, en un mot, qu'il avait toujours été. Depuis longtemps, son âme était toute chrétienne. S'il y manquait encore quelque lumière, elle vint en ce moment-là. Dieu ne tarda pas davantage à se révéler au grand qui s'était plu avec les petits, au puissant qui avait secouru les faibles, à l'homme de guerre qui avait aimé la paix, et qui, par là, dans la simplicité de son cœur, semblable au centenier de l'Evangile, servit le Maître qu'il ne connaissait pas. Ce bon Maître vint donc à lui. Croyant, fervent et tranquille, le maréchal Bugeaud se confessa, communia, et bientôt après s'endormit dans l'éternelle paix du Seigneur.

Quel coup dans Paris, et bientôt dans toute la France, quelles alarmes, mais, hélas ! quelle infâme joie quand le bruit se répandit que le maréchal était malade, que l'on désespérait de le sauver, qu'il allait mourir ! C'était en 1849, dans ce ténébreux chaos de conspirations, de séditions, de révolutions, de guerres, qui menaçait l'Europe d'un écroulement prochain, au milieu d'un embrasement universel (1).

---

(1) On ne sait pas généralement que c'est le maréchal Bugeaud qui a commencé en Algérie l'œuvre des Orphelinats arabes.
Cet homme, de grand sens et de grand cœur, et sans con-

Qui remplacera Bugeaud? se disait-on. Son nom était un rempart et son épée une frontière. Qui prendra sur les jeunes généraux cette autorité que tous lui reconnaissaient? Qui donnera à l'armée cette confiance, et qui lui inspirera ce respect dont elle a besoin? L'on estimait si haut le maréchal, que tout semblait ruiné s'il manquait. Et ainsi la France entière éprouvait la vérité de cette parole, prononcée jadis snr le cercueil de Turenne : « La mort d'un seul homme est une calamité publique. »

tredit le plus éminent gouverneur général qu'ait eu l'Algérie, avait enlevé dans une razzia un certain nombre d'enfants indigènes dont les parents étaient restés sur le champ de bataille. Il fit appeler l'excellent P. Brumauld, et il lui dit à sa façon : « Père, élevez-moi ces enfants, et tâchez d'en faire des chrétiens; si vous réussissez, ceux-là du moins ne retourneront pas dans leurs broussailles pour nous f.... des coups de fusil! »

En effet, chacun des enfants musulmans élevés dans nos orphelinats est un ennemi de moins pour la colonie et pour la France.

LE MARÉCHAL DE SAINT-ARNAUD

§ I*er*. — *Ses états de service.*

Saint-Arnaud (J. Leroy de), né à Paris en 1798, entra au service dans les gardes du corps en 1815, et passa de là dans l'infanterie. Il partit pour la Grèce en 1822, et prit part comme volontaire à la lutte hellénique. Rentré dans l'armée française en 1831, il devint officier d'ordonnance du général Bugeaud, fut envoyé en Afrique en 1836, et parvint par sa bravoure et ses talents au grade de colonel en 1844, et à celui de maréchal de camp en 1847. Nommé général de division en 1851, après deux brillantes expéditions dans la Kabylie, il fut appelé au ministère de la guerre, et coopéra puissamment à l'exécution du coup d'état du 2 décembre 1851. Il signala son administration par plusieurs améliorations dans les différents services. Il fut créé maréchal en 1852, et eut en 1854 le commandement de l'armée d'Orient, qu'il conduisit en Crimée. Il gagna, le 20 septembre 1854, la glorieuse bataille de l'Alma. Mais sa santé, depuis longtemps altérée, succomba aux fatigues de la guerre, et il mourut en bon chrétien le 29 septembre. Il a laissé des *Lettres* que sa famille a publiées, 2 vol. in-8°, 1855.

§ II. — *Zèle de Mlle de Saint-Arnaud pour la conversion de son père.*

On ne connaît pas assez les touchants détails de la conversion du maréchal, et la part que sa fille, Louise de Saint-Arnaud, eut à ce changement merveilleux.

Mlle de Saint-Arnaud avait fait son éducation dans le célèbre couvent des Oiseaux, à Paris. Comme elle fit souvent des absences prolongées, elle ne put être reçue Enfant de Marie avant sa sortie du pensionnat.

Ses sages maîtresses voulurent, avant de l'admettre, qu'elle essayât ses forces dans le monde. Elle accepta l'épreuve, et revint quelque temps avant son mariage, beaucoup plus occupée de sa réception que de l'établissement projeté pour elle. Ce fut le 4 novembre 1852 qu'on l'admit enfin dans la congrégation. Depuis que Louise avait mieux connu la religion, elle ne rêvait plus qu'une chose, ramener son père à la pratique de ses devoirs. Chaque fois qu'elle assistait à un sermon : « Oh! si mon père entendait cela! » disait-elle; et souvent ce fut avec larmes qu'elle sollicita cette conversion tant désirée.

Nous savons que bien des causes ont pu amener cet important retour vers Dieu, que bien des âmes se sont intéressées à cette âme et lui ont tendu la main. Celui qui change les cœurs, c'est Dieu. Nous rapportons ici seulement ce que l'on a trouvé écrit jour par jour dans le journal des Enfants de Marie, de la part qu'eut aussi l'excellente Louise au changement de son père. La simplicité et la vérité de ces détails en feront tout le charme; ils encourageront ses sœurs à tout demander à Marie, à tout attendre de la Mère des miséricordes.

Louise n'ignorait pas son ascendant sur le cœur de son père, et plus d'une fois elle amenait la conversation sur le terrain religieux. « Mon père reçoit tout cela en plaisantant ; mais je le connais, il y pense ensuite très-sérieusement », disait-elle. Dans la retraite préparatoire à sa réception, Louise comprit mieux que jamais qu'un Enfant de Marie doit être un apôtre, au moins par la prière et par l'exemple. Il fut donc bien résolu qu'elle travaillerait à la conversion de son père ; d'ailleurs elle devait la demander comme unique grâce le jour de la cérémonie, et ce que l'on demande ce jour-là avec foi et confiance, comment ne l'obtiendrait-on pas? La veille, elle avait expliqué à son père, sur sa demande, ce qu'est *une Enfant de Marie*. Il avait été ému et par le bonheur dont rayonnait le visage de sa fille, et par la protection dont allait l'entourer la plus pure des vierges. « C'est mon droit de te donner la médaille et la couronne des Enfants de Marie, dit-il, à condition que tu prieras pour ton père, ma fille chérie. » C'était chose facile et faite depuis longtemps. Le jour de la réception suivait celui de la signature du contrat de mariage de Louise. La soirée s'était prolongée bien avant dans la nuit. Le lendemain le maréchal réveilla lui-même sa fille, dans la crainte que ses gens n'eussent oublié l'heure matinale de son lever ce jour-là. Le bon ange de M. de Saint-Arnaud ne semblait-il pas lui faire comprendre l'importance des grâces attachées pour lui-même à ce jour de bénédiction? Le maréchal se proposait d'assister à la cérémonie ; à son grand regret, l'état de sa santé ne lui permit pas de se procurer ce bonheur. L'après-dînée, au sortir de la séance d'ouverture du Sénat, il accourut ici, voulant au moins voir sa fille en costume d'enfant de Marie ; il l'embrassa avec plus d'affection qu'à l'ordinaire, en lui disant : « C'est le meilleur moment de ma journée. Que tu es donc gentille, ma Louise, *ma petite*

Enfant de Marie ! » Ce nom allait à son cœur ; il le répéta avec complaisance toute la journée. « Si tu savais comme je suis heureuse ! Papa, j'ai bien prié pour toi. — Et moi aussi, ma fille, j'ai essayé ; mais, vois-tu, je ne sais pas prier, tu me l'apprendras. — Oui, oui, mon petit père, nous prierons ensemble. » Et, le soir même, Louise était à genoux à côté de son père, joignant ses mains dans les siennes, lui faisant répéter avec elle : *Notre Père,* — *Je vous salue, Marie,* — *Souvenez-vous,* et lui passant autour du cou une médaille miraculeuse qu'il avait quittée depuis longtemps.

Le général versa quelques larmes et embrassa sa fille en l'appelant encore *son ange, sa petite Enfant de Marie.* Louise le croyait gagné, mais tout n'était pas obtenu ; le lendemain, il paraissait avoir oublié son émotion de la veille. « Vois-tu, disait-il à Louise, je suis décidément trop occupé pour faire des prières ; je parle à Dieu du fond du cœur, ce qui vaut beaucoup mieux. » Cependant il luttait avec la grâce qui le sollicitait intérieurement, et il cherchait à s'étourdir, comme il l'avoua plus tard.

M. de Saint-Arnaud est créé maréchal de France ; Louise épouse le marquis de Puységur. Il n'en fallait pas tant pour distraire notre prosélyte nouveau de ses pensées religieuses. Cependant il était en proie aux plus cruelles atteintes d'une maladie d'entrailles qui datait de ses campagnes d'Afrique ; ses souffrances, que n'adoucissaient pas la foi et la résignation à la volonté de Dieu, l'aigrissaient au lieu de le dompter, et son moral violemment surexcité réagissant d'une manière alarmante sur son physique, ses forces diminuaient notablement. Louise n'avait pas perdu le but de son unique désir en ce monde : rendre son père aussi fervent chrétien qu'il était intrépide guerrier. Elle crut l'occasion favorable. Elle se rend près de lui un jour qu'il souffrait plus que de coutume. « Je m'en vais, ma fille, lui dit le maréchal; je perds mes forces et je n'irai pas loin. — Comment! mon père chéri, mais alors il faut prier le bon Dieu comme tu l'as prié un certain jour; tu t'en souviens, et tu seras mieux. — Tu le crois, ma fille; alors je le veux bien. » Et il récite avec elle le *Souvenez-vous*. Comme elle commençait l'invocation de la médaille: « Non, non, ma fille, je la sais bien sans toi, je la dis tous les jours depuis que... » Il s'arrêta. Louise jugea le moment favorable: « Mon père chéri, dit-elle, tu pourrais me rendre si heureuse! — Comment cela, ma fille? — Je te l'ai déjà dit une fois; tu m'avais presque promis, et tu l'as oublié. — Dis, ma Louise; que ne ferais-je pas pour toi? — Eh bien! si tu voulais te confesser. » Le maréchal sourit d'abord, puis ajouta: « Mais je ne fais rien de mal, je n'ai ni tué, ni volé. — Comment! mon père, tu ne fais rien de mal! Et tes colères, et tes emportements! Puis tu jures comme un païen, et bien d'autres choses que tu sais mieux que moi; comptes-tu tout cela pour rien? — Mais, ma fille, tu serais donc bien contente? — Non-seulement contente, père, mais heureuse. — Eh bien! si je puis faire ainsi ton bonheur, j'irai demain me confesser, foi de maréchal de France, je te le jure sur mon bâton. »

Le lendemain donc il se rend à l'église, seul et à pied; il entre au premier confessionnal venu. Il ne voulait pas être connu du prêtre auquel il ferait le récit de ses fautes. Le respect humain n'entrait cependant pour rien dans cette idée. Il voulait confesser le pécheur et non le ministre; on n'avait que faire de ses noms et qualités. A son retour: « Eh bien! dit-il, j'ai fait ce que tu m'as demandé, mon petit ange; es-tu contente? — Moi, je suis heureuse, bien heureuse. — Mais il est bien sévère, mon prêtre; il ne me donnera l'absolution que dans un mois et après trois confessions : c'est bien long. — Cependant, mon père, c'est toute ta vie sur laquelle il faut revenir; ce délai me semble raisonnable. — C'est vrai, ma fille, je sais bien que je n'étais pas digne. — Et quel est le prêtre auquel tu t'es adressé, papa? sais-tu son nom? — Pas plus qu'il ne sait le mien; j'ai été à celui qui se trouvait de garde. — Cher petit père, voyons un peu, n'aurais-tu pas oublié bien des choses? et ce que tu appelles tes peccadilles, le bon Dieu n'en juge pas de même. » Louise entre alors dans le détail, et, moitié sérieusement, moitié riant, lui fait son examen de conscience. Le maréchal écoute avec la simplicité d'un enfant et convient que voilà bien des articles qu'il ne croyait pas, au premier aperçu, devoir entrer dans ses comptes.

Joignons à ces détails racontés par Louise au moment où ils étaient si présents à son cœur, ces quelques mots écrits le soir même à sa bonne amie Adèle. Bien que sa lettre renferme à peu près les mêmes circonstances que son récit, elle y ajoute cependant quelques particularités précieuses à recueillir.

« Je rentre, ma chère Adèle ; il est onze heures du soir, j'ai dîné au Ministère, et à huit heures je me suis trouvée seule avec mon père. Tu sais notre conversation d'hier ; eh bien! il y est allé; oui, il est allé se confesser, il y retourne demain, puis dimanche, puis toujours, j'espère. Si tu savais comme je suis heureuse! Mon pauvre père! il était tout ému, il m'a avoué qu'il était bien heureux ; et moi donc! S'il savait toute la joie que j'éprouve de ce changement! il pleurait en parlant ce soir de son calme, de sa tranquillité. Il est tombé sur un prêtre bien sévère, m'a-t-il dit, qui ne lui donnera l'absolution que dans un mois, après trois confessions. Il la désire si vivement! C'est bien long. « Je voudrais tant, dit-il, être tout à fait heureux! » Mais cette sévérité ne l'effraye pas. Tout cela, ce sont ses propres paroles. Juge, toi qui le connais comme moi ! je l'admire. Demande des prières à mes bonnes Mères, aux Enfants de Marie. Je serais si triste s'il ne persévérait pas ! Mais non, il ne reculera pas, il était trop heureux ce soir. Demain j'irai au couvent remercier la sainte Vierge ; c'est à elle que je dois cela, et je lui demanderai la continuation. »

Quelques jours après cette première démarche, le maréchal se confessa donc encore au même prêtre sans se nommer. Il ne lui restait plus qu'à recevoir l'absolution, quand une crise plus violente de son mal éveilla la sollicitude des médecins.

Dans les premiers jours de mars, ils déclarèrent que le maréchal était perdu si on ne parvenait à lui faire prendre un repos complet de corps et d'esprit. Un séjour à Hyères fut résolu ; il partit avec sa femme. Louise venait de se marier ; elle restait à Paris dans les plus cruelles inquiétudes : tout semblait remis en question pour ce père bienaimé, et la vie du corps, et la vie de l'âme. Arrivé à Marseille, le maréchal demeura trois heures entre la vie et la mort. Il se rendait compte de son état, et cette mort, qu'il avait tant de fois affrontée sur le champ de bataille, lui apparut avec une terreur inaccoutumée, non en elle-même, mais dans ses suites. Déjà il était chrétien de conviction ; et il découvrait, au delà du temps cette éternité pleine d'angoisses qui peut bien faire trembler les braves, sans que ce frissonnement leur soit imputé à faiblesse. Le plus habile médecin de Marseille est mandé. Par bonheur, c'était un fervent chrétien. Il aborda franchement la question : « Monsieur le maréchal, vous êtes en danger ; je ne vois qu'un remède pour vous sauver, encore le succès est-il douteux. Peut-être il vous guérira, je l'espère ; mais peut-être aussi... Enfin occupez-vous de votre âme, moi je me charge de votre corps. — Docteur, comme vous y allez ! Eh bien ! je me livre à vous : mieux vaut sortir de là de quelque façon que ce soit. » On conçoit l'impression de ce dialogue sur les amis du malade, sur la maréchale. Elle envoie aussitôt à toutes les communautés religieuses demander des prières, des neuvaines ; puis s'adressant aux officiers d'état-major : « Messieurs, dit-elle, vous le voyez, nous n'attendons plus rien que de Dieu. Voici les pâques, j'espère que vous remplirez vos devoirs de chrétiens ; vous aimez le maréchal, c'est le moment de le lui prouver. » Ces paroles eurent à l'instant même leur efficacité. « Je ferai mes pâques, dit en ce moment le maréchal, et vous, messieurs, avec moi, je l'espère : nous avons tous besoin de Dieu. » Mme de Saint-Arnaud était au comble de ses désirs ; alors elle fit un vœu dans le secret de son cœur, et Dieu se plut à l'exaucer.

Cependant, à Paris, le cœur de Louise veillait aussi et le jour et la nuit sur son père bien-aimé. Les neuvaines se succédaient à Notre-Dame des Victoires ; un cierge brûlait sans cesse comme une prière permanente à cette chapelle des Enfants de Marie qui avait reçu ses engagements, et de tous côtés elle réclamait des prières. Tant de supplications ne furent pas inutiles. La conversion du maréchal fut aussi sincère qu'elle avait été prompte. Qui en doutera après avoir lu les fragments suivants de ses lettres à sa fille ?

Un mieux sensible avait permis au maréchal de gagner sa destination, et il eut le bonheur de rencontrer un saint, qui dès l'abord gagna sa confiance.

« Hyères, 19 mars. — Tu seras bien contente de moi, ma fille bien-aimée : je me suis rapproché de Dieu par la prière ; j'ai beaucoup prié. Dieu m'a entendu, il a eu pitié de moi, il m'a ouvert les yeux et donné la foi. J'ai trouvé dans le curé d'Hyères un respectable et digne ecclésiastique ; nous avons eu plusieurs conférences ensemble ; il a reçu ma confession entière, et je communierai le dimanche de Pâques. J'ai bien pensé au bonheur que te causerait ce changement. J'ai beaucoup prié pour toi, et le calme est rentré dans mon âme avec la santé et les forces qui m'abandonnaient. Dieu m'a ramené de loin, mais pour le servir et pour l'aimer. Unis tes prières aux miennes pour dimanche huit heures du matin.

« Ton père, etc. »

Le maréchal fit en effet ses pâques à Hyères, comme il l'annonçait à sa fille. On lui dressa un autel dans sa chambre ; ses officiers, ses domestiques, et jusqu'au planton de service, tous assistèrent les larmes aux yeux à cet édifiant spectacle ; la plupart communièrent auprès de leur bien-aimé chef. Dans ce séjour à Hyères, le traitement médicinal eut de bons résultats sans doute ; du moins il mit le pauvre patient en état de lutter quelque temps encore contre son mal ; mais il y eut pour son âme, résurrection complète, vie durable, et qui alla toujours se fortifiant jusqu'au jour où Dieu lui accorda la mort des saints avec celle des braves. De retour à Marseille, il écrivit encore à sa fille, à la date du 3 avril : « Je gagne tous les jours, tout se fortifie ; c'est que le calme est rentré dans mon esprit, et je saurai l'y maintenir à tout prix. »

Les lettres suivantes donneront une idée du progrès qu'avait fait en si peu de temps le maréchal dans la voie de la vérité :

« Marseille, 5 avril. — Il ne faut pas croire, ma fille bien-aimée, que l'on ne soit en ce monde que pour mener une vie dissipée et légère ; non, quelles que soient les obligations qu'impose la société dans laquelle on vit et où il faut toujours tenir honorablement et convenablement sa place, une âme élevée et chrétienne trouve toujours du temps pour la méditation, le recueillement, la prière et les devoirs de son intérieur. Soigner son mari, ses enfants, c'est honorer Dieu. Je t'engage à lire des ouvrages sérieux. Puis on se délasse l'esprit avec des livres d'histoire, des ouvrages de littérature ; je t'assure que, quand on a pris cette habitude, elle est facile à continuer. Depuis mon arrivée à Hyères, je lis chaque jour un chapitre de l'*Imitation de Jésus-Christ*, un sermon de Bossuet, et ensuite une histoire militaire. Mon temps se trouve ainsi très-bien partagé, très-bien coupé.

« Je t'aime, etc. »

« Marseille, 10 avril. — Dieu me donnera de la force pour toutes mes résolutions. J'ai foi en lui. J'ai bien prié pour toi ce matin à la messe ; d'ailleurs je prie pour toi matin et soir. L'habitude de la prière m'a donné un calme dont je me trouve bien et tout le monde autour de moi. Je crois que tu me trouveras bien changé, et j'y ai gagné. »

« Marseille, 14 avril. — Ma Louise chérie, quand Dieu met dans notre cœur l'amour des bonnes choses, il sait le faire durer. Aime ton mari, élève tes enfants dans l'amour de Dieu et de leurs parents : c'est là qu'est le bonheur. Nous travaillerons ensemble pour l'obtenir. Nous causerons de choses sérieuses, de la miséricorde de Dieu surtout, et nous le remercierons de nous permettre d'être heureux en ce monde. Je rentre à Paris le cœur plein de satisfaction.

« Ton père, etc. »

La maréchale confirmait ainsi les détails qui précèdent : « Dieu sait tout ce que j'ai souffert d'angoisses et de cruelles inquiétudes, car j'ai failli perdre mon pauvre mari. Dieu l'a sauvé presque contre toute espérance ; mais, en le sauvant, il l'a converti : ce n'est plus le même homme. Il a fait non-seulement des pâques fort édifiantes, mais depuis il est devenu profondément religieux et pratiquant. Chaque matin il fait ses prières fort dévotement ; il lit un chapitre et même plusieurs de l'*Imitation de Jésus-Christ*. Le soir, il récite son chapelet, et dans la journée il lit soit des psaumes, soit des sermons de Bossuet. Mais c'est surtout son caractère qu'il travaille. Il devient bien patient...» si patient que ses domestiques en effet n'en pouvaient croire leurs yeux. A l'époque de son retour à Paris, il arriva que l'un d'eux oublia le plus indispensable des bagages de route, le nécessaire de voyage. Arrivé au ministère, le maréchal s'aperçoit de l'oubli. On l'attendait aux Tuileries. Son premier mouvement est celui de la colère ; il tire les cordons de sonnette de manière à donner avis au coupable de ce qui l'attend quand il va comparaître. Celui-ci arriva donc tout tremblant. Croisant tranquillement les bras : « Eh bien, D..., dit le maréchal tout doucement, où est mon nécessaire ? — Je l'ai oublié au chemin de fer, monsieur le maréchal. — Eh bien ! tu as manqué de me faire mettre en colère ; comment veux-tu que je fasse, mon garçon ? Il faudra donc que je m'en passe, et sans rien dire enccore. » D... se retira les larmes aux yeux. Depuis seize ans auprès du maréchal comme valet de chambre, il savait ce que lui valaient les plus légers manquements au service accoutumé. De tout temps, au reste, les gens du maréchal l'avaient aimé ; car ses violences passaient comme l'éclair, et il témoignait tant de regret, il savait si bien dédommager ceux qui en avaient subi les effets, qu'on ne pouvait le connaître sans s'attacher à lui.

Après le retour du maréchal à Paris, Louise était venue

se jeter dans ses bras, avec quelle joie, quel bonheur ! Ceux-là seuls qui ont eu la consolation de voir revenir à Dieu des âmes aimées le comprendront. Elle savait la part que ses anciennes maîtresses avaient prise à ses angoisses, elle voulut les faire participer jusqu'à la fin aux consolations qui surabondaient dans son âme. Elle les édifiait donc par le récit de la foi grandissante et des victoires de son père sur le tentateur. Elle leur communiqua les détails qui suivent :

« Mon père continue, malgré ses occupations, à être fidèle. Les personnes qui le voient de près peuvent témoigner du changement de son caractère. Ses efforts sont visibles et continuels. Sans aucun respect humain, il relève dans l'intimité ce qui pourrait nuire à la réputation du prochain ; et ce mot sorti de sa bouche : *Allons, la charité chrétienne!* suffit pour arrêter bien des médisances. Or, pour se faire une idée de son mérite dans ce genre de combat, il faut savoir que jadis sa conversation si gaie, si abondante en saillies toutes françaises, s'alimentait quelquefois au répertoire des défauts et des ridicules du prochain. Un jour que, par entraînement de vieille habitude, il avait commencé à divertir son monde par le même procédé, il s'arrête tout court au plus piquant de son histoire : *C'est mal*, dit-il, *je manque à la charité, je vous en demande pardon.* »

L'excellent converti, regardant sa fille comme son aînée dans les voies de Dieu, trouvait tout naturel de lui demander conseil et appui. La veille d'une communion, il lui dit : « Ma petite Louise, si tu vois que je m'oublie ce soir, je compte sur toi, tu m'avertiras, car je ne voudrais rien faire qui pût offenser Dieu. » Louise fut fidèle à l'injonction : un signe échangé entre le père et la fille eut son effet ; et quelques minutes après le maréchal s'approchant lui dit à l'oreille avec la simplicité d'un enfant : « Es-tu contente, ma Louise ? Suis-je bien ? »

« De temps en temps, racontait sa fille, on le voit passer la main sur son front et se recueillir. « Qu'as-tu, mon petit père ? lui dis-je un jour, est-ce que tu souffres? — Non, mon ange, je pense à Dieu ; prions ensemble, *je sais maintenant*. Quand on est fatigué, malade, et qu'on ne peut parler, on prie du fond du cœur, et l'on se sent mieux. Quand je suis tenté, et j'ai quelquefois d'atroces tentations, je regarde mon crucifix, et je suis obligé de le reprendre souvent et longtemps ; ou bien je prends mon chapelet, et je deviens plus calme. Je le dis tous les jours. Dans les grandes occasions, je le dis plusieurs fois ; tant que je prie la sainte Vierge, je ne fais pas le mal, et je l'oublie bientôt. »

Louise, voulant voir comment il s'en tirait dans les moments de presse extraordinaire, lui dit, un jour que les affaires s'étaient succédé sans interruption : « Pauvre père, tu as été si occupé aujourd'hui, que tu n'auras pas pu venir à bout de faire tes prières et ta lecture. — Moi, je ne les omets jamais, autant que faire se peut, et c'est par là que j'ai commencé ma journée. »

Cette première obligation remplie, il savait encore revenir au besoin aux lectures qui lui faisaient tant de bien. Plus d'une fois Louise le surprit dans son cabinet, se reposant de son travail par la lecture de quelques versets de l'*Imitation*. Ravi de tout ce qu'il trouvait de lumière et d'onction dans ce livre si nouveau pour lui, souvent il se laissait aller à le commenter en présence de sa femme et de sa fille, mais de la manière la plus profonde, la plus sentie ; puis il ajoutait avec l'expression du regret : « Et j'ignorais tout cela ! Ah ! si j'avais connu l'auteur de l'*Imitation*, comme nous aurions été bien ensemble ! » Il lui arriva plus d'une fois de vouloir faire partager son admiration pour son livre favori à ceux-là mêmes qui ne l'avaient jamais ouvert, et de leur dire sans plus de préambule, comme La Fontaine après sa découverte de Baruch : « Avez-vous lu l'*Imitation*? Lisez cela, vous en serez enchanté. » Dans sa maison de campagne, il voulut faire placer au lieu le plus honorable un crucifix, et déposa près de ce signe sacré de sa foi, comme pour les mettre à l'abri d'une si haute protection, son épée et son bâton de maréchal.

M. de Saint-Arnaud fut, comme on le sait, en butte à la calomnie. Pour ceux à qui Dieu n'avait pas donné, comme à lui, les yeux qui voient, les oreilles qui entendent, sa conversion était une vraie énigme, et l'on sait qu'ils étaient loin d'en chercher le mot dans l'infinie miséricorde de Dieu et dans son action toute puissante sur les cœurs. Le maréchal n'ignora aucun de ces propos : quelques-uns étaient si absurdes, qu'il en riait de bon cœur ; mais d'autres étaient si injurieux, que ses amis s'en indignaient. Pour lui, il s'humiliait à la façon des saints. « De tout ce qu'ils débitent il n'y a pas un mot de vrai, disait-il ; mais s'ils savaient tout ce que j'ai fait, tout ce que je me reproche, ils en diraient bien davantage. Ils ont raison, et je suis un peu plus grand pécheur qu'ils ne pensent. »

Louise ne jouit pas longtemps du bonheur de vivre auprès de son père ainsi transformé par la religion. Le maréchal était revenu à Dieu au printemps de 1853. Au printemps de 1854 il partait pour l'expédition d'Orient. Cette fois, il faisait la guerre à la façon des croisés. L'image de Marie, à qui il devait le repos et la joie de son âme, était arborée sur le vaisseau amiral, et les braves soldats de l'expédition allaient enfin trouver autour d'eux les secours et les consolations de la religion, trop longtemps refusés à leur foi. La longue vie militaire du maréchal fut couronnée par la brillante victoire de l'Alma, et sa courte vie chrétienne, dans laquelle en peu du temps il avait parcouru une longue carrière aussi, par la mort des saints. Pauvre Louise! que de larmes elle versa sur ce père tant aimé, et combien fut chrétienne et résignée sa profonde douleur! Elle survécut peu de temps à une si cruelle perte : le 1er mai 1857 elle alla rejoindre au ciel celui qu'elle avait si puissamment aidé à le conquérir.

Elle ne croyait pas devoir suivre de si près son père tant aimé ; mais l'appel d'en haut la trouva soumise et résolue comme le maréchal, dont elle était le portrait frappant au physique comme au moral.

§ III. — *Relations du Maréchal avec le P. de Ravignan.*

Les détails suivants, empruntés à la *Vie* édifiante du P. de Ravignan, compléteront l'histoire touchante de la conversion de l'illustre maréchal.

Le P. de Ravignan revenait de Rome chargé d'un riche présent pour un guerrier qui, l'année suivante, devait aller mourir sur le sol ennemi, le lendemain d'une victoire. C'était un précieux camée envoyé par le Souverain-Pontife au maréchal de Saint-Arnaud. Depuis quelques mois déjà, des rapports intimes s'étaient établis entre le jésuite et le futur général de l'armée d'Orient.

Nature chevaleresque, longtemps aventureuse et emportée, le maréchal avait couru, à travers mille hasards, après des rêves ambitieux de fortune ; et quand il eut une fois atteint son idéal de gloire, son cœur ne fut pas rempli, et il s'aperçut que toutes les grandeurs d'ici-bas n'étaient qu'une chimère. A ce désenchantement se joignit bientôt l'avertissement de la mort. Ministre de la guerre, accablé d'affaires et de soucis, dévoré intérieurement par une maladie pleine de douleurs et d'angoisses, il se tourna un jour vers Celui qui promet une vie meilleure et qui a dit : *Venez à moi, vous tous qui travaillez et qui êtes chargés, et je vous soulagerai.*

Le maréchal était l'homme du monde le moins capable ou de montrer du christianisme par hypocrisie, ou de cacher sa foi par respect humain. Il croyait tout haut. Quand le P. de Ravignan allait dans le cabinet du ministre, et quand celui-ci venait dans la cellule du religieux, c'était à ciel ouvert, et je puis le dire, le noble guerrier se confessait devant toute l'armée et devant toute la cour.

On le sait d'ailleurs, toutes les natures sont faites pour la religion et ne sont achevées que par elle. Avec ce divin correctif, l'homme devient complet; il est toujours lui-même sans doute, mais il est meilleur. Le religieux aima dans cette âme enfin subjuguée une probité rare, une franchise un peu brusque, une indomptable énergie.

Une correspondance fréquente, commencée au ministère de la guerre à Paris et terminée au quartier général, sous les murs de Sébastopol, a laissé transpirer quelque chose des communications intimes entre le confesseur et le pénitent. Je puis citer leurs lettres, je le dois donc à la gloire de Dieu et afin qu'on sache, une fois de plus, que la sympathie est facile entre le prêtre et le soldat.

Je trouve d'abord une série de billets datés de grandes époques chrétiennes de l'année. Le maréchal, homme d'initiative sur tous les terrains, prenait toujours les devants, même sur le P. de Ravignan, et demandait jour et heure pour un pieux rendez-vous. Ici je lis : « C'est demain Noël, et les lourdes affaires de ce monde ne me font pas oublier mes devoirs envers Dieu. » Ailleurs : « Malgré tout mon désir de vous voir, je n'ai pas voulu aller troubler vos méditations. Mais je veux vous rappeler que vous avez bien voulu me promettre de m'entendre dimanche, jour de la Pentecôte. »

Le maréchal arrivait à la minute, se confessait dans la chambre du P. de Ravignan et se rendait aussitôt à la chapelle de la maison, où il entendait la messe et communiait.

Voici un de ses épanchements de cœur au sujet de son changement de vie : « Ma résolution n'a pas faibli. Je sens chaque jour davantage les bienfaits de la religion ; mon âme s'élève vers Dieu pour le remercier de la grâce infinie qu'il m'a faite. Mais dans ce torrent où je vis, au milieu des affaires, des exigences du monde, je n'ai pas assez de temps à donner à la méditation et aux lectures sérieuses. J'aurai bien besoin, mon Père, de votre indulgence et de la miséricorde de Dieu. »

Sur les ordres de Son Excellence et pour son usage particulier, une bibliothèque de bons livres, choisis par le P. de Ravignan, et une chapelle, desservie par un aumônier, furent installées au ministère de la guerre.

Durant les préparatifs de cette guerre d'Orient, que le maréchal, héroïque dans la maladie comme dans le combat, voulait encore diriger en personne le P. de Ravignan appela son attention sur l'organisation du service religieux dans l'armée expéditionnaire. Voici la belle réponse du généralissime : Comment avez-vous pu penser un instant que je négligerais d'entourer les braves soldats de l'armée d'Orient de tous les secours et de toutes les consolations de la religion ? Je m'efforce de moraliser nos soldats, de faire pénétrer dans leurs cœurs les bons sentiments. Des soldats religieux seraient les premiers soldats du monde. »

Un incident de cette correspondance valut au P. de Ravignan un moment de bien franche hilarité. Il venait d'être député de Paris à Rome pour l'élection du nouveau général de la Compagnie de Jésus. L'illustre maréchal, qui savait beaucoup mieux son métier que le nôtre, put croire que, dans la Compagnie comme dans l'armée, on ne pouvait faire de plus aimable compliment que de pronostiquer à un simple soldat qu'il deviendrait général en chef; l'estime dont le P. de Ravignan était environné donnait d'ailleurs de la vraisemblance à son présage. Les lignes qu'on va lire furent écrites à la hâte et portent le cachet d'une inspiration toute spontanée : « J'espère apprendre qu'à l'unanimité vous avez été élu général. Les hommes s'agitent et Dieu les mène. Dieu vous mènera là où vous devez monter. Ici-bas, mon Père, chacun a sa place marquée. Mes pressentiments m'ont rarement trompé. Je perdrai vos précieux conseils et votre pieuse direction, mais je me consolerai en pensant au bien que vous ferez, et Dieu me viendra en aide. Bon voyage et bonne chance ! »

Cette fois les pressentiments ne se réalisèrent pas. Le P. de Ravignan fit bon voyage et eut la chance de n'être point élu. Le maréchal, qui tenait fort peu à la réputation de prophète, fut bien vite consolé, quand le P. de Ravignan lui annonça en même temps son prochain retour de Rome et le magnifique camée qu'il avait obtenu pour lui du Souverain-Pontife. « Ce que Dieu fait est bien fait, répondit-il aussitôt, et sa volonté ne se manifeste jamais sans raison. Je ne saurais vous dire comment je me sens heureux à l'idée de recevoir encore vos pieux conseils, dont j'ai tant besoin.

« Je suis confus de la bonté de notre Saint-Père; je vous prie de mettre mon profond respect aux pieds de Sa Sainteté, et de lui dire que le pieux souvenir qu'elle veut bien me destiner sera mon talisman, mon appui et ma force dans les mauvais jours. J'en conserverai une éternelle reconnaissance. »

Enfin l'heure de la guerre a sonné ; le maréchal saura bien, à chacune de ses stations, jusqu'à la dernière, trouver le temps de penser à Dieu et d'écrire à son guide dans les voies du ciel.

Il lui disait, dans une lettre datée du 5 avril 1854 : « Je pars lundi, et je ne veux pas quitter Paris et la France sans jouir encore une fois de vos conseils, sans vous demander vos prières. J'ai bien besoin que vous m'aidiez près de Dieu pour obtenir son aide dans la grande entreprise dont il a permis que je sois chargé, et que lui seul a la force de mener à bien. Sans l'aide de Dieu on ne fait rien, et je mets ma confiance dans sa miséricorde et dans la protection qu'il accorde à la France. Je compte, avant mon départ, vous demander une heure et remplir mes devoirs de chrétien. »

Le 25 du même mois, en s'embarquant à Marseille, il écrivait encore au P. de Ravignan : « Je pars avec une confiance entière. Il n'est pas possible que Dieu ne protège pas la France dans une circonstance aussi grave, aussi solennelle. Je suis convaincu que tout le monde fera son devoir, plus même que son devoir. Nous combattons pour une cause juste. Espérons donc, mon Révérend Père, et donnez-nous votre bénédiction. »

Le 20 juin, il écrit de Constantinople : « Dans quatre jours je pars pour Varna, où je vais établir mon quartier général et où toute l'armée sera réunie le 5 juillet. Du 10 au 15, je marcherai sur les Russes. Priez Dieu, mon Père, qu'il soit favorable à nos armes. Je mets ma foi en lui et j'invoque son appui, sans lequel il n'y a rien de possible. Il m'a déjà donné une grande preuve de sa bonté en me rendant la santé ; aujourd'hui, il faut qu'il protège la France, et je le prie chaque jour pour cela. Adieu, je me recommande à vos prières. »

Enfin un dernier bulletin, encore tout entier de la main

du maréchal, est daté du quartier général, à Oldfort (Crimée), le 18 septembre; je le transcris :

« Mon Révérend Père, j'ai reçu ce matin même votre bonne lettre datée de Saint-Acheul, le 20 août, et je ne perds pas un instant pour vous remercier de vos vœux chrétiens et de vos prières : elles ont été exaucées du Très-Haut! Depuis le 14, je suis débarqué heureusement en Crimée avec toute l'armée, qui est superbe et dans les meilleures dispositions. Le débarquement s'est fait aux cris répétés de *Vive l'Empereur!* et c'est à ce même cri que nous briserons demain les colonnes russes qui nous attendent à l'Alma, et ne m'empêcheront pas de m'établir sous Sébastopol le 22 ou le 23 au plus tard.

« Je presse les opérations autant que possible, car ma santé est bien mauvaise, et je prie Dieu de me donner des forces jusqu'au bout. Aussitôt que j'aurai planté le drapeau français à Sébastopol, j'irai demander à la France un repos complet, qui m'est devenu indispensable.

« Adieu, mon Révérend Père, priez pour nous, et croyez à mes sentiments de respectueuse affection. »

§ IV. — *Mort de Saint-Arnaud.*

Le lendemain, le maréchal, recélant déjà dans son sein de poignantes et mortelles douleurs, marchait sur les Russes, les culbutait, et le surlendemain il passait du champ de bataille sur son lit, pour mourir en chrétien. Et n'avait-il pas assez vécu? La religion et la gloire l'assistèrent à l'heure suprême. La mer Noire, témoin naguère d'un tout autre appareil, vit un vaisseau rapporter la dépouille du vainqueur de l'Alma, et la patrie se mit à préparer un triomphe funèbre.

Le R. P. de Ravignan, sous le coup de cette nouvelle, accablante comme celle d'un désastre, écrivit à l'épouse en deuil qui allait conduire elle-même à travers les mers le triste convoi. Que sa lettre, si consolante et si glorieuse pour la mémoire du général mort en héros chrétien, soit (dans cette histoire) un dernier monument élevé par l'amitié du prêtre à la religion du guerrier!

« Madame la Maréchale,

« Les regrets et les larmes de l'armée, de la France se confondent avec les vôtres. Me permettrez-vous d'y joindre le respectueux hommage de ma douleur et de ma sympathie ? D'autres parleront du caractère ferme et généreux, du courage et du génie militaire, de l'étonnante énergie du maréchal. J'aime mieux, madame, en ce moment, ne me rappeler que la partie la plus pure de sa gloire, et qui fut, après Dieu, votre ouvrage : il était chrétien. Dans votre immense amertume, et sous le poids de cette irréparable perte, vous pouvez et vous devez au moins vous dire que vos prières, vos exemples avaient amené cette grande âme à la plus franche profession de la religion et à l'accomplissement de tous les devoirs qu'elle impose. Vous savez avec quelle fidélité chevaleresque il vint recevoir le Pain des forts avant son départ de Paris; il m'écrivait de Marseille, à la veille de s'embarquer, qu'il s'appuyait avec confiance sur le secours de Dieu, sans lequel on ne peut rien. La maladie le pressait de ses angoisses, elle l'accompagnait dans son admirable entreprise. Dieu voulait un double triomphe : la victoire de nos armes et la mort d'un héros chrétien, enseveli pour ainsi dire dans sa gloire.

« Reposez-vous, Madame, dans cette pensée. Cette âme ne vous a quittée que pour un temps; vous l'aviez donnée à

Dieu, il l'accepte et la reprend préparée et sanctifiée par vos pieuses influences. Vous la retrouverez un jour; il n'a fait que vous devancer dans la voie que vous lui aviez ouverte. Ses sentiments de foi et d'espérance chrétienne sont les vôtres; ils vous soutiendront, ils vous conduiront jusqu'au terme.

« Mais, je le sens bien, votre douleur vous accable; il semble que rien ne puisse l'adoucir; pardonnez-moi d'avoir osé vous en parler. Vous daignerez comprendre le besoin de mon cœur : je pleure la mort d'un ami; il m'a fallu vous le dire, en vous rappelant ce que vous saviez assez, que Dieu était le refuge et l'appui des âmes affligées.

« Mes prières et mes regrets suivent les restes précieux du maréchal. Dès que je saurai votre retour, je m'empresserai d'aller vous porter mes profonds et douloureux hommages; daignez les agréer, Madame la maréchale, avec l'expression du dévouement le plus respectueux et le plus inaltérable. »

Le maréchal, en qui venaient de revivre la valeur et la foi des Bayard, des Turenne et des Condé, avait, par ses conseils et ses exemples, puissamment contribué à réveiller dans notre armée un esprit de christianisme et de générosité chevaleresque qui réjouit la France catholique et étonna l'Europe, habituée dans nos camps à d'autres mœurs, depuis les conquêtes de la république, née du siècle de Voltaire. L'image de la Vierge était arborée sur le vaisseau amiral de la flotte qui ramenait en Orient le fils des anciens croisés. Sa médaille et son scapulaire décoraient la poitrine de ces braves qui marchaient au combat, bénits par les prêtres du Dieu dont leurs pères, soixante ans auparavant, avaient renversé partout les temples et profané les autels.

Voici en quels termes éloquents M. L. Veuillot annonçait, dans l'*Univers*, la mort de l'illustre maréchal :

« Une profonde affliction vient se mêler à la joie que répandent les glorieuses nouvelles de Crimée. Dieu a une grande victime. Le héros de cette prodigieuse campagne a cessé de vivre. Les navires qui nous apportaient ces bulletins si vaillants et si pleins d'une ardeur guerrière sont suivis de celui qui nous ramène son corps inanimé. Il décrivait la bataille comme il l'avait gagnée, du même souffle ardent et puissant, et c'était son dernier soupir. On le savait malade, affaibli, miné par de cruelles souffrances; mais qui eût pensé que la mort était là, si près, et qu'un homme pût à ce point la voir et l'oublier, ou plutôt lui commander d'attendre !

« Il calculait ses approches, il sentait ses étreintes ; à force de volonté, il lui arrachait quelques jours ! quelques heures ! Quels jours et quelles heures ! Les jours de l'arrivée en Crimée, les heures de la bataille de l'Alma ! C'est au dernier terme d'une maladie de langueur, lorsque la vie fuyait de ce corps épuisé et secoué par des crises terribles, comme l'eau fuit d'une main tremblante, c'est dans cet état qu'il organisait cette expédition incomparable, qu'il en bravait les périls, qu'il en surmontait les obstacles, qu'il plantait son drapeau sur le sol ennemi, qu'il restait douze heures à cheval, qu'il donnait à la France une victoire, qu'il dictait ces rapports et ces ordres du jour aussi beaux que ses triomphes, qu'il investissait Sébastopol, qu'il disait à ses soldats : Vous y serez bientôt !

« Il s'arrête là, aux portes de Sébastopol investi, au milieu de l'ennemi défait, comme s'il avait dit à la mort : Maintenant, tu peux venir,

« Une immense admiration tempère la douleur publique. On regrette le maréchal, on ne peut le plaindre. Cette fin est si belle après ce mâle combat contre la mort présente et inévitable, après ce grand service rendu à la civilisation, après ces récits héroïques ! Il meurt sous les regards du monde, frappant un de ces coups d'épée qui comptent dans la vie des empires ; trois nations inclinent sur sa tombe leurs drapeaux reconnaissants ; et une quatrième, qui croyait, la veille encore, dominer toutes les autres, se souviendra de lui au jour qui marque le déclin de ses destinées. Entre la Turquie qui se relève pour affranchir l'Église, et la Russie qui s'écroule pour la délivrer, sur ces flots qui furent aussi son champ de bataille et dont les caprices terribles n'ont pas étonné son courage, il meurt dans un des plus vastes linceuls où la victoire ait enveloppé ses favoris.

« C'est assez pour la gloire humaine, et ceux qui n'en connaissent et n'en désirent point d'autre peuvent trouver que le maréchal de Saint-Arnaud en a été comblé.

« Mais son âme était plus grande et ses désirs plus hauts, et, en le retirant pour quelques heures des soucis du commandement et du bruit des armes, la Providence lui a donné ce que sans doute il lui demandait : le temps d'humilier son cœur.

« Ce grand général était un humble et un fervent chrétien.

« La calomnie, qui s'attache si aisément aux hommes politiques, avait oublié ses services militaires en Algérie pour ne se souvenir que de son rôle au 2 décembre, rôle dont sa gloire n'a pas à demander pardon. Mais, sans vouloir entrer dans aucune contestation à cet égard, que l'on sache seulement, pour juger l'homme, qu'un an après le coup d'État, l'empire étant proclamé et établi, Saint-Arnaud, maréchal de France, ministre, grand écuyer de l'empereur au faîte et dans l'enivrement dangereux de toutes les prospérités, se tourna vers Dieu, non pour obtenir la santé, mais pour mourir en chrétien.

« Il avait une de ces natures sincères et franches qui ne fuient pas la vérité lorsqu'elles la voient, et qui ne craignent pas de la suivre. C'était durant son séjour à Hyères. Il fit venir chez lui le digne curé de cette ville, et, sans chercher de circonlocutions ni de détours, devant tous ceux qui étaient là, il lui dit simplement qu'il voulait se confesser. Le bon prêtre, surpris, tombe à genoux et rend grâce à Dieu qui daigne aussi parler au cœur des puissants du monde. Le maréchal, trop malade encore pour quitter sa chambre, fit ses pâques chez lui, sans mystère, en présence de ses officiers, de toute sa maison ; faisant venir jusqu'au soldat qui était de planton à sa porte.

« Tel il avait été dans cette première occasion, tel il continua d'être. Guéri contre toute attente, rendu aux affaires, il ne négligea plus ses devoirs de chrétien ; il les remplit comme il faut les remplir dans ces hautes situations où l'homme a, de plus que le commun des fidèles, le devoir de l'exemple.

« Que pourrions-nous ajouter qui fût digne de nos respects, de notre admiration, de nos regrets, de nos espérances ? Il n'est plus, mais il a servi son pays et honoré Dieu ; ses œuvres lui ouvrent la porte de l'histoire, et sa foi celle de l'éternité (1).

(1) Cet article a été reproduit dans le *Moniteur*.

CHRISTOPHE-LOUIS-LÉON DE LA MORICIÈRE [1]

§ I. — *Sa jeunesse.*

Christophe-Louis-Léon Juchault de la Moricière est un enfant de la Bretagne. Il naquit à Nantes, le 5 février 1806, d'une ancienne et noble famille qui, depuis plusieurs siècles, portait l'épée au service de la France. Il était de la race des fidèles et des héros « appartenant au peuple des géants; » il était Breton, presque Vendéen, sorti d'une vieille famille de gentilshommes accoutumés à servir Dieu et le roi, à verser largement leur sang sur les champs de bataille, à ne rien demander que la satisfaction de leur devoir accompli ; noblement indépendants à l'égard des maîtres pour qui ils se félicitaient de mourir; répugnant à toute servilité; con-

---

[1] Nous avons, dans cet article, fait de nombreux emprunts à la belle *Oraison funèbre de La Moricière*, par Mgr Dupanloup. — Nous avons pris aussi quelques renseignements dans le livre de M. l'abbé Pougeois.
Nous ne disons rien ici de l'admirable conduite de La Moricière à Castelfidardo et à Ancône. Nous renvoyons le lecteur à la seconde édition du *Triomphe de Pie IX dans les épreuves*. Ils y trouveront des documents complets à ce sujet.

tents de peu ; plus riches d'honneur que d'argent. En un mot, il était l'élite de cette noblesse de province qui alliait si bien la dignité et le dévouement, l'amour de la royauté, de la liberté et de la religion ; qui, après avoir combattu vingt-cinq ans, se trouvait suffisamment récompensée quand elle rentrait au manoir paternel avec la croix de Saint-Louis. Son père, si nos souvenirs ne nous trompent pas, prit part, l'épée à la main, à la protestation héroïque des provinces de l'Ouest contre le despotisme et les crimes de la révolution.

L'Église venait de lui ouvrir son sein ; il fallait, dit Mgr l'évêque d'Angers, lui nommer des patrons ; on en choisit trois dont les noms étaient comme des prédictions : *Christophe*, porte-Christ, défenseur du Christ : *Louis*, administrateur, guerrier, tenant l'épée d'une main ferme, et combattant vaillamment contre les ennemis de l'Église. Le dernier était un grand pape, saint *Léon*, qui eut à soutenir des luttes terribles sous les murs de cette ville de Rome que lui-même, Léon de La Moricière, devait être appelé à défendre aussi un jour.

Et comme si tout pouvait être regardé comme un symbole, l'écusson lui-même de la famille devait tracer un jour à ce rejeton le chemin de la foi et de l'honneur. *Spes mea Deus*, mon espoir est en Dieu. Noble cri de guerre, qui sera bien justifié. Oui, cher enfant, Dieu sera ton espérance, ta force, il te guidera au milieu des périls : *Spes mea Deus !* Sur ce blason, nous voyons encore les coquilles du pèlerin ; ô mon fils ! c'est que la vie est un pèlerinage ; heureux si, au milieu de ses écueils et de ses précipices, tu portes toujours *haut* et *droit* ta bannière.

Après les premières années passées dans la maison paternelle, le jeune La Moricière dut être placé dans les collèges pour son éducation, et alors pour lui commencèrent les luttes de l'esprit et les joutes littéraires. Il est facile de comprendre avec quelle ardeur il se lança dans la carrière ; il y courait comme plus tard à l'assaut. Mais nous avons ici un témoin de ses succès. Il avait en effet pour professeur de philosophie un saint prêtre qui alors lui ouvrait les trésors de la véritable sagesse. Depuis, fuyant le tourbillon du monde, ce prêtre est allé, comme aux temps anciens, se cacher dans la solitude du désert : c'est le vénérable et révérend Père abbé de la Trappe de Bellefontaine.

Le général, malgré la distance du temps et le tumulte de sa vie si agitée, n'avait oublié ni les leçons ni les vertus de son professeur. Il y a quelques années, le vénérable et révérend Père vint visiter au Chillon son ancien élève ; le général l'embrassa avec effusion de cœur, en lui exprimant toute sa reconnaissance ; il l'entoura d'honneurs autant qu'il le pouvait, et plusieurs heures il s'entretint avec lui des questions les plus graves concernant la religion et l'Église.

§ II. — *Il se distingue dans le métier des armes.*

Selon qu'il était d'usage depuis Henri IV, sa famille le destina au métier des armes. Comme Léon de La Moricière était de son siècle, dit M. Henry de Riancey, et qu'il entendait faire bonne figure au milieu de ce qu'on est convenu d'appeler la *France nouvelle*, il entra dans l'armée par la porte la plus difficile, par *l'école polytechnique*, et il y entra brillamment et y resta de 1826 à 1828 ; il passa de là à l'école d'application de Metz, qu'il quitta avec le brevet de lieutenant.

Nous consultons l'annuaire militaire pour donner ici le résumé exact de ses états de service. Il recevait en 1829, c'est-à-dire à 24 ans le brevet de lieutenant de génie, il était capitaine aux zouaves en 1830.

L'expédition d'Alger se préparait, au milieu des honteuses oppositions du libéralisme, malgré les résistances ardentes de l'Angleterre, à la joie et à l'enthousiasme de la jeune armée. Rien n'égalait l'ardeur des officiers, de ceux surtout qui comme Léon de Lamoricière, voulaient donner au vieux drapeau, rajeuni par les lauriers d'Espagne et de Grèce, un autre baptême de victoire.

La Moricière bondit de joie quand il vit ses vœux exaucés : le sang qui lui fut transmis avait depuis longtemps appris à couler sur les champs de bataille, lorsque le jeune officier, à peine sorti des écoles, s'élança vers la conquête de ces rivages d'Afrique, dernier legs de la maison de Bourbon à la France. Il s'embarqua entraîné invinciblement vers cette terre où il devait trouver tant de gloire. Sa première joie militaire fut la *prise d'Alger*, cette cité réputée imprenable, contre laquelle avaient échoué Charles-Quint et la Grande-Bretagne, et qui, au bout de quinze jours à peine depuis le débarquement, devenait une *terre française*, grâce à la bravoure de nos soldats.

Dès cette première page de sa vie, vous allez le trouver tel que vous l'avez vu plus tard, tel que vous le verrez toujours. Le maréchal de Bourmont, la veille au faîte des prospérités humaines, fut précipité dans l'adversité. Il lui fallut quitter en fugitif l'armée qu'il venait de conduire à la victoire, cette terre d'Afrique qu'il venait de conquérir pour la France.

Après l'honorable adieu fait à son général, La Moricière revint prendre son rang de lieutenant de génie dans l'armée.

Il devint capitaine le 1ᵉʳ novembre 1830.

L'histoire dira bien mieux que nous tout ce qu'exigeait alors, tout ce qu'imposa, durant tant d'années, de sacrifices, d'abnégation, de talent, le développement de la conquête africaine.

§ III. — *Une rude épreuve.*

Nous laissons Mgr Dupanloup raconter cette circonstance de la vie de notre héros.

« La carrière militaire du général La Moricière, vouée en Afrique au triomphe de la civilisation, à Paris au salut de la société, ne se termine point sur les barricades du faubourg Saint-Antoine ; mais c'est là que se terminent ses victoires et que pour lui commence, avec ses défaites et ses malheurs, une grandeur nouvelle. Il va descendre aux yeux des hommes et monter aux regards de Dieu. Il n'ira plus, à la tête de bataillons généreux, attaquer des ennemis en face. Il va se présenter seul et désarmé devant les coups de l'infortune, et la vaincre.

« Tout à coup, en une nuit, tout tombe, tout est emporté, et La Moricière, ce grand serviteur de la France, sans avoir failli au pays, sans avoir rien renié ou trahi, est arrêté dans son lit, jeté dans une prison, et d'une prison dans l'exil ; et un soir il arrive, comme un voyageur inconnu, dans un hôtel de Bruxelles, ayant choisi pour refuge un endroit où du moins ses oreilles pouvaient encore entendre la langue de son pays. Sa vie militaire avait duré dix-huit ans, sa vie politique, quatre ans, sa vie proscrite allait durer seize ans. Oui, mais La Moricière, malheureux et vaincu, se montre là plus noble encore que dans cette première et brillante partie de sa vie où nous le voyons tendre pour ainsi dire toutes ses voiles au vent de la fortune, qui les enfle et les conduit.

« Le divin Maître saisit à la fois cette âme généreuse par

ce qu'elle avait de plus fort et de plus tendre. Il lui apparut d'abord sous les traits de sa femme et de ses filles, et dans les souvenirs de la mère incomparable à qui il devait sa femme et ses filles. Puis il entendit comme une voix qui murmurait à l'oreille du banni : « Tu es dans l'exil, je serai ton compagnon ; tu es seul, je partagerai ta vie ; ton âme est vide, je la remplirai ; tu n'as plus de carrière, je serai ton occupation et la nourriture de ton cœur ; plus d'avenir, il y a le ciel ; plus de patrie, je serai ta patrie, ta maison, ta terre et ton repos ! » Ce que je dis ici est de l'histoire.

« La publicité, la liberté, voilà les goûts de notre âge. Or La Moricière se convertit librement et publiquement : il s'est converti comme il s'est battu, en plein soleil. De plus, cet acte explique ce qui l'a suivi, et comment La Moricière fut prêt lorsque Dieu lui demanda successivement trois sacrifices, les plus grands qui se puissent imaginer : son *fils*, son *épée*, sa *vie*.

« Quand donc il fut tombé, et qu'après ces grandes ruines dont il faisait lui-même partie, il put jeter de nouveau son regard sur la scène publique d'où il avait disparu, de nouvelles perspectives s'ouvrirent devant lui, et les choses de ce monde lui apparurent sous des aspects qu'il ne connaissait pas. Tout l'horizon supérieur des choses de Dieu se dévoila devant lui. Je trouve la trace de ces préoccupations nouvelles dans une lettre écrite de Bruxelles en 1855, où il résumait ainsi sa vie depuis l'école polytechnique :

« Depuis lors, j'ai mené les armes pendant dix-huit ans ;
« j'ai passé quatre ans dans nos luttes et nos disputes po-
« litiques, et depuis trois ans je suis dans l'exil, où Dieu
« m'a conduit pour me donner le temps et le besoin de ré-
« fléchir, et *de regarder les choses du point de vue où on*
« *les voit ce qu'elles sont.* »

« Devant cette disposition d'esprit, la religion lui parut ce qu'elle est en effet, le nécessaire et le grand objet de la pensée de tout homme raisonnable : il ne comprit pas qu'il fût possible d'y rester oublieux ou indifférent, parce que l'oubli ou l'indifférence ne sont pas des convictions, pas plus que la mollesse d'esprit, qui recule devant le travail, et la faiblesse de cœur, qui recule devant la vertu, ne sont des excuses.

« Résolu donc à étudier le christianisme, il porta dans cette étude toutes ses habitudes de ferme raison, toute son ardeur de recherches, toute la rigueur et la précision de son esprit mathématique et philosophique en même temps. Il prit un à un tous les articles du *Credo*, et il les étudia profondément. « Il discutait et travaillait, écrit un témoin
« de ces luttes, avec une opiniâtre ténacité, retournant
« les questions sous toutes les faces, épuisant les difficultés
« avec une énergie infatigable, mais se rendant loyalement
« quand la lumière était faite, et disant avec joie : C'est
« vrai ! »

« Car il est bien à remarquer, comme me l'attestait un autre fréquent témoin, qu'il discutait, mais ne disputait pas. Il ne combattait pas contre la vérité, mais contre le doute ou l'ignorance. Et il était vraiment curieux de le voir faire une question, pousser à bout les réponses et arriver en deux bonds à des solutions doctrinales et morales qu'auraient enviées des théologiens, son esprit prompt, pénétrant, saisissant avec une vivacité et une sûreté extraordinaires tous les éclairs de bon sens et de vérité qui jaillissaient de la discussion.

« Un jour, et quand il était déjà revenu à la pratique religieuse, il discutait à Paris, devant une de ses filles, avec le curé de sa paroisse, sur la fréquente communion. « Nous
« ne sommes pas dignes de communier si souvent, disait-

« il. — C'est vrai, répondit le curé, mais nous en avons
« besoin. La communion est moins une récompense qu'une
« grâce et un secours... — Le général s'arrête un moment... « Monsieur le curé, on m'avait donné jusqu'ici
« vingt-cinq mille mauvaises raisons, mais vous m'en don-
« nez là une bonne. Il suffit, ma fille, communie tant que
« tu pourras. »

« Ce soldat, cet homme pratique et positif, grand esprit, courageux, parfaitement sincère, une fois placé à *ce point de vue d'où l'on voit les choses ce qu'elles sont*, et saisi de la nécessité où est tout homme de bon sens et de bonne foi de ne pas rester indifférent ou incertain sur des questions qui sont le tout de l'homme, comme dit Bossuet, voulut absolument voir clair dans ces questions, et ne se donna pas de repos qu'il n'en fût venu à bout.

« Dans les belles pages qu'il lui a consacrées, et où l'on sentait si bien deux âmes de même trempe, M. de Montalembert l'a montré à Bruxelles, assujettissant ces cartes de géographie sur lesquelles il suivait avec une anxiété et une sympathie passionnée les progrès de nos armées, au moyen des livres qui lui étaient devenus les plus usuels. Quels étaient ces livres ? Le *Catéchisme*, un livre de messe, l'*Imitation*, et un volume des œuvres philosophiques du P. Gratry ; et il disait à un de ses anciens collègues et amis, étonné de trouver de tels livres chez lui : « Eh bien ! oui,
« j'en suis là, je m'occupe de cela. Je ne veux pas rester
« comme vous, le pied en l'air, entre le ciel et la terre,
« entre le jour et la nuit ; je veux savoir où je vais, à quoi
« m'en tenir. Et je n'en fais pas mystère. »

« Dieu ne devait pas manquer à une telle bonne volonté et à de si francs efforts. Disons encore que les hautes études philosophiques dont il occupait son exil favorisaient aussi son retour à la religion. Je trouve la trace de ces études

dans la lettre que j'ai citée. Le général y parle « d'un écri-
« vain qui venait de dire avec une grande aisance que l'idée
« de l'infini n'était jamais entrée dans les connaissances hu-
« maines que pour les embrouiller. Il y des gens du monde,
« ajoutait le général, qui croiront cette folie !... »

« La foi enfin arriva dans cette âme à son plein jour, et quelques semaines après la lettre que je viens de citer, le général communiait à Pâques, dans la cathédrale de Bruxelles. Dès lors le général de La Moricière fut un bon et grand chrétien. Et dès lors aussi, disons-le, avec ses nouvelles lumières, des consolations inconnues, une sérénité plus haute, une force plus sûre d'elle-même, et des espérances meilleures entrèrent dans son âme.

« Venez voir maintenant, ô vous qui ne connaissez pas ces spectacles, ni les transformations merveilleuses des âmes sous la main de Dieu, venez voir, dans son intérieur caché, l'homme des batailles, pratiquant désormais toutes ces humbles et grandes vertus de l'époux, du père, du chrétien.

« Le général de La Moricière se reposait de ses grands travaux entrepris pour le service de l'Eglise et du Pape, et durant tant d'années pour le service de la France, en faisant, dans ses deux paroisses du Louroux et de Prouzel, le bien sous toutes ses formes : églises, écoles, soins des malades, Sœurs de charité, ou bien améliorations agricoles, routes faites à ses frais, aumônes, etc. »

§ IV. — *Ses bonnes œuvres.*

Toutes ces bonnes œuvres étaient pour lui une sorte de récréation ; il n'en prenait point d'autre. Ses pensées étaient constamment dirigées vers le bien et le progrès continuel du bien : il avait pour principe que toute œuvre qui n'avance pas recule. Sa grande œuvre fut, pendant cinq ans, la reconstruction de l'église de son village. Il était heureux d'achever cette œuvre. Il se réjouissait d'en voir s'élever la flèche, lorsqu'il fut frappé de mort.

« Du reste, il remplissait avec une scrupuleuse exactitude tous les devoirs privés et publics du chrétien. Les lois de l'Église, il les observait simplement. On le voyait, donnant l'exemple, prendre plaisir à assister le dimanche aux offices de sa paroisse, soit à la ville, soit à la campagne.

« Il s'approchait fréquemment des sacrements, le matin, de bonne heure, sans respect humain, puisqu'il ne se cachait de personne, et aussi sans ostentation, car il se mettait tout humblement dans un petit coin de l'église. Il se tenait toujours prêt à paraître devant Dieu. « L'avenir ne
« nous appartient pas, répétait-il à Rome à ses jeunes aides
« de camp; quand on part pour une expédition, on doit se
« dire qu'on n'en reviendra pas; et il faut arranger ses af-
« faires spirituelles et temporelles en conséquence, de telle
« sorte qu'on n'ait plus qu'à marcher en avant. »

« Son bonheur était de travailler lui-même à former le cœur de ses enfants; il aimait à prier avec eux. Ses filles lui faisaient quelquefois dire avec elles une dizaine de chapelet. Il suivait surtout leurs leçons de catéchisme. Il les y conduisait lui-même souvent, le leur faisait répéter et expliquer. Il assistait aux leçons qu'on leur en faisait chez lui, se promenant durant ce temps dans la chambre et écoutant. Pendant les retraites qui précèdent les premières communions,— c'est de mon curé même que je tiens ces choses,— il s'occupait de ses filles avec une âpreté tendre et inquiète. Lui qui ne revenait plus à Paris et qui n'y a jamais séjourné depuis son exil, y est venu et y a demeuré aux deux grandes époques de la première communion de ses enfants.

Il communia la veille de la première communion de l'aînée; et à la première communion de sa seconde fille, il communiait à côté d'elle le jour même. Voilà quel père et quel chrétien c'était. « Je l'ai vu pleurer comme un enfant ce « jour-là, » me dit un de ses amis. Et il ajoute : « Et nous « ayant tous, ce même jour, réunis à sa table, il nous laissa « de lui, comme homme, comme chrétien, comme père, une « impression d'édification et d'admiration que je n'oublierai « de ma vie. »

Il ne pouvait, du reste, voir ses enfants malades sans tomber dans des inquiétudes mortelles. « Je ne me com- « prends pas moi-même, disait-il à un ses amis, moi qui ai « vu tant de fois la mort en Afrique, je ne puis les voir « souffrir sans que les larmes m'en viennent aux yeux. » Ah! c'était le cœur le plus tendre sous une enveloppe de bronze.

Achevons-en le portrait, et regardons-le un moment dans ses relations sociales. Tous ceux qui l'ont connu attestent, avec la bonté de son cœur et la loyauté de son caractère, la sûreté et l'amabilité de son commerce. Il exerçait autour de lui une sorte de séduction. Quiconque l'approchait était sous le charme.

§ V. — *Ses études religieuses.*

C'est dans l'exercice modeste de ses vertus si simples, mais si grandes, adouci, dompté, transformé par la grâce, chrétien sincère et pratiquant, ressentant dans son âme les douleurs et les épreuves de l'Église comme de la patrie, que l'élection divine vint le chercher pour cette gloire, dont il était digne, et le fit ici-bas soldat de Dieu et de l'Église, et le représentant, à l'heure solennelle où nous sommes, de la fidélité catholique et de l'honneur français.

Ainsi que Bossuet l'a dit d'un autre guerrier célèbre, le grand Condé, *Dieu qu'il invoquait avec foi, lui donna le goût de l'Écriture, et dans ce livre divin, la solide nourriture et la piété.* A la lecture des Livres sacrés, La Moricière joignit celle de la *Somme théologique* de saint Thomas ; puis l'étude d'une époque célèbre de l'Église gallicane le conduisit à celle d'une histoire générale de l'Église. Trois heures avant sa mort, il avait interrogé à fond son pasteur sur la doctrine des indulgences et du purgatoire ; à l'heure où la mort se présenta, il n'était point endormi ; un flambeau était allumé près de lui, et l'*Histoire ecclésiastique* de l'abbé Darras était ouverte sur son lit. C'est dans ces pensées et dans ces préoccupations de son esprit qu'il fut surpris par l'arrivée du Maître.

Les chrétiens d'aujourd'hui ne le savent pas assez : tout resplendissement nouveau de la lumière divine sur les lèvres de l'Église porte avec soi un devoir et un bienfait, disait Mgr l'évêque de Poitiers. C'est au Symbole même des Apôtres qu'il est écrit : « Je crois la sainte Église catholique. » Abaisser son propre esprit devant celui de Dieu, cela est si raisonnable qu'il semblerait que c'est à peine méritoire : pourtant, c'est ici la grande victoire que nous avons à remporter sur nous-mêmes. Et qu'on ne s'y méprenne point : Jésus-Christ a promis d'être avec ses Apôtres « tous les jours jusqu'à la consommation des siècles : « *Ecce ego vobiscum sum omnibus diebus usque ad consummationem seculi.* L'Église a donc mission, assistance, autorité et grâce d'en haut pour nous donner l'enseignement qui convient à chaque jour, à chaque époque, selon le mouvement des idées et le caractère des temps. L'acquiescement de notre raison, l'adhésion de notre entendement comme de notre volonté à l'autorité enseignante de l'Église contemporaine, c'est une nécessité de la vertu théologale de foi. Il y a là pour le baptisé un devoir envers l'Église de Dieu, et il y a aussi un devoir envers la vérité révélée, que nul n'a le droit de vouloir laisser dans le vague et dans l'indécis, lorsque l'autorité divine la lui présente sous le jour de l'affirmation authentique et doctrinale. C'est de plus un bienfait ; car, outre qu'en soi tout accroissement de lumière et de vérité est un gain pour l'intelligence de l'homme, il est démontré par l'expérience que les affirmations et les définitions de l'Église ne se produisent jamais qu'en présence d'un besoin des âmes et des sociétés. Le chrétien donc, en attendant que le jour de l'éternité luise sur son front, que l'étoile du matin se lève dans son cœur, n'a rien de mieux à faire que de tenir son regard attaché sur l'Église comme sur une lampe qui luit dans un lieu ténébreux : *Cui benefacitis attendentes quasi lucernæ lucenti in caliginoso loco, donec dies elucescat, et lucifer oriatur in cordibus vestris,* et l'une des marques les plus assurées de la présence de l'Esprit-Saint dans son âme, c'est le tressaillement avec lequel elle implore, l'allégresse avec laquelle elle reçoit jusqu'au moindre rayon de cette science sacrée qui est le prélude de la vision céleste et l'avant-goût de la jouissance béatifique : *Exultavit ut videret diem meum ; vidit et gavisus est.*

§ VI. — *Ce qu'il pensait de l'Encyclique du 8 décembre 1864.*

Tels furent les transports et les joies de notre grand général dans les temps les plus voisins de sa mort. Oui, la voie de ce juste était un flambeau qui croissait en éclat et qui a grandi jusqu'au jour parfait. Attentif à l'état des choses, au besoin des temps, à la désorganisation générale des sociétés, à la confusion et au désarroi du monde entier, La Moricière avait les yeux tournés vers les montagnes, c'est-à-dire vers les hauteurs sacrées du christianisme, vers la Papauté, vers la hiérarchie catholique, pour voir si le secours ne descendrait pas de ces sommets bénis. Il entreprit de voir clair dans des questions religieuses qui semblaient diviser même les hommes religieux, et il y appliqua les qualités merveilleuses de son esprit vif et lucide. Avec une foi robuste, il voulait savoir avant tout quel était l'enseignement de l'Église pour y adhérer; puis, avec la promptitude de déduction et la richesse d'esprit pratique qu'il possédait, il cherchait dans quelle mesure et moyennant quels ménagements permis cet enseignement pourrait encore être appliqué efficacement aux lois et aux institutions sociales. Aussi, quand l'Église prononça ses sentences, il fut de ceux qui y trouvèrent la réponse aux questions posées dans leur esprit. Du premier coup il se montra docile et satisfait. Il ne croyait pas que l'honneur de servir l'Église donnât à qui que ce soit le droit de la discuter, encore moins de la désavouer. Si des doutes d'opportunité, suggérées du dehors, se produisirent sur ses lèvres, ce fut sous la forme d'interrogation plutôt que d'objection. L'acte pontifical portait en lui-même et puisait dans les circonstances un caractère de grandeur qui le subjuguait. Plus la tempête était violente, plus il admirait la sainte audace du pilote. Tandis que la sagesse des sages et la prudence des prudents s'effrayent et s'agitent autour de lui, il prie, il réfléchit, il observe; et bientôt, s'animant à la vue de l'attitude de l'épiscopat, il exprime ainsi sa pensée : « En somme, écrit-il, on devrait pourtant bien voir que ce qui devait, disait-on, faire beaucoup de mal, s'est trouvé faire beaucoup de bien... Il faut, en ces choses, voir l'ensemble, qui est splendide, et ne pas crier contre un magnifique concert, parce que de temps à autre on surprend quelque note fausse. Un orage n'empêche pas une moisson de mûrir. » A quelque temps de là, un livre dont il avait encouragé la publication parvint entre ses mains. (*L'Encyclique du 8 décembre 1864 et les principes de 1789, ou l'Église, l'État et la Liberté*, par M. Emile Keller), il le lit, il le relit, il l'annote. De cette vaillante main que la mort allait bientôt glacer, il crayonne sur la marge des exclamations sympathiques, d'enthousiastes *Très-bien!* en face de passages tels que celui-ci : « On a dit assez ce que l'Encyclique n'était pas ; il reste à savoir ce qu'elle est et à trouver en elle ce qui doit non-seulement blesser, mais attirer, satisfaire, captiver toutes les âmes droites et généreuses. Ce serait peu qu'elle fût inoffensive ; elle doit être souverainement efficace, bienfaisante, opportune, et aux princes comme aux peuples, à l'autorité comme à la liberté, elle doit offrir la seule garantie véritable, la seule réconciliation possible. » Enfin, sans être en rien aveuglé par l'estime qu'il fait de l'homme, il écrit à l'auteur, le 9 août 1865, ces mots textuels que nous citons en entier parce qu'ils renferment une profession de foi nette et catégorique, et qu'ils effacent toutes les hésitations et les incertitudes antérieures qu'on pourrait alléguer : « J'ai fini de lire votre beau livre, et je l'ai recommencé en y mettant quelques annotations. Vous avez tenu la promesse que vous faites au commencement, d'expliquer, de motiver et de justifier l'Encyclique ; vous avez déchiré tous les voiles et vous marchez fermement dans le sentier de la vérité. Mais que de colères vous allez soulever ! Déjà je vois qu'on fait autour de vous la conspiration du silence ; cela n'aura qu'un temps, et p' tard on adoptera peu à peu vos appréciations, vos jugements, qui, sauf quelques restrictions que je vous signalerai, me paraissent profondément justes. Aujourd'hui je me borne à vous remercier des bonnes heures que vous m'avez fait passer en lisant toutes ces magnifiques pages consacrées à la défense de la *vraie* vérité. »

§ VII. — *Sa piété éclairée.*

Le ciel, pour lequel il devenait mûr, le purifiait et le perfectionnait successivement par l'immolation de sa propre volonté au bon vouloir de Dieu, par le détachement des choses de la terre et l'aspiration aux gloires d'en haut. S'il sut toujours faire rendre à César ce qui est à César, on le vit toujours rendre à Dieu et à ses ministres tout ce qui est à Dieu. La mort ne le surprit donc pas ; avec l'Apôtre il *mourait chaque jour*. (I Cor, c. xv, 31.)

Ses livres devenus les plus usuels étaient le *catéchisme*, son *livre de messe* et l'*Imitation*. Le visiteur qui s'en aperçut un jour ne dissimula pas sa surprise. *Eh bien ! oui*, dit le général, *j'en suis là, je m'occupe de cela, je ne veux pas rester comme vous, le pied en l'air entre le ciel et la terre, entre le jour et la nuit ; je veux savoir où je vais, à quoi m'en tenir, et je n'en fais pas de mystère.* Le 26 juillet, au jour de sainte Anne, à laquelle comme un fidèle Breton il était particulièrement dévot, il vint faire la sainte communion, pour la dernière fois, dans l'église du Louroux : il pria longtemps et avec une piété plus vive que jamais, puis il rentra au Chillon pour faire ses adieux à son épouse bien-aimée et à ses enfants, qu'il ne devait plus revoir. Madame partait pour les Pyrénées, le général pour sa terre de Prouzel.

Depuis quelques années, le général souffrait cruellement

de rhumatismes aigus qu'il avait contractés dans le cours de ses glorieuses campagnes d'Afrique. Mais rien, même la veille de sa mort, ne faisait prévoir qu'une catastrophe fût imminente.

Il était seul à la campagne ; sa femme et ses enfants, retenus loin de lui, allaient revenir. C'était un dimanche, le 10 septembre, et ce jour-là, c'avait été l'adoration du Saint-Sacrement dans l'église de son village de Prouzel. Il était allé, selon sa coutume, à la grand'messe ; le soir, il s'était rendu encore au salut, et était resté tout le temps à genoux au milieu de nos paysans, lui, le vieux soldat de nos guerres africaines. Et, sa bonne journée de chrétien ainsi faite, il était rentré paisible et content chez lui ; il avait lu ensuite, comme il le faisait chaque soir, quelques pages de l'histoire des luttes de l'Église, dans l'ouvrage de M. l'abbé Darras, quelques pages aussi du P. Gratry, dont on trouva les volumes entr'ouverts sur le guéridon. Le bon curé de son village était venu, comme il en avait l'habitude, le dimanche, passer la soirée avec lui, et ils étaient restés à causer ensemble jusqu'à dix heures et demie ; quand le curé le quitta : « Je suis très-content, monsieur le curé, lui dit le général, de ce que vous m'avez dit ce soir. » L'entretien avait roulé sur le purgatoire, le ciel et la vie future. Il ne savait pas en être si proche. Toutefois le chrétien ne fut pas plus surpris que ne l'était le capitaine. Il veillait sous les armes. Dieu l'avait dégoûté des grandeurs de ce monde, lorsque du sommet de la gloire il s'était vu jeté tout d'un coup à l'autre extrémité des choses humaines. Il lui avait appris aussi à dédaigner l'opinion. Son âme était tournée tout entière du côté de Dieu pour s'attacher à lui seul.

Rentré chez lui, il se coucha en assez bonne santé ; il projetait d'aller rejoindre prochainement madame de La Moricière qui était, depuis quelque temps de retour de sa propriété de Chillon en Anjou. Elle avait été obligée de se rendre aux eaux des Pyrénées par suite d'une maladie au larynx, il se berçait des joies du retour ; car cette âme de fer sous le harnois était, dans l'intérieur du foyer domestique, accessible aux plus douces, aux plus intimes émotions. Rien de délicieux comme la tendresse de La Moricière pour ses filles ; rien d'affectueux comme son respect et son attachement pour celle qui était l'ange gardien de sa vie, comme l'a si bien exprimé Mgr l'évêque d'Orléans.

§ VIII. — *Sa sainte mort.*

Vers une heure du matin, du 10 au 11 septembre, presque à l'anniversaire de Castelfidardo, il fut réveillé par une suffocation violente, il sonna son domestique, et se sentant déjà mourir : *Monsieur le curé*, dit-il, *vite*, *Monsieur le curé*. Il articulait à peine quelques mots ; comme la mort avançait toujours, il saisit son crucifix avec force et avec ferveur, comme Bayard mourant embrassa jadis, à défaut de croix, la garde de son épée.

Quand le prêtre arriva, le général était debout, marchant à pas lents dans sa chambre, et pressant le crucifix sur son cœur. A la vue du prêtre, il tombe à genoux, appuyé sur son lit ; le crucifix échappe de sa main défaillante, mais il le retenait encore et le serrait avec ses deux bras sur sa poitrine. Le prêtre a le temps de lui donner une dernière absolution et d'aider son serviteur fidèle à le placer dans un fauteuil. Cela fait, il remet son âme aux mains de son Créateur, avec cette fermeté simple et grande qu'il eût mise à mourir sous les regards et par le fer des ennemis.

Il n'était âgé que de 59 ans. Sa dernière pensée avait été pour la France, pour sa famille, pour Pie IX ; Dieu avait voulu de lui ce dernier sacrifice, de mourir loin des siens, loin de son armée, loin du Pape ; le héros avait tout accepté. Près de son lit, sur une table, se trouvait encore ouverte cette histoire de l'Eglise ; non loin de là, sur un guéridon, une *Imitation de Jésus-Christ*, avec des marques mises par lui aux chapitres qu'il préférait ; plus loin des livres de guerre : tout dans cette chambre respirait la foi et la vie d'un grand capitaine catholique et français.

On présume qu'il a succombé à ce que la science nomme une embolide, c'est-à-dire une interruption dans la circulation du sang causée par un caillot, conséquence mortelle de ses rhumatismes, que n'avait pu vaincre un tempérament d'une valeur si prodigieuse. Il terminait ainsi chrétiennement une existence illustrée par les glorieux services qu'il a rendus à son pays et par des actes qui ont témoigné hautement de la sincérité, de la fermeté de sa foi et de ses convictions religieuses. La Providence, qui sans doute, comme dit Bossuet, « veut faire voir que l'ouvrage » du rétablissement du droit et de la justice doit être « tout de sa main, » la Providence a enlevé à Pie IX le général en chef des troupes pontificales à la veille du jour où peut-être sa présence, son prestige et son génie eussent semblé d'une nécessité suprême.

La Moricière avait suivi de ce coup d'œil d'aigle dont il était doué, avec cette chaleur de cœur que la foi augmentait encore, les douloureuses stations de ce Calvaire, qu'à l'exemple de son divin Maître, gravit le Vicaire de Jésus-Christ. Il était là, la main sur son épée, prêt à tout appel.

La mort l'a saisi sans le surprendre.

Elle est venue subitement, à l'improviste et comme honteuse de frapper ce grand capitaine ailleurs que sur le champ de bataille. Elle n'a pas pu l'abattre : il l'a reçue debout !

Il était plein de vie et de force : on le croyait du moins. Cependant il avait toujours eu des pressentiments de mort, et sa maxime était qu'il fallait toujours être prêt pour ne pas être surpris.

Sa devise lui allait bien : *Spes mea Deus*. Elle se développait en lettres d'or sur un azur parsemé de coquilles d'argent, comme des coquilles de pèlerins que l'on voit dans les vieilles images. Et en effet, soldat et pèlerin du Christ, il a entrepris les pèlerinages de Rome et de Lorette. Comment et pourquoi ? Le plus lointain avenir le redira à la gloire de son nom.

Madame de La Moricière, qui habitait depuis quelques jours le château de Chillon, commune du Louroux-Beconnais, reçut dès le matin une dépêche lui annonçant cette terrible nouvelle.

Cette femme admirable par sa foi et sa piété si vives, comme par son dévouement, est partie immédiatement avec ses deux filles pour Prouzel, accompagnée de M. le curé du Louroux-Beconnais.

Après s'être fait raconter minutieusement tous les détails des derniers instants de son mari, après avoir appris comment il pressait de toutes ses forces le crucifix sur ses lèvres et sur son cœur, comment il implorait de son regard la miséricorde du divin Rédempteur, la noble veuve prononça ces paroles que nous tenons pour authentiques !

« Dieu soit béni ! Il n'aura donc pas eu le temps de s'affliger de notre absence, et notre pensée ne l'aura pas détourné de la pensée de Dieu ! » Quelle foi ! quelle sublime résignation !...

« Et en effet, disait Mgr l'évêque de Poitiers, à la suite du service funèbre célébré dans sa cathédrale, le général fut tout entier à la grande affaire qu'il lui restait à soutenir, à la victoire finale qu'il lui restait à remporter. Avait-il fait vœu de retourner à Lorette ? On l'ignore ; mais s'il n'avait pas le projet de reprendre ce pèlerinage accompli dans des conditions si solennelles et si mémorables, un autre voyage était l'objet de tous ses vœux. La surveille de sa mort, il avait dit à son curé : « Toutes mes affaires sont arrangées ; je règle tout comme si je ne devais pas revenir ici ; d'un moment à l'autre, le souverain Pontife peut me rappeler ; je suis toujours à ses ordres comme chef de ses troupes, et je ne désespère pas de mourir pour lui. » Dieu voyait son désir. Il a changé le dessein de son voyage pour honorer au ciel celui dont il aspirait à servir le Vicaire sur la terre.

« A ce suprême moment La Moricière n'a de voix que pour appeler le prêtre, que pour réclamer les sacrements. Les sacrements : le vocabulaire officiel de notre temps ne comporte plus ce mot. On dit : les exhortations de la religion, les consolations qu'offre le christianisme au nom des doctrines de l'immortalité : langage creux et païen. Dites : la confession, le saint Viatique, l'onction dernière ; dites surtout : l'absolution demandée et reçue, et, avec elle et par elle, le péché effacé, l'âme purifiée, le sceau de la justification imprimé par le sang de Jésus-Christ, le droit au ciel octroyé par sa grâce. L'âme de ce fier chrétien s'était plongée naguère encore dans le bain de la Pénitence; elle avait été nourrie de la chair divine ; peu d'heures avant, elle se recueillait dans un sentiment profond d'adoration et d'amour devant l'Agneau de Dieu sorti de son tabernacle. N'importe, et quoique nous sachions que Dieu, dans les trésors de sa miséricorde extraordinaire, a pour ses élus des grâces vives et pénétrantes qui consument en un clin d'œil toute l'impureté que le commerce des hommes et l'air contagieux du monde laissent dans les cœurs, cependant, ce qui nous console par-dessus tout, c'est que, d'une part, cette âme s'est présentée à Dieu avec le plein acquiescement de sa raison et de sa volonté au jugement de la sainte Église; et c'est qu'en outre la sentence du pardon, si hautement réclamée, si impatiemment attendue, a pu être proférée sur sa tête, cette sentence efficace et souveraine qui, alors que l'âme n'aurait à offrir peut-être à son Juge qu'un amour imparfait, qu'une attrition impuissante, l'élève, par la vertu du sacrement et par le levier de la miséricorde, au niveau de la contrition et de la charité qui ouvre l'entrée de la demeure céleste. Voilà les solides fondements de notre confiance, voilà les motifs de notre pleine assurance. »

La nouvelle de sa mort est arrivée à Paris dans l'après-midi du 12 septembre, et dès le lendemain la presse, en confirmant cette nouvelle imprévue, n'avait qu'une voix pour répéter qu'elle était un juste sujet de deuil pour la patrie.

On sait avec quel enthousiasme sans précédent a été accueillie dans toute la France la proposition d'élever un monument à la mémoire de La Moricière. Il se compose d'une sorte de tombeau sur lequel est couché le glorieux mort, enveloppé dans un suaire, pressant le crucifix contre sa poitrine et ayant son épée étendue à ses côtés. Quatre colonnes s'élèvent du tombeau et supportent une sorte de baldaquin, au-dessus duquel est un lion, dans une pose magnifique, protégeant, de ses griffes puissantes, la tiare et les clefs de saint Pierre. Aux quatre angles du monument se dressent quatre statues symboliques : la Religion, brisant des fers, et la Foi, d'un côté; de l'autre, le Courage militaire et le Courage civil. En outre, deux bas-reliefs montrant, l'un, La Moricière sur la brèche de Constantine, d'après le tableau d'Horace Vernet; l'autre, La Moricière offrant son épée au chef de l'Église. C'est dans une réunion tenue chez le général Changarnier que ce projet a été adopté. Parmi les personnes présentes, on cite MM. Dufaure, Lanjuinais, de Quatrebarbes, comte Daru, Vitet, comte Anatole Lemercier, Benoist d'Azy, de La Rochette, Keller, de Rainville, etc.

TABLE DES MATIÈRES

INTRODUCTION.	V
Le comte Frédéric-Léopold de Stolberg.	1
Charles-Louis de Haller.	23
Frédéric Hurter.	50
Eugène de Genoude.	66
Joseph Droz.	86
M. Bautain.	102
Théodore Ratisbonne.	121
Isidore Goschler.	149
Jules Lewel.	168
Le comte Schouvaloff.	186
Georges Spencer.	199
John-Henri Newman.	213
Frédéric-William Faber.	229
Henry-Edward Manning.	263
Le R. Dr J. Bradley.	270
Auguste de La Ferronnays.	276
M. Alphonse Ratisbonne.	320
Hermann Cohen.	372
Silvio Pellico.	387
Royer-Collard.	419
Henri Lacordaire.	430
M. Louis Veuillot.	459
Juan-Donoso Cortès.	493
Le maréchal Bugeaud.	515
Le maréchal Saint-Arnaud.	523
Christophe-Léon-Louis de La Moricière.	548

FIN DE LA TABLE.

443 — Paris. — Imprimerie de H. Carion, rue Bonaparte, 61.

Dix-huit ans chez les sauvages, voyages et missions de Mgr Faraud, par M. Fernand Michel. Nouvelle édition. 1 volume in-12 . . . . 2 fr.

Rome, son histoire, ses monuments, par M. l'abbé Rolland, chanoine de Tours. 1 volume in-12 . . . . 3 fr.

L'Art de la Conversation, par le R. P. Huguet. 1 joli volume in-12. 3ᵉ édition revue . . . . 1 fr. 50

De la Charité dans les Conversations, par le R. P. Huguet. 1 joli volume in-12. 4ᵉ édition. . . . . 1 fr. 50

De la Vérité de l'Evangile, par M. F. Nettement. 1 beau volume in-8° . . . . 5 fr.

VIENT DE PARAITRE :

MARIE CAROLINE D'AUTRICHE

ET LA

CONQUÊTE DU ROYAUME DE NAPLES EN 1806

PAR

Pierre C. D'ULLOA, duc de Lauria

Un volume in-8°, broché. . . . . 5 fr.

---

462 — Paris. Imp. H. Carion, rue Bonaparte, 64.

www.ingramcontent.com/pod-product-compliance
Lightning Source LLC
Chambersburg PA
CBHW060504230426
43665CB00013B/1379